अभिशप्त जनजातियाँ
अस्मिता की समस्याएँ

अभिशप्त जनजातियाँ

अस्मिता की समस्याएँ

मल्ली गांधी

वी. ललिता

अनुवाद

प्रकाश दीक्षित

राजकमल प्रकाशन

मूल कृति *Tribes Under Stigma : Problems of Identity* का हिन्दी अनुवाद

ISBN : 978-93-93768-94-0

मूल्य : ₹995

पहला संस्करण : 2023

प्रकाशक : राजकमल प्रकाशन प्रा. लि.
1-बी, नेताजी सुभाष मार्ग, दरियागंज
नई दिल्ली-110 002
शाखाएँ : अशोक राजपथ, साइंस कॉलेज के सामने, पटना-800 006
पहली मंजिल, दरबारी बिल्डिंग, महात्मा गांधी मार्ग, प्रयागराज-211 001
1, अनमोल सोराबजी संतुक लेन, धोबी तलाव, मरीन लाइंस, मुम्बई-400 002
वेबसाइट : www.rajkamalprakashan.com
ई-मेल : info@rajkamalprakashan.com

मुद्रक : बी.के. ऑफसेट
नवीन शाहदरा, दिल्ली-110 032

ABHISHAPT JANJATIYAN : ASMITA KI SAMASYAEIN
by Malli Gandhi, V. Lalita
Translated by Prakash Dixit

लवानम
और
हेमलता लवानम
के लिए

अनुक्रम

प्रस्तावना

स्टुअर्टपुरम और कप्परल्ला टिप्पा की पहले अपराधी रही जनजाति की बस्तियों के सम्बन्ध में यह पुस्तक आन्ध्र प्रदेश की डिनोटीफ़ाइड जनजाति विषयक उपलब्ध साहित्य के भंडार में एक स्वागत योग्य योगदान है। भारत की जनजातियों के विषय में सामान्यत: और विशेष रूप आन्ध्र प्रदेश के सन्दर्भ में कुछ कम ही कृतियाँ प्रकाशित हुई हैं। तथापि तथाकथित पूर्व अपराधी जनजातियों के सन्दर्भ के अध्ययन तो विरल ही है। इन डिनोटीफ़ाइड जनजातियों की कुल बस्तियाँ पाँच हैं। प्रस्तुत अध्ययन इनमें से दो बस्तियों—स्टुअर्टपुरम और कप्परल्ला टिप्पा—के सम्बन्ध में है।

स्टुअर्टपुरम आन्ध्र प्रदेश के वर्तमान जिले गुंटूर में स्थित है, जिसका नामकरण मद्रास शासन के तत्कालीन सचिव श्री स्टुअर्ट के नाम पर किया गया था। स्टुअर्टपुरम प्राथमिक रूप से एक कृषि बसावट है, यद्यपि चिरला कस्बे के निकटवर्ती होने के कारण यह अर्ध-शहरी है, जहाँ इंडियन लीफ़ टबैको कम्पनी स्थित है। स्टुअर्टपुरम की देखभाल मुक्ति-सेना को सौंपी गई थी, जिसने रहवासियों की सहायता के लिए यहाँ एक स्कूल और अस्पताल स्थापित किया। स्कूल के साथ रहवासियों के बच्चों के लिए एक छात्रावास भी है। मुक्ति-सेना आज भी अपनी सेवा सम्बन्धी गतिविधियों को जारी रखे हुए है।

कप्परल्ला टिप्पा की बस्ती अथवा बिट्रगुंटा सुधार बस्ती नेल्लोर जिले में है। पूर्व अपराधी जनजाति की विभिन्न बस्तियों में कप्परल्ला की बस्ती सबसे पुरानी है। यह सन् 1912 में स्थापित कावाली बस्ती से विकसित हुई है, जिसे अमेरिका के बॅपटिस्ट मिशनरियों ने बसाया था।

इन बस्तियों से निकले कुख्यात डाकुओं की अपराध-प्रखरता के कारण अनेक सामाजिक रूप से सक्रिय लोगों जैसे विजयवाड़ा के नास्तिक केन्द्र के लवानम और हेमलता लवानम का ध्यान इस ओर आकर्षित हुआ जो यहाँ के निवासियों की अपराध-संस्कृति में बदलाव लाने के लिए दिन-रात अपना समय और ऊर्जा खपा रहे हैं। इन एजेन्सियों और शासन द्वारा किए जाने वाले सुदीर्घ और अनवरत

प्रयासों के परिणामस्वरूप यहाँ रहने वालों में हो रहे परिवर्तन को प्रकटत: देखा जा सकता है।

प्रस्तुत कृति के लेखकों को संग्रहालयों से अनुपलब्ध रिकॉर्ड और अभिलेख प्राप्त करने में सफलता मिली है। उन्होंने इस कृति से सम्बन्धित गौण स्रोतों की भी गहराई से छानबीन की है। इस पुस्तक को असाधारण बनाने वाली बात यह है कि उन्होंने इन दो बस्तियों का विस्तृत अध्ययन दो विविध परिप्रेक्ष्यों के अन्तर्गत किया है। स्टुअर्टपुरम का अध्ययन ऐतिहासिक दृष्टिकोण से किया गया है तो कप्परल्ला टिप्पा का अध्ययन समाजशास्त्रीय दृष्टि से हुआ है।

दोनों ही लेखकों को डिनोटिफाइड जनजातियों से सम्बन्धित विषयों पर शोध करने का व्यापक अनुभव है। उनके इस विषय में अनेक लेख-निबन्ध विभिन्न पत्र-पत्रिकाओं में प्रकाशित हुए हैं। मुझे विश्वास है कि भविष्य में ये लेखक सीमान्त-समूहों से सम्बन्धित साहित्य में अधिकाधिक अवदान कर सकेंगे, जैसा कि प्रस्तुत कृति में हमें मिलता है।

—वकुलभारनम रामकृष्ण

आमुख

भारत अनेक नृवंशीय विविधताओं का बसेरा रहा है। जनजातियाँ हजारों साल से बाहरी दुनिया से किन्हीं सम्पर्क-सूत्रों के अभाव के कारण अपने ही एकान्त में रहती रही हैं। फलस्वरूप उन पर सभ्यता का कोई प्रभाव ही नहीं पड़ा और यही मुख्य रूप से उनकी दैन्यावस्था और सामाजिक अलगाव का कारण बना। 'अपराधी' की श्रेणी में परिगणित की जाने वाली इन जनजातियों को यह अभिशाप भोगना पड़ा है, अन्यथा भोले-भाले इन जनसमूहों का औपनिवेशिक काल से ही उत्पीड़न होता रहा है। इन आदिम जनजातियों की अपनी जीवन-यापन की शैली, रस्मोरिवाज, परम्परा, अन्धविश्वास, कर्मकांड और उत्सव हैं, जो उन्हें समाज के अन्य वर्गों से अलग करते हैं। इस परिप्रेक्ष्य में हमने एक विशिष्ट जनजाति—येरुकलाओं—की जीवन की परिस्थितियों और उनके वर्तमान आवासों का अध्ययन करने का निश्चय किया है जिन्हें 'बस्ती' कहा जाता है।

इस अध्ययन मुख्य प्रयोजन स्टुअर्टपुरम और कप्परल्ला टिप्पा बस्तियों की सामाजिक-आर्थिक परिस्थितियों का अध्ययन है। इसके साथ ही ऐसे उन उपायों और साधनों का सुझाव देना भी है जो उनके सार्थक पुनर्वास को सम्भव कर सकें। येरुकला जनजाति के उद्‌भव से वर्तमान तक की सामाजिक-ऐतिहासिक पृष्ठभूमि को प्रस्तुत करने का प्रयत्न किया गया है। यह अध्ययन एक तरफ जातियों और जनजातियों के बीच की कड़ी स्थापित करने और दूसरी ओर औपनिवेशिकता से उसका सम्बन्ध देखने का गम्भीर प्रयास करता है। तथापि हमारा मुख्य लक्ष्य आन्ध्र प्रदेश की उन जनजातियों की ऐतिहासिक पृष्ठभूमि की पड़ताल है जो कभी 'अपराधी' रही थीं।

निर्धनता, बेरोजगारी और उपेक्षा के कारण इन जनजातियों को जीवन-यापन के लिए गैरकानूनी तौर-तरीकों को अपनाने पर विवश होना पड़ा। कथित रूप से 'अपराधी' कृत्यों की आय के बाद भी वे सुखी और सन्तुष्ट जीवन व्यतीत नहीं कर पाईं। समुचित निष्कर्षों तक पहुँचने के लिए इन समस्याओं का पर्यवेक्षण और विश्लेषण ऐतिहासिक सन्दर्भों के साथ किया गया है। इसके अतिरिक्त यह अध्ययन

उनके सजातीय सम्बन्धों और सुस्थापित पारिवारिक सूत्रों पर भी निकट से ध्यान देता है ताकि उनकी जीवनशैली को अन्तर्दृष्टि से परखा जा सके।

बस्ती के भीतर और बाहर के अन्य जनों से उनके व्यवहार पर ध्यान दिया गया है। उनके जीवन पर परिवार-नियोजन और अन्य कल्याणकारी कार्यक्रमों के होने वाले प्रभाव का अध्ययन किया गया है। उनके अपराधों की कार्य-प्रणाली को समझना इतिहास के किसी अध्येता के लिए बहुत आवश्यक है क्योंकि इससे हमें भावी अपराधों को रोक पाने की दृष्टि मिलती है। सन्तानों और स्त्रियों की परिवार-तंत्र में भूमिका और पारिवारिक अर्थव्यवस्था में उनके योगदान को हमने इस अध्ययन में महत्त्वपूर्ण माना है।

प्रस्तुत अध्ययन इन रहवासियों को अपराध से विमुख करने के लिए शासन द्वारा किए जाने वाले पुनर्वास सम्बन्धी उपायों का भी परीक्षण करना चाहता है। एक व्यापक दृश्य-पटल प्रस्तुत अध्ययन का विषय है जिसमें उनके परिवार और पारिवारिक तंत्र के सामाजिक सन्दर्भ, उनके काम-धन्धों के तरीके, आमदनी, खर्च, उनकी सन्तानों का भविष्य जैसे आर्थिक पक्ष, पुनर्वास सम्बन्धी उपायों का प्रशासनिक पहलू और अपराधों का पक्ष जैसे पुलिस से पकड़े जाने, हिरासत और जेल में उनके साथ होने वाले व्यवहार और अन्तत: उनके सुधार और पुनर्वास की चर्चा की गई है।

आन्ध्र प्रदेश की दो डिनोटीफ़ाइड बस्तियों के अध्ययन को इस पुस्तक में संकलित किया गया है। एक जैसे लगते हुए भी इन दोनों बस्तियों के अध्ययनों में भिन्नता है। उनकी विशिष्ट समानताओं और भिन्नताओं को देखते हुए उन्हें इस पुस्तक में शामिल किया गया है। हम जानते हैं कि यहाँ-वहाँ कुछ दोहराव सामने आ सकते हैं, यह स्वाभाविक है क्योंकि दोनों ही अध्ययनों का विषय एक ही है, लेकिन यह अध्ययन दो अलग-अलग बस्तियों के सम्बन्ध में किया गया है। इन संकुल अध्ययनों के परिप्रेक्ष्य भी अलग-अलग हैं—भाग एक का सम्बन्ध स्टुअर्टपुरम की बस्ती से है जिसे मल्ली गांधी ने लिखा है और कप्परल्ला टिप्पा के अध्ययन का श्रेय वी. ललिता को जाता है।

स्वीकार

अपने शोधकार्य के अनुक्रम में अनेक व्यक्तियों से मिलने वाली सहायता की स्वीकारोक्ति करते हुए हमें अतीव प्रसन्नता हो रही है। प्रो. वी. रामकृष्णन उनमें सर्वोपरि हैं, जिनसे हमें प्रबुद्ध मार्गदर्शन, सहानुभूतिपूर्ण सहायता और अमूल्य परामर्श प्राप्त हुआ, जिससे हम इस कृति को प्रस्तुत करने में समर्थ हो सके। हम एन.सी.ई.आर.टी. के सह-निदेशक प्रो. जी. रवीन्द्र और मैसूर रीजनल इंस्टीट्यूट के प्राचार्य जी.टी. भांगडे का भी आभार व्यक्त करते हैं जिनसे हमें सतत प्रोत्साहन और समर्थन मिलता रहा।

अपने क्षेत्रीय कार्य में हमें अनेक व्यक्तियों से सहायता मिली। हम विजयवाड़ा के नास्तिक केन्द्र के श्री लवानम और श्रीमती लवानम, श्री विजयम और डॉ. के.एच.एस.एस. सुन्दर के कृतज्ञ हैं जिनके सहयोग से अपने शोधकार्य से सम्बन्धित विषयों को हम विस्तृत विचार-विमर्श के द्वारा निर्धारित कर पाए। हम स्टुअर्टपुरम और कप्परल्ला टिप्पा बस्तियों में येरुकला समुदाय के बुजुर्गों के प्रति भी अपनी गहरी कृतज्ञता व्यक्त करना चाहेंगे, जिनके सहयोग के बिना यह कार्य सम्पन्न नहीं हो सकता था। हम साल्वेशन आर्मी के अधिकारियों, अमेरिकन बॅपटिस्ट तेलुगु मिशन और स्टुअर्टपुरम और कप्परल्ला टिप्पा के डी.एन.टी. विद्यालयों के मुख्य अध्यापकों से मिली बहुमूल्य जानकारी के लिए समान रूप से उनके भी आभारी हैं।

हम हैदराबाद विश्वविद्यालय के समाजशास्त्र विभाग के डॉ. लक्ष्मी नारायण, नृतत्वविज्ञान विभाग के प्रो. पी. वेंकटराव, क्षेत्रीय अध्ययन विभाग के प्रो. एम.एल. के. मूर्ति, आई.ए.एस.ई., हैदराबाद के सेवानिवृत प्राचार्य डॉ. के. शशिधर राव और हैदराबाद के समाज कल्याण विभाग के योजना प्रभाग के संयुक्त निदेशक श्री सी.एच. वीरा भांडुडू के प्रति भी अपनी कृतज्ञता व्यक्त करते हैं, जिनसे हमें अनेक प्रोत्साहन और सुझाव प्राप्त हुए।

हम आन्ध्र प्रदेश राज्य अभिलेखागार, हैदराबाद, तमिलनाडु राज्य अभिलेखागार, चेन्नई, राष्ट्रीय अभिलेखागार, नई दिल्ली के कर्मचारियों और नेहरू मेमोरियल

म्यूजियम और लाइब्रेरी, नई दिल्ली के कर्मचारियों के प्रति भी अपना धन्यवाद ज्ञापित करना चाहते हैं, जिन्होंने हमें अभिलेखों से सम्बन्धित सामग्री उपलब्ध करवाई। हम आवश्यक पुस्तकों, पत्र-पत्रिकाओं, शासकीय दस्तावेज और अन्य तत्सम्बन्धी सामग्री उपलब्ध करवाने के लिए रीजनल सेंटर ऑफ़ स्टेट आर्काइव्ज़, तिरुपति, रेवेन्यू डिवीजन ऑफ़िस, कावाली, गांधी सेंटर, नेल्लोर, प्रोग्रेसिव यूनियन लाइब्रेरी, नेल्लोर और हैदराबाद विश्वविद्यालय तथा एन्थ्रोपोलॉजिकल सर्वे ऑफ़ इंडिया लाइब्रेरी, मैसूर के कर्मचारियों का भी धन्यवाद करना चाहते हैं। हम आन्ध्र प्रदेश के आदिलाबाद जिले में *हिन्दू* के संवाददाता, अपने मित्र श्री हरपाल सिंह के भी आभारी हैं जिनसे हमें भरपूर प्रोत्साहन मिला।

भाग : एक

अध्याय-1

परिचय

आदिवासी समुदाय किसी भी देश के प्राचीन निवासी होते हैं। इसके साथ यह भी सच है कि यह अस्थिर और घुमक्कड़ समूह है। ऐतिहासिक विकास-क्रम में विविध कारणों से समूहों का अलगाव करने वाले अन्तराल समाप्त हो गए और वे रूपान्तरण-क्रम में विलुप्त होते जा रहे हैं।[1] इसके साथ ही यह भी सच है कि उनके पास इतिहास अथवा समाज की किसी विकास अवस्था के अनुरूप कोई 'सुस्पष्ट स्थायी संरचना' नहीं है[2] तथापि अनेक पुस्तकों में इन समूहों का उल्लेख पाया जाता है। इन्हें दस्यु, शबर, निषाद, राक्षस इत्यादि नाम दिए गए थे। यह इनकी प्रारम्भिक पहचान थी। अब हम आन्ध्र प्रदेश की पहले अपराधी रही जनजातियों का मूल्यांकन करेंगे।

हजारों वर्षों से सामान्यत: जनजातियाँ एकान्त में रहती आई हैं, जिनका बाहर की दुनिया से कोई सम्पर्क नहीं था। इसलिए उन पर सभ्यता का कोई प्रभाव नहीं पड़ा। उनके पिछड़ेपन का यही मुख्य कारण है।

आधुनिक काल में जब ईस्ट इंडिया कम्पनी ने अपना राजनीतिक, आर्थिक और सांस्कृतिक प्रभुत्व स्थापित किया तब वह वनोपज का भी दोहन करना चाहती थी। इसके लिए उसने जंगलात कानून बनाए। बीसवीं सदी के प्रारम्भिक समय में रेल और सड़कों जैसे संचार साधनों को पहाड़ों और जंगलों से होकर गुजरना था। इससे मैदानों में रहने वाली जनता को अपने स्वार्थों की पूर्ति करने के लिए इन आदिवासी क्षेत्रों में प्रवेश का अवसर मिला। इसका परिणाम हुआ जमीन और आर्थिक आत्मनिर्भरता की हानि।[3] सातवाहन, चालुक्य, राष्ट्रकूट, काकतेय, कुतुबशाही और आसिफजाही के प्रशासन में आन्ध्र के सुदीर्घ और शानदार इतिहास के समूचे दौर में आदिवासी अथवा मूलनिवासी जातियाँ पहाड़ों और जंगली इलाकों के अपने घरों में धकेली जाती रहीं। आदिवासी लगभग बीसवीं सदी तक हिन्दू और मुस्लिम सामन्तों

के आसान शिकार थे। इस तरह शोषण की इस लम्बी प्रक्रिया में जनजातियाँ अपने पुरखों की जमीन से वंचित हो गईं और प्राय: उनकी मेहनत से अर्जित साधनों को लूट लिया जाता रहा।[4]

उन्नीसवीं शताब्दी तक जंगलों की जमीन पर स्थानीय समुदायों का नियंत्रण होता था। सन् 1900 के दौरान भारत की बीस प्रतिशत जमीन का वन-विभाग द्वारा अधिग्रहण कर लिया गया। भारत के आदिवासी क्षेत्रों में उपनिवेशवाद के तरह-तरह से प्रवेश ने उत्पादन की सामुदायिक प्रणाली को नष्ट कर दिया। उन पर लादे गए प्रतिबन्धों से स्थानीय जनों की स्वतंत्रता पर कुठाराघात हुआ। आदिवासियों पर कठोर कर लगाए गए तो वे विवश होकर जंगलों में और गहरे धँस गए। वे अपने पर लगाए गए टैक्स देने की जगह अपनी जमीन को बंजर रखना पसन्द करते थे। भुखमरी और सामाजिक तथा आर्थिक उपेक्षा के कारण स्वयं को जीवित रखने के लिए उन्हें अन्य मार्गों की तलाश करनी पड़ी। कहा जाता है कि इन जनजातियों में से कुछ ने चोरी को अपना मुख्य धन्धा बना लिया। वे तीर्थयात्रियों और अन्य यात्रियों पर टूट पड़े और पास के गाँवों-कस्बों में रात को चोरियाँ करने लगे। उन्होंने डकैती और हत्या में भी अपने हाथ आजमाए। उनमें से कुछ छोटे दुकानदार बन गए। ये व्यापारी सीमान्त क्षेत्रों से नमक और अनाज लाकर उसके बदले में वनोपज प्राप्त करते थे।[5] किन्तु पुलिस प्रशासन ने उनकी आवाजाही कुछ विशेष क्षेत्रों तक ही प्रतिबन्धित कर दी। उनमें से कुछ की खेतिहर, दंडात्मक, स्वैच्छिक और सुधारात्मक बस्तियाँ बसाई गईं।

स्वतंत्रता प्राप्ति के बाद भी इन जनजातियों के जीवन की परिस्थितियों में कोई विशेष सुधार नहीं हुआ है। शासकीय नौकरियों, सहकारी संस्थाओं, रोजगार, साख-सुविधा, भूस्वामित्व, चिकित्सा-सहायता, शिक्षा और राजनीतिक तथा सामाजिक अधिकारों के सन्दर्भ में उनकी दशा आज भी दयनीय ही है। इसके अतिरिक्त अपराधी जीवन त्याग चुकी ये जनजातियाँ अभिशाप और भय-भावना से पीड़ित हैं। इतिहास के अध्येता के लिए इन आदिवासी जातियों की जीवन-पद्धति, उनके रस्मोरिवाज, परम्पराओं, अन्धविश्वासों, कर्मकांड और उत्सवों के विषय में जानना रुचिकर होगा जो उन्हें समाज के अन्य वर्गों से अलग करता है।

प्रस्तुत अध्ययन का उद्देश्य और लक्ष्य स्टुअर्टपुरम की पूर्व बस्ती की सामाजिक-आर्थिक परिस्थितियों और उसके विकास की पड़ताल करना और इसके साथ-साथ ऐसे तरीकों और उपायों के सम्बन्ध में सुझाव देना भी है जिससे पूर्व में अपराधी रही जनजातियों (येरुकला) के लोगों का पुनर्वास और अधिक सार्थक हो सके। इस अध्ययन में इन जातियों के सामाजिक-ऐतिहासिक परिप्रेक्ष्य को प्रस्तुत करने का भी प्रयास किया गया है। वर्तमान में, यह अध्ययन स्टुअर्टपुरम की पूर्व बस्ती की मौजूदा स्थितियों तक सीमित है। स्टुअर्टपुरम आन्ध्र प्रदेश के गुंटूर जिले में स्थित है।

एक कानूनी श्रेणी के रूप में अपराधी जनजातियों का वर्ग सन् 1871 से अस्तित्व में आया। सन् 1793 के क्रिमिनल ट्राइब्स एक्ट और रेग्युलेशन से पहले इनके साथ कुख्यात ठगों और पिंडारियों के समान ही व्यवहार किया जाता था। देश के विभिन्न भागों में इन जनजातियों को अलग-अलग नाम दिए गए हैं। कुछ अपराधी जनजातियाँ इस प्रकार थीं—बाबरिया, भेदकूट, हार्नी, भांटुस अहेरिया, बादक, बैरागी, बनछद्दा, बरवर, बेआरा, मारवारी, मोगिया, बेद्या, भार, बोरिया, भाट, भेदकूट, भील, बिजोरिया, बोया, बराड़, चूड़ा, चमार, डलरिया, सोनारिया, डंडासी, धारी, धेस, धेंकुर, धेनवार, डोमर, डोम, दुसाध, गंधीला, घंटीचोर, घासी, गोंड, हबूरा, हांडीजोगी, हिंगोरा, जाट, जैंनयापन, कैकादी, कंजर, करबालनट, केवट, खटीक, कोमकापू, लोध, महात्मा, मल्लाह, उचल्या, तुटुगवोड्डार, लधा, लमानी, भमता, मनगुरुडी, मेवाती, मुलतानी, मुंडा पोता, मुसहर, नायक, निरशिकारी, नट, वोड्डर, उड़ियाडोम, अवधिया, पाहदी, पेरना, पासी, रचबन्द, तदबी, तगाभाट, तगू, तेलगा पमूला, पेद्दाती-गोला, उत्तर भारत के बेढ़िया, सीमान्त भारत के बलूचा डोम, हनुर्रा, कंजर, कोरबार, महतम, मीणा, पाखीवारा अथवा पाखीवालां, तगू-साँसिया, सनोरिया, बौरिया, अहेरिया और ब्रिटिश भारत में हरबुरा।[6] इन नामों में कुछ तो उनके अपने होते थे किन्तु प्राय: वे स्थानीय रूप से दिए गए ऐसे नाम हुआ करते थे जो अन्य प्रान्तों में प्रचलित थे। उदाहरण के लिए सनोरिया, नट, येरुकला, कोरबा, कोरचा, लम्बाड़ी और ब्रिंजारी। मद्रास प्रान्त में उन्हें आदि-द्रविड़, अंबालगर, बंजारा, भट्टू, तुराका, बोवा, बुडाबक्कल, दसारी, डोभरा, घासी, इठुलार, जोगी, कलादी, किल्लर, कंजर, केपमारी, किंटली कलिंगा, कोडा डोरास, कारठार, कठुकनारना, माडिगा, माहरी, मारवार, मुथरचा, नक्काल, नोक्कार, बोदुर, पिचारी, तेलगा-पाभूला बेल्लंगाप्पलती चत्ती, थोट्टिका नायक, डरालीगांदन, बलाया, बल्लायानकुप्पन पदयाची, बत्ताईकरन, वेत्रुयू, गौन्दाल, येत्ता इत्यादि कहा जाता था। आन्ध्र प्रदेश में उन्हें नेरामुचेयू जातुलु (चोर समुदाय) के नाम से सम्बोधित किया जाता था।[7]

स्टुअर्टपुरम के येरुकलाओं को आन्ध्र प्रदेश की पहले अपराधी रही जनजातियों का हिस्सा माना जाता है। इस जिले की आबादी में वे अल्पसंख्यक हैं। वे आसपास की जगहों के लिए एक वास्तविक संकट समझे जाते हैं।[8] इन येरुकलाओं पर डकैती, सेंधमारी, ठगी, चोरी और रेल के डिब्बों को तोड़ने के कलंक हैं। यह निश्चित हो चुका है कि येरुकला पूर्व में एक घुमक्कड़ जाति थी जो मुख्य रूप से गुंटूर, कृष्णा, कुरनूल, कुडप्पा, अनन्तपुर और तेल्लोर जिलों में पाई जाती थी। इस समुदाय की महिलाएँ सड़कों पर गाती हुई चलती हैं—*येरुको अम्मा येरुको,* जिसका अर्थ है—'भविष्यवाणी माँ भविष्यवाणी।'[9]

जब अंग्रेजों का भारत पर आधिपत्य हो गया तो इन लोगों से सूचनाएँ एकत्र करने का काम छीन लिया गया।[10] उनमें से कुछ ने खेती अपना ली। अन्य रस्सी,

चटाई, टोकरी बनाने या नमक और नीम (मारगोसा) की पत्तियाँ बेचने के छोटे-मोटे व्यवसायों में लग गए। उनमें से कुछ ने गाँवों में चौकीदारी का पेशा अपनाया। इस विस्थापित समुदाय में से कुछ लोग ऐसे थे जिन्हें जीवन का निर्वाह करने के लिए चोरी करने का रास्ता सूझा। उनमें से अधिकांश जंगलों में, पहाड़ों में रहते थे और रास्तों पर लूटपाट और आसपास छोटी-मोटी चोरियाँ करते थे।

समय बीतते-बीतते येरुकलाओं के सामने समस्याएँ आने लगीं। लोधों पर लिखते हुए पी.के. भौमिक ने इसका विवरण दिया है।[11] शिक्षा का अभाव और उनका कला-दस्तकारी में कौशल का न होना, उनके डी श्रेणी के पट्टे (डी श्रेणी ऐसे पट्टे होते हैं जिनमें जमीन पर न तो ऋण ही लिया जा सकता है और न उसे गिरवी रखा या बेचा जा सकता है) और सिंचाई की कारगर सुविधाएँ न होने से वे निर्धनता-रेखा से नीचे रहने पर विवश थे। अतएव, समय-समय पर जीवन-यापन के लिए वे अपराध की राह पर चल पड़े।

स्टुअर्टपुरम बस्ती के सामान्य परिवेश में कृषि, ठेके पर मजूरी, इंडियन लीफ़ टबैको कम्पनी में रोजगार, छोटे व्यवसाय और अपराध का प्रवेश हो चुका है। किन्हीं दुर्भाग्यपूर्ण परिस्थितियों की वजह से उन्हें अभी भी जीवन-निर्वाह के लिए गैरकानूनी तरीके अपनाने पड़ते हैं। फायदेमन्द समझी जाने वाली इन आपराधिक गतिविधियों के बावजूद उनका जीवन सुखी और सन्तुष्ट नहीं है। सही निष्कर्षों के लिए यह आवश्यक है कि इन समस्याओं का अध्ययन और विश्लेषण एक भिन्न परिप्रेक्ष्य में किया जाए। पहले, जनांकिक पहलू से इसका अध्ययन करने के प्रयास हुए हैं, परन्तु हमें उनकी जीवनशैली को समझने के लिए उनके जातिगत सम्बन्धों, सुनिश्चित पारिवारिक पृष्ठभूमि के प्रति भी एक अन्तर्दृष्टि से काम लेना होगा। स्टुअर्टपुरम के येरुकला समुदाय में कई प्रकार के अन्तर्द्वन्द्व हैं। इस सन्दर्भ में हमें बस्ती के भीतर और बाहर के लोगों से उनके पारस्परिक सम्बन्धों पर ध्यान देना होगा। नई और पुरानी पीढ़ी के बीच के सम्बन्धों को समझना विशेष रूप से महत्त्वपूर्ण है। परिवार नियोजन और कल्याण कार्यक्रमों तथा उनके जीवन पर उनके होने वाले प्रभावों को समझना होगा। इतिहास के अध्येता की दृष्टि से उनके अपराधों की कार्यशैली का अध्ययन भी बड़े महत्त्व का है क्योंकि इससे हमें भविष्य में होने वाले अपराधों की रोकथाम का तरीका सूझ सकता है।

अपने अध्ययन के लिए हमें पारिवारिक संरचना में सन्तानों और महिलाओं की भूमिका और उनके आर्थिक अवदान को भी समझना होगा। जहाँ तक अपराध-पक्ष का प्रश्न है, इस पर ध्यान दिया जाना चाहिए कि उनके आसपास एक प्रशासकीय अभिशप्त वृत्त है जिसमें पुलिस, वकील, चुराई गई सम्पत्ति के कारोबारी और राजनैतिक 'दादा' शामिल हैं।

अन्य महत्त्वपूर्ण स्रोतों के अध्ययन के अतिरिक्त प्रस्तुत अध्ययन का एक प्रमुख गौण स्रोत मौखिक साक्ष्य रहे हैं, जो स्अुअर्टपुरम के विभिन्न निवासियों से

की गई बातचीत से एकत्र किए गए हैं। इस प्रश्नावली का प्रयोग उनसे सूचनाएँ प्राप्त करने के लिए किया गया है। मुक्ति-सेना[12] के प्रबन्धकों और संरक्षकों के साक्षात्कार लिए गए हैं। मडिगनी दत्तू नाम के स्वाधीनता सेनानी और एक ग्रामप्रधान देवरा समसोनी से भेंट की गई। इसके अतिरिक्त गृह, राजस्व, लोक-निर्माण, विधि, न्याय, पुलिस रिकॉर्ड इत्यादि के अभिलेखीय स्रोतों का उपयोग भी प्रस्तुत अध्ययन में किया गया है।

दुखद होते हुए भी यह कहना पड़ता है कि अपराधी जातियों के सम्बन्ध में अध्ययन बहुत कम संख्या में किए गए हैं। जो अध्ययन हैं भी वे नृतत्वशास्त्री अथवा समाजशास्त्रीय हैं। अनेक वर्ष पहले जनरल हार्वे[13] ने कोरबा द्वारा किए जाने वाले कुछ अपराधों का सावधानी से सारिणीकरण किया था। किन्तु इस कार्य की योजना का मुख्य उद्‌देश्य जनसमूहों के प्रणय-पक्ष को उजागर करने था। दक्षिण भारत के कई जिलों के प्रशासन द्वारा प्रकाशित गजेटियरों में इन अपराधी जनजातियों का विवरण बहुत संक्षिप्त है जिससे पूरी बात नहीं बनती।

सन् 1857 के विद्रोह से पहले और बाद में प्रशासन के कुछ विशेष अधिकारियों ने अपराधी जनजातियों के सम्बन्ध में विशिष्ट अध्ययन किए। किन्तु उनका दायित्व इतना व्यापक और असमंजसपूर्ण था कि वे पुलिस विभाग के न्यायिक मामलों तक ही सीमित रहे।

सन् 1890 के दशक में मद्रास के पुलिस जिला निरीक्षक एफ.एस. मुलाली[14] ने पूर्व अपराधी जनजातियों पर एक पुस्तक लिखी थी। मद्रास के पुलिस उप महानिरीक्षक ई.एस.बी. स्टीवेन्सन[15] ने उनके रीतिरिवाजों और स्वभाव का अध्ययन करके उनके विषय में काफी सामग्री एकत्र की थी, लेकिन उनकी पुस्तक प्रकाशित नहीं हो पाई। सन् 1905 में मद्रास पुलिस के एम. पौपाराव नायडू[16] ने एक पुस्तिका लिखी थी—द *क्रिमिनल ट्राइब्स ऑफ़ इंडिया, नंबर-II ए हिस्ट्री ऑफ़ कोरबार, एरुकुला एंड कैकरी*। बहुमूल्य होते हुए भी मुलाली की पुस्तक और पौपाराव नायडू का प्रकाशन अब अप्राप्य है। दक्षिण भारत की जातियाँ और जनजातियाँ का सबसे अच्छा विवरण एडगर थ्रस्टन[17] की किताब में आसानी से मिल जाता है, जिसे उन्होंने मद्रास म्यूजियम के के. राघवचारी के सहयोग से लिखा था और जो मद्रास सरकार द्वारा सन् 1909 में सात खंडों में प्रकाशित की गई थी। सन् 1928 में डब्लू.डी. हाच[18] ने *एथनोलॉजिकल आस्पेक्ट्स ऑफ़ द ट्राइब ऑफ़ कुरावाज* शीर्षक से एक मूल्यवान पुस्तक तमिल प्रदेश में लिखी जो इस जाति का मूल स्थान है। मद्रास सरकार ने एबओरिजिनल ट्राइबल वेलफेयर इनक्वारी कमेटी के सचिवालय के तत्वावधान में सन् 1948 में एक रिपोर्ट प्रकाशित की—*रिपोर्ट ऑन द सोशियो-इकोनॉमिक कंडीशन ऑफ़ द एबओरिजिनल ट्राइब्स ऑफ़ द प्रोविन्स ऑफ़ मद्रास*। इस रिपोर्ट में मद्रास प्रेसीडेंसी

की अपराधी जनजातियों और उनकी बस्तियों का संक्षिप्त विवरण दिया गया है। यह उनकी सामाजिक-आर्थिक परिस्थितियों के सम्बन्ध में एक मूल्यवान रिपोर्ट है। वेन्नालाकुंटी राघवैया[19] ने दो खंडों में *ट्राइब्स ऑफ़ इंडिया* नाम की पुस्तक लिखी है, जिसमें अपराधी जनजातियों के सम्बन्ध में एक अध्याय है। उनकी *द प्रॉब्लम्स ऑफ़ क्रिमिनल ट्राइब्स*[20] समान रूप से महत्त्वपूर्ण कृति है। एक अन्य पुस्तक *ट्राइबल रिवोल्ट्स* [21] इसी विषय से सम्बन्धित है। उनकी अन्य पुस्तक *ट्राइबल जस्टिस* [22] से हमें अपराध, अपराध-निवारण, दंड और जनजातियों से सम्बन्धित अन्य विषयों की जानकारी मिलती है। पी.के. भौमिक ने *लोधाज़ ऑफ़ वेस्ट बंगाल* [23] पुस्तक की रचना की है। पी.सी. बिश्वास[24] ने *एक्स-क्रिमिनल ऑफ़ देलही* और बी.एस. हैकरवाल[25] ने *इकोनॉमिक एंड सोशल आस्पेक्ट ऑफ़ क्राइम इन इंडिया* शीर्षक पुस्तकें लिखी हैं। भारत के मूल निवासियों पर गुस्ताव ओपर्ट[26] ने अपना अध्ययन प्रकाशित किया जिसमें उन्होंने कुरू, येरुकला और कौट सहित सभी जनजातियों के विषय में लिखा है। भारत सरकार ने सन् 1949-50 में एक प्रतिवेदन प्रकाशित किया[27] जिसमें भारत की अपराधी जनजातियों की ऐतिहासिक पृष्ठभूमि का संक्षिप्त विवरण मिलता है।

एस. वेणुगोपाल राव[28] ने भारत में अपराधों के पहलुओं पर एक रोचक और मूल्यवान ग्रन्थ की रचना की है। इस पुस्तक में अपने देश में होने वाली समाजविरोधी गतिविधियों का विवेचन किया गया है और यह अध्ययन उन शोधकर्ताओं के लिए उपयोगी है जो अपराध के पहलुओं का अध्ययन करना चाहते हैं। सन् 1964 में वी. शिवप्रसाद[29] ने सोशल सर्विस एडमिनिस्ट्रेशन में डिप्लोमा के लिए समाजकार्य के मद्रास स्कूल में एक शोध प्रबन्ध प्रस्तुत किया था। यह एक प्रारम्भिक अध्ययन है जिसमें मुख्यत: कप्परल्ला टिप्पा बस्ती के उद्गम तथा विकास का वर्णन और शासन द्वारा किए गए पुनर्वास प्रयत्नों की संक्षिप्त समीक्षा की गई है।

अयप्पन[30] का मद्रास प्रान्त में आदिवासी जातियों की सामाजिक-आर्थिक स्थितियों पर प्रतिवेदन अपराधी जनजातियों और बस्तियों के सम्बन्ध में पर्याप्त जानकारी उपलब्ध कराता है। बी.आर. आम्बेडकर का लेखन जनजातियों की सामान्य पृष्ठभूमि को समझने की दृष्टि से उपयोगी है।[31] उनकी पुस्तक *द अनटचेबल, हू आर दे? हाऊ दे बिकॅम अनटचेबल?* में इन जनजातियों का विवेचन है।

इन जनजातियों पर बैली[32], ब्रूस[33] तथा अन्य विद्वानों ने भी पुस्तकें लिखी हैं। बैली की पुस्तक *ट्राइब, कास्ट एंड नेशन* (मेनचेस्टर 1960), जार्ज ब्रूश कृत *द स्ट्रेंगलर, द कल्ट ऑफ़ ठगी एंड इट्स ओवरथ्रो इन ब्रिटिश इंडिया* (न्यूयॉर्क 1968), कोइन एलबर्ट[34] का आवारा लड़कों का अध्ययन (न्यूयॉर्क 1955), जी.एस. घुर्ये की पुस्तक द *एबओरिजिन्स—"सो काल्ड"—एंड देयर फ्यूचर* (बॉम्बे 1949) इस विषय पर लिखी गई कुछ अन्य पुस्तकें हैं।

जिलीन जॉन लीविस[35] ने *टेमिंग द क्रिमिनल* (न्यूयॉर्क 1931) की रचना की। हटन[36] ने *कास्ट इन इंडिया* पुस्तिका लिखी और उनकी कृति का प्रकाशन सन् 1946 में बम्बई से हुआ। डी.एन. मजुमदार[37] की *रेसेज एंड कल्चर्स ऑफ़ इंडिया* 1961 के साल में प्रकाशित होकर सामने आई। आर.सी. मजुमदार[38] ने *द हिस्ट्री एंड कल्चर ऑफ़ द इंडियन पीपुल—द एज़ ऑफ़ इम्पीरियल यूनिटी* (बॉम्बे, 1968) नाम से एक ग्रन्थ की रचना की। रिस्ले[39] ने *द पीपुल ऑफ़ इंडिया* पुस्तक लिखी थी, उनकी यह पुस्तक सन् 1908 में प्रकाशित हुई थी, कलकत्ता से। शेर सिंह शेर की *साँसीज़ ऑफ़ पंजाब*[40] का प्रकाशन सन् 1965 में हुआ, नई दिल्ली से। वेरियर एलविन[41] ने *मुरिया मर्डर एंड सुसाइड* लिखी थी और यह सन् 1950 में लन्दन से प्रकाशित हुई। यह अपराध का अध्ययन न होकर वस्तुत: एक नृतत्वविज्ञानी रचना है। इन सभी विद्वानों द्वारा प्रणीत उपरोक्त सभी ग्रन्थ भारत की पूर्व में अपराधी रही जनजातियों के सम्बन्ध में मूल्यवान जानकारी प्रस्तुत करते हैं।

दि साँसीज़ ऑफ़ पंजाब में, शेर सिंह शेर ने अपना ध्यान इन अपराधी जनजातियों, विशेष रूप से पंजाब के सांसियों पर केन्द्रित करने का प्रयत्न किया है। उनका जोर इस बात पर है कि 'अपराधी जनजाति' घोषित किए जाने के बाद भी समूचे समुदाय पर उसके बहुत दुर्भाग्यपूर्ण परिणाम आए हैं और उन्हें असहानुभूतिशील और शोषणकारी अधिकारियों के रहमोकरम पर जीना पड़ता है। अन्य क्षेत्रीय कार्यकर्ताओं के लिए उनकी यह कृति सर्वश्रेष्ठ मार्ग-निर्देशिका है कि वे आगे आकर इस तरह की जातियों और जनजातियों के सम्बन्ध में वैज्ञानिक रूप से अध्ययन प्रस्तुत करें।

विषय के सम्बन्ध में उपलब्ध साहित्य के उपरोक्त परिप्रेक्ष्य से यह स्पष्ट होता है कि यद्यपि इस दिशा में काफी काम हुआ है, फिर भी गहराई से अध्ययन करके अभी बहुत कुछ करना बाकी है। जो भी हो, आन्ध्र प्रदेश में कुछ विद्वानों द्वारा पूर्व में अपराध करने वाली जनजातियों और उनकी बस्तियों पर कुछ उल्लेखनीय अध्ययन किए गए हैं। मीना राधाकृष्णन ने व्यापारी समूहों और उनकी कार्य-प्रणाली का सन्दर्भ रखते हुए मद्रास के क्रिमिनल ट्राइब्स एक्ट का इतिहास समझने की कोशिश की है। मीना राधाकृष्णन के हाल ही के कुछ लेख और पुस्तकें बहुत महत्त्वपूर्ण हैं : *डिसऑनर्ड बाई हिस्ट्री, 'क्रिमिनल ट्राइब्स' एंड ब्रिटिश कॉलोनियल पॉलिसी* (ओरिएंटल लॉन्गमेन, नई दिल्ली, 2000), *कॉलोनियलिज्म, इवोल्यूशनिज्म एंड एनथ्रोपोलॉजी—ए क्रिटिक ऑफ़ द हिस्ट्री ऑफ़ आइडियाज़ 1850-1930, हिस्ट्री एंड सोसाइटी* एन.एम.एम.एल., नई दिल्ली के जून 1997 के अंक में—*रिसर्च इन प्रोग्रेस पेपर्स,* नीरा चान्दोक (सम्पादक)। *हिस्टोरिकल ट्रजेक्टरी : एसेज़ इन ऑनर ऑफ़ रवीन्द्र कुमार* (तूलिका, नई दिल्ली, 2000) में संकलित—*कॉलोनियल कन्सट्रक्शन ऑफ़ ए क्रिमिनल ट्राइब : द इंटिनिरेंट ट्रेडिंग कम्युनिटीज़ ऑफ़*

मद्रास प्रेसीडेंसी। इकोनॉमिक एंड पॉलिटिकल वीकली खंड XXXV, संख्या 28, 15 जुलाई 2000 में मुद्रित *फ्रॉम इटिनिरेंट कम्युनिटीज टु वेज वर्कर-द क्रिमिनल ट्राइब्स ऑफ़ मद्रास प्रेसीडेंसी 1910-1947,* ए.आई.एच.एल. 1998, *रिसर्च इन प्रोग्रेस पेपर्स, हिस्ट्री एंड सोसाइटी,* तीसरी शृंखला, संख्या LVII, मार्च 2000, एन.एम.एम.एल. नई दिल्ली, *फ्रॉम ट्राइबल कम्युनिटी टु वर्किंग क्लास कांशसनेस : केस ऑफ़ येरुकला वूमन-रिव्यू ऑफ़ वूमन स्टडीज़, ई.पी.डब्लू;* अप्रैल 1989, *अरबनाइज्ड डिनोटीफ़ाइड ट्राइब्स : काम्पटिंग आइडेंटिटी, कान्टेसिंग सिटीजनशिप—ई.पी.डब्लू.* विशेष लेख दिसम्बर 22, 2007 और *क्राइम ऑफ़ विजीलेंट जस्टिस ई.पी.डब्लू.* जनवरी 12, 2008, इत्यादि। इन बुद्धिमत्तापूर्ण कृतियों में लेखिका अपनी प्रतिभा के साथ-साथ औपनिवेशिक कानूनों—सी.टी. एक्ट—के इतिहास और व्यवहार, अपराध की अवधारणा में बदलाव, अपराधी कार्यों, पारम्परिक पूर्वग्रह इत्यादि की चर्चा करती है, और औपनिवेशिक काल में वंशानुगत अपराधियों की श्रेणियों और अपराधों की न्याय व्यवस्था का चित्रण करती है। अपनी दो पुस्तकों— द *एक्स-क्रिमिनल ट्राइब्स ऑफ़ इंडिया*[42] (नई दिल्ली, 1979) और द *डिनोटीफ़ाइड ट्राइब्स—ए सोशियोलॉजिकल एनालिसस*[43] (नई दिल्ली, 1991) में लेखक वाई.सी. सिम्हाद्री ने इन जनजातियों की परिस्थितियों को चित्रित किया है। अपनी पुस्तक *एक्स-क्रिमिनल ट्राइब्स ऑफ़ इंडिया* में वाई.सी. सिम्हाद्री ने विभिन्न जनजातियों का सामान्य वर्णन करते हुए येरुकलाओं का विशेष उल्लेख किया है। लेखक ने अपराधी जनजातियों का इतिहास, उनका उद्‌भव, और आन्ध्र प्रदेश में उनकी बस्तियों का विवरण प्रस्तुत किया। सामग्री इकट्‌ठा करने में काम में लाए गए तरीकों को भी लेखक ने स्पष्ट किया है। वे गाँव में येरुकला समुदाय की सापेक्ष्य स्थिति का वर्णन करते हैं। लेखक ने इस समुदाय की विविध प्रकार की आपराधिक गतिविधियों पर भी ध्यान केन्द्रित किया है और दिखाया है कि सामाजिक परिवर्तनों से उनमें क्या बदलाव हुए। अपनी पुस्तक *डिनोटीफ़ाइड ट्राइब्स ऑफ़ इंडिया* में भी लेखक ने पूर्व अपराधी जनजातियों का ऐतिहासिक-सामाजिक अध्ययन किया है। यह अध्ययन सन् 1871 से पहले से लेकर सन् 1952 तक के बीच के काल का है अर्थात एक्स-क्रिमिनल ट्राइब्स एक्ट और हेबीचुअल ऑफेंडर एक्ट के पारित होने के समय। उन्होंने धर्मपुरम गाँव के येरुकलाओं पर भी एक आलेख लिखा है।[44] यह भी एक सामाजिक-आर्थिक अध्ययन नहीं है वरन् धर्मपुरम ग्राम, जो अब स्टुअर्टपुरम कहलाता है, में पूर्व में अपराधी रही जनजाति के बदले हुए अपराध-व्यवहार मात्र को प्रदर्शित करता है।

शैक्षणिक प्रकाशनों में आदिमजाति सेवक संघ, नई दिल्ली द्वारा प्रकाशित *वन्यजाति* का उल्लेख आवश्यक है। इसमें अपराधी जनजातियों सम्बन्धी सामग्री

का प्रकाशन किया जाता है। डी.एन. मजूमदार की जनजातीय स्मारिकाओं और अनुसूचित जातियों-जनजातियों सम्बन्धी प्रतिवेदनों से भी भारत की डिनोटीफ़ाइड जनजातियों के सम्बन्ध में उपयोगी सामग्री मिलती है।

उपरोक्त के अतिरिक्त यहाँ-वहाँ अनेक लेख छपे हैं, जो समाज-विज्ञानियों और नृतत्वशास्त्रियों द्वारा भीलों, लोधाओं, मीणाओं, येरुकलाओं और अन्य 'अपराधी जनजातियों' के सन्दर्भ में लिखे गए हैं। सन् 1952 में के.एम. कपाड़िया ने *सोशियोलॉजिकल बुलेटिन* (संख्या I और II, लन्दन, 1952) में भारत की अपराधी जनजातियों पर एक लेख लिखा था। सन् 1968 में क्लेरेंस एच. पेट्रिक ने माँग-गरूडी के विशेष सन्दर्भ में भारत की अपराधी जनजातियों पर एक प्रारम्भिक प्रतिवेदन लिखा था जो *मैन इन इंडिया* (खंड 48, संख्या 3, जुलाई-सितम्बर, 1968) में प्रकाशित हुआ। इस प्रकार के लेखन के अन्य उदाहरण हैं—अमेरिकी सोशियोलॉजी जनरल (सितम्बर 1964) में प्रकाशित अपेन्सबर्ग कोनराड का द *कम्युनिटी स्टडी मेथड्स,* बर्मन राय का *मीनिंग एंड प्रोसेस ऑफ़ ट्राइबल इंटीग्रेशन इन ए डेमोक्रेटिक सोसाइटी,* (सोशियोलॉजिकल बुलेटिन, मार्च, 1961) एल.एस. रॉबर्ट वर्गीस—*ए डिफरेन्शियल एसोसिएशन रीइनफोर्समेंट, थ्योरी ऑफ़ क्रिमिनल बिहेवियर, सोशल प्रॉब्लम्स,* क्रेसी पाल—द *क्रिमिनल ट्राइब्स ऑफ़ इंडिया* (सोशियोलॉजी एंड सोशल रिसर्च सितम्बर, 1936), हेकेलबर्ग—द *पैरामीटर्स ऑफ़ एन एथनिक ग्रुप, ए मेथड फॉर स्टडीइंग द टोटल ट्राइब* (अमेरिकन एनथ्रोपोलॉजिस्ट, अक्टूबर, 1967)। जनरल ऑफ़ क्रिमिनोलॉजी एंड पोलिटिकल साइन्स (सितम्बर, 1965) में जेफ्री सी.आर. का लिखा '*क्रिमिनल बिहेवियर एंड लर्निंग थ्योरी,* सोशियोलॉजिकल बुलेटिन, संख्या I और II में कपाड़िया का *एक्स-क्रिमिनल ट्राइब्स ऑफ़ इंडिया,* इंडियन, *इकोनॉमिक एंड सोशल हिस्ट्री रिव्यू* (खंड 26, संख्या 3, जुलाई-सितम्बर, 1989) में मीना राधाकृष्णन[45] का *सर्विलान्स एंड सेप्लमेंट अंडर द क्रिमिनल ट्राइब्स एक्ट इन मद्रास* तथा संजय निगम लिखित *डिसीप्लिनिंग एंड पुलिसिंग द क्रिमिनल्स बाई बर्थ* भाग एक और द *मेकिंग ऑफ़ ए कॉलोनियल स्टीरियोटाइप—द क्रिमिनल ट्राइब्स एंड कास्ट्स ऑफ़ नॉदर्न इंडिया* (इंडियन इकोनॉमिक एंड सोशल हिस्ट्री रिव्यू, खंड XXVII, संख्या 2, अप्रैल-जून 1990) और *डिसिप्लिनिंग एंड पुलिसिंग द क्रिमिनल्स बाई बर्थ* भाग दो तथा *डेवलपमेंट ऑफ़ ए डिसिप्लिनरी सिस्टम : 1871-1900* (*इंडियन इकोनॉमिक एंड सोशल हिस्ट्री रिव्यू,* खंड 37, संख्या 3, जुलाई-सितम्बर 1990)।

उपरोक्त निबन्धों के अतिरिक्त वी. ललिता ने आन्ध्र प्रदेश पर विशेष रूप से केन्द्रित कुछ अन्य महत्त्वपूर्ण निबन्ध लिखे हैं जो आन्ध्र प्रदेश हिस्ट्री कांग्रेस के प्रतिवेदन में प्रकाशित हुए हैं।[46] इनमें अपराधी जनजातियों और बस्तियों के जीवन का उल्लेख है। हेमलता लवानम कृत *अपराधी और सुधार* तथा वेन्नालकुंटी राघवैया की *अपराधी जनजातियों पर टिप्पणियाँ* से भी विषय पर

प्रकाश पड़ता है। वी. ललिता[47] ने एम.फिल पर लघु शोध प्रबन्ध और डॉक्टर उपाधि के लिए अपना शोधपत्र भी *एक अपराधी जनजाति के सामाजिक-आर्थिक और प्रशासनिक पक्ष—कप्परल्ला टिप्पा का अध्ययन* और *नेल्लोर के कप्परल्ला टिप्पा में जनजातियों का रूपान्तरण—सीतानगरम और गुंटूर जिलों का एक अध्ययन* शीर्षक से प्रस्तुत किया है। लेखिका ने इन अध्ययनों में वहाँ की जनजातियों के सम्बन्ध में लिखा है।

प्रस्तुत अध्ययन पाँच अध्यायों में विभाजित है। पहले अध्याय में विषय से सम्बन्धित उपलब्ध साहित्य की समीक्षा की गई है। इस समीक्षा में आन्ध्र प्रदेश के अतिरिक्त भारत के अन्य क्षेत्रों के सम्बन्ध में उपलब्ध इस तरह के साहित्य का अध्ययन करते हुए उस प्रसंग को दृष्टिगत रखा गया है जो स्टुअर्टपुरम पर केन्द्रित है। इस पुस्तक की रचना करते हुए लेखक ने प्राथमिक और गौण—दोनों ही स्रोतों का प्रयोग किया है। जैसा कि कहा जा चुका है, एक प्रश्नावली के आधार पर साक्षात्कार लिए गए। आमदनी के तरीकों और आर्थिक स्तर के आधार पर परिवारों का चयन करने में वस्तुस्थिति तय करने में क्षेत्रीय कार्य के मानक अपनाए गए। जानकारी एकत्र करने के लिए रेंडम पद्धति और केस स्टडी पद्धति, दोनों का प्रयोग किया गया है। दूसरा अध्याय ऐतिहासिक परिप्रेक्ष्य में अपराध और अपराधी जनजातियों की संघटना का विवेचन प्रस्तुत करता है। इस अध्याय में समय-समय पर बनाए गए विविध अपराधी जनजाति कानूनों का मूल्यांकन भी किया गया है।

तीसरा अध्याय येरुकला समाज का सामान्यत: और विशेष रूप से स्टुअर्टपुरम की बस्ती का संक्षिप्त विवरण प्रस्तुत करता है। विगत से अब तक की उनकी परिस्थितियों को यहाँ समझने का प्रयास किया गया है। इस अध्याय में येरुकलाओं के उद्‌भव, उनकी वेशभूषा, बसावट के तरीके, घरों की बनावट की शैली, रोजगार, सामाजिक विन्यास, उनकी अर्थव्यवस्था, जन्म और मृत्यु से सम्बन्धित कर्मकांड, विवाह पद्धति आदि पक्षों की चर्चा हुई है। इस अध्याय में येरुकलाओं की स्टुअर्टपुरम बस्ती का और सन् 1914 से अब तक उनकी सामाजिक और आर्थिक स्थितियों का संक्षिप्त परिचय भी शामिल किया गया है।

चौथे अध्याय में, स्टुअर्टपुरम बस्ती के येरुकलाओं में सुधार कार्यक्रमों और पुनर्वास से होने वाले बदलावों का विश्लेषण किया गया है। इस अध्याय में बताया गया है कि मुक्ति-सेना ने किस तरह से शिक्षा, भूमि वितरण, चिकित्सा सहायता और धार्मिक प्रसार (ईसाइयत) के माध्यम से येरुकला समुदाय में जाग्रति उत्पन्न की। यह दर्शाने का प्रयास किया गया है कि शासन की कल्याण कार्यक्रमों में संलग्नता से, जो कर्ज उपलब्ध करवाने, गृह निर्माण, स्कूल खोजने आदि उपायों के रूप में सामने आई, इन सुधारों में गति आई। पाँचवाँ अध्याय स्पष्ट करता है

कि रहवासियों के सुधार में शिक्षित युवाओं और समाज सुधारकों द्वारा किस तरह अपना योगदान दिया जा रहा है।

प्रस्तुत अध्ययन के आधार पर अन्तिम अध्याय में बस्ती में निवास कर रही पूर्व अपराधी जनजातियों की वर्तमान अवस्था के सम्बन्ध में कुछ सहज निष्कर्ष निकाले गए हैं और सामाजिक, आर्थिक और सांस्कृतिक दृष्टि से उनकी प्रगति के लिए सुझाव दिए गए हैं।

सन्दर्भ

1. वी. ललिता : *द मेकिंग ऑफ़ क्रिमिनल ट्राइब्स : पैटर्न एंड ट्रांजिशन* (न्यू एरा पब्लिकेशन, मद्रास, 1987), पृ.1
2. वही
3. वही, पृ. 3
4. हाईमेंड्रोफ वान फ्यूरर सी. : द *एबओरिजिनल ट्राइब्स ऑफ़ हैदराबाद, खंड 1* (द चेन्चस लन्दन, 1943) पृ. 41। हाईमेंडॉर्फ वॉन फ्यूरर सी. : *ट्राइब्स ऑफ़ इंडिया,* द *स्ट्रगल फ़ॉर सरवाइवल* (ऑक्सफोर्ड यूनीवर्सिटी प्रेस, नई दिल्ली, 1985) पृ. 35 भी देखें।
5. मीना राधाकृष्णन : द *क्रिमिनल ट्राइब्स एक्ट इन मद्रास प्रेसीडेंसी—इम्लिकेशंस फॉर इटीनेरेंट ट्रेडिंग कम्यूनिटीज़* (द *इंडियन इकोनॉमिक एंड सोशल हिस्ट्री रिव्यू,* खंड 26, संख्या 3, जुलाई-सितम्बर 1989, पृ. 273), यह भी देखें : मीना राधाकृष्णन : *डिसऑनर्ड बाय हिस्ट्री—क्रिमिनल ट्राइब्स एंड ब्रिटिश कॉलोनियल पॉलिसी* (ओरिएंटल लॉन्गमेन, नई दिल्ली, 2001) पृ. 7।
6. डी.एन. मजुमदार : *रेसेज़ एंड कल्चर्स ऑफ़ इंडिया* (चतुर्थ संस्करण, एशियन पब्लिकेशन हाउस, मुम्बई, 1965) पृ. 365।
7. वाई.सी. सिम्हाद्रि : *डिनोटिफाइड ट्राइब्स* (क्लासीकल पब्लिशिंग कम्पनी, नई दिल्ली, 1991) पृ. I।
8. गुस्ताव ओपर्ट : द *ओरीजिनल इनहैबीटेंट्स ऑफ़ भारतवर्ष ऑर इंडिया* (ओरिएंटल पब्लिशर्स, नई दिल्ली, 1971) पृ. 204।
9. थर्सटन एडगर : *कास्ट्स एंड ट्राइब्स ऑफ़ सदर्न इंडिया,* खंड 3 (14) (कस्मो पब्लिकेशंस, नई दिल्ली 1909) पृ. 441, इन्होंने बताया है कि यह येरुकला जासूसी के काम में लगाए जाते थे। वे शत्रु की सेनाओं से जानकारी एकत्र करते थे।
10. वी. ललिता : पूर्वोलिखित पृ. 24।
11. समस्याएँ यह हैं : 1. आर्थिक और स्थानिक विस्थापन, फलस्वरूप जीविका और संगठित जीवन की हानि। 2. आलसी और सरल जीवनशैली के कारण वे कृषि सम्बन्धी कार्यों में नहीं खप सके। 3. अपराधी होने के कलंक से उनकी सामाजिक प्रतिष्ठा प्रभावित हुई और उनके आत्मसम्मान की क्षति हुई। 4. निरन्तर पुलिस के दमन, कठोर दंड और उत्पीड़न ने उनके मानवीय स्तर को कमजोर किया। ये सतत भयभीत रहने लगे। 5. कारावास की लम्बी अवधियों से उनके पारिवारिक सम्बन्ध पूरी तरह से नष्ट हो गए। 6. निर्धनता और

अपनी आदतों के वशीभूत होकर वे अवांछित गतिविधियों में भाग लेने लगे। 7. चुराई गई सम्पत्ति लेने वालों और पुलिस के द्वारा उन्हें अकसर छला जाता था। 8. कड़ी मेहनत के बाद भी ठीक से जीवन-यापन न हो पाने की वजह से वे अवसाद और अन्य मानसिक कुंठाओं के शिकार हुए। देखें—पी.के. भौमिक : द लोधाज़ ऑफ़ वेस्ट बेंगाल (पुन्ती पुस्तक, कोलकाता, 1968) पृ. 279-81.

12. एक ईसाई धार्मिक संगठन की स्थापना भारत में सन् 1882 में विलियम बूथ टकर और लन्दन में विलियम बूथ द्वारा की गई थी। इसका उद्देश्य अपराधी जनजातियों की जीवन-स्थितियों को बेहतर बनाना था।
13. एच. हार्वे : *केमोज ऑफ़ इंडियन क्राइम* (स्टेनली पॉल एंड कम्पनी लन्दन)।
14. एफ.एस. मुलाली : *नोट्स ऑन द क्रिमिनल क्लासेज़ ऑफ़ मद्रास प्रेसीडेंसी* (मद्रास, 1892)।
15. उद्धृत : डब्लू.जे. हाच : द *लैंड पायरेट्स ऑफ़ इंडिया* (कन्सेप्ट पब्लिशिंग कम्पनी, नई दिल्ली 1976) पृ. 10.
16. एम. पौपाराव नायडू : *क्रिमिनल ट्राइब्स ऑफ़ इंडिया, ए हिस्ट्री ऑफ़ कारोवार, येरुकलाज़ आर कैकरीज़* (मद्रास, 1905)।
17. थर्सटन एडगर : *कास्ट्स एंड ट्राइब्स ऑफ़ सदर्न इंडिया,* खंड 3 (कास्मो पब्लिकेशंस मद्रास, 1909)।
18. डब्लू.जे. हाच : द *लैंड पायरेट्स ऑफ़ इंडिया* (लन्दन 1928)।
19. बी. राघवैया : *ट्राइब्स ऑफ़ इंडिया* (भारतीय आदिम जाति सेवक संघ, झंडेवालान, नई दिल्ली, 1969)।
20. बी. राघवैया : *ट्राइबल रिवोल्ट्स* (आन्ध्र प्रदेश आदिम जाति सेवक संघ, नेल्लोर (आन्ध्र प्रदेश), 1971)
21. बी. राघवैया : द *प्रॉब्लम्स ऑफ़ क्रिमिनल ट्राइब्स* (नेल्लोर 1943)।
22. बी. राघवैया : *ट्राइबल जस्टिस* (आदिम जाति सेवक संघ, नेल्लोर, 1977)।
23. पी.के. भौमिक : द *लोधाज़ ऑफ़ वेस्ट बेंगाल* (पुंटी पुस्तक, कोलकाता, 1963)।
24. पी.सी. बिस्वास : द *एक्स-क्रिमिनल ट्राइब्स ऑफ़ देलही स्टेट* (दिल्ली विश्वविद्यालय, दिल्ली, 1960)
25. बी.एस. हैकरवाल : *इकोनॉमिक्स एंड सोशल आसपेक्ट्स ऑफ़ क्राइम इन इंडिया* (जॉर्ज अलेन एंड अनविन लि., लन्दन 1934)
26. गुस्ताव ओपर्ट : द *ओरिजिनल इनहेबीटेन्ट्स ऑफ़ भारतवर्ष ऑर इंडिया* (ओरिएंटल पब्लिशर्स, नई दिल्ली, 1971)
27. क्रिमिनल ट्राइब्स एक्ट इंक्वायरी कमेटी 1949-50 नई दिल्ली की रिपोर्ट।
28. एस. वेणुगोपाल राव : *फेसेट्स ऑफ़ क्राइम इन इंडिया* (एलाइड पब्लिशर्स, मुम्बई, 1962)
29. शिवप्रसाद राव : कप्परल्ला टिप्पा पर अप्रकाशित लघु शोध प्रबन्ध।
30. ए. अयप्पन : मद्रास प्रान्त की आदिवासी जातियों की सामाजिक-आर्थिक स्थिति पर रिपोर्ट (मद्रास शासकीय मुद्रणालय, मद्रास, 1946)।
31. बी.आर. आम्बेडकर : द *अनटचेबल, हू आर दे? हाऊ दे बिकेम अनटचेबल?* (अमृत बुक कम्पनी, नई दिल्ली 1948)

32. एफ.जी. बैली : *ट्राइब, कास्ट एंड नेशन,* मेनचेस्टर विश्वविद्यालय 1960
33. जार्ज ब्रूस : *द स्ट्रेंग्लर कल्ट ऑफ़ ठगी एंड इट्स ओवरथ्रो इन ब्रिटिश इंडिया* (हारकोर्ट, ब्रेस एंड वर्ल्ड इंका, न्यूयॉर्क, 1968)
34. कोटन अलबर्ट के. : *डिलीक्वेंट बॉयज—ए कल्चर ऑफ़ गैंग* (द फ्री प्रेस ऑफ़ ग्लेंको, इलियोनिस, न्यूयॉर्क, 1955)
35. जिलीन जान लीविस : *टेमिंग द क्रिमिनल* (मेकमिलन कम्पनी, न्यूयॉर्क, 1931)
36. जे.एच. हटन : *कास्ट इन इंडिया* (ऑक्सफोर्ड यूनिवर्सिटी प्रेस, लन्दन, 1963)
37. डी.एन. मजूमदार : *रेसेज़ एंड कल्चर्स ऑफ़ इंडिया* (यूनीवर्सल पब्लिशर्स लि., लखनऊ 1961)
38. आर.सी. मजूमदार (सम्पा.) *द हिस्ट्री एंड कल्चर ऑफ़ इंडियन पीपुल—द एज़ ऑफ़ इम्पीरियल यूनिटी* (भारतीय विद्या भवन, मुम्बई, 1968)
39. रिसले सर हर्बर्ट : *द पीपुल ऑफ़ इंडिया* (थेकर स्प्रिक्स एंड कम्पनी, कोलकाता, 1968)
40. शेर सिंह शेर : *द साँसीज़ ऑफ़ पंजाब* (मुन्शीराम मनोहर लाल, नई दिल्ली, 1965)
41. वेरियर एलविन : *मुरिया मर्डर एंड सुसाइड* (ऑक्सफोर्ड यूनिवर्सिटी प्रेस, लन्दन, 1950)
42. वाई.सी. सिम्हाद्री : *द एक्स-क्रिमिनल ट्राइब्स ऑफ़ इंडिया* (नेशनल पब्लिशिंग हाउस, नई दिल्ली, 1979)
43. वाई.सी. सिम्हाद्री : *द डिनोटीफ़ाइड ट्राइब्स* (क्लासीकल पब्लिकेशन कम्पनी, नई दिल्ली, 1991)
44. वाई.सी. सिम्हाद्री : *चेंजिंग क्रिमिनल बिहेवियर ऑफ़ एन एक्स-क्रिमिनल ट्राइब इन एन इंडियन विलेज* (जनरल ऑफ़ इंडियन क्रिमिनोलॉजी, खंड 4 संख्या 1, जनवरी, 1976)
45. मीना राधाकृष्णन ने व्यावसायिक जातियों और उनके व्यवहार के विशेष सन्दर्भ में मद्रास प्रेसीडेंसी के आपराधिक जनजाति कानूनों का इतिहास खोजने का प्रयास किया है। मीना राधाकृष्णन की कुछ हाल के महत्त्वपूर्ण निबन्ध और पुस्तकें हैं : *डिसऑनर्ड बाय हिस्ट्री, 'क्रिमिनल ट्राइब्स' एंड ब्रिटिश कॉलोनीयल पॉलिसी* (ओरिएंट लॉन्गमेन, नई दिल्ली, 2000), *कॉलोनियलिज्म, इवोल्यूशनिज्म एंड एनथ्रोपोलॉजी—ए क्रिटिक ऑफ़ हिस्ट्री ऑफ़ आइडियाज़ 1850-1930*। (*हिस्ट्री एंड सोसाइटी एन.एम.एम.एल.,* नई दिल्ली में प्रकाशित शोधपत्र, जून, 1997) *कॉलोनियल कन्स्ट्रक्शन ऑफ़ ए क्रिमिनल ट्राइब—दि इंटीनेरेंट ट्रेडिंग कम्यूनिटीज़ ऑफ़ मद्रास प्रेसीडेंसी* (नीरा चांडोक द्वारा सम्पादित *हिस्टोरिकल ट्रेजेक्टरी : एसेज इन ऑनर ऑफ़ रवीन्द्र कुमार* में—तूलिका, नई दिल्ली, 2000)। *इकोनॉमिक एंड पॉलिटिकल वीकली,* खंड XXXV संख्या 28 और 29 15 जुलाई, 2000 में भी—*फ्रॉम इटीनेरेंट कम्यूनिटीज़ टु वेज वर्कर—द क्रिमिनल ट्राइब्स ऑफ़ मद्रास प्रेसीडेंसी 1910-1947* (ए.आई.एच.एस., 1998), *हिस्ट्री एंड सोसाइटी,* तीसरी शृंखला, संख्या LVII मार्च 2000 (एन.एम.एम.एल. नई दिल्ली में शोधपत्र में शोधपत्र—*'फ्रॉम ट्राइबल कम्यूनिटी टु वर्किंग क्लास कांशसनेस : केस ऑफ़ येरुकला वूमन* (रिव्यू ऑफ़ वूमन स्टडीज *ई.पी.डब्ल्यू.* 29 अप्रैल, 1989)। *अर्बनाइज्ड डिनोटीफ़ाइड ट्राइब्स : कमपीटिंग आईडेंटिटीज़ : कन्टेस्डेड सिटीजनशिप* (*ई.पी.डब्लू.* में विशेष लेख, 22 दिसम्बर, 2007) और *क्राइम ऑफ़ विजिलेंट जस्टिस* (*ई.पी.डब्लू.* 12 जनवरी, 2008) इत्यादि। नई राह बनाने वाले इन अध्ययनों में लेखिका ने विद्वता के साथ इतिहास का मूल्यांकन करते हुए औपनिवेशिक कानून, सी.टी. एक्टों के प्रभाव, अपराध की बदलती हुई अवधारणा, अपराधवृत्ति, पारम्परिक पूर्वग्रह आदि

और वंशानुगत अपराधियों तथा औपनिवेशिक काल में अपराध न्याय-व्यवस्था की श्रेणियों का विवेचन किया है।

46. वी. ललिता : *एँस्टेब्लिशमेंट ऑफ़ क्रिमिनल ट्राइब्स सेटलमेन्ट्स इन आन्ध्र : ए हिस्टॉरिकल सर्वे* (प्रदेश इतिहास कांग्रेस के पाँचवें सम्मेलन (चिराला और गुंटूर, 1980) का कार्यवृत्त, पृ. 33-34)। इसी लेखिका द्वारा यह भी देखें : *एँथनोग्राफिक बैकग्राउंड ऑफ़ येरुकला* (आन्ध्र प्रदेश इतिहास कांग्रेस (पी.ए.पी.एच.सी.) के छठवें सत्र की कार्यवाही (वारंगल 1983) पृ. 5-14, *काठेराज : एन एक्स-क्रिमिनल ट्राइब* (पी.ए.पी.सी. आठवाँ सत्र, (काकीनाडा 1984) पृ. 24.30। *क्रिमिनल ट्राइब्स सेटलमेन्ट्स एंड रोल ऑफ़ क्रिश्चियन मिशनरीज़* (पी.ए.पी.सी. के नवाँ सत्र, कुरुनूल) पृ. 129-135। *अ प्रोफाइल ऑफ़ सीतानगरम सेटलमेंट* (पी.ए.पी.एच.सी. दसवाँ सत्र (गुंटूर), 1986) पृ. 171-177। उन्नावा लक्ष्मीनारायण *उन्दावली क्रिमिनल ट्राइब्स सेटलमेंट* (पी.ए.पी.एच.सी. ग्यारहवाँ सत्र-नगरम् 1987) पृ. 133-145।

47. वी. ललिता : *सोशियो-इकोनॉमिक एंड एडमिनिस्ट्रेटिव आसपेक्ट्स ऑफ़ एन एक्स-क्रिमिनल ट्राइब—अ केस स्टडी ऑफ़ कप्परल्ला टिप्पा*। (एम.फिल के लिए वेंकटेश्वर विश्वविद्यालय तिरुपति में 1977 में प्रस्तुत अप्रकाशित शोध प्रबन्ध।)

अध्याय-2

आपराधिक जनजाति कानून और बस्तियाँ

सबसे पहले तो हम अपराध को परिभाषित करना चाहेंगे। क्लेरेंस डेरो के अनुसार 'ऐसा कोई कृत्य जो देश के कानून के अनुसार वर्जित हो, और ऐसा कोई काम जिसे इतना गम्भीर समझा जाए कि इसके करने की स्थिति में सजा की जरूरत अनुभव होती हो' अपराध माना जाता है।[1] परमाली अपराधी की परिभाषा करते हुए कहते हैं कि यह 'कानून द्वारा निषिद्ध और दंडयोग्य कार्य है, जो वर्तमान नैतिक मानदंडों के अनुसार लगभग सदैव अनैतिक होता है, जो सदा ही समाज के लिए हानिकारक होता है, जिसे दंडनीय उपायों के द्वारा दबाना पड़ता है और जिसका दमन आवश्यक अथवा अनिवार्य माना जाता है।[2]

विधिसम्मत रूप से अपराध की यह परिभाषा की जा सकती है—'कोई भी ऐसा कार्य जिसे करने की कानून ने मनाही की हो अथवा राज्य द्वारा अपने नाम से की जाने वाली कार्रवाई के अन्तर्गत दंड की व्यवस्था हो, अपराध की श्रेणी में आता है।'[3] परकिंस ने अपराध को कोई भी ऐसी सामाजिक हानि कहा है जो कानून द्वारा परिभाषित और दंडनीय निर्धारित की गई हो।[4] सामान्यत: कानून को ऐसा सिद्धान्त माना जाता है जो राज्य द्वारा परिभाषित होता है और वही इसे क्रियान्वित करता है। यदि अपराधों के लिए कानून नहीं होते तो अपराध भी नहीं होता। जब भी एक आपराधिक कानून पारित किया जाता है और उसे लागू किया जाता है, उसके पहले की जिन बातों को अपराध नहीं माना जाता था, तब ऐसी बातें अपराध बन जाती हैं, इस तरह अपराध कानून का उल्लंघन है।[5]

अपराध की समस्या मानवता के समक्ष एक बड़ी चुनौती है, यद्यपि यह स्थान-स्थान और समय-समय पर जनता की मूल्य पद्धति के अनुसार बदलती रहती है। रास्तों के अपराध, कस्बाई अपराध, नदियों या रेलगाड़ियों में होने वाले अपराध बहस का विषय बने हुए हैं। मानवता के उद्भव से ही यह एक प्राचीन

मानवीय दोष रहा है। भारत अथवा विश्व में कहीं भी संवाद माध्यमों में प्रतिदिन मानव-हत्या, सनसनीखेज डकैतियों, गुंडई, भ्रष्टाचार में नेताओं और पुलिस की साँठगाँठ, सम्मानित वित्त अधिकारियों द्वारा सार्वजनिक कोष के अकल्पनीय गबन, इत्यादि के सम्बन्ध में चटपटी खबरें छपती रहती हैं। वाई.सी. सिम्हाद्री का कथन है—'किसी भी समाज में जनता के आचरण की सहमति अथवा असहमति के लिए उसका सामाजिक ढाँचा उत्तरदायी होता है।'[6]

समस्त समाजों में, सभी युगों में अपराध की संघटना अलग-अलग मात्राओं में विद्यमान रही है। अपराध कानून के उल्लंघन का एक कार्य है जिसे अपराधियों के द्वारा अंजाम दिया जाता है। अपराध सदा ही मानव सभ्यता का एक अंग रहा है। इस तरह कहा जा सकता है कि अपराधी वह है जो कोई अपराध करता है और जिसे न्यायालय दोषी मानता हो। भारत में अपराधी उसे माना जाता है जो भारतीय दंड संहिता का अथवा राज्य अथवा केन्द्र द्वारा पारित किसी कानून का उल्लंघन करे और न्यायालय उसे दंड दे।

यहाँ प्रश्न उठता है कि अपराध होते ही क्यों हैं? कुछ व्यक्ति मानते हैं कि अपराध इसलिए होता है क्योंकि अपराधी को बुराई प्रेरित और प्रोत्साहित करती है। बेक्कारिया और बेन्थम ने यह विचार प्रस्तुत किया है कि अपराधी एक सामान्य मनुष्य होता है जो लालच के सामने झुक जाता है।[7] लोम्ब्रोसो के अनुयायियों ने एक दूसरी अवधारणा रखी है कि अपराधी, विशेष रूप से आदतन अपराधी, सामान्य मनुष्यों से बहुत अलग होते हैं। उसके मत का आधार शारीरिक विकृति है।[8] अन्य पक्षों का कहना है कि अपराधी जन्म से नहीं होते, बल्कि उन्हें बनाया जाता है। दूषित घर-बार, अवांछनीय पर्यावरण, निर्धनता, मद्यपान आदि अपराध की पृष्ठभूमि के आवश्यक तत्त्व हैं। दूसरे शब्दों में इसका अर्थ यह है कि अपराधी बनाने के लिए समाज ही उत्तरदायी होता है।[9]

अपराध विज्ञानियों का एक सम्प्रदाय मानता है कि एक अपराधी की निर्मिति में परिस्थितियों के दबाव की बड़ी भूमिका होती है। मर्सियर के अनुसार प्रत्येक व्यक्ति में अपराध के दो कारण होते हैं—अपराधी की आनुवांशिकता अथवा शारीरिक संरचना से उद्भूत प्रवृत्ति और इस प्रवृत्ति पर पड़ने वाले आसपास के प्रभाव अथवा तनाव। भारत में मानसिक शिथिलता और मानसिक अस्थिरता को अपराधवृत्ति का कारण माना गया है।[10] लोम्ब्रोसो ने अपराधियों की शारीरिक संरचना का अध्ययन किया था। उनके छात्र एनरिको फेरी ने उन सामाजिक कारणों की छानबीन की है जो अपराध में योगदान करते हैं। उसका दावा है कि अपराध तीन कारणों का व्यवस्थित परिणाम है, और वे हैं भौतिक अथवा भौगोलिक, नृवंशीय और मनोवैज्ञानिक तथा सामाजिक।[11]

राफेयल गारोफोलो ने इस सम्बन्ध में अपराधी की शारीरिक संरचना और तनावग्रस्तता की अपेक्षा मनोवैज्ञानिक पक्ष पर अधिक बल दिया है।[12] इटली के

इन प्रमुख अपराध-विज्ञानियों द्वारा किए गए अध्ययन में आनुवंशिकता, अपराधी की पर्यावरणीय पारिस्थितिकी का प्रभाव, आर्थिक और राजनीतिक परिवेश और मनोवैज्ञानिक सुझावों से व्यापक विषयों को सम्मिलित किया गया था। भारत में हो रही आपराधिक घटनाओं पर धर्म, सामाजिक रस्मोरिवाज, अन्धविश्वास, जातिवाद और साम्प्रदायिक घृणा, वर्गीय प्रतिशोध, शराबखोरी और नशे की आदतों का भी भारी प्रभाव पड़ता है।[13]

आमतौर पर मानी जाने वाली यह धारणा भ्रान्त है कि अपराध की घटनाओं का सम्बन्ध विषम आर्थिक परिस्थितियाँ हैं। यद्यपि कई अपराध जैसे—चोरी और डकैती—के कारण आर्थिक हो सकते हैं, जिनमें अपराधी गरीब अथवा बेरोजगार हो। ऐसे अपराध ही संख्या में सबसे ज्यादा होते हैं। तथापि यह आवश्यक नहीं है कि ये अपराध अति आवश्यकता या भूख के कारण से ही किए गए हों। सूदरलैंड का कहना है :

> अपराध के आर्थिक कारणों के अध्ययन से ज्ञात नहीं होता कि वे आर्थिक कारणों से किए गए हैं। अपराध का मनोवैज्ञानिक अध्ययन और सामाजिक मान्यताओं के निकष को परखा जाए तो अपराध के कारणों में इनकी भूमिका अधिक होती है।[14]

आगे वे कहते हैं कि सामान्यत: भूख और गरीबी किसी मनुष्य को अपराध के लिए प्रेरित नहीं करती, उसकी भावनात्मक अस्थिरता ही उसे इसके लिए तैयार करती है और वह इसे न्यायोचित और अपनी एक बड़ी उपलब्धि के रूप में समझने लगता है। यह आर्थिक असुरक्षा और जीवन में आधारभूत सुविधाओं का अभाव असामाजिक व्यवहार की जमीन तैयार करता है।

अपराध और आर्थिक कारणों का सम्बन्ध निर्धारित करते हुए पी.एन. रामास्वामी[15] ने स्वीकार किया है कि अपराध वृत्ति पर आर्थिक स्थिति का गहरा प्रभाव पड़ता है। अपराधों में वृद्धि के अन्य कारण मानसून में कमजोरी, फसलों की हानि और महँगाई होते हैं। इस विचार का समर्थन बी.एस. टैकरवाल ने भी किया है।[16]

लोम्ब्रोसो, फेरी और गारोफोलो जैसे सकारात्मक सोच वाले विद्वानों ने आनुवांशिकता को अपराध-वृत्ति के साथ सम्बद्ध किया है। यह असंदिग्ध रूप से स्थापित हो चुका है कि अपराधवृत्ति जन्मजात नहीं होती लेकिन उस पर पर्यावरणीय स्थितियों का प्रभाव पड़ता है। टार्डे नामक एक अन्य समाजशास्त्री का निष्कर्ष यह है कि अपराध जन्मजात नहीं होता, अपितु इसकी प्रकृति सामाजिक होती है। सामान्य शब्दों में वे कहते हैं कि एक अपराधी का चेहरा एक ईमानदार आदमी जैसा ही होता है। टार्डे ने अपराध सम्बन्धी प्रचलित मतों का अध्ययन किया है और उनके कारणों को देखते हुए जैविक और भौतिक मतवादों को अमान्य करते

हुए उन्हें अस्वीकार कर दिया है। वह मानता है कि अपराध का मूल कारण सामाजिक है। उसका कहना है :

> अपराधी का निर्माण करने में जैविक और भौतिक तत्त्वों की कोई भूमिका सम्भव है लेकिन किसी को अपराधी बनाने का सर्वाधिक लाक्षणिक कारण सामाजिक पर्यावरण होता है।[17]

आर्थिक-निर्धारिकता के विचार का एक समीकरण कार्ल मार्क्स के शब्दों में पाया जाता है :

> भौतिक-जीवन में उत्पादन पद्धति जीवन प्रक्रिया के सामाजिक और आध्यात्मिक पक्ष के सामान्य चरित्र का निर्धारण करती है। मनुष्य के अस्तित्व का निर्धारण उसकी संचेतना से नहीं होता है, इसके विपरीत उनका सामाजिक अस्तित्व उनकी संचेतना का निर्धारक है।[18]

उनका मुख्य प्रतिपाद्य था कि पूँजीपति वर्ग गरीबों का शोषण करता है जिससे गरीबी उत्पन्न होती है। परिणामस्वरूप, गरीब लोग अपराधों के प्रति उन्मुख होते हैं। निर्धन वर्ग आर्थिक दबावों और तनावों के कारण अपराध करते हैं। हालैंड के अपराधशास्त्री बोंगर का मत कार्ल मार्क्स के लेखन पर आधारित है। वह अपराध को पूँजीवाद की कमजोरी निरूपित करता है। डॉक्टरेट के लिए अपने शोधप्रबन्ध में उसने कहा है कि अपराध-वृत्ति के सामाजिक प्रसार में आर्थिक परिस्थितियाँ सर्वाधिक महत्त्वपूर्ण हैं।[19] उसके विचार के अनुयायियों का मानना है कि कामगार वर्ग के शोषण से गरीबी का जन्म होता है और जनसमूह के दुख बढ़ते हैं और प्रकारान्तर से ये परिस्थितियाँ अपराध का कारण बनती हैं। बोंगर के मत की विशेषता यह है कि उसने निर्धनों में अपराध के लिए गरीबी और सामाजिक पर्यावरण को कारक-तत्त्व के रूप में स्वीकार किया है। सन् 1940 के आसपास आपराधिक आचरण के लिए एक आधारभूत समाजशास्त्रीय मत अमेरिका से सामने आया। इसके प्रस्तोता सुदरलैंड थे और इस मत को विभेदक सहचर्य (डिफरेन्सियल एसोसिएशन) कहा गया। उन्होंने इस बात पर बल दिया कि अपराध एक सामाजिक संघटना है। उनका कहना था कि आपराधिकता जैविक नहीं है और न ही उसका सम्बन्ध मनोविज्ञान अथवा जलवायु से है, बल्कि कर्तव्यच्युति की अधिकता ही अपराध का कारण बनती है।

डेरकवाल के अनुसार भारत में अपराधियों की निम्न श्रेणियाँ हैं :

1. असाध्य अपराधी
2. आदतन अपराधी
3. संयोगजन्य अपराधी
4. अपराधी जातियाँ और जनजातियाँ[20]

असाध्य अपराधी

हैकरवाल मानते हैं कि असाध्य अपराधी वे होते हैं जो जानबूझकर अपराध को अपना पेशा बनाते हैं। असाध्य अपराधी इसे अपनी जीविका उपार्जित करने के लिए आसान और लाभदायक तरीका समझता है। भले ही उसे ईमानदारी से व्यवसाय करने का अवसर प्राप्त हुआ हो, वह कभी भी ऐसे अवसर को नहीं अपनाएगा क्योंकि उसमें उसका विश्वास ही नहीं होता। वह स्वयं सदा अपराध नहीं करता। प्राय: यह होता है कि अपराध करते हुए कुछ समय तक सफलता के बाद वह अपनी योजना को क्रियान्वित करने के लिए दूसरे लोगों से काम लेता है, और ध्यान रखता है कि दंड उन्हीं को भोगना पड़े और वह बचा रहे। कभी-कभी वह एक प्रभावशाली व्यक्ति होता है, उस दशा में वह उनके बचाव के लिए वकीलों की सेवाएँ प्राप्त कर सकता है। यदि वह अपने अधीनस्थों का बचाव नहीं कर पाता और उन्हें सजा हो जाती है तो वह सजायाफ़्ता अपराधियों के परिवार की देखभाल करता है। इस तरह के अपराधियों को सुधारना बहुत कठिन है।

आदतन अपराधी

बार-बार अपराध करने वाले व्यक्ति को आदतन अपराधी कहा जाता है। वह प्राय: परिस्थितियों और आर्थिक तनावों का शिकार होता है, और इस कुचक्र से बाहर नहीं निकल पाता। आदतन अपराधी अपने सुधार के लिए चाहे जितना भी उत्सुक और प्रयत्नशील हो, सामान्यत: वह ऐसा कर नहीं पाता। फिर एक या दो बार दंडित होने के बाद तो यह सुधार सम्भव ही नहीं है।

संयोगजन्य अपराधी

उपरोक्त दो प्रकार के अपराधियों की तुलना में संयोगजन्य अपराधी एक लापरवाह किस्म का व्यक्ति होता है। वह न तो असाध्य अपराधी की तरह पेशेवर अपराधी है ओर न ही अपराध की आदत से पीड़ित क्योंकि वह इसके लिए तैयार नहीं रहता और न अपराध वृत्ति की उसे आदत होती है। वह यदा-कदा अपराध करता है।

अपराधी जातियाँ और जनजातियाँ

अपराधी जनजातियाँ हमारे समाज के ऐसे लोग हैं जो अपनी जीविका उपार्जन के लिए चोरी, डकैती, लूटमार और अन्य आपराधिक कार्यों में लिप्त हैं। तथापि

सन् 1952 में अपराधी जनजाति कानून के निरस्त होने के बाद से इन 'अपराधी' जनजातियों को 'डिनोटीफ़ाइड समुदाय' कहा जाता है।

रिसले ने जनजाति को परिभाषित करते हुए कहा है कि 'यह परिवारों अथवा पारिवार समूहों का एक ऐसा समुच्चय होता है, जिसकी सामान्य संज्ञा से किसी विशिष्ट व्यवसाय का बोध नहीं होता और जो अपनी उत्पत्ति किसी मिथकीय अथवा प्राचीन पूर्वज से बताता है।'[21] रिसले की परिभाषा का अनुसरण करते हुए वाई.सी. सिम्हाद्री ने अपराधी जनजाति के लिए यह परिभाषा दी है :

> भारतीय समाज के ऐसे आदिम जाति समूह जो परम्परागत रूप से अपराधी गतिविधियों में अपनी जीविका के लिए लिप्त रहे हैं और जो इन गतिविधियों को अपनी जीवनशैली का अंग मानते हैं।[22]

भारत की जनजातियाँ दो प्रकार की हैं—1. अपराधी जनजातियाँ और 2. गैर-अपराधी जनजातियाँ। अपराधी जनजातियाँ वे हैं या परिवारों के वे समूह हैं जो अपने व्यवसाय में 'आपराधिक' गतिविधियों का पारम्परिक रूप से पालन करते हैं। सन् 1987 के प्रारम्भ में जब पहला अपराधी जनजाति कानून अमल में आया तब अपराधी जनजातियों को जन्मजात अपराधी जनजाति समझा जाता था और सरकारी अधिकारी उन पर चौकस निगाह रखते थे। इस कानून के सन् 1952 में निरस्त होने तक इन जनजातियों का स्वतन्त्रतापूर्वक आवागमन सीमित था। गैर-अपराधी जनजातियाँ परिवारों के वे समूह हैं जो एक ही नाम से सम्बोधित किए जाते हैं और जो किसी मिथकीय चरित्र अथवा प्राचीन पूर्वज से अपनी उत्पत्ति का दावा करते हैं। गैर-अपराधी जनजातियाँ जीविका के लिए पेशे के रूप में अपराध कृत्यों को स्वीकार करती हैं।

जिलीन ने इन अपराधी जनजातियों को दो वर्गों में रखा है, एक वह वर्ग जो जिप्सियों की तरह घूमता रहता है और दूसरा वह वर्ग जो गाँवों में बसा हुआ है।[23] भारत में अनेक घुमक्कड़ और अपराधी जातियाँ हैं, जो अनन्तकाल से अपनी जीविका संदिग्ध कार्यों से अर्जित करती रही हैं। एक दृष्टिकोण यह है कि वे जिप्सियों की वंशज हैं। जिप्सी जनजाति दुनिया भर में पाई जाती है और यह विश्वास किया जाता है कि उन सभी का उत्स एक ही है।[24] किन्तु ऐसे प्रमाण बहुत कम हैं जिनसे प्रमाणित होता हो कि आज के यूरोप और विश्व के दूसरे भागों में मिलने वाले जिप्सियों से इन जनजातियों का कोई सम्बन्ध रहा होगा। कुछ लोगों का मत है कि अपराधी जनजातियों का उद्भव और विकास उन आदिवासियों से हुआ जिन्हें मध्य एशिया में रहने वालों के हमलों की वजह से समय-समय पर विस्थापित होना पड़ा था।

अपराधी जनजातियों का प्रारम्भिक इतिहास ज्ञात नहीं है। लेकिन हमारे पास रिसले[25], शूबर्ट[26], धुर्ये[27] और अन्यों के निष्कर्ष हैं, जो मानते हैं कि ये जनजातियाँ देश की मूलनिवासी थीं। वेरियर एलविन[28] का मानना है कि अपराधी जनजातियों

से एक बैगा उस क्षेत्र के मूल स्वामी हैं जहाँ वे आज रहते हैं। शेर सिंह ने कहा है कि अपराधी जातियों के सम्बन्ध में पहला कानून सन् 1773 में, और फिर सन् 1871 में बना जब कुछ जनजातियों को अपराधी के रूप में अंकित किया गया।[29]

ये जनजातियाँ जंगल, पहाड़ और रेगिस्तान में एक यायावरी जीवन व्यतीत करती हैं और उनके निश्चित ठिकाने नहीं होते। अपनी गृहस्थी और सामान के साथ भटकते रहते हैं और किसी भी गाँव-कस्बे के बाहर किसी सुनसान जगह पर, रास्तों से दूर अपने तम्बू गाड़ लेते हैं। प्राचीन समय में उनका जीवन आसान था, किन्तु देश में सभ्यता की प्रगति के साथ इनका अपने अस्तित्व के लिए संघर्ष कठिन होता गया और इन घुमक्कड़ जनों के लिए यह स्थिति और अधिक दुश्वार होने लगी। उन्हें अपनी आपराधिक गतिविधियों में ज्यादा मुश्किलों का सामना करना पड़ा।

ठगों की टुकड़ियाँ व्यापारी और सामान्य व्यक्तियों के छद्म वेश में सड़कों से होकर यात्राएँ किया करती थीं और अवसर मिलते ही भोले-भाले यात्रियों का गला घोंटकर उन्हें मारकर लूट लेते थे। उनके खिलाफ कार्रवाई सन् 1853 तक चली और इन ठगों को नेस्तनाबूद कर दिया गया।[30] तत्पश्चात पिंडारियों का उदय हुआ जो कहीं ज्यादा खतरनाक थे। पिंडारियों का सर्वप्रथम उल्लेख सन् 1689 में मिलता है।[31] सन् 1860 तक इन लुटेरों का पूरी तरह से खात्मा किया जा चुका था और देश में शान्ति हो गई। ठगों और पिंडारियों के दमन के बाद अंग्रेजी शासकों ने भारत में भटक रही घुमक्कड़ और जिप्सी जनजातियों पर ध्यान दिया।

अपराधी घोषित हुई सभी जनजातियों की गणना कर पाना मुश्किल है किन्तु अखिल भारतीय जाँच समिति की रिपोर्ट में उनमें से 198 को, अन्य मिश्रित समूहों के साथ सूचीबद्ध किया गया है।[32] डिनोटीफ़ाइड जनजातियों में से अधिकांश, लगभग 1500 घुमक्कड़ और घुमक्कड़ जनजातियों और 198 डिनोटीफ़ाइड जनजातियों को अनुसूचित जनजातियों अथवा अन्य पिछड़ा वर्ग (ओ.बी.सी.) में शामिल किया गया है। भारत में लगभग पन्द्रह करोड़ नोटीफाइड जनजातियों और अर्द्ध घुमक्कड़ जातियों के लोगों की दशा बहुत गम्भीर है। उनकी समस्याएँ कभी सार्वजनिक चर्चा का विषय नहीं बन पातीं। सरकार और जनता को उनकी चिन्ता कभी-कभी ही होती है। भारत सरकार ने डिनोटीफ़ाइड, घुमक्कड़ और अर्द्ध घुमक्कड़ जनजातियों (एन.सी.डी.एच.एस.एन.टी) के लिए एक राष्ट्रीय आयोग की नियुक्ति की है, जो सामाजिक न्याय मंत्रालय के अन्तर्गत काम करता है। आयोग ने इन लोगों को अनुसूचित समूह घोषित करने की सिफारिश कई बार शासन से की है। आयोग ने सरकार से संविधान में संशोधन करने के लिए भी कहा है जिससे उनकी एक अलग श्रेणी बन सके और इन्हें आरक्षण का लाभ मिल सके। भारत में अधिकांश डिनोटीफ़ाइड जनजातियों को अनुसूचित जाति, अनुसूचित जनजाति अथवा अन्य पिछड़ा वर्ग में रखा जाता है। विषय को और भी उलझाने के लिए विभिन्न राज्यों में डिनोटीफ़ाइड जनजातियों और

घुमक्कड़ों का अलग-अलग वर्गीकरण किया गया है। बंजारा/शुगाली आन्ध्र प्रदेश, गुजरात और उडिशा में अनुसूचित जनजाति के अन्तर्गत हैं, किन्तु कई अन्य राज्य जैसे कर्नाटक, राजस्थान, हिमाचल प्रदेश उन्हें अनुसूचित जाति की श्रेणी में मानते हैं। उत्तर प्रदेश जैसे राज्यों में उन्हें अन्य पिछड़ा वर्ग का दर्जा दिया गया है और महाराष्ट्र में वे डिनोटीफ़ाइड जनजाति माने जाते हैं। आन्ध्र प्रदेश के येरुकलाओं के साथ भी यही है। कर्नाटक में येरुकलाओं को कोरमा/कोरचा कहा जाता है, जिन्हें राज्य में अनुसूचित जाति घोषित किया गया है। तमिलनाडु में वे कोरबा कहे जाते हैं जो अनुसूचित जाति की श्रेणी में आते हैं। बेराड, कैकायद, पारधी, साँसी, बुधुक, वोड्डार आदि अन्य डिनोटीफ़ाइड जनजातियों की स्थिति भी ऐसी ही है। गोंधाली, गरुड़, चैयकाठी, कालेबेलिया, बाजीगर, नट, मदारी, कंजड़ों के सामने भी ऐसी ही समस्याएँ हैं। इस तरह सूचीबद्ध किए जाने पर भी, इन समुदायों के लिए निर्धारित कल्याण योजनाओं का बहुत कम लाभ इन्हें मिल पाता है। विकास के क्षेत्रों में वे बहुत पिछड़े हुए हैं। अधिकांश तम्बुओं में बसर करते हैं, वे गाँवों के बाहर ही खुली जमीन पर रहते हैं और शहरों की सुविधाएँ उन्हें प्राप्त नहीं हैं। बुनियादी सुविधाएँ उनके लिए अलभ्य हैं। उनका कोई स्थायी ठिकाना नहीं होता। उनके पास राशनकार्ड नहीं हैं। उनके पास सरकारी दस्तावेज भी नहीं हैं। जाति प्रमाणपत्र जैसे कागज पाने के लिए उनके सामने अनेक मुश्किलें आती हैं। मतदाता सूचियों में भी उनका नाम नहीं होता। सरकार के लिए वे अस्तित्वहीन हैं और किसी सरकारी आयोजन की पात्रता उनके पास नहीं है। पारम्परिक रूप से ये जनजातियाँ पशुपालक, शिकारी और घुमक्कड़ रही हैं। उदाहरण के लिए, निरशिकारी, ढांगर, कुरुबा और पारदी आखेटक हैं। वे समाज को अपनी सेवाएँ देते हैं, जैसे घिसादी लोहारी करते हैं, वोड्डार पत्थर फोड़ते हैं और बंजारा / सुगाली सामान लाते-ले-जाते और नमक बेचते हैं। येरुकला भविष्यवाणियाँ करते हैं और गोदने गोदते हैं, छप्परबन्द सायबान बनाते हैं, डोंबारी कलाबाजी और हाथ की सफाई से मनोरंजन करने वाले और पमूला तथा मदारी साँपों का खेल दिखाते हैं। इन जनजातियों के जीवन निर्वाह पर ब्रिटिश शासकों ने अपने शासन का कोई प्रभाव नहीं छोड़ा। इसलिए उनमें से कई जनजातियाँ छोटे-मोटे अपराधों की ओर मुड़ गईं। सन् 1871 के कुख्यात क्रिमिनल टाइब्स एक्ट में इनके पंजीकरण, चौकसी और नियंत्रण की व्यवस्था की गई थी। स्थानीय प्रशासन सोचता था कि वे निरन्तर गैरजमानती अपराध करते रहने के अभ्यस्त होते हैं। स्थानीय पुलिस और न्यायपालिका उन्हें न्याय की कोई सुविधा प्रदान नहीं करती थी। उन्हें घेर-बाँधकर बस्तियों में बसा दिया गया है। सरकार ने उनसे कारखानों, खदानों और जंगलों में कड़ी मेहनत करवाई। इन जनजातियों की विभिन्न स्थानों पर कुल जनसंख्या तीसरी पंचवर्षीय योजना के समय चालीस लाख के आसपास आँकी गई थी।[33] सन् 1981 की जनगणना के अनुसार कुल जनसंख्या 65.9 करोड़ में आदिवासियों की आबादी पाँच करोड़ तक जा पहुँची थी।[34]

आन्ध्र प्रदेश के आदिवासी कल्याण विभाग हैदराबाद के अन्तर्गत संचालित आदिमजाति संस्कृति शोध और प्रशिक्षण संस्थान द्वारा तैयार किए गए एक प्रतिवेदन में आन्ध्र में डिनोटीफ़ाइड जनजातियों की 59 जनजातियों का उल्लेख है। यह जनजातियाँ निम्न हैं : तेलगा पमूला, डंडासी, कोंडा डोरा, रेली, पाइदी, किंटिली, कलिंगा, नक्काल, पिरिकी मोक्कल, डोंगा यथा, वेडुरुपका माल, बोया, नेट्टिकोठाला, रेड्डिका, यनाडी, डोम्मारा, येरुकला, अनीपिमाल, वाड्डी उप्पारा, बुडाबुक्कला, लंबाडी, बटुरा, डोंगा डोमारा, जोगुला, नवाबपेट, कोरचा, डोंगामाल, अमगुंटा पेलेगर, पार्या, थोटानायक, भट्टू, तुराका, पेड्डाराबोया, डब्बाला कोरचा, डोंगा कोरचा, दासारी, सकाल, पेड्डगोला, मोंडी बगूला, निरशिकारी, डोंगाडरा कोरचा, ईराली कय्यारभट्ट, जाशुरो की मिश्रित टुकड़ियाँ और डोंगा बोया।[35]

सन् 1911 की जनगणना में पहली बार अपराधी जनजातियों को पृथक श्रेणी में चिह्नित किया गया था। इनमें से अधिकांश हिन्दू रीतिरिवाजों का पालन करती हैं। सम्भवत: इसी आधार पर घुर्ये ने मान लिया है कि वे हिन्दू हैं। उन्होंने इन्हें 'पिछड़े हुए हिन्दू' कहा है।[36] उनमें से कुछ मुसलमान और कुछ अनुसूचित जातियों में से हैं। कुछ का दावा ऊँची जातियों से होने का है। उनके दावे जो भी रहे हों, उनके पूर्वज जो भी रहे हों, उनका सामाजिक स्तर अत्यन्त दयनीय है।

शासन इन जनजातियों के साथ तीन पूर्वग्रहों के साथ व्यवहार करता रहा। पहला, किसी विशेष समूह या जाति में जन्म लेने वाला व्यक्ति अपराधी ही होता है क्योंकि वह अपने पिता का ही पेशा अपनाता है। दूसरा, जब वह एक बार कानून तोड़ने का आचरण करने लगता है तो सदा ही अपराधी बना रहेगा क्योंकि वह इसे अपना व्यवसाय मान चुका है। और तीसरा, लगातार आपराधिक आचरण उसे गम्भीर अपराधी बना देता है। सी.टी. एक्ट में घोषित अपराधी जनजाति के सभी सदस्यों को सूचीबद्ध करने का प्रावधान था। इस कानून में यह व्यवस्था भी थी कि सूचीबद्ध लोगों को समय-समय पर पुलिस अधिकारी के सामने प्रस्तुत होकर सूचना देनी होगी और उन्हें अपने रहने की जगह या इसमें हुए किसी परिवर्तन की बात बतानी होगी। इन पूर्वग्रहों से इस विचार को बल मिला कि ये तथाकथित अपराधी जातियाँ समाज के लिए एक खतरनाक तत्त्व हैं। जैसा कि के.एम. कपाड़िया ने कहा है :

> समय बीतने के साथ इन जनजातियों के सदस्यों को अपने साथ हुए अन्याय का दंश अधिकाधिक अनुभव होगा और इससे वे समाज और सरकार के स्थायी शत्रु बन सकते हैं।[37]

इन लोगों के अपने नैतिक मूल्य थे। वे शारीरिक दृष्टि से मजबूत थे और मानसिक दृढ़ता उनमें थी। आपस में संवाद के लिए उनकी अपनी आचार-संहिता थी और उनके पास गोपनीय संवाद की एक अलग बोली थी जिससे वे अपना काम करते थे।

इन जनजातियों की अपराध-वृत्ति के मुख्य कारणों पर कई अध्येताओं ने अलग-अलग तरीके से तर्क दिए हैं। वेणुगोपाल राव पर्यावरणीय कारकों को इसके लिए जिम्मेदार मानते हैं। कपाड़िया अधिकांशत: आर्थिक कारणों को दोष देते हैं। विस्वास जैसे नृतत्वशास्त्री, अपराधीविज्ञानी जिलीन, इतिहासकार ब्रूस और अन्य के अनुसार इनकी दयनीय आर्थिक स्थिति ही इन जनजातियों में अपराध का कारण है। विस्वास ने दिल्ली राज्य में अपराध-बस्तियों का अध्ययन किया और इस निष्कर्ष पर पहुँचे कि उनका खर्च आमदनी से ज्यादा है और इसलिए वे अपराध की ओर प्रवृत्त होते हैं जिससे उनका बजट सन्तुलित हो सके। सन् 1885 में ए.ओ. ह्यूम ने इन जनजातियों में अपराध-प्रवृत्ति को अत्यन्त गरीबी और इनकी असहनीशलता तथा प्राय: उग्र स्वभाव का सीधा परिणाम कहा था :

> लगभग जंगली और अत्यन्त लापरवाह जीवन के कारण वे निरन्तर अपराधों में धँसे रहते हैं, वे कहीं भी हों, उन्हें आराम का एक दिन भी नहीं मिलता। जैसे ही पुलिस को उनके आने की सूचना मिलती है, वह उनके पीछे दौड़ पड़ती है और इस गाँव से उस गाँव तक उनके पीछे लगी रहती है। उन्हें पास के थानों से भद्दी गालियाँ और कठोर पिटाई मिलती है।[38]

जिलीन ने असहनीय परिस्थियों में जीवन-यापन को आपराधिक आचरण का कारण बताया है। उनके शब्दों में :

> यह देखा जा सकता है कि जनसंख्या का एक बड़ा हिस्सा अधिकांश समय तक भुखमरी जैसी अवस्था में जीवित रहता है। यदि कोई अकाल पड़ता है तो यदि सरकार की सहायता संस्थाओं का प्रश्रय न मिले तो लाखों लोग मर जाते हैं। ऐसी स्थिति में यह कोई आश्चर्य नहीं है कि पूरे परिवार और जनजातियों को जीने के लिए अपराधी तौर-तरीके अपनाना पड़े हैं।[39]

जिलीन ने आगे कहा है :

> जब बस्तियों में सबसे पहले यह लोग आए तो बहुतों के शरीर पर कपड़े नहीं थे। स्त्रियों के पास लाज ढकने के लिए बहुत कम कपड़े थे और बारह साल तक के बच्चे तो नंगे ही रहते थे।[40]

अलबर्ट कोहन एक दूसरी बात कहता है। उनके अनुसार :

> मध्यमवर्गीय उपलब्धियाँ पाने में असफलता के कारण निम्न वर्गों में बहुत अधिक असन्तोष है। मध्यवर्गीय मूल्यों के प्रति उनकी प्रतिक्रिया इतनी तीव्र है कि उन्हें अपनी ही संस्कृति गढ़ने का अवसर मिल गया।[41]

अपराध के लिए पकड़े जाने वाले व्यक्तियों या समूहों पर सरकार पहले सन् 1793 के रेग्यूलेशन XXVI के अन्तर्गत, फिर सन् 1836 के XXX कानून और अन्तत: सन् 1860 की भारतीय दंड संहिता के अन्तर्गत कार्रवाई करती थी। इस तरह सन् 1871 तक कोई भी जनजाति ऐसी नहीं थी जिसे पूरी तरह अपराधी मान लिया गया हो। जब अंग्रेजी शासन के लिए कुछ जनजातियों के परम्परागत अपराध-व्यवहार पर नियंत्रण कर पाना असम्भव हो गया तो उसने सारे-के-सारे आदिवासी समूहों और अपराधी जातियों को निरोधक और दंडनीय कानूनी उपायों के अन्तर्गत लाने की आवश्यकता समझी और उस पूरे समुदाय की चौकसी और निगरानी की जाने लगी।

क्रिमिनल ट्राइब्स एक्ट

सन् 1871 का कानून : सन् 1871 के कानून का मुख्य उद्देश्य अपराधी जनजातियों की गतिविधियों पर निगाह रखना था। उनकी गतिविधियों की निगरानी और उनके सम्बन्ध में चौकसी बरतने की योजना बनाई गई थी लेकिन इस कानून की मंशा यह नहीं थी कि इन समुदायों की घुमक्कड़ी पर कोई रोक लगाई जाए। इस कानून का लक्ष्य अपराध का नियंत्रण और अपराधी जनजातियों की सहायता करना था ताकि वे अपने आपको सुधार सकें और उनका पुनर्वास हो सके। इस कानून में राज्य सरकारों को व्यापक अधिकार दिए गए थे। राज्य सरकार को किसी भी असाध्य अपराधी समूह को 'अपराधी जाति' घोषित करने का अधिकार था। कानून के अन्तर्गत एक रजिस्टर रखा जाता था जिसमें जनजाति के सभी सदस्यों के नाम और उनकी जानकारियाँ लिखी जाती थीं। उन्हें अपने यहाँ हुए जन्म और मृत्यु की सूचना देनी होती थी। उनमें से कुछ के लिए समय-समय पर पुलिस थाने पहुँचना अनिवार्य था। समय-समय पर पुलिस वाले उनकी बसाहट का चक्कर लगाते थे और सभी सदस्यों की हाजरी लेते थे।

यह देखा गया कि इन लोगों के परिवार भी प्राय: अपराध में लिप्त होते थे। यदि पुरुषों को सजा हो जाती थी तो परिवारों को भावनात्मक और आर्थिक रूप से गम्भीर संकट का सामना करना पड़ता था। अधिकारियों ने यह भी अनुभव किया कि सजा काटकर छूटने वाले अपराधी पहले से ज्यादा बुरे हो जाते हैं।

सन् 1908 का अपराधी जनजाति कानून : औपनिवेशिक शासन ने सन् 1908 में एक नया अपराधी जाति कानून पारित किया। इसके द्वारा भारत की प्रादेशिक सरकारों को यह अनुमति दे दी गई कि वे ऐसी व्यवस्था करें जिससे अपराधों के आधार पर जीवन-यापन करने वाली संदेहास्पद जातियों को सूचीबद्ध किया जा सके और पुलिस की देखभाल में जनजाति के सजायाफ़्ता व्यक्तियों को पुनर्वास बस्तियों में लाया जा सके। इन पुनर्वास केन्द्रों में उन्हें काम करने का प्रशिक्षण दिया जाना

था और ईमानदारी से रहने की समझ दी जाती थी। उनकी सन्तानों को स्कूलों में दाखिला दिया गया। उम्मीद की जाती थी कि इन उपायों से पूरी तरह से वे सुधर जाएँगे। यदि कोई परिवार अपेक्षित जानकारी नहीं दे पाता था तो वह सजा का पात्र होता था। उन्हें तब तक पुनर्वास केन्द्र में रहना होता था जब तक अधिकारियों को यह आश्वस्ति नहीं हो जाती थी कि उनके ईमानदार बने रहने पर विश्वास किया जा सकता है और वे कानून को मानने वाले नागरिक बन जाएँ। अपराधियों को वैयक्तिक रूप से इन बस्तियों में नहीं रखा जाता था। उसका पूरा परिवार वहाँ लाया जाता था। उदाहरण के लिए उन्नावा लक्ष्मीनारायण मालापल्ली में रामदास का पूरा परिवार पुनर्वास बस्ती में रखा गया था।[42]

सन् 1911 का क्रिमिनल ट्राइब एक्ट : जब सन् 1908 के कानून से अपेक्षित परिणाम प्राप्त नहीं हुए तो शासन ने सन् 1911 में एक दूसरा कानून पारित किया जिसे क्रिमिनल ट्राइब्स सेटलमेंट एक्ट कहा गया। इस कानून की विशेषताएँ यह थीं : यदि स्थानीय शासन के पास यह विश्वास करने का कारण हो कि कोई जनजाति, गिरोह या वर्ग व्यवस्थित रूप से गैरजमानती अपराध करने का आदी हो चुका है, वह स्थानीय राजपत्र में प्रकाशित सूचना के माध्यम से ऐसे व्यक्तियों अथवा समूह को इस कानून में प्रयुक्त शब्दावली के अन्तर्गत अपराधी जनजाति घोषित कर सकता है।[43] ऐसे तत्त्वों से निबटने के लिए दो तरीके हैं—सूचीकरण और पुनर्वास। सूचीकरण ऐसे लोगों की उन रिहाइशों में पुलिस निगरानी के लिए काम आती है, जहाँ वे रहते हैं। पुनर्वास से आशय ऐसी विशेष जगहों से है जहाँ उन पर सूचीकरण से उनको अधिक नियंत्रण में रखा जा सके।[44] इस कानून के अनुसार विभिन्न जातियों के लिए कार्यक्रम बनाए गए। जनजातियों के प्रत्येक सदस्य के अँगूठे और हथेली की छाप और निजी पहचान के चिह्न एकत्र किए गए। ऐसा इसलिए किया गया कि अपराधी को आसानी से पकड़ा जा सके। इसके अलावा जनजाति के अधिक खतरनाक सदस्यों की निगरानी और भी कड़ी कर दी गई। उनकी गतिविधियों पर बारीकी से नजर रखी जाने लगी। शासन छह वर्ष से ऊपर की आयु वाली सन्तान को उसके अपराधी माँ-बाप से अलग करके उसे सरकारी संस्थाओं में शिक्षा और प्रशिक्षण के लिए ले जा सकती थी। कानून के अन्तर्गत राज्य सरकारों को इन जनजातियों पर नियंत्रण के लिए विशेष निर्देश दिए गए।

सन् 1911 के कानून के अन्तर्गत अपराधियों को तीन श्रेणियों में विभाजित किया गया। (1) ऐसी जनजातियाँ जो पहले अपराधी रही थीं लेकिन अब ईमानदार पेशों में उनका पुनर्वास हो चुका है, यद्यपि उनके कुछ समूह अभी भी अपराध में लिप्त हैं। (2) वे जनजातियाँ जिनके निश्चित निवास स्थान हैं और जो ठीक-ठाक पेशे में हैं लेकिन जो कभी-कभी अपने घरों से दूर जाकर लूटपाट करती, डकैती डालती हैं और इनसे प्राप्त धन को अपने काम लाती हैं। (3) घुमक्कड़ जनजातियाँ जो लगातार भटकती रहती हैं और अवसर पाते ही डाका डाल देती हैं।

सन् 1924 का क्रिमिनल ट्राइब एक्ट : भारतीय जेल इंक्वायरी कमेटी के सुझाव पर सन् 1923 में जनजाति अपराध कानून में फिर संशोधन किया गया जो सन् 1924 में पूरे ब्रिटिश भारत में लागू हुआ। सन् 1911 के इस कानून में कई दृष्टियों से दोष पाए गए थे और उसमें कई कमजोरियाँ थीं। इतना ही नहीं, अपने लक्ष्य और वांछनीयता के लिहाज से आधारभूत रूप से यह कानून निषेधात्मक था, न कि सुधारात्मक। वर्तमान अपराधियों को सुधारने और उनका पुनर्वास करने का इस कानून में कोई व्यावहारिक प्रावधान नहीं था। निश्चय ही उसमें अपराधी माँ-बाप से सन्तानों को अलग करके उन्हें शिक्षित करने की व्यवस्था थी। लेकिन इसमें व्यावहारिक कठिनाइयाँ भी थीं। माता-पिता और सन्तानों के परस्पर मेल से नई कठिनाइयाँ होने वाली थीं और 'अपराध-संस्कृति' का वातावरण बना रहने वाला था।

कमेटी ने सुझाव दिया कि किसी भी व्यक्ति को अपराधी जनजाति के सदस्य के तौर पर पंजीबद्ध करने से पहले औपचारिक जाँच आवश्यक है। इस कानून की कुछ विशेषतााएँ निम्नानुसार हैं :

(1) अधिसूचना, (2) पंजीकरण, (3) अपराधियों का पुर्नवास और (4) अनुचित दंड और सजाएँ।[45]

(1) अधिसूचना : कानून के भाग III में सरकार को यह अधिकार दिया गया है कि यदि उसके पास इस विश्वास के समुचित कारण हैं कि कोई जनजाति समूह गैरजमानती अपराध करने का अभ्यासी है तो वह उस जनजाति या जनसमूह अथवा उसके किसी भाग को अपराधी घोषित कर सकती है।[46]

(2) पंजीकरण : जनजाति को अपराधी होने की अधिसूचना के बाद स्थानीय शासन जिला दंडाधिकारी से कहेगी कि वह अपने न्यायक्षेत्र में रहने वाली अपराधी जनजातियों के सदस्यों की एक नियमित सूची बनाए। तदुपरान्त दंडाधिकारी सम्बन्धित जनजाति के प्रत्येक सदस्य को बुलाकर आवश्यक जानकारी देने को कहेगा।[47]

(3) अपराधियों की पुनर्वास बस्ती : अपराधी जनजाति कानून के अनुच्छेद 16 में अपराधियों के लिए सुधारगृहों तथा शैक्षणिक और कृषि-केन्द्र स्थापित करने की व्यवस्था थी और इसके द्वारा स्थानीय शासन को यह अधिकार दिया गया था कि वह किसी भी जनजाति, समूह या व्यक्ति को किसी भी प्रकार के सुधारगृह में भेज सके। पूर्व में सजा पाए हुए व्यक्तियों पर भी यह व्यवस्था लागू होती थी। जुर्माना अदा न कर पाने की दशा में भी उन्हें अपराधी बस्तियों में भेज दिया जाता था।[48]

(4) अनुचित दंड और सजा : अपराधी जनजाति कानून के अनुच्छेद 23 में यह घोषित किया गया कि पूर्व अपराधी जनजाति का कोई भी सदस्य, जो एक बार भारतीय दंड संहिता के अन्तर्गत किसी अपराध के लिए दंडित हो चुका हो, यदि उसी अपराध का फिर से दोषी पाया जाता है तो उसे दस साल या सात वर्ष से कम का कारावास नहीं दिया जाएगा बल्कि इससे अधिक ही दिया जाएगा। तीसरी बार

अपराध करने की दशा में उसे उम्रकैद दी जाएगी। इस अनुच्छेद में अधिक कठोर दंड का भी प्रावधान है।[49]

पुलिस में अपनी सूचना देकर अनुमति पत्र प्राप्त करने की घटनाओं को देखने में यह आया कि पुलिस वाले और ग्राम प्रमुख गरीबों से मुफ्त श्रम लेते हैं। इससे स्थानीय स्तर पर रिश्वतखोरी का चलन चल पड़ा।

इन लोगों को नियंत्रित करने के लिए अपराधी जनजाति कानून में कई बार संशोधन करने पड़े। लगभग अस्सी वर्ष तक प्रभावशाली रहने के बावजूद यह कानून अपना उद्‌देश्य प्राप्त नहीं कर पाया। शासन की नीति थी कि जनजातियों के शरारती तत्त्वों का दमन करके उन्हें जमीन पर बसा कर उनके लिए ईमानदार जीविकोपार्जन के साधन मुहैया करवाए जाएँ। लेकिन पहले की परिस्थितियों और यथास्थिति में कोई परिवर्तन नहीं हो सका।

नेताओं और समाज सुधारकों ने अनुभव किया कि जनजातियों को अपराधी कहना भारतीय समाज का एक कलंक है। अक्टूबर, 1936 में नेहरू ने नेल्लोर (आन्ध्र प्रदेश) में अपने एक भाषण में कहा :

> मैं अपराधी जनजाति कानून की इस भयावह विकृति को जानता हूँ जो नागरिक स्वतंत्रता का हनन करती है। इसके क्रियान्वयन को व्यापक रूप से प्रचारित करना चाहिए और इसे संविधान से हटा देने की कोशिश की जानी चाहिए। किसी भी जनजाति को अपराधी की श्रेणी में नहीं रखा जा सकता और यह पूरा सिद्धान्त ही अपराध न्याय और अपराधियों के सभ्य सिद्धान्तों से मेल नहीं खाता।[50]

क्षुब्ध होकर बी. पद्‌माभि सीतारमैया ने टिप्पणी की है कि :

> बाजार में मवेशियों की खरीद-फरोख्त की जाती है, जंगली जानवरों को गाँव से खदेड़ दिया जाता है, कीड़े-मकोड़े पाँवों तले कुचल दिए जाते हैं—क्या अपराधी जनजातियों के साथ इतना ही खराब बर्ताव नहीं हो रहा है?[51]

सन् 1952 का आदतन अपराधी कानून : भारत सरकार ने सन् 1949 में एक समिति गठित की जिसे इस कानून की उपादेयता पर विचार करना था। समिति ने मत व्यक्त किया कि यह कानून संविधान की भावना के विरुद्ध है। जनमत भी इसके प्रतिकूल था। परिणामस्वरूप अपराधी जनजाति कानून को सन् 1952 में निरस्त कर दिया गया और उसकी जगह इसी वर्ष आदतन अपराधी कानून लाया गया। कानून के निरस्त होने के बाद देश के 2,268,348 नागरिकों को कानूनी तौर पर स्वतंत्रता मिल गई।[52] अब विधिसम्मत रूप से अपराधी जनजातियाँ अन्य भारतीयों के समान थीं। समिति ने यह सुझाव भी दिया था कि इस कानून के रद्‌द होने के बाद इन समुदायों

की कठिनाइयाँ दूर करने के लिए समुचित उपाय किए जाने चाहिए। सरकार अब इन जनसमुदायों की मुश्किलें समाप्त करने की दिशा में कार्य करने में लग गई। भारत सरकार के ऐसे प्रयत्नों के बाद भी अपराधी जनजातियों की अवस्था पूर्ववत ही है। एक अभिशाप से वह अब भी ग्रस्त है, और सामाजिक दासता से अभी भी उनकी मुक्ति नहीं हुई है।

भारत के कई राज्यों ने 'अपराधी जनजाति कानून' को समाप्त करने के कदम उठाए हैं। मद्रास सरकार ने सन् 1949 में इसकी पहल की। आन्ध्र प्रदेश में सन् 1948 में अभ्यस्त अपराधी कानून पारित किया गया। इस कानून के अन्तर्गत सरकार जिला दंडाधिकारी को अपने क्षेत्र के आदतन अपराधियों का एक रजिस्टर रखने का निर्देश दे सकती है। यह रजिस्टर पुलिस अधीक्षक के पास रहेगा और वह समय-समय पर इसमें किसी परिवर्तन की सूचना जिलाधीश को दे सकेगा। जिलाधीश अथवा उसके द्वारा अधिकृत कोई अधिकारी पंजीकृत अपराधी की अँगुलियों, हथेलियों और पाँवों की छाप लेने का आदेश दे सकता है। कानून के अनुसार यदि कोई अपराधी जिस क्षेत्र में पंजीकृत है उससे कहीं बाहर मिलता है तो उसे बिना वारंट के पुलिस अधिकारी, ग्राम प्रधान या ग्रामरक्षक द्वारा गिरफ्तार किया जा सकता है। सन् 1954 में यह अपराधी जनजाति कानून भी निरस्त कर दिया गया और सन् 1965 में एक दूसरा कानून लागू हुआ। इस कानून के द्वारा आन्ध्र प्रदेश की सरकार ने कुछ नियम बनाए जो निम्न प्रकार है—[53]

1. पुलिस अधीक्षक अपने क्षेत्र में निवास करने वाले व्यक्तियों के प्रकरणों की समय-समय पर समीक्षा करेगा।
2. बस्तियों में एक रजिस्टर रख जाएगा।
3. प्रत्येक पंजीबद्ध अपराधी को एक पहचान-पत्र दिया जाएगा।
4. यदि कोई पुलिस अधिकारी चाहे तो पंजीबद्ध अपराधी को उसे यह पहचान-पत्र जाँच के लिए दिखाना पड़ेगा।
5. प्रत्येक पंजीकृत अपराधी निकटतम पुलिस थाने में अपनी हाजिरी देगा।

यदि पंजीबद्ध अपराधी गिरफ्तार होता है अथवा उसे सजा मिलती है तो उसके पहचान-पत्र को उसकी निजी सम्पत्ति माना जाएगा और तदनुसार व्यवहार किया जाएगा। यदि किसी ग्राम प्रमुख को यह जानकारी मिलती है कि उसके गाँव में किसी अन्य गाँव के पंजीकृत अपराधी ने अपने पहचान-पत्र के बिना एक रात या रात का कुछ समय बिताया है तो वह तत्काल अपने पुलिस थाने में इसकी सूचना देगा। यदि कोई पंजीकृत अपराधी जो अपने निवास स्थान से रात में दस और पाँच बजे के बीच कहीं जाना चाहता है तो उसे अपने गन्तव्य और वहाँ से वापिसी की सूचना ग्राम प्रमुख को देनी होगी।[54] अपराधी जनजाति कानून निरस्त होने के बाद वहाँ स्वतंत्रता का आगमन हुआ। जिन जनजातियों को अधिसूचित किया गया था,

वह इस प्रकार से 'डिनोटीफ़ाइड' हुई। सन् 1959 में आदतन अपराधी कानून ने उसकी जगह ले ली। शासन ने स्थानीय पुलिस को निर्देश दिया कि वह संदिग्ध अपराधी मनोवृत्तियों की पड़ताल करे और देखे कि सम्बद्ध व्यक्ति का आचरण क्या स्थिर जीवन-यापन में सहायक हो सकता है? इसका परिणाम यह हुआ कि पुलिस और स्थानीय अधिकारी लगातार इन जनजातियों को परेशान करने लगे और जनमानस में उनके प्रति पूर्वग्रह और भी मजबूत होते गए। फरवरी 2000 में राष्ट्रीय मानवाधिकार आयोग ने सुझाव दिया कि 1952 का कानून बदला जाना चाहिए और नस्ली भेदभाव समाप्त करने के लिए संयुक्त राष्ट्र संघ ने भी यही सुझाव दिया। डिनोटीफ़ाइड जनजातियों को तंग करने के लिए शहरी क्षेत्रों में भिक्षावृत्ति, जीव दया और असभ्य प्रदर्शन सम्बन्धी कानूनों का सहारा भी लिया जाता था। ऐसे कानूनों को जहाँ प्रयोग होता है, वहीं इन जनजातियों के समुचित जीवन-यापन के साधन जुटाने के लिए सुविचारित योजनाओं के प्रति किसी ने ध्यान नहीं दिया। सामाजिक न्याय मंत्रालय स्थायी अपराधी जनजाति आयोग की स्थापना के पक्ष में नहीं था। मंत्रालय को व्यापक स्तर पर ज्यादतियों के प्रमाण नहीं मिल पाए। डिनोटीफ़ाइड, घुमक्कड़ और अर्द्ध घुमक्कड़ जनजातियों के राष्ट्रीय आयोग ने कहा है कि इन्हें सन् 1989 के प्रिवेन्शन ऑफ़ एट्रोसिटीज़ एक्ट के अन्तर्गत लाया जाए। डिनोटीफ़ाइड जनजातियों के पास अपने नेता और जातीय आधार पर संगठित नेतृत्व नहीं है जो उनकी तरफ से आवाज उठा सकें। अपराधी जनजातियों के कुछ सदस्यों की माँग है कि संविधान की तीसरी अनुसूची में एक अलग से अनुच्छेद जोड़कर सभी अपराधी जनजातियों को अनुसूचित डिनोटीफ़ाइड जनजाति का दर्जा दिया जाना चाहिए।

किसी पूरी-की-पूरी जाति, कबीले या परिवार को अपराधी बना देना दुर्भाग्यपूर्ण है। हमारी जानकारी में दुनिया में ऐसा कोई भी अन्य देश नहीं है जहाँ कुछ लोगों ने अपराध को अपने व्यवसाय के रूप में अपनाया हो। आश्चर्य तो यह है कि नेत्रहीन व्यक्ति तक पंजीबद्ध किए जाते हैं। अपराधी जनजातियों के सुधार के लिए, उन्हें जीविकोपार्जन के निमित्त व्यावसायिक कौशल में प्रशिक्षित किया जाना आवश्यक है क्योंकि अच्छे भोजन और आवास उपलब्ध करवाए बिना उनसे ईमानदारी की प्रत्याशा करना एक दुराशा ही है। जहाँ गम्भीर अपराध प्रचलन में थे, ऐसे सभी जिलों में अपराधी जनजातियों की पुनर्वास बस्तियों की स्थापना की गई। व्यवस्थित परिस्थितियाँ निर्मित करने के लिए शासन ने कृषि, उद्योग, स्वैच्छिक और सुधारात्मक बस्तियाँ स्थापित कीं। इन संकुलों का अधिभार या तो मुक्ति-सेना[55] को सौंपा गया अथवा अमेरिकी बॅपटिस्ट मिशन, कनाडा के मिशन अथवा अन्य मानवसेवी संस्थाओं को इस काम में लगाया गया, या फिर सरकार ही इनकी देखभाल करती थी।

आन्ध्र प्रदेश की पहली अपराधी जनजाति बस्ती की स्थापना अमेरिका के बॅपटिस्ट मिशन ने कावाली में सन् 1912 में की थी।[56] इससे पहले सन् 1911 में

डोमरों और कठेराओं के लिए नेल्लोर जिले के कालीचेदू में एक संकुल था।[57] मुक्ति-सेना ने वर्ष 1913 में सीतापुरम की स्वैच्छिक बस्ती बसाई।[58] वेडूलापल्ली या बेटापुडी बस्ती जो स्टुअर्टपुरम के नाम से जानी जाती है मुक्ति-सेना ने सन् 1914 में बसाई थी।[59] इसी वर्ष मुक्ति-सेना ने भूमनागड्डा का कृषि संकुल बसाया था जो नवाबपेटा कारेचाओं के लिए था।[60] मुक्ति-सेना ने गुंटूर में एक सुधार बस्ती स्थापित की। यह ऐसे बन्दियों के लिए थी जो कारावास में थे। नेल्लोर जिले का चिन्तलदेवी संकुल सरकार ने कंजरों के कल्याण के लिए बनाया जो बम्बई प्रेसीडेंसी में आता था।[61]

कावाली बस्ती : नेल्लोर जिले में अमेरिकी बॅपटिस्ट मिशन के पादरी ई. बुलार्ड ने डोंगा येरुकलाओं के लिए अक्टूबर, 1912 में कावाली बस्ती की शुरुआत की थी।[62] पुलिस अधीक्षक ने रेव.ई. बुलार्ड को बताया था कि उन्हें भविष्य में येरुकला अपराधियों के पूरे समूह की देखभाल करनी पड़ सकती है जिसकी कुल संख्या लगभग छह सौ तक हो सकती है। अमेरिकी बॅपटिस्ट मिशन ने इस प्रस्ताव को तत्परता के साथ स्वीकार कर लिया और इस अपराधी बस्ती की सामाजिक, औद्योगिक, शैक्षणिक, स्वास्थ्य और सफाई-सुधार की जिम्मेदारी ले ली। जनवरी, 1917 में ब्रिटागुंटा का कृषि पुनर्वास केन्द्र कावाली अपराधी बस्ती का एक घटक घोषित हुआ।[63] यह रेव. बाडन के अधीन था जिन्होंने येरुकलाओं को आत्मनिर्भर और आत्मसम्मानी समुदाय बनाने के लिए कड़ी मेहनत की थी।[64] अप्रैल 1933 से कावाली की पुनर्वास बस्ती बिटगुंडा में स्थानान्तरित कर दी गई। सरकार ने बॅपटिस्ट मिशन से इसका नियंत्रण सन् 1934 में अपने हाथ में ले लिया।[65] अपराधी जाति कानून के निष्प्रभावी होने के बाद यहाँ के रहवासियों को सितम्बर, 1948 में स्वतंत्रता मिल गई और बस्ती का कार्यालय बन्द कर दिया गया तथा इसके कागज़ात जिला पुलिस कार्यालय को दे दिए गए।

सीतानगरम पुनर्वास केन्द्र : सीतानगरम बस्ती गुंटूर जिले में है। मुक्ति-सेना ने भारत के पाँच प्रान्तों में अपराधी जनजातियों के लिए कृषि और औद्योगिक केन्द्र बनाए थे। इन जनजातियों की उन्नति के लिए बूथ टकर ने भगीरथ प्रयत्न किए थे ताकि इन जनजातियों की सन्तानें भारत के उपयोगी नागरिक बन सकें। मुक्ति-सेना के मेजर मेकेंजी ने सीतानगम बस्ती का दायित्व सम्भाला।[66] अक्टूबर, 1915 में सीतानगरम बस्ती का दो हिस्सों में विभाजन कर दिया गया—सैन्यायापुरम और कोंडापेट बस्ती। दोनों ही मुक्ति-सेना के अन्तर्गत थीं। कृषि जीविकोपार्जन का मुख्य व्यवसाय था। इसके अतिरिक्त दूसरा व्यवसाय खदानों की खुदाई था। आज भी कृषि उनका मुख्य व्यवसाय बना हुआ है। मुक्ति-सेना द्वारा खदानों तक रेलमार्ग बिछाने, बुनकरी, रेशम उत्पादन, बढ़ाईगीरी और रहवासियों द्वारा अन्य सहायक रोजगार अपनाने के लिए मिलने वाले प्रोत्साहन से काम बढ़ा है। वे चटाई बुनने और टोकरी बनाने का भी काम करते हैं।[67]

सिद्धपुरम बस्ती : वर्ष 1913 में 'डोंगा वोड्डार' जाति के हित में सिद्धपुरम बस्ती बनाई गई। यह कुरनूल जिले में सिद्धपुरम तालाब योजना में कार्य कर रहे पब्लिक वर्क्स डिपार्टमेंट के कर्मचारियों की देखभाल में थी।[68] माना जाता है कि संस्कृत शब्द 'ओध्र' का बिगड़ा हुआ रूप 'वोड्डे' है। ये देश में धरती पर काम करने वाले लोग थे और पत्थर तोड़ने, कुएँ खोदने, तालाब बनाने जैसे दूसरे काम करते थे। उनके दो वर्ग हैं—कल्लू बाड्डार ओर मन्नू वाड्डार। आन्ध्र प्रदेश के सभी जिलों में वे मिलते हैं, विशेष रूप से वे कुरनूल, गुडप्पा, चित्तूर, अनन्तपुर और नेल्लूर में हैं। देहाती इलाकों में वोड्डार एक बड़ी आफत बन गए थे। वे सुधार के लिए तैयार नहीं थे और अधिकारियों के सुलह-सफाई की कोशिश को सरकार की कमजोरी मानकर फायदा उठाते थे। उनकी अपराधी जिन्दगी से उन्हें विमुख करने के लिए सांडर ने सराहनीय प्रयास किए लेकिन उन्हें सफलता नहीं मिल पाई।[69] फरवरी 1920 में अपराधी बस्तियों की निगरानी का दायित्व पुलिस उप महानिरीक्षक को सौंप दिया गया और रेल तथा अपराधी निरीक्षण विभाग श्रम आयोग को दे दिया गया।

इसे एक स्वैच्छिक बस्ती माना जाता था। इसके रहवासियों ने जमीन सम्बन्धी कार्यों को चुना। वे बहुत निर्दयी लोग थे और बहुत गम्भीर रूप से घायल करने तथा निर्मम डकैतियाँ डालने पर आमादा रहते थे। यह जनजाति सम्पत्ति प्राप्त करने के लिए डकैती से लेकर किसी भी तरह का अपराध करने के लिए तैयार रहती थी।[70]

स्टुअर्टपुरम और कप्परल्ला टिप्पा के अतिरिक्त उपरोक्त बस्तियाँ अस्तित्व में थीं। ये दो बस्तियाँ इस पुस्तक का अध्ययन-क्षेत्र हैं। अपराधी जनजातियों के भारत में जटिल इतिहास और उनकी संत्रस्त जीवन-स्थितियों के लिए एक प्रभावी कार्यक्रम की आवश्यकता है, जिसके लिए इन बातों पर ध्यान देना होगा—(1) पुलिस की सफाई, (2) नौकरशाही और नागरिक, (3) मुफ्त और अनिवार्य शिक्षा और (4) सस्ते आवास और उन कृषि तथा स्वास्थ्य की सुविधाएँ। तब तक अपराधी जनजातियाँ भारतीय समाज के सीमान्त पर ही बने रहेंगी। उन्हें मुख्यधारा में लाने के लिए राज्य और नागरिक समाज के संयुक्त प्रयास और नेतृत्व की जरूरत है ताकि वे प्रभावी रूप से अपने कवच से बाहर आ सकें।[71]

सन्दर्भ

1. डेरो क्लेरेंस : *क्राइम, इट्स कॉजेज एंड ट्रीटमेंट* (वाट्स एंड कम्पनी, लन्दन, 1934) पृ. 10
2. वेणुगोपाल राव की *फेसेट्स ऑफ़ क्राइम* में उद्धृत (अलाइड पब्लिशर्स, नई दिल्ली, 1962) पृ. 10

3. उद्धृत, राबर्ट जी. कॉडवॅल : क्रिमिनोलॉजी (द रोमाल्ड प्रेस कम्पनी, न्यूयॉर्क, 1965) पृ. 5
4. वही, पृ. 29
5. एस. वेणुगोपाल राव : *फेसेट्स ऑफ़ क्राइम* (अलाइड पब्लिशर्स, नई दिल्ली, 1962) पृ. 17
6. वाई.सी. सिम्हाद्री : 'चेंजिंग क्रिमिनल बिहेवियर ऑफ़ एन एक्स-क्रिमिनल ट्राइब इन एन इंडियन विलेज' (*जनरल ऑफ़ इंडियन क्रिमिनोलॉजी,* खंड 4, संख्या 1 जनवरी, 1976) पृ. 8
7. बी.एस. हैकरवाल : *इकोनॉमिक एंड सोशल आसपेक्ट्स ऑफ़ क्राइम इन इंडिया* (अलेन एंड अनविन लि., लन्दन, 1934) पृ. 18
8. वही, पृ. 19
9. वही
10. वही, पृ. 19-20
11. एस. वेणुगोपाल राव : पूर्वोद्धृत पृ. 12
12. वही
13. वही, पृ. 13
14. वही, पृ. 34
15. पी.एन. रामास्वामी : *मजिस्ट्रेरियल एंड पुलिस गाइड,* खंड 1 और 2, 1951
16. बी.एस. हैकरवाल : पूर्वोद्धृत पृ. 18
17. मारग्रेट एस. विलसन : 'पायनियर इन क्रिमिनोलॉजी-गेब्रिअल टार्डे' (*जनरल ऑफ़ क्रिमिनल लॉ एंड क्रिमिनोलॉजी एंड पॉलिटिकल साइन्स,* खंड 45, 1954-55) पृ. 4
18. उद्धृत : वाई.सी. सिम्हाद्री : डिनोटीफ़ाइड ट्राइब्स-पूर्वोद्धृत, पृ. 36
19. उद्धृत : वोल्ड जार्ज बी.— *थ्योरिटिकल क्रिमिनोलॉजी* (ऑक्सफोर्ड यूनीवर्सिटी प्रेस, न्यूयॉर्क, 1958) पृ. 174
20. बी.एस. हैकरवाल : पूर्वोद्धृत, पृ. 128
21. टिसले, सर हरबर्ट : द *पीपुल ऑफ़ इंडिया* (थेकर, स्प्रिंक एंड कम्पनी, कलकत्ता, 1908) पृ. 61
22. वाई.सी. सिम्हाद्री : द *एक्स-क्रिमिनल ट्राइब्स ऑफ़ इंडिया* (नेशनल पब्लिशिंग हाउस, नई दिल्ली, 1979) पृ. 2
23. जिलीन जॉन लीविस : *टेमिंग ऑफ़ क्रिमिनल* (मैकमिलन, न्यूयॉर्क 1931), पृ. 106
24. चमनलाल : *जिप्सीज़, फॉरगौटन चिल्ड्रन ऑफ़ इंडिया* (भारत सरकार, नई दिल्ली, 1962) पृ. 62
25. रिसले, सर हरबर्ट : पूर्वोद्धृत
26. वही, पृ. 9
27. जी.एस. घुर्ये : द *एबओरिजिनल्स सो कॉल्ड एंड देयर फ्यूचर* (पॉपुलर बुक डिपो, बॉम्बे, 1949)
28. उद्धृत जी.एस. घुर्ये, उपरोक्त पृ. 8
29. शेर सिंह शेर : द *साँसीज़ ऑफ़ पंजाब* (मुन्शीराम मनोहर लाल, नई दिल्ली, 1965) पृ. 244
30. एस. वेणुगोपाल राव : पूर्वोद्धृत पृ. 143

31. विभाग के नायक डब्लू.एच. स्लीमन ने लिखा, 'प्रणाली नष्ट कर दी गई है, और पेशा खत्म हो गया है। गिरोह बिखर गए हैं और अब कभी ये एक बड़े संगठन के रूप सिर नहीं उठा पाएँगे। ठगी का कौशल और रहस्य अब कभी भी पिता से पुत्र को प्राप्त नहीं होगा।'
32. सी.बी. ममोरिया : सोशल प्रॉब्लम्स एंड सोशल डिसऑर्गेनाइजेशन (किताब महल, इलाहाबाद) पृ. 232
33. तीसरी पंचवर्षीय योजना के अनुसार कुल संख्या चालीस लाख थी। सी.बी. ममोरिया : *ट्राइबल डेमोग्राफी ऑफ़ इंडिया* (किताब महल, बम्बई, 1957) पृ. 29
34. भारत सरकार : सेन्सस ऑफ़ इंडिया, स्पेशल टेबल्स फॉर एस.टी. सीरीज़ 2, 1981
35. पुलिस अधीक्षक (अपराध शाखा) हैदराबाद की फाइलों से उद्धृत : संख्या 1185/सी.आई. बी./58 दिनांक 27.2.1958
36. जी.एस. घुर्ये : पूर्वोद्धृत पृ. 21
37. के.एम. कपाड़िया : द *क्रिमिनल ट्राइब्स ऑफ़ इंडिया* (सोशियोलॉजिकल बुलेटिन, संख्या एक और ग्यारह (मार्च 1952) पृ. 45
38. संजय निगम : डिसिप्लिनिंग एंड पोलिसिंग क्रिमिनल्स बाई बर्थ, भाग 1, द मेकिंग ऑफ़ अ कॉलोनियल स्टीरियोटाइप-द क्रिमिनल ट्राइब्स एंड कास्ट्स ऑफ़ नॉर्थ इंडिया (इंडियन इकोनॉमिक एंड सोशल हिस्ट्री रिव्यू, खंड XXXVII, संख्या 2, अप्रैल-जून, 1990) पृ. 150
39. जिलीन, जॉन लीविस : पूर्वोद्धृत पृ. 106
40. वही
41. अलबर्ट के. कोहन : डिलिक्बैट बॉयज, ए कल्चर ऑफ़ गैंग (फ्री प्रेस ऑफ़ ग्लेंकेट इलियोनिस न्यूयॉर्क 1955) पृ. 132
42. उन्नावा लक्ष्मीनारायण (मलापल्ली, मछलीपटनम 1922) पृ. 50
43. जिलीन, जॉन लीविस, पूर्वोद्धृत पृ. 111
44. वाई.सी. सिम्हाद्री, पूर्वोद्धृत पृ. 26
45. वाई.सी. सिम्हाद्री, पूर्वोद्धृत पृ. 27
46. वाई.सी. सिम्हाद्री : द *एक्स-क्रिमिनल ट्राइब्स ऑफ़ इंडिया,* पूर्वोद्धृत, पृ. 33
47. वाई.सी. सिम्हाद्री : *डिनोटीफ़ाइड ट्राइब्स,* पूर्वोद्धृत, पृ. 27
48. वाई.सी. सिम्हाद्री : द *एक्स-क्रिमिनल ट्राइब्स ऑफ़ इंडिया,* पूर्वोद्धृत, पृ. 33
49. शेर सिंह शेर : पूर्वोद्धृत, पृ. 56
50. उद्धृत, बी. राघवैया : द *प्रॉब्लम ऑफ़ क्रिमिनल ट्राइब्स* (नेल्लोर, 1943) पृ. 11
51. वही
52. वाई.सी. सिम्हाद्री, *डिनोटीफ़ाइड ट्राइब्स,* पूर्वोद्धृत, पृ. 29
53. वाई.सी. सिम्हाद्री, *डिनोटीफ़ाइड ट्राइब्स,* पूर्वोद्धृत, पृ. 172 और 186
54. वही
55. अपराधी जनजातियों में सुधार लाने के लिए लन्दन में साल्वेशन आर्मी के संस्थापक विलियम बूथ के दामाद फ्रेडरिक बूथ टफर ने भारत में मुक्ति-सेना बनाई थी। वकालत में प्रशिक्षित होने और आई.सी.एस. सेवा की परीक्षा पास करने के बाद उन्होंने सेवा से त्यागपत्र दे दिया और मुक्ति-सेना से जुड़ गए। भारत में उन्होंने अपने काम की शुरुआत सन् 1881 में की थी।

56. मद्रास शासन : पुलिस महानिरीक्षक का प्रशासकीय प्रतिवेदन, 1912 (मद्रास, 1913) पृ. 31
57. वही, पृ. 30
58. वही, पृ. 31
59. मद्रास सरकार पुलिस महानिरीक्षक का प्रशासकीय प्रतिवेदन, 1914 पृ. 28
60. वही
61. ए. अयप्पन : *रिपोर्ट ऑन द सोशियो-इकोनॉमिक कंडीशन ऑफ़ एबओरिजिनल ट्राइब्स ऑफ़ प्रोविन्स ऑफ़ मद्रास* (मद्रास 1948) पृ. 38
62. देखें, मद्रास सरकार : पुलिस महानिरीक्षक की प्रशासकीय रिपोर्ट 1912, पूर्वोद्धृत, पृ. 31
63. वही, पृ. 25
64. देखें, मद्रास सरकार : पुलिस महानिरीक्षक का प्रतिवेदन, पूर्वोद्धृत, पृ. 25
65. देखें, मद्रास सरकार : पुलिस महानिरीक्षक का प्रशासकीय प्रतिवेदन, 1934 (मद्रास 1935) पृ. 22
66. देखें, पुलिस महानिरीक्षक का प्रतिवेदन, 1914 (मद्रास, 1915) पृ. 29
67. वी. ललिता : अ प्रोफाइल ऑफ़ सीतानगरम सेटलमेंट (आन्ध्र प्रदेश इतिहास कांग्रेस का कार्यवृत्त, 1988) पृ. 172
68. ए. अयप्पन, पूर्वोद्धृत, पृ. 38
69. देखें, पुलिस महानिरीक्षक का प्रशासकीय प्रतिवेदन, 1920 (मद्रास, 1921) पूर्वोद्धृत, पृ. 17
70. वही
71. देखें, ब्रांडेड फ़ॉर लाइफ (इकोनॉमिक एंड पॉलीटिकल वीकली, अक्टूबर, 2008 का सम्पादकीय) पृ. 6-7

अध्याय-3

स्टुअर्टपुरम बस्ती का सामाजिक-आर्थिक परिदृश्य

इस अध्याय में हम येरुकला जन-समाज का सामान्य और स्टुअर्टपुरम बस्ती का विशेष रूप से विवरण प्रस्तुत करने जा रहे हैं। यहाँ उनकी स्थापना और उनकी आबादी के भौगोलिक विस्तार की जानकारी तो दी ही गई है साथ ही उनकी वेशभूषा, जेवरात, बसाहट के रूप, घरों की बनावट, सामाजिक संरचना और काम-धन्धों के विषयों को भी सम्मिलित किया गया है। उनकी शिक्षा और आर्थिक व्यवस्था के साथ अपराध की प्रकृति और संगठना की भी चर्चा हुई है। उनकी शादियों के तरीकों तथा जन्म और मृत्यु सम्बन्धी आयोजनों का विवरण भी दिया गया है। उनकी न्यायप्रणाली (कुल पंचायत) और धार्मिक आस्थाओं की जानकारी भी यहाँ मिलेगी।

लेखकद्वय रामचन्द्र गुहा और माधव गाडगिल के अनुसार, 'पाषाणकाल से मनुष्य की यात्रा शिकारी जीवन, झूम खेती, घुमक्कड़ चरवाही, नकद फसलों और वृक्षारोपण जैसी मंजिलों से गुजरती हुई सभी तरह की औद्योगिक गतिविधियों के वर्तमान दौर तक पहुँची हैं।[1]

भारत में ब्रिटिश औपनिवेशिक शासन पारिस्थितिकीय इतिहास की दृष्टि से एक महत्त्वपूर्ण बदलाव का द्योतक रहा है। औपनिवेशिक शासन के अन्तर्गत पारिस्थितिकीय और सामाजिक नीतियों में बड़े परिवर्तन हुए। इसकी प्रवृत्ति व्यापारिक थी। औपनिवेशिक शासन के प्रारम्भिक दशकों में राज्य शासन वन संरक्षण की तरफ से उदासीन रहा। पूरे भारत की ग्रामीण जनता को शताब्दियों से वनों के उपयोग सम्बन्धी चले आ रहे रिवाज़ से वंचित करने के लिए एक व्यापक कानून लाने की कोशिश हुई। औपनिवेशिक प्रशासन के कुछ अधिकारी इस नए कानून के गम्भीर आलोचक थे। उन्होंने इसे जब्ती का कानून कहा। सन् 1970 के अपराधी जनजाति कानून में वनोपज के विक्रय पर कड़ा प्रतिबन्ध लगा दिया गया।[2]

बीसवीं सदी के प्रारम्भिक वर्षों तक भारत की जनजातियाँ शिकार और वनोपज के संग्रहण पर निर्भर थीं। पूरे भारत में वे फैली हुई थीं। स्थायी खेती से वे अनजाने

थे। वे आसपास के खेतिहरों से वस्तु-विनिमय जैसा व्यापार करते थे और वनों से जुटाई गई जड़ी-बूटी, शहद इत्यादि वनोपज के बदले में धातु-उपकरण, कपड़े, नमक और अनाज प्राप्त करते थे।[3] उनकी वनोपज पड़ोस के मद्रास, कलकत्ता, बम्बई तक ही नहीं बल्कि लन्दन और हेमबर्ग जैसे दूरस्थ स्थानों तक पहुँचती थी।

नये वन कानूनों से हैदराबाद के चेंचू सबसे ज्यादा प्रभावित हुए। उनकी शिकार वृत्ति को गैरकानूनी मान लिया गया था। वनोपज पर उनके अधिकार को उनसे छीन लिया गया था। वनसम्पदा के व्यापार और बाहरी लोगों के साथ बढ़े हुए सम्पर्कों का नतीजा यह निकला कि चेंचू लगभग लाचार और बेकार हो गए। कुछ स्थानों पर औपनिवेशिक शासन ने आदिवासियों को बड़ी बस्तियों में जबरदस्ती बसने पर विवश किया। इससे उनकी आजादी समाप्त हो गई। अधिक सशक्त खेतिहर समुदायों के सामने उनकी हालत कृषिदासों जैसी हो गई। दक्षिण में कुरनूल के चेंचू हताशा में डाकू बन गए। वह श्रीसेतम जाने वाले तीर्थयात्रियों को घेरकर लूटने लगे।[4] इन वन सम्बन्धी नीतियों से अन्य कई समूहों पर भी नकारात्मक प्रभाव पड़े। आदिवासियों द्वारा इकट्ठा किए गए मोम, इमली और शहद के बदले में लंवाड़ी कभी-कभी नमक, अनाज और धातु का सामान लेते थे। यह जनसमूह ब्रिटिश औपनिवेशिक शासन द्वारा भी उत्पीड़ित और शोषित था।

उन्नीसवी शताब्दी के मध्य से पहले तक कृषि आधारित अर्थतंत्र में पोटू खेती का दूसरा विकल्प नहीं था, पशुपालन को दूसरा स्थान प्राप्त था। पोटू पद्धति अपने-आप में विनाशक थी। जब आदिवासियों ने खेती के पोटू तरीके को छोड़ा तो उनकी पीड़ा इस तरह व्यक्त हुई—'हम भूख से मर रहे हैं क्योंकि हमारे पास भोजन या अनाज नहीं है...अपना शरीर ढकने के लिए हमारे पास कपड़े नहीं हैं।'[5] उन्होंने अपनी भावना व्यक्त की कि उनके जीवन में सुधार की तरफ सरकार को ध्यान देना चाहिए। एक पर्वतवासी ने सार शब्दों में कहा कि, 'अनन्तकाल से जंगलों पर हमारा अधिकार रहा है, हमारे पुरखों ने उन्हें बनाया और उनकी रक्षा की, और आज जब ये जंगल बहुमूल्य हो गए हैं, सरकार आकर उन्हें हमसे छीन लेना चाहती है।'[6] उनका कहना था जेलों में कैदियों को हर चीज उपलब्ध कराई जाती है लेकिन इन जंगलों में एक साथ कई पीढ़ियों से रहने वाले इन लोगों की चिन्ता किसी को नहीं है। इन आदिवासियों ने महसूस किया कि उनका जीवन-यापन अब आसान नहीं रह गया है और इसलिए वे पड़ोस के देसी राजाओं के क्षेत्रों में पलायन कर गए।

कुछ जगहों पर आदिवासियों का विद्रोह उग्र रूप से भड़क उठा। उठने वाले छोटे-छोटे विद्रोह या *फितूरियों* में से कई का प्रत्यक्ष अथवा परोक्ष सम्बन्ध वन-सम्बन्धी कठिनाइयों से था। आन्ध्र के गोदावरी अभिकरण में सन् 1802-1803 में हुए राम्पा विद्रोह का नेतृत्व राम्पावोदावरम के रामभूपति ने किया था। यह विद्रोह विशाखापटनम और भद्राचलम की गोलकुंडा पहाड़ियों तक फैल गया।[7] दूसरा

विद्रोह सन् 1879 में हुआ जिसके नेता चन्द्रैया, साम्बय्या और थम्मनडोरा थे और 5000 वर्ग मील से अधिक का क्षेत्र इससे प्रभावित हुआ। रिकॉर्ड की अन्य *फितूरी* सन् 1922-23 में घटित हुई, अंग्रेजों के खिलाफ इसका नेतृत्व अलूरी सीताराम राजू ने किया था।[8] जंगल सान्याल की अगुवाई में सन् 1868-70 के दौरान श्रीकाकुलम जिले में चौथा विद्रोह हुआ। बस्तर में एक अन्य विद्रोह सन् 1910 में हुआ।[9] ऐसा ही एक अन्य विद्रोह आदिलाबाद जिले में सन् 1940 में भड़क उठा, जहाँ कोल और गोंड पोटू खेती करते थे।[10]

ब्रिटिश काल में जंगलों पर सरकार का नियंत्रण स्थानीय था। आदिवासियों के सभी विद्रोह अल्पकालीन रहे और असफल हुए। वी. राघवैया के अनुसार पहले के दो विद्रोह मुत्तादरी भूमि के सम्बन्ध में उत्तराधिकार के विवाद का परिणाम थे। मुत्तादार छोटे-छोटे कबीलाई प्रमुख थे जिन्हें अंग्रेजों की ईस्ट इंडिया कम्पनी ने शान्ति बनाए रखने और आदिवासियों से नाममात्र का राजस्व इकट्ठा करने के लिए मध्यस्थ के रूप में नियुक्त किया था। इसका भरपूर फायदा उठाते हुए मुत्तादार गरीब आदिवासियों को आतंकित करने के लिए जुल्म करते थे और असहाय खेतिहार आदिवासियों से मनमानी वसूली करते थे।[11]

मुत्तादार प्रथा के फैलाव का असर यह हुआ कि आदिवासी किसान बन गए और अपनी जीविका के लिए खेती पर निर्भर हो गए। उनके भोजन में इकट्ठा किए गए फल, कन्द-मूल और शहद शामिल हो गए और ताड़ के पेड़ों से निकाली गई मदिरा उनके चलन में आ गई। ज्वार, बाजरा, दाल और कन्द-मूल उनका मुख्य भोजन था, जिनकी खेती वे जंगलों में साफ की गई जमीन पर करते थे।

अंग्रेजों ने पिछड़े हुए आदिवासियों के विकास पर ध्यान देकर उन्हें जीवन की मुख्यधारा में लाने का प्रयत्न किया। पहाड़ों के रूपान्तरण का प्रत्यक्ष चिह्न सड़कों के निर्माण के रूप में सामने आया। पहाड़ों में सड़कें बन जाने से व्यापार का विकास हुआ। ज्यादा-से-ज्यादा राजस्व कमाने के फेर में ब्रिटिश सरकार ने शराब और मादक पदार्थों की बिक्री को प्रोत्साहित किया। खेतिहर वर्गों पर पड़ने वाले प्रभावों के अतिरिक्त राज्य के वन प्रबन्धन का योगदान यह भी रहा कि दस्तकारी उद्यमों में गिरावट आने लगी। इनमें से मुख्य था बाँसों का कारोबार। इस प्रकार, व्यापारियों ने अनपढ़ आदिवासियों को उधार देना शुरू किया और उनका शोषण करने लगे। कभी-कभी उन्हें अदालत भी जाना पड़ता था जो आदिवासियों के लिए 'शेर की माँद' जैसा था। यह अदालती झंझट व्यापारियों के पक्ष में था जो एकतरफा फैसले करवा कर आदिवासी की सम्पत्ति हड़प कर लेते थे। पाँच रुपए के उधार के लिए एक व्यापारी किसी आदिवासी के सौ रुपयों के मवेशियों और उत्पादों पर कब्जा कर लेता था।[12]

वन क्षेत्र में सड़कों के निर्माण से सेना और मैदानी व्यापारियों की आदिवासी रिहाइशों तक पहुँच सुगम हो गई। ब्रिटिश शासन ने स्कूल और अस्पताल भी बनाए

जिनमें काम करने वाले को मैदानों से लाया गया था। इस कारण भी आदिवासियों का शोषण शुरू हुआ।

मैदानी इलाकों में डकैती और अपराधों के अन्य प्रकार पहले से ही मौजूद थे। ये गड़बड़ियाँ खेती की हलचलों से जुड़ी हुई थीं।[13] जब फसल खराब होती थी तो आदिवासी के पास खाने के लिए पर्याप्त नहीं होता था और इस कारण साहूकार की बन आती थी। फसल के मौसम में साहूकार टिड्डी दल की तरह या महामारी के रूप में उन पर टूट पड़ते थे और चक्कियों से अनाज और पेड़ों से गोंद छीन कर ले जाते थे। लेकिन आदिवासियों के लिए अच्छे और बुरे मौसम में कोई अन्तर नहीं था।[14]

ब्रिटिश सरकार टैक्सों के जरिये आदिवाासियों को निचोड़ती थी। मोदालापन्नू (मनसब द्वारा अपने लिए निर्धारित कर), चिगूरूपन्नू (एक-तिहाई से आधे तक की दर से), कलापापन्नू (लकड़ी काटने पर लगने वाला कर) और जंगल का कर, मवेशी चराने का कर जैसे टैक्स उनसे वसूल किए जाते थे।

सन् 1860 की शुरुआत से प्रान्तीय सशस्त्र दलों की स्थापना के साथ सरकार जंगल-क्षेत्रों में पुलिस थाने बनाने लगी। लेकिन पुलिस जल्दी ही खुले तौर पर भ्रष्ट और बलात्कारी हो गई। यदि कोई ग्रामीण दुर्घटना में मरता तो पुलिस उसे हत्या का मामला बताकर, रिश्वत की माँग करती। उत्सवों और समारोहों के नाम पर पुलिसवाले गाँव में आकर उनसे उपहार माँगते।

धर्म : आदिवासी जीवन के सभी पक्षों में धर्म का महत्त्व था। उनके धार्मिक विश्वासों में हिन्दुओं से लिए गए विचारों और कर्मकांडों की खिचड़ी होती थी। हिन्दू धर्म भी अपने-आप में अनेक विविधाओं का विचित्र मिश्रण है। इन आदिवासियों के धर्म का मुख्य रूप *ग्रामदेवता* की उपासना थी। ग्रामदेवता के रूप में कुछ अनगढ़ पत्थरों को एक मठिया में रख दिया जाता था, यों मठिया के बिना भी ग्रामदेवता की स्थापना होती थी। जब भी इलाके पर कोई संकट आता, जब भी पहाड़ों और मैदानों में फसलों के रोग, अकाल या पशुओं की महामारी जैसी स्थितियाँ बनतीं तो वे इन देवी-देवताओं की शरण में जाते थे और रक्षा की याचना करते थे। इस देवी को संकट में सहायक समझा जाता था। इस देवी का इन लोगों की सुख और समृद्धि से गहरा सम्बन्ध था। यहाँ कोया लोगों का उल्लेख किया जा सकता है जो पहाड़ों की आत्माओं की आराधना करते थे। उनकी कृपा प्राप्त करने की प्रत्याशा में उनके सामने पशुओं और मनुष्यों की बलि भी दी जाती थी। मुतुलाम्मा, मामिली देवता और स्मॉल पॉक्स की देवी पोलेराम्मा इन घुमक्कड़ जनजातियों द्वारा पूजे जाने वाले प्रमुख देवता थे, जिनकी उपासना आज भी प्रचलित है। दक्षिण भारत के लगभग सभी गाँवों में हम इन ग्रामदेवताओं के चिह्न आज भी देखते हैं। इसे द्रविड़ीय चलन माना जा सकता है। आर्यों के प्रभाव और संस्कृतिकरण की प्रक्रिया से, बाद में राम, हनुमान और पांडवों की पूजा का प्रचलन भी शुरू हुआ। बलि की प्रथा ब्रिटिश सरकार द्वारा उन्नीसवीं

सदी के पूर्वार्द्ध में दबा दी गई लेकिन अभी भी सारे देश में पशुबलि के चिह्न पाए जाते हैं। इसका कारण इन समुदायों की निरक्षरता, निर्धनता और अन्धविश्वास है।[15]

येरुकला वेंकटेश्वर के रूप में विष्णु और उनकी पत्नी लक्ष्मी की उपासना करते हैं। इनके अतिरिक्त वे कोलपुरियाम्मा, पेरुमल स्वामी और लूटमार अभियान पर जाने से पहले वोलेरम्मा, मरियाम्मा जैसी अन्य देवी-देवताओं की पूजा भी करते हैं। कोलपुरियाम्मा कोल्हापुर की देवी है, पेरुमल स्वामी अथवा वेंकटेश्वर तिरुपति का ईश्वर है। उनके हर धार्मिक त्यौहार में उनके लिए बलि अनिवार्य है। ईश्वर को भेड़, बकरे, मुर्गियाँ, सुअर, फूल समर्पित किए जाते हैं ताकि वे उनके जीवन की आधिभौतिक घटनाओं से उनकी रक्षा करें। वेंकटेश्वर के आराधक शनिवार को उनके सम्मान में नारियल फोड़ते हैं। पोलेराम्मा को मीठे चावल (पोंगाली) समर्पित किए जाते हैं। मटियाम्मा का स्वरूप देवी काली के समान है। फासेट ने लिखा है कि येरुकला परम अन्धविश्वासी हैं और जब भी अपने अपराध के लिए प्रस्थान करते हैं तब अच्छे और बुरे शकुनों का बहुत ध्यान रखते हैं।[16]

जब हम पेशेवर अपराधियों की बात करते हैं तब हमें इस शब्द के सही अर्थ को समझ लेना आवश्यक हो जाता है। इसका आशय ऐसी जनजाति से है, अनन्तकाल से जिसके पूर्वज अपराधी रहे थे। ब्रिटिश सरकार ने पूरी जाति को ही अपराधी जनजाति घोषित कर दिया। उनके वंशजों को कानून का उल्लंघनकर्त्ता माना गया। ठगों की भाँति पूरी जनजाति को उल्लंघन-कर्ता के रूप में देखा और समझा गया। यदि हम इस नीति का विश्लेषण करें, तो इस मत से सहमत नहीं होंगे क्योंकि कोई भी मनुष्य जन्म से अपराधी नहीं होता है।

अपराध को रोकने के लिए ब्रिटिश सरकार ने कठोर उपाय किए और इन तथाकथित पेशेवर अपराधियों को गिरफ्तार और दंडित किया। सरकार ठगों और पिंडारियों के साथ हुए अपने खराब अनुभव को भुला नहीं पाई। जैसा कि विस्वास ने कहा है, कि यह भी सम्भव है कि वर्तमान पूर्व अपराधी जनजातियाँ ठगों की ही शाखाएँ हों और उस समय भारत सरकार द्वारा ठगों का महकमा बनाए जाने के बाद अपने घुमक्कड़ स्वभाव के कारण भारत के विभिन्न प्रान्तों में जाकर बस गई हों।[17]

उन्नीसवीं शताब्दी में उपनिवेशी शासन की आर्थिक नीतियों ने कई समुदायों के व्यवसाय को नष्ट कर दिया। प्रशासन की कुछ विशिष्ट नीतियों से वाणिज्य में लगे हुए समुदायों पर भारी कुप्रभाव पड़ा। सरकार की नमक नीति ने कोरबा, येरुकला, कोरचा और लंबाड़ियों का व्यापार पूरी तरह से तहस-नहस कर दिया। इस नीति के अन्तर्गत, सरकार ने नमक उत्पादन अपने हाथों में ले लिया। अब व्यापारियों को सरकार से नमक खरीदना पड़ता था। शासन ने स्वयं ही नमक बनाना और बेचना शुरू किया और इससे पारम्परिक नमक उत्पादक और नमक विक्रेता दोनों ही बर्बाद हो गए। ऊपर उल्लिखित समुदायों पर इसका कुछ कुप्रभाव अधिक ही पड़ा।

सरकार की वन नीति से इन समुदायों के मवेशियों के जंगल में चरने पर रोक लग गई और उनका वहाँ वनोपज संग्रह करने का काम भी जाता रहा।[18] सन् 1866 के अकाल में अनाज व्यापारियों ने जमाखोरी की और मनमानी कीमत पर अनाज बेचा। यह समुदाय इस कीमत पर अनाज खरीद पाने में समर्थ नहीं था। इस अकाल में वे अपने पशुओं को भी खो बैठे।[19]

इन समुदायों की व्यापारिक गतिविधियों को रेलों और सड़कों के निर्माण ने और भी ज्यादा प्रभावित किया और इसके फलस्वरूप उनकी जीविका के साधन भी जाते रहे। ये जनजातियाँ जंगलों में यायावरी जीवन व्यतीत करती थीं और उनका कोई एक निश्चित ठिकाना नहीं होता था। वे अपने सामान और गृहस्थी के साथ किसी गाँव या कस्बे के बाहर किसी सुनसान जगह में अपने तम्बू गाड़ देते थे।

अपनी जीविका के उपार्जन के लिए इन्हें जिन विषमताओं और कठिनाइयों का सामना करना पड़ा उससे उन्होंने सामुदायिक जीवन की सीख मिली। जीविका के किसी ठोस आधार के अभाव में वे भीख माँगने और पशुओं तथा फसलों की चोरी करने लगे। शुरू-शुरू में उन्हें लगा कि उनका जीवन बहुत आसान है। किन्तु 'सभ्यता' के प्रसार के साथ उन्हें वस्तुस्थिति का भान हुआ और उनके सामने ज्यादा कठिनाइयाँ आने लगीं और वे 'अपराधी' जीवन में ढल गए।

जो डकैती, लूटमार, चोरी आदि अपराधों में लिप्त थे, उन्हें ब्रिटिश सरकार ने अपराधी जनजाति की संज्ञा दे दी। अंग्रेज अधिकारी, ऊँची जाति के हिन्दू तथा पुलिस अधिकारी घुम्मकड़ों की जीवनशैली को समझ पाने में असमर्थ रहे और इस समुदाय के प्रति उनकी कोई सहानुभूति नहीं थी। सरकार और मिशनरियों के द्वारा उन्हें अपराधी जाति घोषित करने के कारण थे—उनकी विशेष सामाजिक शैली, उनकी शराबखोरी और निकृष्ट भोजन, उनका कथित आलस्य और काम के प्रति उनकी उदासीनता।[20] उनकी स्त्रियों के उच्छृंखल व्यवहार की चर्चा भी की जाने लगी और इन स्त्रियों को पतित कहा गया।[21] पहले की व्यापारी गतिविधियों के लिए आवश्यक जिप्सी जीवनशैली अब आवारागर्दी या घुमक्कड़ी से प्यार करने लगी। ब्रिटिश शासन को यह लगने लगा कि अपराधी जनजातियों के लोगों का शारीरिक गठन सामान्य मनुष्यों से अलग होता है।[22]

उन्नीसवीं सदी के अन्तिम दौर में अपराध की बढ़ी हुई गति के आधार पर प्रशासन ने अपराधियों में वंशानुगत सिद्धान्त को गढ़ लिया। एक बार का अपराधी सदा के लिए अपराधी होता है—यह मान्यता स्वीकार कर ली गई और घुमक्कड़ कबीलों के बजाय उन्हें अपराधी जनजाति कहा जाने लगा।

सरकार की सोच में बीसवीं शताब्दी के पहले दशक में एक महत्त्वपूर्ण बदलाव तब आया जब भारत में अपराध के वैज्ञानिक कारणों की खोज का सिलसिला शुरू हुआ। अब यह माना गया कि उन्नीसवीं सदी में कई का अपराधी बनने का कारण

यह था कि उनके रोजगार छिन गए थे।[23] तथापि ऐतिहासिक विवरण से पता चलता है कि प्रशासन द्वारा बताए गए कारण कुछ और ही थे। नई जंगल नीति, प्रतिस्पर्धात्मक व्यापार, रेलों और सड़कों का प्रसार इसके प्रमुख कारण थे।

इन लोगों के साथ-साथ, सन् 1913 में अन्य कई समुदायों जैसे दसारी, पराया, राहडी, रेली, यनाडी, वोड्डार, डोमर, कोरचा, नक्कालों के भी रोजगार छिन गए और तब उन्हें अपराधी जाति के रूप में वर्गीकृत किया गया।[24]

सन् 1981 की जनगणना के अनुसार आन्ध्र प्रदेश में डिनोटीफ़ाइड आदिवासी जातियों की संख्या आबादी का 5.93 प्रतिशत है, अर्थात कुल जनसंख्या 5,35,49,679 में वह बत्तीस लाख है। सन् 1977 और सन् 1979 में लम्बाड़ी व येरुकला और यनाड़ी को अनुसूचित जनजातियों के वर्ग में शामिल किया गया। इन जनजातियों को अनुसूचित जनजातियों में शामिल करने से इन जनजातियों की संख्या में काफी वृद्धि हो गई।[25] यह जनजातियाँ 30,000 वर्गमील के क्षेत्र में फैले हुई हैं, जो राज्य के कुल क्षेत्रफल का ग्यारह प्रतिशत है। वे 6197 गाँवों में रहते हैं।[26]

दक्षिण भारत की विभिन्न जनजातियों में येरुकलाओं का महत्त्वपूर्ण स्थान है। सन् 1981 की जनसंख्या रिपोर्ट के अनुसार तैंतीस जनजाति समूहों में येरुकला का आबादी के हिसाब से चौथा स्थान है और उनकी संख्या 3,00,557 है। ये येरुकला आन्ध्र के सभी जिलों में मिलते हैं तथापि रायलसीमा और तटवर्ती आन्ध्र के जिलों में उनकी संख्या अधिक है।

येरुकला पूरे भारत में फैले हैं और अलग-अलग भाषाएँ और बोलियाँ बोलते हैं। विभिन्न क्षेत्रों में उनके अलग-अलग नाम हैं। मद्रास प्रेसीडेंसी धुर दक्षिण से उत्तर अरकाट जिले तक उन्हें कोरवा कहा जाता था। उत्तर अरकाट जिले से अन्य जिलों तक वे कोराचा या कोरचा कहलाते हैं। पास के जिलों में वे येरुकला हैं। थ्रस्टन को वे कलकत्ता में नीम हकीमी करते हुए मिले थे। येरुकलाओं के सम्बन्ध में पौपा राव नायडू ने लिखते हुए बताया है कि रेलें पूरे भारत में फैली हुई हैं, वे रेलयात्रा के अभ्यस्त हो गए हैं और सोते हुए मुसाफिरों को लूटने जैसे अपराध करके वे जल्दी ही अपराध की जगह से अन्यत्र चले जाते हैं, उन्हें सफर करने की भी आदत हो गई है।[27] एच.ए. स्टुअर्ट ने बताया कि उन्हें यायावर जनजाति के येरुकला मद्रास प्रेसीडेंसी और भारत के अन्य कई जिलों में मिले थे।[28] वास्तव में येरुकला, कोरवार, और कोरचा विशाल कोरवा समुदाय की ही शाखाएँ थीं जो मद्रास प्रेसीडेंसी में सक्रिय थीं। येरुकला तेलुगु जिलों में रहते और काम करते थे, कोरवा तमिल जिलों में और कोरचा आन्ध्र के तटवर्ती जिलों में रहते थे।[29] तेलुगु क्षेत्र (नेल्लोर) में इन लोगों को येरुकलावांडलू अथवा कोरचावांडलू कहा जाता है लेकिन वे अपने को हमेशा ही 'कुर्रु' बताते हैं। नेल्लोर में वे एक-दूसरे को 'कुर्रु' या 'कुला' के नाम से सम्बोधित करते हैं।[30]

तेलुगु भाषा में *येरुकलाबांडुलु* का अर्थ भविष्यवक्ता होता है और ओपर्ट का मानना है कि येरुकला नाम का उद्‌भव इसी से हुआ है। वे कहते हैं कि 'बहुत सम्भव है कि भविष्यवक्ता के नाम और व्यवसाय—*कुर्रबांडलु* या *कुलबांडलू*—के कारण तेलुगु लोग इन्हें येरुकलाबांडलु कहने लगे हों।[31] ओपर्ट कारु शब्द को मूल कु से सम्बद्ध करते हैं जो पहाड़ के लिए प्रयुक्त होता है।[32] थर्सटन ने बताया है कि नवीं शताब्दी की एक तमिल कृति (भिरुमुरुकाइरुपदी) में 'कुर्रु' या 'कुरु' एक पहाड़ी जनजाति के लिए प्रयुक्त हुआ है।[33] येरुकलाओं का वर्ण श्याम होता है, वे माँसल और सुगठित होते हैं, स्त्रियाँ और पुरुष दोनों ही चेहरे और बाजुओं पर गोदने गुदवाते हैं।[34]

प्रत्येक जाति की अपनी उपजातियाँ और अपने ही जातीय नियम होते हैं। सामाजिक रिवाज, धार्मिक आस्थाएँ, शकुन, पाबन्दियाँ और नैतिक मानदंड जाति तथा सामाजिक समूहों के अनुसार बदलते रहते हैं। उनके सामाजिक रिवाज और धार्मिक विश्वास उनके आपराधिक व्यवसाय से पूरी तरह मेल खाते हैं। अनन्त काल से अपराधी जनजातियों के सदस्य हिन्दुत्व के एक अनगढ़ स्वरूप को निबाहते रहे हैं। इसी प्रकार इन येरुकलाओं की अपनी जीवनशैली, चलन, परम्परा, अन्धविश्वास, कर्मकांड और उत्सव हैं। ये परम्पराएँ उन्हें अन्य समूहों से अलग करती हैं।

उनकी पारम्परिक पोशाक के कारण उन्हें आसानी से पहचाना जा सकता है। उनकी कमर पर केवल एक लपेटा हुआ कपड़ा होता है जिसे वे 'गोची' कहते हैं और धारीदार कपड़े का एक थैला उनके पास होता है जो 'वाडी साँची' कहलाता है। स्त्रियों और पुरुषों दोनों के ही गलों में रंग-बिरंगे मनकों की मालाएँ होती हैं।[35] स्त्रियाँ कलाई से कुहनी तक चाँदी, काँच या पीतल की चूड़ियाँ पहनती हैं और उँगलियों में अँगूठियाँ पहनने का रिवाज है। नई पीढ़ी ने इस पारम्परिक वेशभूषा को छोड़ दिया है और वह हिन्दू स्त्रियों जैसी वेशभूषा को अपना रही है। यहाँ हम एम.एन. श्रीनिवास द्वारा चर्चित 'संस्कृतिकरण' की प्रक्रिया देख सकते हैं।

प्रारम्भिक अवस्था में येरुकला मन्दिरों के मासूम सेवक थे। बाद में वे छोटा-मोटा धन्धा करते हुए कई जगह जाकर कृषि उत्पाद बेचने लगे। संचार साधनों के विकास के साथ उन्होंने अपना वह व्यापार त्याग दिया। उनके सामाजिक और आर्थिक जीवन में व्यवधान आ जाने के कारण जीवन-यापन के लिए वे छोटे-मोटे अपराध करने लगे।[36]

सामाजिक संरचना : येरुकला समाज पितृसत्तात्मक था। एकल और संयुक्त दोनों ही किस्म के परिवार थे। निर्णय का अधिकार पुरुष के पास होता था। विवाहित सन्तानों और जन्मदाताओं के सम्बन्ध मधुर थे। परिवार के विवाहित सदस्यों को स्वतंत्रता दी जाती थी। संयुक्त परिवार के लक्षण अभी भी पाए जाते हैं।

स्त्रियों की दशा : स्त्री का स्थान महत्त्वपूर्ण होता था और साधारणत: उनके साथ अच्छा व्यवहार किया जाता था। परम्परागत रूप से स्त्रियाँ उत्पीड़ित होती

रही थीं। लेकिन इससे उनकी स्थिति में थोड़ा-बहुत सुधार हुआ। उन्हें परिवार के पुरुषों का मान रखना पड़ता था। सामान्य रूप से ससुराल पक्ष या अन्य सन्तानें उन्हें अपने परिवार का भाग स्वीकार करती थीं। वे अपने पति का नाम नहीं ले सकती थीं। कुछ येरुकला अपनी स्त्रियों के सम्मान के लिए अधिक संवेदनशील रहते थे और उसके प्रति गम्भीर थे जैसे सूर्यास्त के बाद कोई महिला अकेले घर नहीं लौट सकती थी। लम्पटता को बड़ा पाप समझा जाता था और इसकी कठोर निन्दा की जाती थी। भविष्य बताने वाली महिलाओं के पास एक टोकरी, सूप और बेंत की थाली होती थी जिसमें गाय के गोबर से सनी कौड़ियाँ और हल्दी रहती थी। यह टोकरी कोलपुरियाम्मा का प्रतिनिधित्व करती थी, ये महिलाएँ सड़क पर आवाज लगाती हुई चलती थीं—*येरुको अम्मा येरुको*—जिसका अर्थ होता है 'भविष्यवाणी माँ भविष्यावणी'।[37]

गोत्रम अथवा कबीला : उनके अपने गोत्र या कबीले थे। इनके नाम हैं—सतुपदी, कवाड़ी, मानेपटी, मंड्रागुट्टी।[38] ये सभी तमिल के अपभ्रंश रूप हैं। सतुपदी का मूल रूप सत्तुपदी है जिसका अर्थ है पुष्पों, रत्नों और वस्त्रों से किसी हिन्दू देवमूर्ति की पूजा करना। कवाड़ी कन्धों तक की ऊँचाई का एक बाँस होता था जिसके दोनों छोरों पर टोकरियाँ टँगी होती थीं। मानेपटी मानपदी का अपभ्रंश है जिसका आशय है जूतों की एक जोड़ी जिसे सिलकर मन्दिर के पुरोहित को समर्पित करना।[39] प्रारम्भिक काल में ये लोग अपने गोत्र के प्रति बहुत सजग थे। इनके चार मुख्य वर्ग थे—सतुपदी और कबाड़ी गोत्रों को श्रेष्ठ माना जाता था। कवाड़ी पुरुष को पोशुतादु और सतुपदी महिला को पेंटी (स्त्री) कहा जाता था। तेलुगु में इसका अर्थ होता है कि वह सगोत्रीय हैं और कवाड़ी पुरुष की तुलना में सतुपदी पुरुष की जगह सतुपदी महिला से विवाह करना चाहिए। इन जनजातियों में अभी भी यह प्रथा प्रचलित है।

कहा जाता है कि इन जनजातियों की कई उपजातियाँ हैं। किन्तु ये उपजातियाँ उनके विविध व्यवसायों से सम्बन्धित हैं। उनमें से कुछ हैं—युप्पू युरुकला, डब्बा येरुकला कोतुला, सुब्बा येरुकला, इत्यादि।[40] जिन लोगों ने नमक का व्यवसाय अपनाया था उन्हें उप्पू येरुकला कहा जाने लगा। बाँस की टोकरियाँ बनाने वालों को डब्बा येरुकला कहा गया। गोदना गोदने का व्यवसाय करने वालों को *परोगगुन्नल* नाम मिला। कोतुला वे लोग है जो बन्दरों का तमाशा दिखाते हैं, कुछ जंगल से झाड़ियाँ इकट्ठा करके उनकी झाड़ू बनाते हैं। वे कुशल शिकारी हैं। सतुपदी येरुकला के जीवन-यापन का प्रधान स्रोत बाँस का सामान बनाना है। एटापुल्ला येरुकला का मुख्य व्यवसाय जाल बुनना है। सूब्बा येरुकला लोहे के तारों की डलियाँ बनाते हैं।

भाषा : इन जनजातियों के पास अपनी भाषाएँ तो हैं लेकिन उनकी लिपियाँ नहीं हैं। येरुकला और कारोबारों की शब्दावली अन्य दक्षिण भारतीय भाषाओं यथा तमिल, तेलुगु, कनारी आदि से ग्रहण की गई प्रतीत होती है। अन्य से सम्पर्क बनाने के लिए

घुमक्कड़ जनजातियाँ एक से अधिक भाषाएँ बोलती हैं। लेकिन बसे हुए लोग के बीच उनकी बसावट के स्थान की भाषा ही प्रयुक्त होती है।[41] जो येरुकला आन्ध्र प्रदेश के सभी हिस्सों में रहते हैं, वे केवल तेलुगु भाषा का प्रयोग करते हैं। वे विरूप अभिव्यक्तियों का व्यवहार करते हैं जो दूसरों के लिए आसानी से समझ में नहीं आती।

भोजन : मछली, सुअर, जंगली चूहे, गधों, बकरे, हिरण और सभी तरह के पक्षी, बत्तख, गिलहरियाँ आदि इन लोगों की खाद्य सामग्री में शामिल हैं।[42] वे पूरी तरह मांसभक्षी हैं और शिकार के शौकीन हैं। वे भारी मात्रा में ताड़ी का सेवन करते हैं और सभी प्रकार की शाक-भाजी खाते हैं। परिया, माला, मडीगा, यनाडी और मुसलमानों के साथ उनका खान-पान का व्यवहार नहीं है।

विवाह पद्धति : येरुकलाओं में बहुविवाह प्रथा का चलन था लेकिन अब यह प्रथा कम होती जा रही है। अब वे एकल विवाह को प्रमुखता देते हैं। परिवार के वरिष्ठ जन उनकी शादियाँ तय करते हैं। वे अन्य जातियों की स्त्रियों से परहेज नहीं करते सिवाय माला, मडिंगा और ऐसी ही अन्य नीची जातियों को छोड़कर। वर्तमान समय में इन जातियों की स्त्रियाँ भी उनके द्वारा स्वीकार की जा रही हैं। सामान्य रूप से, वर और वधु के अभिभावकों के बीच विवाह सम्बन्ध की बातचीत होती है और वर का पिता 'बोली' अथवा वधुमूल्य के रूप में पहले विवाह के लिए साढ़े तीन रुपए और दूसरे स्त्री या पुरुष के विवाह के लिए सात रुपए देता है।[43] बाल-विवाह की अनुमति नहीं है और बिरादरी में यह रिवाज प्रचलित है कि मामा परिवार की पहली दो लड़कियों पर पत्नी या पुत्री बनाने का दावा कर सकता है। वर-वधु के चयन में इस प्रक्रिया का पालन सामान्यत: किया जाता है। पहले, एक कन्या चुनी जाती है और वर के अभिभावक बुजुर्गों के साथ कन्या के घर जाते हैं। ग्राम प्रमुख दोनों पक्षों के बीच का मध्यस्थ होता है। वधु को वर के योग्य पाए जाने पर वह अपनी स्वीकृति दे देता है। संस्कृतिकरण की प्रक्रिया से वधु-मूल्य का स्थान धीरे-धीरे दहेज-प्रथा ने ले लिया है। दहेज सामाजिक हैसियत के अनुसार लिया जाता है, यह दहेज खेत, नकदी, सोना, गाड़ियों या अन्य विलसिता की वस्तुओं के रूप में हो सकता है।

चयन के तत्काल बाद, वे इस अवसर का उत्सव मनाते हैं और ग्राम प्रधान के साथ ताड़ी पीने का आयोजन किया जाता है। दोनों पक्षों के अभिभावक ताड़ी का लेन-देन करते हैं। एक घड़ा कुल पंचायत के मुखिया को भी भेंट में दिया जाता है। मद्यपान के बाद दावत का आयोजन होता है। सगाई समारोह के समाप्त हो जाने पर दोनों पक्ष एक अनुबन्ध में बँध जाते हैं। अन्यथा, एक बैठक बुलाई जाती है और अनुबन्ध टूटने के कारण स्पष्ट किए जाते हैं। कुल पंचायत उसका फैसला करती है जिसका कड़ाई से पालन होता है।

हिन्दू रिवाजों को मानने वालों के लिए एक ब्राह्मण पुरोहित मुहूर्त तय करता है ओर वैवाहिक संस्कारों को सम्पन्न कराता है। ईसाई धर्म अपनाने वालों का विवाह

पादरी की देखरेख में होता है। टाली[44] में काले तिल और तलमब्रालू (चावल के दाने वर-वधु के सिर पर से फेंकना) बाद में किया जाता है। समारोह में विधवाओं का भाग लेना निषिद्ध है। एक अन्य रिवाज यह है कि सन्तानों के जन्म से पहले ही दोनों पक्षों के बीच करार हो जाता है। वे तय कर लेते हैं कि तुम्हारे यहाँ लड़का या लड़की से मेरी होने वाली लड़की या लड़के का विवाह हो जाएगा।[45] किन्तु यदि उनके पुरोहित को आपत्ति होती है तो यह सम्बन्ध नहीं होता।

वयस्कता : वयस्कता आदिवासियों के लिए एक सुखद अवसर है। जैसे ही कोई कन्या वयस्कता की उम्र में पहुँचती है, उसके मामा को उसकी सूचना दे दी जाती है। लड़की पाँच दिनों तक अशौच अवस्था में बैठती है। उसका मामा उसे नए कपड़े, कंघा, शीश, फूल, कुमकुम, सुपारी और चूड़ियाँ आदि देता है और उसके लिए दावत का आयोजन करता है। समारोह में मिठाइयाँ भी बाँटी जाती हैं।

तलाक : तलाक बहुत कम ही होते हैं, यदि होते भी हैं तो सम्बन्धित पक्ष सुलह भी कर सकते हैं और दुश्मनी भी। यदि कोई किसी के साथ भाग जाए तो लड़की या लड़के का पिता एक बैठक बुलाता है जिसमें आरोपित को कड़ा दंड दिया जाता है। जो पुरुष कन्या के साथ भागा हुआ होता है उसे उस उस कन्या से विवाह करना पड़ता है। यदि विवाहित स्त्री या पुरुष भागे हों तो कुल पंचायत के बुजुर्ग स्त्री और पुरुष दोनों को कठोर दंड देते हैं। अपराधी को कुछ जुर्माना भी देना पड़ता है। यदि कोई पुरुष किसी विधवा से विवाह करना चाहता है तो उसे उसके लिए नई साड़ी खरीदकर अन्य की उपस्थिति में अपनी पत्नी स्वीकार करना पड़ता है। ग्राम प्रधान उनकी मध्यस्थता करता है। ताड़ी के साथ फिर समारोह मनाया जाता है।[46]

जन्म सम्बन्धी उत्सव : शुरू के दिनों में बच्चा पैदा होते ही वे झोंपड़ियों के सामने ऊदबत्तियाँ जलाते हैं। वे झोंपड़ी को शुद्ध करने के लिए गोबर से लीपते हैं। इस शुद्धीकरण के बाद सभी को नवजात शिशु को देखने की अनुमति मिलती है। बच्चे की अलौकिक शक्तियों से रक्षा के लिए येरुकलाओं में कुछ व्यवहार भी प्रचलित हैं। वे माँ और बच्चे का ध्यान रखते हैं। नवें दिन उन्हें स्नान कराया जाता है।[47] ताड़ी और रात्रि-भोज का आयोजन किया जाता है। नामकरण कुछ दिनों बाद होता है और प्राय: नाम पूर्वजों के नामों से ही चुने जाते हैं। कभी-कभी रॉबिनहुड जैसे नायकों अथवा देवी-देवताओं के नाम उन्हें दिए जाते हैं जैसे वेंकटिगुड्डू, गंगाड्डू, नागी, अंकली इत्यादि। नामकरण के बाद एक काला धागा शिशु की कलाई पर बाँधा जाता है। बच्चे को मामा दुलारता है। यदि शिशु नए चाँद की पड़वा को जन्म लेता है तो उसे शुभ संकेत माना जाता है।[48] यदि जन्म के समय जन्मनाल शिशु के गले में अटकी हो तो वे इसे अपशकुन समझते हैं और पिता या मामा की मृत्यु का सूचक मानते हैं। इसके निवारण के लिए वे एक

उल्लू को मारकर उसके अंगों को गले में डालते हैं और बाद में इन्हें जन्मनाल के साथ जला दिया जाता है।[49]

मृतक संस्कार : यदि किसी येरुकला की मृत्यु होती है तो उसे जमीन में गाड़ दिया जाता है। उसका सिर उत्तर दिशा में और पैर दक्षिण दिशा में रखे जाते हैं। शव को नए कपड़े पहनाए जाते हैं। वे यह सोचकर कौओं को बुलाते हैं कि मृतक की आत्मा भटक रही है। ठीक एक वर्ष उपरान्त, वे एक समारोह करते हैं और मृतक संस्कार पूरे किए जाते हैं। कुल मिलाकर, थोड़े-बहुत संशोधन के साथ यह प्रक्रिया ईसाई धर्मांतरित भी निबाहते हैं। कुछ येरुकला उस जगह तुलसी का एक पौधा भी रोपते हैं जहाँ शव में आग लगाई गई थी।

अन्धविश्वास : छिपकली को उनके सामने गिरना एक अपशकुन माना जाता है लेकिन अगर यह दूसरी तरफ आवाज करती है तो यह शुभ शकुन होता है। यदि किसी काम को शुरू करते समय कोई एक बार छींक दे, तो बुरा माना जाता है यदि कोई बार-बार छींके तो शुभ होता है। किसी तेली, नाई, पुलिस वाले और काने व्यक्ति को जाते समय देखना बुरा शकुन है। दाहिनी तरफ कौए का उड़ना अच्छा माना जाता है किन्तु यदि वह व्यक्ति के सिर से उड़े तो यह अशुभ लक्षण होता है। कौए के काँव-काँव करने पर सोचा जाता है घर में कोई मेहमान आ रहा है। यात्रा के प्रारम्भ में विधवा, दूध के बर्तन, भौंकता हुआ कुत्ता या बैल लेकर मिलने वाला चरवाहा देखना दुर्भाग्य का लक्षण है। तीन की संख्या अशुभ है और तीन व्यक्ति साथ नहीं चलते। रविवार का दिन विवाह के लिए तो शुभ है लेकिन अपराध के लिए अशुभ। सोमवार, बुधवार और शनिवार दुर्भाग्यसूचक दिवस हैं।[50] लकड़ी का गट्ठर या कंडों का मिलना बुरा माना जाता है। यदि कोई अच्छे कपड़े पहने विधवा या बिल्ली सामने आ जाती है तो इस एक गम्भीर और अत्यन्त खराब संकेत समझा जाता है।

हथियार : अधिकांश येरुकला अपने पास चाकू और 'कोडावली' नामक हथियार रखते हैं जो तलवार और हँसिया के बीच की चीज़ है। इसका पिछला हिस्सा बहुत भारी होता है और उसका प्रहार बहुत घातक होता है। इससे पशुओं का वध, हत्याएँ और बाँस चीरने का काम लिया जाता है। नकबजनी के लिए वे लोहे का एक औजार इस्तेमाल करते हैं जिसे *गाडिकोलू* या *सिल्लुकोलू* कहा जाता है।

कुल पंचायत : आदिवासी जातियों में पूर्व में गाँव के मुखिया की भूमिका बहुत महत्त्वपूर्ण होती थी। वह जन्म, मृत्यु का और गाँव में आने वाले नवागन्तुकों का हिसाब रखता था। वह बस्ती में रहने वाले सभी व्यक्तियों का नियंत्रण करता था। उसे उसकी लोकप्रियता, उम्र और विविध समस्याओं को हल करने की योग्यता के आधार पर चुना जाता था। अब उसकी भूमिका उतनी महत्त्वपूर्ण नहीं रह गई है।

पंचायत में पाँच व्यक्ति होते हैं। कबीले द्वारा चुने गए इन लोगों को बेरुमानुसम कहा जाता है। जाति के सभी अलिखित नियमों का सम्मान करते हैं और कुल पंचायत के आदेश स्वीकार करते हैं। इन परम्पराओं के किसी भी उल्लंघन को गम्भीरता से लिया जाता है। पंचायत की बैठक खुले में किसी सार्वजनिक स्थान पर होती है। सामान्यत: आरोपित व्यक्ति और उसके समर्थक बाईं तरफ और पीड़ित पक्ष दाहिनी ओर बैठता है। इसके विपरीत भी बैठक व्यवस्था हो सकती है जबकि वरिष्ठ लोग दोनों पक्षों के बीच में बैठते हैं। अपराधी के दुष्कृत्य को परखने के लिए बुजुर्ग लोग गोपनीय रूप से एक तरीका तय कर लेते हैं।

रिवाज यह रहा है कि आरोपित व्यक्ति खौलते हुए तेल में अपनी अँगुली डुबाएगा और प्रक्रिया यह उसके दोषी या निर्दोष होने को प्रमाणित करेगी। इस रिवाज के लक्षण अभी भी कहीं-कहीं मिलते हैं। एक अन्य पद्धति यह है कि आग से तप्त एक लोहे की लाल छड़ उठाकर लबालब पानी से भरा एक बर्तन बिना एक भी बूँद छलकाए ले जाया जाए।

आदिवासियों की पंचायत साधारणतया इन मामलों का निबटारा करती है— 1. जाति के भीतर अनैतिकता के प्रकरण। जब कोई महिला दुराचार गें रँगे हाथों पकड़ी जाती है तो उसका पति इस प्रकरण को कुल पंचायत के वरिष्ठ सदस्यों के सामने रखता है। जाँच के बाद कुल पंचायत दंड का निर्धारण करती है। अपराधी को इस पर हुए खर्च का भुगतान करना होता है। 2. सामाजिक चलन का उल्लंघन, 3. सम्पत्ति सम्बन्धी विवाद, 4. पैतृक सम्पत्ति के बँटवारे सम्बन्धी विवाद, 5. वैवाहिक विवाद, 6. बसावट में नए व्यक्तियों का प्रवेश तथा 7. चोरी की सम्पत्ति सम्बन्धी विवाद।

स्टुअर्टपुरम बस्ती का उदय

उन्नीसवीं सदी की आखिरी चौथाई में सम्पत्ति के बढ़ते हुए अपराधों के कारण प्रशासन ने वंशानुगत अपराधियों की अवधारणा पर विचार किया। जैसा कि स्टीफन ने कहा है—'एक अपराधी शुरू से अपराधी होता है और अन्त तक अपराधी रहता है, उसका सुधार असम्भव है क्योंकि यह उसका पेशा है। उसकी जाति और उसका धर्म ही अपराध करना है।'[51] मद्रास प्रेसीडेंसी के लगभग सभी जिलों में अपराध की संख्या सन् 1905 तक बहुत बढ़ गई थी। इसका कारण, असंदिग्ध रूप से खाद्य पदार्थों के मूल्यों में बेतहाशा वृद्धि हुई। कीमतों में भारी वृद्धि और पुलिस का अधिक दमन कई जिलों में अपराध वृद्धि का कारण बना।[52] विशेष रूप से गुंटूर और नेल्लोर जिलों में अपराध दर में वृद्धि के लिए पुलिस के अत्याचार ही जिम्मेदार थे।

अपराधियों के सुधार और उन्हें जीविका के वैकल्पिक साधन उपलब्ध कराने के लिए ब्रिटिश सरकार ने आन्ध्र प्रदेश के कालीचेडू, कावाली, सीतानगरम,

स्टुअर्टपुरम, सिद्दूपुरम्, भूम्मनागड्डा और चिन्तलदेवी में बस्तियों की नींव डाली। इन अपराधियों को इन बस्तियों में तब तक रहने के लिए विवश किया जाता था जब तक अधिकारियों को यह विश्वास न हो जाए कि अब उन्हें कानून का पालन करने वाले नागरिकों के रूप में देखा जा सकता है। इस तरह सन् 1915-16 तक वहाँ सात अपराधी बस्तियाँ बन चुकी थीं, जिनमें कुल मिलाकर 5,195 पुरुष, 1,506 महिलाएँ और 1,773 बच्चे निवास करते थे।[53]

स्टुअर्टपुरम को एक सुधरी हुई बस्ती माना जाता था, इसका अर्थ तो यह था कि सीतानगरम में जिन रहवासियों का आचरण अच्छा होता था उन्हें यहाँ भेज दिया जाता था और बुरे आचरण वालों को सीतानगरम ले जाया जाता था। कैप्टन रोबिलार्ड यहाँ के प्रबन्धक थे।[54] उनकी सहायता उनकी पत्नी और देसी सहायक करते थे। प्रारम्भ में बस्ती में 691 लोग रहते थे, जिनमें 200 पुरुष, 196 स्त्रियाँ और 295 बच्चे थे। कैप्टन रोबिलार्ड ने बस्ती का प्रबन्ध कुशलता से किया और इसके लिए उनकी सराहना भी की गई। इस बस्ती को मद्रास की तत्कालीन सरकार के कार्यवाहक सचिव के नाम पर स्टुअर्टपुरम कहा गया।[55] इसकी व्यवस्था साल्वेशन आर्मी के पास थी।

स्टुअर्टपुरम मद्रास-नई दिल्ली ग्रांड ट्रंक रोड बापट्ला (गुंटूर जिला) और चिराला (प्रकाशम जिला) के बीच में स्थित है। जब रिहाइशियों को इस बस्ती में लाया गया था तब उनके पास अपना कोई रोजगार नहीं था। वे बहुत विपन्न थे और वनोपज पर निर्भर रहते थे। वे छोटे-मोटे धन्धे करते थे। टोकरी, रस्सी आदि बनाने के कौशल में वे दक्ष थे। येरुकलाओं की स्त्रियाँ भविष्य बताती थीं।[56]

उनकी जीवनपद्धति को बदलने के लिए मुक्ति-सेना ने उन्हें खेती सिखाई। प्रारम्भ में उन्हें लगभग पाँच सौ एकड़ अच्छी जमीन और एक हजार एकड़ दलदली जमीन दी गई, जिस पर वे खेती कर सकें और उन्हें आमदनी का स्थायी साधन मिल सके। कृषि के अलावा, इन बसने वालों को सार्वजनिक निर्माण विभाग की सड़क बनाने, खान से पत्थर निकालने, नाले बनाने जैसे दूसरे कामों में भी लगाया गया। दैनिक श्रमिकों और छुटपुट काम करने वाले पुरुषों को चार या पाँच आने और औरतों को तीन आना मजूरी दी जाती थी।[57]

इनके अतिरिक्त सीतानगरम, सिद्धपुरम, भूमन्नागड्डा, बिट्रगुंटा, नबाबपेटा, नेल्लोर, कावाली लक्कारम इत्यादि से कुछ अन्य येरुकला वहाँ लाए गए।[58] साल्वेशन आर्मी का मुख्य लक्ष्य जनजाति में सुधार और उसके सदस्यों के व्यवहार में परिवर्तन करना था इसलिए कई स्थानों से नए लोगों को लाया गया और उन्हें 525 एकड़ जमीन दी गई तथा मेहनत-मजदूरी के अवसर उपलब्ध कराए गए। इस जमीन पर बसने वाले धान, रागी और मूँगफली उपजाते थे। वे चटाई, रस्सी, टोकरी, धनिया, टमाटर और हरा चना बेचकर भी पैसा कमाते थे। मद्रास प्रेसीडेंसी की कानून सम्बन्धी रिपोर्टों से पता चलता है कि इन स्रोतों से उन्हें रुपए 84,18,906/- की आमदनी हुई।[59]

कृषि गतिविधियों और श्रमिक कार्यों के अतिरिक्त उन्हें इंडियन लीफ़ टबैको डिपार्टमेंट में भी काम दिया गया जो सन् 1915 में पास के एक गाँव रामनगर (एप्रूपालन) में स्थापित हुई थी, जिससे इन येरुकलाओं को रोजगार मिला।[60] इस संस्थान में पुरुषों को प्रतिदिन आठ आने की दर से मजूरी मिलती थी (जो सप्ताह में तीन रुपए होती थी क्योंकि तब रुपया सोलह आने का होता था।) इसका भुगतान मासिक होता था। स्त्रियों को सात आने प्रतिदिन दिए जाते थे।[61] इसके अलावा उन्हें कई जगहों पर छोटे-मोटे कार्य भी दिए जाते थे। इन छोटे कार्यों के लिए उन्हें आसपास रामनगर, पराला, चिराला, बप्टला, बेटापुडी, परचूर, चेरुकुरु इत्यादि जगहों पर ले जाए जाता था। इन छोटे-मोटे कार्यों में सड़क निर्माण, गड्ढे खोदना आदि का काम शामिल था। इन बसाए गए लोगों का अन्य बस्तियों के रहवासियों के साथ निकट सम्पर्क रहता था।

सन् 1924 से, गाँव से भागने वालों की संख्या भी काफी बड़ी थी। काफी समय तक बाढ़, अनावृष्टि और अक्टूबर-नवम्बर में चक्रवातों से फसलों को नुकसान होता रहा। इस कारण से, बस्ती से भागने वालों की संख्या काफी थी। क्रमशः, इनकी संख्या अप्रैल 1925 में कम होती गई, जब धान की फसल सन्तोषजनक रही थी। अंग्रेज अधिकारी पियर्सन ने सिंचाई सुविधाएँ बढ़ाने का अभियान चलाया था।

सन् 1924 के वर्ष में चार परिवारों को अच्छे आचरण के आधार पर बस्ती छोड़ने की छूट दी गई। यह फैसला प्रबन्धक ने किया था। यह छूट उनके लिए सजा के समान थी। बस्ती को छोड़ पाना उनके लिए कठिन था क्योंकि उनके पास वैकल्पिक रोजगार नहीं था। मुक्ति-सेना ने सोचा कि इसका वास्तविक हल यह होगा कि उन्हें कहीं और बसा दिया जाए। इन चार परिवारों ने अन्य लोगों के सामने एक उदाहरण प्रस्तुत किया था। वे आजादी का जीवन जीना चाहते थे किन्तु इसमें उनके जीवन निर्वाह की समस्या थी। इस बस्ती की स्थापना के बाद से येरुकलाओं की आचरण-शैली में बदलाव हुआ है।

जब व्यक्तिगत पट्टों के द्वारा बसने वालों को जमीन आवंटित की जाती थी तो यह पड़ोस के गाँवों के धनिक वर्ग की आँखों में चुभती थी।[62] भूसत्त्व के अधिकार इन शर्तों पर दिए जाते थे—(1) दस वर्षों तक इसे गिरवी नहीं रखा जाएगा और (2) यह कभी भी गैर-येरुकलाओं को वापस नहीं बेची जाएगी। ये शर्तें न मानने पर जमीन को वापस ले लिया जाता था।

मुक्ति-सेना ने सोचा कि इस पुनर्वास बस्ती में येरुकलाओं के लिए शिक्षा आवश्यक है, इसके लिए सन् 1916 में प्राथमिक पाठशाला की स्थापना की गई। प्राथमिक शिक्षा अनिवार्य थी और जो स्कूल नहीं जाते थे उन्हें कठोर दंड मिलता था। प्रतिवर्ष स्कूल जाने वालों की संख्या में वृद्धि होती गई। स्कूल में कुछ येरुकलाओं को भी शिक्षक के रूप में नियुक्ति मिली। सन् 1924 में लगभग 402 बच्चे पाठशाला में दर्ज थे और उनकी औसत उपस्थित 286 रही।[63]

मुक्तिसेना ने वातावरण बदलने की दृष्टि से बच्चों को उनके अभिभावकों से अलग रखा। बच्चों के हित में उसने एक छात्रावास बनाया गया। नवनिर्मित छात्रावास से रहवासियों को लाभ हुआ। अनाथ बच्चे, ऐसे बच्चे जिनके माता-पिता जेल में थे, वे बच्चे जिनके माता-पिता अतिशय गरीब थे, जेलों से अभी-अभी मुक्त हुए माता-पिता की सन्तानें, ऐसे बच्चे जिन्हें उनके अपराधी माँ-बाप से अलग किया गया या संदिग्ध चरित्र के कारण जिन बच्चों को माँ-बाप से अलग कर दिया गया, ऐसे बच्चों को इस छात्रावास में रखा गया।[64] तथापि जब वांछित परिणाम नहीं मिला तो मुक्ति-सेना ने इस छात्रावास को बन्द कर दिया। इसका बस्ती पर विपरीत प्रभाव पड़ा। सन् 1921 में मुक्ति-सेना ने स्त्री शिक्षा को प्रोत्साहित करने के लिए एक कन्या विद्यालय भी खोला जिसमें लगभग 100 छात्राएँ पढ़ती थीं।

स्वास्थ्य और सफाई : बसने वालों के कल्याण के लिए मुक्ति-सेना ने एक नया अस्पताल स्थापित किया। बापट्ला से एक उपशल्य चिकित्सक प्रति सप्ताह वहाँ पहुँचता था[65] और दस्त, हैजा, मलेरिया, बुखार, चेचक, बैरीबेरी, फोड़े-फुन्सी, दिल की बीमारी और पेट दर्द आदि की औषधियाँ वहाँ उपलब्ध थीं। अस्पताल की देख-रेख एक सन्देशवाहक के पास थी। मुक्ति-सेना बस्ती में होने वाले जन्म और मृत्यु का हिसाब भी रखती थी।

मुक्ति-सेना ने सन् 1921 में वहाँ एक रेलवे स्टेशन और डाकघर भी खोला। यह बताया गया है कि रेलवे स्टेशन खुल जाने और टमाटर की फसल उगाने से उनकी आमदनी में बढ़ोतरी हुई। यह फसल उनके लिए बहुत अच्छी थी और इसे वे दूर-दूर तक भेजने लगे थे।[66]

शुरू के वर्षों में बसे हुए लोगों की खोज-खबर के लिए पुलिस मुक्ति-सेना से सम्पर्क करती थी। पुलिस को साल्वेशन आर्मी के प्रबन्धक की अनुमति के बिना बस्ती में प्रवेश की अनुमति नहीं थी।[67] साल्वेशन आर्मी ने सन् 1915 में एक चर्च का भी निर्माण किया जिसका प्रकट उद्देश्य येरुकलाओं को बाइबल की शिक्षा देकर सुधारना और अनुशासित करना था। इस प्रकार साल्वेशन आर्मी ने बसे हुए लोगों की उल्लेखनीय सेवा की।

स्वतंत्रता प्राप्ति के बाद भारत सरकार ने मुक्ति-सेना के सारे अधिकार समाप्त कर दिए। प्रबन्धन का दायित्व जनजाति कल्याण विभाग को सौंप दिया गया। तथापि, अभी भी मुक्ति-सेना इन पुनर्वास बस्तियों में सक्रिय है। चिकित्सालय, चर्च, स्कूलों और छात्रावासों की व्यवस्था एक प्रबन्धक और उसकी पत्नी कर रहे हैं। छात्रावासों में 101 लड़के और 54 लड़कियाँ कक्षा एक से लेकर सीनियर स्कूल सर्टिफिकेट की पढ़ाई कर रही हैं।[68] मुक्ति-सेना विद्यार्थियों को वर्दी और कपड़े देती है। उस 600 एकड़ जमीन से भू-राजस्व भी मिलता है जो इसके नियंत्रण में है। रहवासियों का मुक्ति-सेना पर अगाध विश्वास है, इस कारण सुधार-सेवाओं के प्रति उसका उत्साह बना हुआ है।

गुप्तचर विभाग के रिकॉर्ड में अपराध की पुष्टि के लिए गिरोहों को कई वर्गों में विभाजित किया गया है। इनके नाम निम्नानुसार हैं : गडिडा येरुकलाओं का पहला भंडार गिरोह, कृषि कर्मियों का दूसरा गिरोह, श्रमिकों का तीसरा गिरोह, मजदूरों का ही चौथा गिरोह, इंडियन लीफ़ टबैको डिपार्टमेंट के कर्मचारियों का पाँचवाँ गिरोह और अन्य व्यापारियों का गिरोह। उप्पू येरुकला और येड्डू येरुकलाओं (व्यापारियों) के गिरोह और श्रमिकों के एटापुरम या मित्रपुरम गिरोह नए थे।[69] गाँव में एक डाकघर, पंचायत दफ्तर, पुलिस थाना, मुन्सिफ का निवास, अस्पताल, रेस्टोरेंट, सिनेमाघर, अर्क की दुकान, गाँव का बाजार और रेलवे स्टेशन भी है।

आज का स्टुअर्टपुरम : इस बस्ती में तीन प्रकार के परिवार हैं—एकल, संयुक्त और एक सदस्यीय, तथापि एकल परिवार अधिक हैं। आबादी में चार उम्र समूह हैं : एक से तेरह वर्ष, चौदह से बीस, इक्कीस से उनसठ और साठ वर्ष से ऊपर। 21-59 के आयु वर्ग की संख्या सर्वाधिक है।[70] मकानों की बनावट दो प्रकार की है, 1. टटाकू इटुकुलू (छप्पर छाए हुए ईंटों के घर) और 2. पेनकुटील्लू (छतों वाले घर)। निवासियों की निर्धनता के कारण छप्पर वाले मकानों की संख्या ज्यादा है।

इस बस्ती के पुरुष और स्त्रियाँ कड़ी मेहनत करते हैं। सभी अपने कामों में व्यस्त रहते हैं। सामान्यत: पुरुष कृषि कार्य, रिक्शा चलाने और लीफ़ टबैको कम्पनी में काम करने के लिए घर से बाहर जाते हैं, जो महिलाएँ बेरोजगार नहीं हैं घर पर ही रहकर गृहस्थी का काम देखती हैं।

बस्ती में तीन धार्मिक समूह हिन्दू, मुसलमान और ईसाई हैं। किन्तु हिन्दुओं और धर्मांतरित ईसाइयों की संख्या अधिक है।[71] हिन्दू वेंकटेश्वर, लक्ष्मी, शिव और हिन्दू देवमाला के अन्य देवताओं की पूजा करते हैं। मुक्ति-सेना के प्रभाव से चर्च जाने वालों की संख्या अधिक है यद्यपि उनमें परम्परागत हिन्दू भी हैं।

इस बस्ती के येरुकलाओं के पास पहले आमदनी का स्थायी साधन नहीं था। तब वह बेटपुडी (बापट्‌ला तालुका) के बाहर प्रतिवर्ष दिसम्बर से अगस्त तक अपना डेरा डाल देते थे और ओंगोला बापट्‌ला और तेनाली के किसानों का अनाज ढोते थे। अगस्त से दिसम्बर तक वे उनके मवेशी चराते थे।[72] उनकी जीविका मुख्य रूप से कृषि पर निर्भर थी। इस बस्ती के येरुकलाओं का दूसरा मुख्य व्यवसाय चोरी था।[73] स्त्री और पुरुष दोनों इस तरह के अपराधों के लिए कुख्यात थे। उनके द्वारा किए जाने वाले अपराध हैं—डकैती, नकबजनी, पशु चोरी, रेल में लूटपाट, बैंकों की लूट, उठाईगीरी, जंजीरें खींचना, कपट (धोखे से सोने के असली गहनों को नकली गहनों से बदलना)।

बस्ती के लोगों द्वारा अपराधों की ओर प्रवृत्त होने के पाँच प्रमुख कारण गिनाए जा सकते हैं—(1) जीवन-यापन के वैकल्पिक साधनों का अभाव, (2) सन्तानों का ठीक से भरण-पोषण न कर पाना, (3) निर्धनता, (4) काम के प्रति आलस्य तथा (5) आपराधिक गतिविधियाँ त्याग देने के बाद भी पुलिस द्वारा उत्पीड़न।[74]

इस बस्ती में किए गए साक्षात्कारों से हमें उनके अपराधों और उन अपराधों के करने के कारणों की खासी जानकारी मिल जाती है। साक्षात्कार में एक अपराधी ने बताया, 'मेरे माता-पिता स्टुअर्टपुरम में शुरू से ही रहते थे। मेरा पिता मेरी बाल्यावस्था से ही छोटी-मोटी चोरियाँ करता था और एक शराबी था। उसकी मृत्यु तपेदिक से हुई। उसके बाद मेरी माँ की भी मृत्यु हो गई। माँ-बाप की मौत के बाद मेरे सामने गम्भीर आर्थिक कठिनाइयाँ उत्पन्न हो गईं। तभी से मेरा अपराधी जीवन शुरू हुआ और धीरे-धीरे मैं एक खतरनाक अपराधी बन गया।'[75] एक अन्य रहवासी ने बतलाया कि पुलिस पूर्व अपराधियों के बच्चों तक को पकड़ ले जाती है। पुलिस का बच्चों और उनके अभिभावकों के साथ किया गया दुर्व्यवहार अपरिपक्व मस्तिष्कों पर गहरी छाप छोड़ता है और कभी-कभी इसी के कारण वे अपराध का रास्ता पकड़ने के लिए विवश हो जाते हैं।[76]

साक्षात्कारों में अपराधियों ने 'अपराध' करने के कई तरीके बतलाए। पहले वे अपराध के लिए स्थान का चुनाव करते हैं और स्थानीय लोगों से यह पता लगाते हैं कि वहाँ सम्भावित भरे-पूरे घर कौन-से हैं? सामान्यत: वे चोरी करने के लिए टुकड़ियाँ बना कर जाते हैं। वे रुपया-पैसा, सोना-चाँदी और अन्य कीमती सामान की चोरी करते हैं। कभी-कभी वे धनाढ्य व्यक्ति की शक्ल में किराए की कार में डाका डालने के लिए जाते हैं। अपराध करते समय आपस में उनकी एक कूट भाषा होती है, इसके कुछ शब्द यहाँ दिए गए हैं :

	शब्द	*अर्थ*
1.	ओलुक	टॉर्च की रोशनी
2.	सोनापम	स्वर्ण
3.	काँचाकम	रुपया
4.	बोकुल्लू	पुलिस
5.	बेरीके	उपनिरीक्षक
6.	एल्लावी	उपनायक
7.	नेमाती	मनुष्य
8.	टेल्ला बेलुपू	चाँदी
9.	पुल्लाकोलू	गिरोह का नेता
10.	बुल्ली सुक्का	चाकू या स्क्रू ड्राइवर

इस बस्ती के अपराधियों का यह स्वभाव है कि वे अपने गिरोह के रहस्य कभी उजागर नहीं करते। बस्ती में लगभग बीस गिरोह हैं और हर गिरोह में चार-पाँच सदस्य होते हैं। एक गिरोह का व्यक्ति दूसरे गिरोह में तब तक नहीं जा सकता

जब तक उसका काम पूरा नहीं हो जाए। हर गिरोह का एक नेता और एक उसका सहायक होता है। वे देर रात में बारह से तीन बजे के बीच अपराध करते हैं। वे घरों पर दीवार में एक बड़ा भेद बनाकर घुसते हैं और ताले तथा खिड़कियाँ तोड़ देते हैं। चोरी करने में यदि कोई कठिनाई आती है तो वे चतुराई से भाग निकलते हैं।

बस्ती में महिला अपराधियों की संख्या भी पर्याप्त है। ऐसे परिवारों की संख्या बीस है जिनमें महिलाएँ अपराध में लिप्त हैं। वे जेब काटने, पेटियाँ उठाने, रेल मुसाफिरों को लूटने और दुकानों का सामान चुराने जैसे अपराध करती हैं। इन स्त्रियों द्वारा अपराध करने के कारण भी लगभग वे ही हैं जिन कारणों से पुरुष अपराध की दिशा में प्रेरित होते हैं। लेकिन कुछ मामलों में ये स्त्रियाँ परित्यक्त अथवा विधवा होती हैं। ऐसी महिलाओं के पास कोई रोजगार नहीं होता। ऐसी महिलाएँ भी जिनके पति जेल में हैं, अपराध की राह पर चल पड़ती हैं।[77]

इस बस्ती के अपराधियों का जुड़ाव बस्तियों के बड़े अपराधियों से है। एक अपराधी ने बताया कि सिंहाचलम में उन्होंने एक मन्दिर को कैसे लूटा था। वे बारह लोगों की टुकड़ी में वहाँ तक गए और मन्दिर से रत्न और गहने चुराने की योजना बनाई। उस मन्दिर के सम्बन्ध में उन्होंने विशाखापतनम जाकर जानकारी एकत्र की थी। एक सप्ताह बाद, तमाम हथियारों के साथ वे उस स्थल पर पहुँचे। पहले वे 'दर्शन' के लिए मन्दिर में गए और खाली हाथ लौट आए। अगले दिन वे फिर मन्दिर में गए और पुजारी को धमकाकर रुपया-पैसा-जवाहरात लूटकर ले आए। इस कार्रवाई में पुजारी की हत्या हो गई थी, किन्तु पुलिस को पता चल गया था। इन अपराधियों को बस्ती से पकड़ा गया और जेल में डाल दिया गया।[78] यह कहा जाता है कि बस्ती में होने वाले अपराधों में पुलिस की मिली-भगत होती है। एक भेंट में एक महिला अपराधी ने बताया कि पुलिस उन्हें कभी रोकती नहीं, उसे तो *माम्मुलु* (रिश्वत) चाहिए।

राज्य में कहीं भी डकैती पड़े पुलिस का ध्यान स्टुअर्टपुरम के निवासियों पर ही जाता है, भले ही उनका इससे कोई सम्बन्ध न हो। रेडियो, दूरदर्शन और समाचार-पत्र भी यही राग अलापते हैं और स्टुअर्टपुरम के इन निवासियों को ही आरोपी मानते हैं। दुख की बात है कि वास्तविक अपराधियों को कभी सजा नहीं मिल पाती। एक पूर्व अपराधी ने उसका चित्रात्मक हवाला दिया, 'बीस दिन पहले इनाडु (तेलुगु समाचार-पत्र) में यह खबर छपी थी कि माँगलगिरी (गुंटूर जिला) में चोरी हुई है और इस चोरी में गोला श्रीनू और वेंकटैया नाम के दो युवक शमिल थे। यह भी बताया गया था कि ये दोनों ही स्टुअर्टपुरम बस्ती के निवासी हैं। लेकिन वास्तव में ये दोनों व्यक्ति एक ही जगह के नहीं थे। दुर्भाग्य से, जब कभी स्टुअर्टपुरम का उल्लेख होता है, अपराध गतिविधि उससे जोड़ दी जाती है और इससे ज्ञात होता है कि समय के साथ यह बस्ती कितनी बदनाम हो गई है।[79] एक पूर्व अपराधी ने बताया कि तिरुपति के एक पुलिस अधिकारी ने अखबार से कहा था कि स्टुअर्टपुरम के लोगों

ने ही डकैती डाली और हत्या की है। फलस्वरूप, उन्हें गिरफ्तार कर लिया गया। लेकिन वास्तविकता पुलिस अधिकारी के बताए हुए विवरण से बिलकुल अलग थी। बाद में सी.बी.आई. की जाँच से पता चला कि वहाँ के अपराध में महाराष्ट्र के अपराधियों की भूमिका थी। उसने यह भी बताया कि पुलिस उन्हें अपने खेल में किस तरह चारे के रूप में इस्तेमाल करती है।[80]

यह सही है कि स्टुअर्टपुरम ने बहुत सारे अपराधी पैदा किए हैं। इनमें वह गम्भीर अपराधी भी था जिसे बस्ती में नायक जैसी लोकप्रियता मिली हुई थी। वह स्थानीय रॉबिनबुड था और अपनी अर्जित सम्पत्ति का एक बड़ा हिस्सा अपने निर्धन अनुयायियों पर खर्च करता था। वह खुद भी अनाथ था और अनाथों को आश्रय देता था। इस 'नायक' का नाम 'टाइगर' नागेश्वर राव था। जीवनकाल में ही वह एक किम्वदन्ती बन गया। उसके मानवप्रेम पर गीत रचे गए। उसकी दयालुता की चर्चा हुई। एक गीत में पुलिस द्वारा उस पर किए गए अत्याचारों और उसकी हत्या का जीवन्त चित्रण भी प्रस्तुत किया गया है।

स्टुअर्टपुरम में अपराधी और निर्दोष दोनों ही हैं। गैर-अपराधी परिवारों के सदस्य सरकारी नौकरियों, उद्योगों, कृषि कार्यों और वाणिज्य में संलग्न हैं। अपराधी परिवारों के लोग दो तरह के हैं—सफेदपोश और ज्ञात अपराधी।[81] इनकी पृष्ठभूमि अपराध की है लेकिन वे अपराध से बचते हैं। इसका कारण स्पष्ट है—(1) उनके कुछ सम्बन्धी पुलिस द्वारा मारे जा चुके हैं, (2) पुलिस या जनता द्वारा दुर्व्यवहार या उत्पीड़न उन्हें असहनीय है, (3) शिक्षा ने उन्हें अपनी मूर्खता से परिचित करवा दिया है, (4) उन्हें अपनी सन्तानों के भविष्य की चिन्ता है, (5) जीवन की मुख्य-धारा में समाहित होकर वे सम्मानजनक जीवन-यापन करने के इच्छुक हैं। वे धीरे-धीरे अपने लिए काम-धन्धा खोज रहे हैं और अपनी जीवनशैली में परिवर्तन ला रहे हैं लेकिन निजी या सार्वजनिक क्षेत्र में उनके लिए सार्थक रोजगार के अवसर ज्यादा नहीं हैं। सरकार उनके लिए ऋण, मवेशी, रिक्शा इत्यादि के रूप में उन्हें कुछ साधन तो मुहैया करती है लेकिन यह भी कहना पड़ता है कि ये उपाय अपर्याप्त हैं।

सन्दर्भ

1. रामचन्द्र गुहा और माधव गाडगिल : 'स्टेट फॉरेस्ट्री एंड कॉनफ्लिक्ट इन ब्रिटिश इंडिया' (*पास्ट एंड प्रजेंट,* संख्या 122-23, फरवरी, 1989, पृ. 141)
2. वही, पृ. 145-146
3. वही, पृ. 148
4. उद्धृत, ए. अयप्पन : *रिपोर्ट ऑन द सोशियो-इकोनॉमिक कंडीशंस ऑफ़ द एबओरिजिनल ट्राइब्स ऑफ़ द प्रोविन्स ऑफ़ मद्रास,* मद्रास, 1948, पृ. 32
5. रामचन्द्र गुहा और माधव गाडगिल, पूर्वोद्धृत, पृ. 153

6. वही, पृ. 165
7. वी. राघवैया : द *ट्राइबल रिवोल्ट्स* (नेल्लोर 1971) पृ. 31
8. वही
9. वही, पृ. 31-32
10. रामचन्द्र गुहा और माधव गाडगिल, पूर्वोद्धृत, पृ. 32
11. वी. राघवैया, पूर्वो. पृ. 32
12. डेविड आरनोल्ड : 'रिबेलियस हिलमेन, गुडाम-रंपा राइजिंग 1839-1924' (रणजीत गुहा द्वारा सम्पादित *सबआर्ल्टन स्टडीज़* (नई दिल्ली, 1982) पृ. 110
13. डेविड आरनोल्ड : *डेकोइटी एंड रूरल क्राइम इन मद्रास 1860-1940* (*जनरल ऑफ़ पीजेंट स्टडीज़*, खंड 6, संख्या 2, जनवरी, 1979) पृ. 145-149
14. डेविड आरनोल्ड : *रिबेलियस हिलमेन*, पूर्वो., पृ. 111
15. गुस्ताव ओपर्ट : द *ओरिजिनल इनहेबिटेन्ट्स ऑफ़ भारतवर्ष ऑफ़ इंडिया* (नई दिल्ली, 1971) पृ. 205
16. डब्लू जे. हाच : द *लैंड पायरेट्स ऑफ़ इंडिया* (नई दिल्ली) पृ. 98
17. पी.सी. बिस्वास : द *एक्स-क्रिमिनल ट्राइब्स ऑफ़ डेलही स्टेट* (नई दिल्ली, 1960) पृ. 1
18. देखें, मद्रास सरकार : *एडमिनिस्ट्रेटिव रिपोर्ट ऑफ़ द फारेस्ट डिपार्टमेंट मद्रास प्रेसीडेंसी फ़ॉर 1889-90*, पृ. 27
19. मीना राधाकृष्णन, 'द क्रिमिनल ट्राइब्स एक्ट : इमप्लिकेशन ऑफ़ इटिनरेंट ट्रेडिंग कम्युनिटी' (*इंडियन इकोनॉमिक एंड सोशल हिस्ट्री रिव्यू* खंड xxvi संख्या 3, जुलाई-सितम्बर, 1989), पृ. 274
20. डेविड आरनोल्ड : 'डेकोइटी एंड रूरल क्राइम इन मद्रास 1860-1940' (*जनरल ऑफ़ पीजेंट स्टडीज़*, खंड 6, संख्या 2, जनवरी, 1979) पृ. 153
21. मीना राधाकृष्णन : द *क्रिमिनल ट्राइब्स*—पूर्वोद्धृत पृ. 278
22. डब्लू जे. हाच : द *लैंड पायरेट्स*—पूर्वोद्धृत पृ. 30
23. मीना राधाकृष्णन : द *क्रिमिनल ट्राइब्स*—पूर्वोद्धृत पृ. 275
24. वही
25. भारत सरकार : सेंसस ऑफ़ इंडिया, स्पेशल ट्राइब्स फ़ॉर एस.टी. सीरीज़ 2, 1981
26. वी. ललिता : *ट्राइब्स इन ट्रांजीशन*—पूर्वो. पृ. 173
27. उद्धृत ई. थर्सटन : *कास्ट एंड ट्राइब्स ऑफ़ सदर्न इंडिया*, खंड 3 (नई दिल्ली, 1909) पृ. 439
28. उद्धृत, चलवडी सत्यनारायण : *येरुकला—एन एक्स क्रिमिनल ट्राइब ऑफ़ आन्ध्र एंड इट्स सेटलमेंट (स्टुअर्टपुरम)*—सागर विश्वविद्यालय का अप्रकाशित लघु शोध प्रबन्ध, 1959-60 पृ. 8
29. मीना राधाकृष्णन, पूर्वो., पृ. 273
30. ई. थर्सटन, पूर्वो., पृ. 440-41
31. गुस्ताव ओपर्ट, पूर्वो., पृ. 205

32. वही, पृ. 208
33. ई. थर्सटन, पूर्वो., पृ. 441
34. एम.ए. शेटिंग : *हिन्दू कास्ट्स एंड ट्राइब* खंड 3 (नई दिल्ली 1974) पृ. 137
35. चलबडी सत्यनारायण, पूर्वोद्धृत, पृ. 26
36. वी. ललिता, *ट्राइब्स इन ट्रांसिशन,* पूर्वो., पृ. 179-80
37. ई. थर्सटन, पूर्वो., पृ. 441
38. डब्लू.जे. हाच, पूर्वो., पृ. 62
39. वही
40. वही पृ. 63
    येरुकलाओं के कई पारिवारिक अथवा बोलचाल के नाम होते हैं : बुयाला, बांडी, कम्पा, केरयेडुला, गज्जाला, समुदाला, रागला, कुंडनली, मानेपति, गुट्टी, वल्बागी, चवता, पुजारी, कटारी, कट्टा, बल्लावी, देवाराकोंडा, कन्द्राकोंडा, अनापा, इट्टा, मडिगनी, मेदा, कवाटी, पेरम, चिना पोटुला, मोटा, संगदला, पकाला, पीरगा, गरिका इत्यादि। डप्पू येरुकलाओं को दिए गए इंटेपेड (वंशांतरित गोत्रों) के लिए दिए गए नामों का उल्लेख किया जा सकता है—दसारी : आयुर्वेदिक औषधि, सुक्का : सितारा, कम्पा : कंटीली फाड़ी, अबुला : गाय, टोका : टिचाल, गज्जाला : छोटी घंटी, बुय्यालू : फूला, रगाला : रागी अनाज, पुला : फूल, कटारी : खंजर, मल्ली : चमेली, समुद्र : फासट ने घर के और बोलचाल के इन नामों की चर्चा करते हुए बताया है कि इनसे व्यक्ति की पहचान स्थापित होती है। (ई. थर्सटन (पूर्वो.) में उद्धृत, पृ. 452)
41. ई. थर्सटन (पूर्वो. पृ. 447) ने उनकी भाषा में प्रयुक्त कुछ शब्दों के उदाहरण बताए हैं जिन्हें यहाँ प्रस्तुत किया जा रहा है—पिता : आबा, माँ : अम्मे, बड़ा भाई : अन्नू, छोटा भाई : ताम्बे, छोटी बहन : तेंगसी, तुम्हारा नाम क्या है : नाबेरु अंडाडी?, मेरा नाम रवि है : नानू रवि इत्यादि (देखें चलावडी सत्यनारायण, पूर्वो., पृ. 25)
42. ई. थर्सटन पूर्वोद्धृत, पृ. 475 और देखें गुस्ताब ओपर्ट पूर्वो., पृ. 208
43. एम.ए. शेरिंग, पूर्वो., पृ. 137-38
44. गुस्ताव ओपर्ट, पूर्वो., पृ. 203
45. थर्सटन, पूर्वो., पृ. 207
46. डब्लू.जे. हाच, पूर्वो., पृ. 77
47. गुस्ताव ओपर्ट, पूर्वो., पृ. 206
48. यह माना जाता है कि ऐसे शुभ मुहूर्त में जन्म लेने वाला बालक एक कुशल चोर बनेगा। देखें ई. थर्सटन पृ. 492
49. वही
50. डब्लू. जे. वाच, पूर्वो., पृ. 92-97
51. उद्धृत, वी. राघवैया : द *प्रॉब्लम्स ऑफ़ क्रिमिनल ट्राइब्स* (नई दिल्ली) पृ. 6
52. मद्रास सरकार, पुलिस महानिरीक्षक की प्रशासनिक रिपोर्ट, पूर्वो., पृ. 6
53. डोंगा येरुकला 7,901, डोंगा दसारी 1,127, डोमर 337, वयालपद कोरचा 448, वेपुर परैया 382

54. देखें, पुलिस महानिरीक्षक प्रशासनिक प्रतिवेदन, पूर्वो., पृ. 28
55. स्टुअर्ट मद्रास सरकार और भारत सरकार के सचिव थे। उद्धृत : मीना राधाकृष्णन—*सर्विलेस एंड सेटलमेंट अंडर द क्रिमिनल ट्राइब एक्ट्स इन मद्रास,* पूर्वोद्धृत, पृ. 179
56. एस. वेणुगोपाल राव, पूर्वो., पृ. 29
57. देखें, मद्रास सरकार : लॉ (जनरल) प्रोसीडिंग्स, जी.ओ. संख्या 3187, 14 नवम्बर, 1924, पृ. 1
58. देखें, मद्रास सरकार, पुलिस महानिरीक्षक की प्रशासनिक रिपोर्ट 1915 और 1923, (मद्रास 1924), पृ. 29
59. देखें, लॉ (जनरल) डिपार्टमेंट प्रोसीडिंग्स जी.ओ. संख्या 1714, 22, अक्टूबर 1921, पृ. 6
60. देखें, पुलिस महानिरीक्षक की प्रशासनिक रिपोर्ट 1930, (मद्रास, 1931), पृ. 26
61. देखें, लॉ (जनरल) डिपार्टमेंट प्रोसीडिंग्स जी.ओ. क्र. 3187, 14 नवम्बर 1924, पृ. 1
62. धनिक वर्ग ने बपतला, चिराला, करमचेड्, करलापलम इत्यादि में सस्ती कीमतों पर जमीनें खरीदना शुरू कर दिया और जब भी फसल उगानी होती थी वे मूल निवासियों से ऊँचा भाड़ा वसूल करते थे। मीना राधाकृष्णन, पूर्वो., पृ. 184
63. देखें, लॉ (जनरल) डिपार्टमेंटल प्रोसीडिंग्स (वार्षिक प्रतिवेदन) जी.ओ. क्र. 3187, अक्टूबर 1921, पृ. 4
64. देखें लॉ (जनरल) डिपार्टमेंटल प्रोसीडिंग्स जी.ओ. क्र. 1174, अक्टूबर 1921, पृ. 4
65. वही, पृ. 6
66. वही, पृ. 6
67. देखें, वी ललिता : पूर्वो., पृ. 46
68. देखें, पी. जक्कारैया : बस्ती के प्रबन्धक ने 2 फरवरी, 1991 को अपने साक्षात्कार में यह जानकारी दी थी।
69. देखें, मद्रास सरकार के पुलिस महानिरीक्षक की प्रशासनिक रिपोर्ट 1950, (मद्रास, 1951) पृ. 15
70. वाई.सी. सिम्हाद्री : द एक्स-क्रिमिनल—पूर्वो. पृ. 80
71. वहीं हिन्दुओं की संख्या अधिक है और इस गाँव में रहने वाले हिन्दुओं में ब्राह्मण अधिक हैं। कोमाती, रेड्डी, कम्पा, तेलेगा, नायडू, वेवर, कुम्मारा, गौडा, यादव, मौराली, वड्डे, बोया आदि भी रहते हैं। ईसाइयों में केवल दो उपवर्ग माला और मडिगा समुदायों के हैं। देखें, द *क्रिमिनल ट्राइब्स*—पूर्वो., पृ. 73-74
72. वी. ललिता : *एॅस्टेब्लिशमेंट ऑफ़ क्रिमिनल ट्राइब्स सेटलमेंट इन आन्ध्र* (आन्ध्र प्रदेश इतिहास कांग्रेस की कार्रवाई, बारहवाँ अधिवेशन, 1989) पृ. 40
73. एम.ए. शेरिंग, पूर्वो., पृ. 137-38
यह सूचना मिली थी कि रेलगाड़ियों, एक्सप्रेस गाड़ियों के यात्रियों के सामान की लूटपाट की घटनाएँ बढ़ जाने का कारण स्टुअर्टपुरम बस्ती के येरुकला थे, जो पकड़े नहीं जा सके।
74. गाईज्जली पार्वती : स्टुअर्टपुरम (बेट्टापुरी) की बस्ती की एक निवासिनी, 6 फरवरी, 1991
75. बोचू प्रभाकरराव, नागेश्वर राव का भाई 1 फरवरी, 1991

76. गज्जाला प्रसाद, स्टुअर्टपुरम बस्ती का एक निवासी, 1 फरवरी, 1991
77. वही
78. वही
79. बेल्लानी वेंकैया : स्टुअर्टपुरम का एक निवासी, 5 फरवरी 1991
80. वेल्लागी मोशा : स्टुअर्टपुरम का एक निवासी, 7 फरवरी 1991
81. सफेदपोश अपराधी वे हैं जो चोरी में सक्रिय भाग न लेकर उसमें सहायता करते हैं। आर्थिक सहयोग करने वाले भी इनमें शामिल हैं। ज्ञात अपराधी वे हैं जो बाहर जाकर चोरी करते या जेब काटते हैं। इन्हें ले जाने वाली महिलाएँ भी इस श्रेणी में हैं। देखें, डब्लू.जे. हाच पूर्वोद्धृत, पृ. 20

अध्याय-4

अतीत और अनागत

इस अध्याय में यह विश्लेषण प्रस्तुत किया गया है कि मुक्ति-सेना और सरकार के प्रयत्नों से किस तरह इन रहवासियों का सुधार और पुनर्वास हुआ। उसके लिए जिन सन्दर्भों में उपाय किए गए थे उन पर इस अध्याय में विस्तार से विचार किया गया है। यह भी समझने का प्रयास किया गया है कि किस तरह समय बीतने के साथ इन रहवासियों के जीवन में परिवर्तन होते गए।

हम पहले यह देख चुके हैं कि ब्रिटिश प्रशासन को अनुभव हो चुका था कि इन जनजाति समूहों की यायावर जीवनशैली से किस तरह बहुत अधिक मुश्किलें पैदा होती हैं। इन जनजाति समुदायों के द्वारा उत्पन्न परेशानियों को हल करने के लिए औपनिवेशिक शासकों ने उन्हें अपराधी जाति घोषित कर दिया। उन्हें गिरफ्तार किया गया और तदनुसार दंड दिया गया।[1] औपनिवेशिक प्रशासन ने पहले तो इन घुमक्कड़ जातियों के आवागमन पर प्रतिबन्ध लगाए और फिर उनके लिए बस्तियाँ स्थापित कीं।[2] इन बस्तियों में उन्हें काम करना सिखाया गया गया, उन्हें ईमानदार जीवन बिताने की शिक्षा दी गई और उनकी सन्तानों को स्कूल भेजा गया। यह अपेक्षा की जाती रही कि इन बस्तियों में अपराधियों का पूरी तरह से सुधार हो जाएगा। इन अपराधियों को किसी बस्ती में तब तक जबरन रखा जाता था, जब तक अधिकारी पूरी तरह सन्तुष्ट न हो जाएँ कि अब वे विश्वास योग्य हो गए हैं और उनका अच्छा आचरण प्रमाणित हो चुका है। इस व्यवस्था में खास बात यह थी कि पूरे परिवार को 'अपराधी' मानकर बस्ती में लाया जाता था।

दंड अपने-आप में कानून से भी कठोर था। पहली बार के अपराध में छह महीने का कारावास या दो सौ रुपए जुर्माना किया जाता था या दोनों। यदि अपराध गम्भीर होता तो सजा बढ़ जाती थी। इसके अलावा अपराधी की अँगुलियों, हथेली और तलवे की छाप भी ली जाती थी ताकि उसकी पहचान आसानी से हो सके।

शासन ने अनुभव किया कि सुधार कार्यक्रम के साथ-साथ इनका आर्थिक पुनर्वास भी किया जाना चाहिए। इन आक्रामक जनजातियों के लिए सरकार ने कृषि व्यवस्था को चुना। यह भी सोचा गया था कि जमीन पर निरन्तर काम के अच्छे नतीजे मिल सकते हैं और भू-राजस्व की वसूली भी अधिक हो सकेगी। इस तरह, इन लोगों का सुधार, उद्धार और पुनर्वास तो होगा ही, साथ ही, सरकार को राजस्व भी मिलेगा। किन्तु पुनर्वासित कृषि बस्तियाँ सफल नहीं हुईं। यह सारा अभियान उन व्यक्तियों पर अवलम्बित था जो इसे चला रहे थे। वास्तविकता में, पुलिस विभाग भ्रष्ट और लालची होता गया और सुधार कार्यक्रम पर उसी अनुपात में इसका कुप्रभाव पड़ा।

ऐसी स्थिति में सरकार का ध्यान उन साल्वेशन आर्मी, अमेरिकी बॅपटिस्ट मिशन, कनाडाई मिशन और अन्य मानवहित के लिए कार्य करने वाली मिशनरियों की तरफ गया जो सफलता से कार्य कर रही थीं। इनमें साल्वेशन आर्मी मुख्य थी। भारत में इसका आगमन सन् 1882 में हुआ था। अपराधी जनजाति कानून सन् 1911 में लागू होने से तीन साल पहले सन् 1908 में साल्वेशन आर्मी को सुधार का दायित्व सौंप दिया गया।

'डोमों' के लिए गोरखपुर बस्ती की स्थापना के बाद संयुक्त प्रान्त में मुक्ति-सेना ने दो अन्य समुदायों में काम को अपने हाथ में लिया। संयुक्त प्रान्त सरकार द्वारा शुरू की गई मुहिम का अनुसरण जल्दी ही पंजाब, बंगाल, बिहार, उड़ीसा और मद्रास की सरकारों ने भी किया। जिन आदिवासियों पर ध्यान दिया गया वह थे—साँसी, भातू, हबूरा, नट, करबाल, बेघुपारिया कोरबा, कोरचा और येरुकला।

सरकार की निगाह में मुक्ति-सेना की प्रतिष्ठा इतनी अधिक थी कि मुक्ति-सेना के एक प्रभावशाली अधिकारी की सेवाओं को स्वीकारते हुए वायसराय ने उसे 'केसर-ए-हिन्द' पदक प्रदान किया था। उसके नेतृत्व में मुक्ति-सेना ने अनेक प्रयोग किए। मुक्ति-सेना के विगत इतिहास को देखते हुए मद्रास की सरकार ने उसे आमंत्रित किया और सुधार का अभियान सौंप दिया। इस प्रकार घुमक्कड़ समुदायों को अपराध बस्तियों के लिए छाँटा गया और इनके लिए ऐसे लोग चुने गए जिन पर सलाह और दबाव का कोई असर नहीं होता था। अपराधी जनजाति कानून के अन्तर्गत दो श्रेणियाँ बन गई थीं—घुमक्कड़ जातियों के विरुद्ध मुक्ति-सेना के माध्यम से कार्रवाई और बसे हुए समुदाय के विरुद्ध पुलिस की कार्रवाई। मद्रास प्रेसीडेंसी में आदिवासी जातियों की आठ बस्तियाँ थीं। सन् 1933 तक मुक्ति-सेना पैंतीस पुनर्वास शिविरों की देखभाल कर रही थी। ये शिविर विभिन्न प्रान्तों में थे। ब्लेकमेन ने लिखा, 'अब मुक्ति-सेना अलग-अलग प्रान्तों में पैंतीस बस्तियों के लिए उत्तरदायी है...ये बस्तियाँ पारमार्थिक संस्थाएँ नहीं हैं जहाँ के निवासी आलस में दिन गुजारते हैं। वे वहाँ रखे गए हैं जहाँ अपराधियों के सुधार का उद्यम किया जाता है।'[3] उनका

मत था कि इन आदिवासियों को सफल जीवन व्यतीत करने, कुशल दस्तकार और सामाजिक तथा स्वास्थ्य के नियमों का निर्वाह करने का अभ्यस्त बनाया जाना है ताकि वे दूसरों के लिए आदर्श बन सकें। बंगाल के एक पूर्व गवर्नर ने टिप्पणी की, 'जो सफलता मिली है उसका सम्पूर्ण श्रेय मुक्ति-सेना को जाता है।'[4]

इन बस्तियों की सफलता के कारण थे—(1) पुलिस ज्यादतियों से मुक्ति, (2) बस्ती में मिलने वाली सुरक्षा, क्योंकि वे जेल जाने से बच गए थे और (3) माँ-बाप से अलगाव जिससे बच्चों का विकास अच्छे वातावरण में हो सके। जैसा कि साल्वेशन आर्मी के अधिकारी बूथटकर ने कहा है—'मद्रास में हमारा काम देरी से शुरू हुआ, लेकिन जल्दी ही यह दूसरी प्रेसीडेन्सियों और प्रान्तों से आगे निकल गया।'[5]

मुक्ति-सेना को यह देखकर आश्चर्य हुआ कि बस्तियों में येरुकलाओं की एक बड़ी संख्या है। मुक्ति-सेना कृषक वातावरण के इन लोगों और अपराध में दीक्षित इनकी सन्तानों के सुधार के लिए तैयार हो गई। मद्रास सरकार ने भी विशेष रूप से इन पर ध्यान दिया और येरुकलाओं के सुधार पर काफी पैसा खर्च किया।

कृषि प्रधान बस्तियों में मद्रास सरकार ने मिशनरियों को कुछ जमीन हस्तान्तरित कर दीं जिससे इन लोगों की सहायता हो सके। मिशनरियों ने इस भूमि का वितरण रहवासियों के बीच कर दिया। इस काम में अधिकार केवल मिशनरियों के पास था। इस जमीन पर किराया भी लगाया गया जिससे बस्ती का खर्च चल सके। मिशनरी कठोर श्रम में विश्वास रखती थी। आलसी और आरामतलब लोगों को दंडित किया जाता था। दंडस्वरूप कुछ को पत्थर तोड़ने, गड्ढे खोदने या खदानों के काम पर लगाया गया। लापरवाही बरतने पर उनकी जमीन अन्य परिवारों को दे दी जाती थी। कड़ी मेहनत और अच्छा आचरण करने वालों को पट्टा दे दिया जाता था। पट्टा देने का अधिकार सिर्फ सरकार के पास था जो वह उचित समय पर देती थी। इसके लिए पट्टाधारी की ईमानदारी सुनिश्चित करना आवश्यक था और तब माना जाता था कि अपराधी अब सुधर गया है।

कृषि बस्तियाँ कई कारणों से सफल नहीं हुईं। इसके कारण रहे—(1) रहवासियों को कृषि कार्य का अनुभव नहीं था (2) उनके औजार बहुत अधिक पुराने ढंग के थे (3) जमीन की गुणवत्ता समुचित नहीं थी (4) रहवासियों को जमीन बोने के लिए दी जाने वाली मजूरी उससे बहुत कम थी जो बाहर खेतिहर मजूरी के रूप में उन्हें मिल जाती थी, (5) भूमिहीनों को जमीन देकर उनका पुनर्वास करने की पूरी योजना का आसपास के भू-स्वामियों द्वारा सक्रिय विरोध किया जाता था।

मुक्ति-सेना ने स्टुअर्टपुरम के येरुकलाओं के सुधार का कार्यक्रम सन् 1914 से शुरू किया। साल्वेशन आर्मी के कप्तान एच. रोबिलियार्ड स्टुअर्टपुरम अपराधी जाति बस्ती के प्रबन्धक थे जिन्होंने इन रहवासियों की बहुत अधिक सेवा की।

सर हेरोल्ड स्टुअर्ट ने आदिवासियों का पहला समूह मुख्यधारा में लाने के लिए स्वयं मुक्ति-सेना को सौंपा था।

जब कैप्टन रोबिलियार्ड ने बस्ती का कार्यभार अपने ऊपर लिया तो बस्ती में यहाँ-वहाँ कुछ झोंपड़ियाँ ही थीं। इसके बाद इसे अच्छे आचरण की बस्ती में बदल दिया गया। कावाली, सीतानगरम, कालीचेदू, सिद्धपुरम, भुमन्ना, गुड्डा और अन्य जगहों से परिवारों को वहाँ लाया गया। बस्ती में कुछ अपराधी भी बसाए गए, जिनके लिए विशेष प्रबन्ध किए गए और अच्छे आचरण वाले व्यक्तियों को उन पर नजर रखने को कहा गया। जब से बस्ती मुक्ति-सेना के प्रबन्धन के अन्तर्गत आई, बस्ती के आचरण में सुधार होने लगा। कई सदस्यों ने एक ईमानदार जीवन व्यतीत करने की अपनी इच्छा व्यक्त की, यदि उन्हें उनके दिन-प्रतिदिन के जीवन-यापन के लिए सन्तोषजनक आमदनी मिल जाए तो।

सन् 1915 में अच्छी मिट्टी वाली मूल्यवान जमीन पर 1500 एकड़ में छोटे प्लॉट निकाले गए और उन्हें इन लोगों में वितरित कर दिया गया और इसके अतिरिक्त 600 एकड़ दलदली जमीन भी बाँटी गई, जिससे हर परिवार को दो-तीन एकड़ जमीन प्राप्त हुई।[6] इसके बाद भी सरकार की नीतियों, पुलिस की ज्यादतियों और कड़ाई से देखरेख के कारण बस्ती से लोग पलायन कर रहे थे। यद्यपि इन लोगों को जमीन मिल गई थी लेकिन कृषि का उन्हें कोई अनुभव न था। सन् 1920 में इन लोगों ने केवल अपनी जमीन पर 187 एकड़ में फसलें लगाईं।[7] बार-बार बाढ़ आने, चक्रवात, सिंचाई में देरी और मिट्टी की अनुर्वरता के कारण उनकी फसलें नष्ट हो जाती थीं।[8]

सन् 1921 में किसी तरह उन्होंने 210 एकड़ जमीन पर खेती की, किन्तु बाढ़ में बह जाने की वजह से इन्हें कुछ नहीं मिल पाया।[9] यह रहवासियों के लिए बड़ा नुकसान था और बताया गया कि स्टुअर्टपुरम में पलायन के लिए अस्सी से नब्बे प्रतिशत रहवासियों को सजाएँ दी गईं।[10] बस्ती से पलायन करने वालों की संख्या 1920-21 के अन्त तक 168 थी और तब से सन् 1924 के अन्त तक भागने वालों की संख्या 161 थी।[11] प्रतिवर्ष पलायन करने वालों की संख्या बढ़ती ही गई।

मुक्ति-सेना के नियर्सन को अगला प्रबन्धक बनाया गया। उन्होंने नहरें बनाईं, कुएँ खुदवाए और कृषि में नए सुधार किए।[12] इससे स्टुअर्टपुरम में बसने वालों की स्थितियों में क्रमश: सुधार होने लगा। सन् 1925 के वर्ष से पलायन करने वालों की संख्या में कमी आने लगी।[13] अधिकांश रहवासी अपनी धान की फसल से सन्तुष्ट थे। जमीनों पर मूँगफली, दालें और रागी की फसलें भी उगाई जाने लगीं। सिँचाई की व्यवस्था काफी सन्तोषजनक थी। खाद की समस्या के लिए उन्होंने कुछ मवेशी खरीदे और उन्हें प्रबन्धक के नियंत्रण में सौंप दिया। रहवासियों के लिए सदाचरण लाभदायक होने की बजाय एक पाप बन गया था क्योंकि उनके जाने के लिए कोई जगह ही नहीं थी। इसलिए सन् 1921 में मुक्ति-सेना ने अनुभव

किया कि जब अच्छे आचरण वाले रहवासियों को छूट मिल जाएगी तो ये गृहविहीन गरीब लौटकर वहीं चले जाएँगे, जहाँ से उन्हें लाया गया था। उनके पास अकेला रास्ता यह बचेगा कि वह फिर से चोरियाँ करने लगें और अपने पूर्व के धन्धे में लौट जाएँ। मुक्ति-सेना ने देखा कि वास्तविक सफलता के लिए इनकी कॉलोनियाँ बसा दी जा जानी चाहिए।

रहवासियों की आमदनी 81,189,06 रुपए से बढ़कर सन् 1924-25 में 1,03,109,08 रुपए हो गई। उनकी विभिन्न स्रोतों से कुल आय 10,31,09,08 रुपए थी।[14] प्रबन्धक ने कहा कि कृषि-बसाहट होने के कारण इसमें अन्य प्रकार के रोजगार तलाश करने की अपेक्षा नहीं की जाती थी।[15] लेकिन सच्चाई तो यह थी कि प्रबन्धक रहवासियों को लगातार किसी-न-किसी तरह से वैकल्पिक काम दिलवा रहा था। यह काम सड़क निर्माण, नाले बनाना, पत्थर की खदान और सार्वजनिक निर्माण की अन्य गतिविधियों से सम्बन्धित होता था। इसके अलावा मुक्ति-सेना ने उन्हें लघु उद्योगों के लिए भी प्रोत्साहित किया, ये लघु उद्योग थे बुनकरी, कताई, टोकरी बनाना, चटाई बुनना और रस्सी बनाना इत्यादि। इस सबसे शासकीय अधिकारी सन्तुष्ट थे।

साल्वेशन आर्मी ने कुछ कृषि-शिक्षकों की भी नियुक्ति की, जो खेतों पर निगरानी रखते थे और बस्ती में वृक्षारोपण की व्यवस्था करते थे। शिक्षकों के अतिरिक्त एक कारानम की नियुक्ति भी की गई जो बस्ती का अधिकारी होता था और भू-अभिलेख, नाप-तौल, अलॉटमेंट इत्यादि की जानकारी रखता था। मवेशियों का हिसाब भी उसके पास रहता था।[16]

अधिकांश रहवासी फसलों की तकनीक जान गए और भूमि का मूल्य और खेती के तरीकों को समझने लगे। कृषि रोजगार के अतिरिक्त मुक्ति-सेना ने इंडियन लीफ़ टबैको डिपार्टमेंट में काम दिलाने में भी उनकी सहायता की। यह कम्पनी सन् 1915 में स्थापित हुई थी। लगभग आधे निवासी इस कम्पनी के कर्मचारी थे। वहाँ पुरुषों को प्रति सप्ताह 56 पैसे और स्त्रियों को प्रति सप्ताह 42 पैसे वेतन मिलता था अर्थात चौदह और साढ़े दस आना। सन् 1936 में 168 परिवारों को 'ओ' पासों पर छोड़ दिया गया और उन्हें नवनिर्मित चिराला के पास कॉलोनी में रहने की अनुमति मिल गई, जो इंडियन लीफ कम्पनी के पास थी।[17] वहाँ उनके लिए अतिरिक्त कार्य की व्यवस्था भी की गई।

स्टुअर्टपुरम एक बड़ी, लेकिन बिखरी हुई बस्ती है। सन् 1946 में वहाँ 2,162 व्यक्ति रहते थे लेकिन उनके मकान दो या तीन फर्लांग के दायरे में फैले हुए थे।[18] बस्ती में ऐसे तमाम रहवासी थे जो बहुत गरीब थे। उनमें से कई अतिशय वृद्ध थे। जब भी वहाँ कोई चक्रवात आता था तो इसका उनकी जर्जर झोंपड़ियों पर बहुत बुरा असर पड़ता था। मुक्ति-सेना ने चक्रवातों, सूखे और अन्य प्राकृतिक आपदाओं

के समय विशेष ध्यान दिया। झोंपड़ियों की देखभाल के लिए मद्रास सरकार समय-समय पर प्रति झोंपड़ी के लिए छह रुपए की आर्थिक सहायता मंजूर करती थी।[19]

पिछले अध्याय में हम स्वास्थ्य सुविधाओं के सम्बन्ध में चर्चा कर चुके हैं। जो भी रहा हो, सन् 1925 के दौरान हैजा, बुखार, चेचक, मलेरिया, अतिसार और बैरीबैरी जैसी बीमारियों से मरने वालों की संख्या बहुत अधिक थी।[20] स्वतंत्रता प्राप्ति के बाद भी पूर्व रहवासियों की स्वास्थ्य परिस्थितियों में कोई विशेष परिवर्तन नहीं हुआ है।

पूर्व रहवासियों की सन्तानों के लिए मुक्ति-सेना ने स्कूलों की स्थापना भी की। इन स्कूलों के भृत्य पूर्व-रहवासियों में से नियुक्त किए जाते थे। उनका काम होता था आसपास जाकर बच्चों को स्कूल लाना।[21] दूसरी विशेष बात यह थी कि स्कूल के अठारह शिक्षकों में से ग्यारह रहवासियों में से ही थे।[22] छात्रावासों की व्यवस्था बहुत अच्छी थी, और एक रिपोर्ट में प्रबन्धक ने बताया था कि 'हम मानते हैं स्कूल बस्ती के लिए एक उपलब्धि है।'[23] बस्ती के बच्चों की शयन स्थितियों को सुधारने के लिए श्रम आयुक्त ने छात्र और छात्राओं के लिए अलग-अलग आवासों का निर्माण किया और इन बच्चों की ठीक से देखभाल के लिए दो परिचारिकाएँ नियुक्त कीं।

अभिभावकों का बच्चों के साथ घर अथवा स्कूल में मेल-मिलाप बच्चों पर बुरा असर डालता था। यह अनुभव किया गया ऐसे वातावरण में बच्चों के सुधार की आशा नहीं की जा सकती जहाँ अभी भी अपराध-संस्कृति विद्यमान है। मुक्ति-सेना ने अभिभावकों से इस सम्बन्ध में विचार-विमर्श किया।[24] यही नहीं, बच्चों पर बाहर का प्रभाव भी बहुत अधिक था। मुक्ति-सेना ने इसका समाधान यह किया कि लड़कियों को नेल्लूर और लड़कों को पेराम्बूर (मद्रास के पास)[25] भेज दिया गया। इससे सुधार-प्रक्रिया में उन्हें लाभ मिला। मुक्ति-सेना के मेजर मेकैंजी मकानों की बनावट बदल देना चाहते थे जिससे बस्ती में उपयुक्त वातावरण बन सके। नेल्लोर में मकान उपलब्ध थे, और यह सकारात्मक पक्ष बच्चों के विकास में सहायक समझा गया क्योंकि इस तरह बच्चों को उनके माता-पिता से अलग और दूर रखा जा सकता था। मुक्ति-सेना ने अचानक स्टुअर्टपुरम का छात्रावास बन्द कर दिया और कुछ छात्राओं को नेल्लोर के गर्ल्स स्कूल में ले जाया गया।[26] कहा यह जाता है कि स्टुअर्टपुरम के आवासीय स्कूल के बन्द हो जाने का बच्चों पर गहरा विपरीत प्रभाव पड़ा।[27]

बस्ती के बच्चों की शिक्षा में सुधार करने की दृष्टि से मुक्ति-सेना और जिला पुलिस निरीक्षक ने सन् 1958 में एक नए स्कूल की स्थापना की। इसके अधिकांश छात्र येरुकला समुदाय से थे। कुछ उन अनुसूचित जातियों के थे जिन्होंने ईसाई धर्म स्वीकार कर लिया था। शेष उच्च जातियों से आए थे। इस हाई स्कूल में चलने वाला पाठ्यक्रम वही था जो आन्ध्र प्रदेश के बोर्ड ऑफ़ सैकेंडरी एजुकेशन, हैदराबाद द्वारा स्वीकृत था। हाई स्कूल में रिकॉर्ड के मुताबिक 2009 में छात्र संख्या 277 थी। छठवीं कक्षा से दसवीं कक्षा तक इनकी संख्या निम्नानुसार थी[28] :

सारणी 1 : स्टुअर्टपुरम के हाई स्कूल में छात्र संख्या— 1991

कक्षा	*लड़के*	*लड़कियाँ*
छठी	34	26
सातवीं	29	18
आठवीं	26	17
नौवीं	34	28
दसवीं	41	24

यहाँ ध्यान देने वाला तथ्य यह है कि येरुकला समुदाय को पहले ही राज्य और केन्द्र के प्रतिष्ठानों में बेहतर रोजगार मिल चुका था। 150 सदस्य विश्वविद्यालय स्तर की शिक्षा प्राप्त कर रहे थे। इसका मुख्य कारण मुक्ति-सेना की सक्रियता और युवकों में चेतन की व्याप्ति थी। उनकी सन्तानों के लिए अलग-अलग छात्रावासों का प्रबन्ध आज भी मुक्ति-सेना करती है। फलस्वरूप लगभग 155 छात्र इन छात्रावासों में रहते हैं। छात्रावासों में कक्षा एक से एस.एस.सी. तक अध्ययनरत लड़के 101 और लड़कियाँ 54 हैं। यहाँ उन्हें छात्रवृत्ति, भोजन, आवास और वस्त्र दिए जाते हैं। मुक्ति-सेना ने बच्चों के लिए परिक्षेत्र से बाहर एक पुस्तकालय स्थापित करने की माँग मद्रास सरकार से की थी, जिसे स्वीकार कर लिया गया है।

सन् 1924 के वर्ष में मुक्ति-सेना ने रहवासियों को आम, काजू, नारियल तथा अन्य वृक्षों की कुछ पौध दी थीं ताकि वे अपनी आमदनी बढ़ा सकें।[29] मुक्ति-सेना अपने नियंत्रण वाली 600 एकड़ जमीन के 'भू-राजस्व' का संग्रह करती है। इस राशि से मुक्ति-सेना के विभिन्न कर्मचारियों के वेतन का भुगतान किया जाता है, शेष जो भी बचता है वह गाँव के देखरेख सम्बन्धी कार्यों पर व्यय होता है।

मुक्ति-सेना की प्रेरणा से कुछ लोगों ने जीविकोपार्जन के लिए नए व्यवसाय अपनाए हैं। उनमें से कई कृषि कार्य सीखकर खेतिहर बन गए हैं तो कुछ आसपास के क्षेत्रों में मजदूरी कर रहे हैं। कुछ भू-स्वामी स्वतंत्र रूप से खेती करते हैं। अन्य ने दस्तकारी के नए तरीके अपना लिए हैं। बस्ती में बसने वाले कई येरुकलाओं के पास काफी अच्छे घर हैं जहाँ वे सुविधा के साथ निवास करते हैं। इसके बाद भी 75 प्रतिशत आबादी ऐसी है जिनकी आर्थिक अवस्था ठीक नहीं है, वे टूटी-फूटी, छोटी झोंपड़ियों में निवास करते हैं और उनके पास फर्नीचर, बर्तन या कपड़ों जैसी कोई निजी सम्पत्ति नहीं है।

जहाँ तक इन लोगों की वेशभूषा और पहनावे का प्रश्न है, मुक्ति-सेना ने स्त्रियों और पुरुषों को सिले-सिलाए कपड़े देकर उसमें आमूलचूल बदलाव कर दिया है।

लोग फैशनेबल दिखाई देने के लिए रेशम और अन्य कीमती कपड़े खरीदते हैं। महिलाओं की वेशभूषा में भी इसी तरह के बदलाव आए हैं। यह दर्शाता है कि उनका आर्थिक सुधार हुआ है और वे मुख्यधारा में समायोजित होने की राह पर अग्रसर हैं।

धर्म के माध्यम से सुधार : इस बस्ती की एक विशेष बात यह थी कि प्रबन्धक मेजर एल.आर. गेल ने इसके समूचे वातावरण को ईसाइयत का रंग देने की कोशिश की। जब इस बस्ती में येरुकलाओं के पहले दस्ते को लाया गया, तब स्त्री-पुरुष मलिन दिखाई दे रहे थे और पशु-पक्षियों के शिकार, छोटी-मोटी चोरियों और सड़कों पर लूटमार पर आधारित जीवन-यापन करते थे। पुरुष, स्त्री और किशोर अपने मूलभूत विश्वास के कारण अपराध को अपनाते थे। जब मुक्ति-सेना ने बस्ती पर अपना सम्पूर्ण नियंत्रण स्थापित कर लिया तो उसने इन लोगों के सुधार के लिए धर्म का रास्ता अपनाया। उन्होंने एक चर्च की स्थापना की। इस चर्च में बस्ती के सभी लोगों को लाया जाता था। प्रबन्धक सप्ताह में रविवार के दिन उनके सामने गौसपैल का पारायण करता था। छह दिनों तक रहवासी कार्यों में लगे रहते थे और रविवार को उन्हें घरों में रहने की सुविधा प्राप्त थी। इसलिए प्रबन्धक ने उनसे कहा कि वह चर्च आया करें। कभी-कभी उन्हें उपदेश देने के लिए वह दूर-दूर से वरिष्ठ पादरियों को भी आमंत्रित करता था।

स्कूलों में भी मुक्ति-सेना ने बाइबल की शिक्षा को अनिवार्य कर दिया। प्रबन्धक हर एक झोंपड़ी में जाकर वहाँ रहने वाले येरुकला की पाप मुक्ति के लिए संक्षिप्त प्रार्थना करता था। वह स्कूलों और छात्रावासों में जाकर भी वहाँ बच्चों के लिए भी प्रार्थना करता था। हर रविवार को चर्च में बच्चों को नैतिक शिक्षा प्रदान की जाती थी। यहाँ यह भी उल्लेखनीय है कि यद्यपि सभी रहवासी हिन्दू हैं और हिन्दू रिवाजों और परम्पराओं का पालन करते हैं लेकिन जन्म और मृत्यु के संस्कारों में वे कड़ाई से ईसाई तौर-तरीके का निर्वाह करते हैं। चर्च में कुछ शादियाँ भी की जाती हैं। इस तरह मुक्ति-सेना का प्रबन्धक उनका मित्र, पुरोहित और मार्गदर्शक बन गया।

ऐसे मामले भी सामने आए जिनमें प्रबन्धक ने कुछ लोगों की पुलिस से रक्षा की। मुक्ति-सेना के सुझाव पर सन् 1954 से कुछ पहले एक पुलिस थाना बनाया गया था जिसका काम बस्ती में अपराधियों की खोज-खबर रखना था। स्वतंत्रता के बाद भारत सरकार ने बस्ती सम्बन्धी मुक्ति-सेना के सभी अधिकार छीन लिए। प्रबन्धन का समूचा ढाँचा आदिमजाति कल्याण विभाग को हस्तान्तरित कर दिया गया।

मुक्ति-सेना के साथ-साथ अन्य सामाजिक कार्यकर्ताओं ने, यथा गोरा, लवानम, हेमलता लवानम (नास्तिक केन्द्र, विजयवाड़ा) और पूर्व पुलिस अधीक्षक एम.के. थॉमस ने भी इन लोगों के सुधार के लिए काफी मेहनत की है। हेमलता लवानम विशेष रूप से लवानम के साथ स्टुअर्टपुरम के पूर्व-वासियों के सुधार में जुटी रही हैं। सन् 1983-85 में आन्ध्र प्रदेश सरकार ने बस्तियों की आर्थिक दशा के सुधार

के लिए योजना बनाकर एक कार्यक्रम क्रियान्वित किया। गुंटूर जिले के तत्कालीन जिलाधीश टी. गोपालराव ने ऋण दिलाने, भू आबंटन और मकानों के निर्माण में उनकी सहायता की। जिलाधीश के पद पर अपने कार्यकाल में चन्दरैया ने इस बस्ती के 'पूर्व अपराधियों' को 136 एकड़ शुष्क भूमि और 146 एकड़ सिंचित भूमि का आबंटन किया, इससे प्रत्येक परिवार को 80 सेंट भूमि मिल सकी। यहाँ यह उल्लेख करना आवश्यक है कि बस्ती में स्वतंत्रता सेनानी भी थे। इनमें मायगनी दत्तू देवराकोंडा हनुमन्त राव और बाचू रमैया का नाम लिया जा सकता है। देवराकोंडा हनुमन्त राव ने रहवासियों में राष्ट्रीयता की भावना का संचार किया और उन्हें गांधीवादी विचारधारा से परिचित कराया। उन्होंने कारावास में यह शपथ ली थी कि वे आगे से कोई अपराध नहीं करेंगे और अपने पुत्र देवराकोंडा सुब्बाराव को राष्ट्रीय आन्दोलन का स्वयंसेवक बनाया। उन्होंने जनजाति अपराध कानून का निर्मूलन करने के लिए आन्दोलन किया था।[30] समय गुजरने के साथ बस्ती के रहवासियों में राजनीतिक चेतना बढ़ती गई और उनमें से अनेक आज सक्रिय राजनीतिक कार्यकर्ता हैं। वे संसद और विधानसभाओं के चुनाव भी लड़ते हैं। एक विशेष उदाहरण के. कमलाकुमारी का है जो इस बस्ती की पूर्व निवासी थीं और नरसिम्हा राव की केन्द्रीय सरकार में उप कल्याण मंत्री रहीं।

विभिन्न निजी और सार्वजनिक संस्थानों में कार्यरत स्टुअर्टपुरम के युवाओं में स्टुअर्टपुरम के विकास को लेकर भारी उत्साह है। उन्होंने 'येरुकला एकलव्य समिति' का गठन किया है। यह संगठन अनेक गतिविधियों का केन्द्र है। ये युवक अपने पिता और दादाओं से अपनी आपराधिक गतिविधियों को त्यागने का आग्रह करते हैं। समिति किशोरों के लिए आर्थिक सहायता का इन्तजाम भी करती है जिससे वे स्कूल तथा कॉलेजों में अपनी शिक्षा को सुचारू ढंग से चला सकें। बस्ती की समस्याएँ समझने के लिए समिति की बैठकें लगातार होती रहती हैं।

सन् 1975 में स्टुअर्टपुरम में पंचायत व्यवस्था लागू हुई। यह मुरुकोंडा के अन्तर्गत आता है। सन् 1981-82 से इसे बेटापुदी पंचायत कहा जाता रहा है। इस बस्ती में लगभग 10,000 मतदाता हैं। स्टुअर्टपुरम के पूर्व निवासी इसे पृथक निर्वाचन क्षेत्र बनाना चाहते हैं, यह माँग अभी पूरी नहीं हुई है।

सन् 1951 के वर्ष में जब इसका प्रबन्धन मुक्ति-सेना से लेकर आदिवासी कल्याण विभाग को सौंपा गया। इन रहवासियों में शिक्षा का सुधार करने के लिए विभाग ने कुछ उपाय किए।[31] ये हैं—(1) छात्रवृत्तियों की व्यवस्था, (2) पाठ्यपुस्तकें और अभ्यास पुस्तिकाएँ उपलब्ध कराना, (3) कपड़े देना, (4) विशेष शुल्क से मुक्ति इत्यादि। तथापि पुस्तकें और अन्य शैक्षणिक सामग्री वहाँ बहुत विलम्ब से पहुँच पाईं और दस्तकारी, सिलाई, बुनाई आदि व्यावसायिक शिक्षा के लिए वहाँ समुचित व्यवस्था नहीं थी। अत: स्कूलों का कामकाज सन्तोषजनक नहीं रहा। इसका कारण

अध्यापन के प्रति प्रतिबद्ध शिक्षकों का अभाव, अभिभावकों का अनुत्तरदायित्व तथा शासकीय अधिकारियों की अनदेखी रहा है।

सम्भावनाएँ

इस निराशाजनक परिदृश्य के बावजूद लगता है कि स्थितियाँ क्रमशः बेहतर बन रही हैं। सुधार कार्यों में वर्तमान स्थिति उत्साहजनक है। जो भी हो, अनेक बारोजगार युवक अपराध-संस्कृति में बदलाव लाने के लिए, और निवासियों की हर सम्भव सहायता करने के लिए प्राण प्रण से जुटे हुए हैं। और उनके प्रयास चेतना के विस्तार तथा रहवासियों को मुख्यधारा में लाने की दिशा में फलीभूत भी हो रहे हैं। अपराध की दर क्रमशः घट रही है। उनमें हो रहे परिवर्तनों का एक साधन शिक्षा है। अभी कुछ परिवार अपराध में प्रवृत्त हैं। इसका कारण उनकी गरीबी को माना जा सकता है। समाज की प्रगति के साथ अपराध के तरीकों और अपराधों में भी बदलाव हुए हैं। रहवासी सरकार और जनता से लगातार माँग कर रहे हैं कि उन्हें अपराधी के रूप में न देखा जाए। वे शिद्दत से यह महसूस करते हैं कि पुलिस उन्हें अपराध करने के लिए न उकसाए और और उनके सामाजिक सुधार में अड़चन न बने। पुलिस अधिकारियों से वे मानवीय व्यवहार की आशा करते हैं और अपेक्षा करते हैं कि धनी भू-स्वामी उन्हें अपराधी गतिविधियों के लिए प्रोत्साहित करना बन्द कर देंगे। ये भू-स्वामी उन्हें अपराधों के लिए पैसे देते हैं और चुराई हुई सम्पत्ति को खुर्द-बुर्द भी करते हैं। दूसरे शब्दों में रहवासी चाहते हैं कि समाज उनके संघर्ष को अधिक सहानुभूति से देखे और उनके आत्मसम्मान में उनका सहायक बने।[32]

उनके लिए वैकल्पिक रोजगार की व्यवस्था करने के लिए सरकार को आगे आना चाहिए। यद्यपि सरकार तात्कालिक पुनर्वास की कुछ कोशिश तो कर रही है, जैसे उन्हें भैंसें, रिक्शा, कर्ज आदि उपलब्ध कराना। लेकिन ऐसे उपाय समस्या का स्थायी समाधान नहीं हो सकते। उनका पुनर्वास तभी सम्भव है जब युगों पुरानी गम्भीर समस्याएँ हल हो जाएँ। जी.पी. भराल का कहना है 'अधिकतर यह इस बात पर निर्भर है कि समाज में उनका संविलयन किस सीमा तक हो पाता है। पुनर्वास के लिए पूरी समस्या को मानवीय दृष्टिकोण से देखना होगा।'

फिर भी स्टुअर्टपुरम के रहवासी येरुकलाओं के कल्याण के लिए उनके पुनर्वास कार्यक्रम को सार्थक बनाने की दिशा में निम्न कुछ सुझाव उपयोगी हो सकते हैं :

1. रहवासियों को अधिक जमीन देकर उन्हें आत्मनिर्भर किया जा सकता है। इसके साथ ही उन्हें कृषि उपकरण, खाद, आर्थिक सहायता और सिँचाई सुविधाएँ भी प्राप्त होनी चाहिए ताकि वे अपनी जमीन पर सफलतापूर्वक खेती कर सकें।

2. टोकरी बनाने, बुनाई, चटाई बनाने, ईंटें ढालने और इसी तरह के अन्य लघु उद्योगों को प्रोत्साहन दिया जाना चाहिए।
3. उनके आर्थिक विकास में दुग्धोत्पादन, सुअर पालन, मुर्गी पालन जैसी योजनाएँ लाभदायक होंगी। सरकार इनके लिए ऋण और सहायता जैसे उपायों से आर्थिक मदद दे सकती है।
4. बैंकों से उनके लिए ऐसी व्यवस्था की जानी चाहिए कि उन्हें सोडा शॉप, रेहड़ी, चायघर, किरानी दुकान और फैन्सी दुकान जैसे छोटे व्यापार स्थापित करने के लिए ऋण प्राप्त हो सके। सामान्य रूप से अनपढ़ रहवासी अपनी तरफ से पहल के अभाव में सरकारी अधिकारियों से सम्पर्क नहीं बना पाते। बैंकों से कर्ज लेने की प्रक्रिया की जानकारी न होने के कारण से वे सरकार की योजना का लाभ नहीं उठा पाते। राजनेताओं और अन्य जानकारी रखने वाले व्यक्तियों को उनके कल्याण के लिए कार्य करने में कोई वास्तविक रुचि नहीं होती। इससे मध्यस्थों को उनके शोषण का मौका मिल जाता है। मध्यस्थ उनके नाम पर बैंकों से कर्ज उगाहते हैं और उन्हें पूरी राशि देने के बजाय वे कर्ज की बड़ी राशि अपने पास रख लेते हैं। इस धोखाधड़ी को रोकने की कोशिश सरकार को करनी चाहिए।
5. सरकार को समय-समय पर व्यापक सर्वेक्षणों के द्वारा उनके जीवन की परिस्थितियों का आकलन करना चाहिए और सुधार के लिए उनके विचारों और अपेक्षाओं को समझना चाहिए और उसके आधार पर समुचित और उनकी मुश्किलें कम करने के उपाय किए जाने चाहिए।
6. पुलिस विभाग में कान्स्टेबल, पानी पिलाने वाले और सफाई कर्मचारियों के पदों पर, शासकीय कार्यालयों में और यातायात विभाग में बस चालक तथा परिचालक के रूप में उन्हें नियुक्ति दी जानी चाहिए। यद्यपि वर्तमान में कुछ लोग ऐसी सेवा में हैं किन्तु उनकी संख्या गिनती भर है। इस उपाय से उन्हें न केवल सम्मानजनक रोजगार मिलेगा बल्कि बस्ती के हानिकारक वातावरण से उन्हें दूर भी रखा जा सकेगा।
7. चुराई हुई सम्पत्ति के व्यापारी, भ्रष्ट पुलिस अधिकारी, अपराध के लिए पैसा देने वाले तथा लालची वकीलों के साथ सरकार को कठोर व्यवहार करना चाहिए।
8. इस समय शिक्षा की उपलब्ध सुविधाएँ अपर्याप्त हैं। और भी अनेक स्कूल स्थापित होने चाहिए और इन स्कूलों में अधोरचनागत सभी सुविधाएँ होनी चाहिए।

इन जनजातियों की सहायता केवल सरकार की अनुकम्पा नहीं है। उन्हें सम्मानजनक जीवनधारा में लाने और उनके लिए उपलब्ध सुविधाओं का लाभ देने

के लिए गम्भीरता से सरकार को प्रयत्न करने होंगे। 'अपराधी' कहे जाने का अभिशाप उन्हें अत्यन्त कुंठित करता है और जिस व्यक्ति ने कुछ समय बस्ती में व्यतीत किया हो, उसे संदिग्ध माना जाता है। इस अभिशाप से उनकी मुक्ति होने में लम्बा समय लगेगा। सुधार केवल आर्थिक ही नहीं होने चाहिए। उनमें आत्मविश्वास का संचार जरूरी है। मानवता में उनकी आस्था कमजोर नहीं पड़नी चाहिए। यह उनके साथ होने वाले सम्मानजनक व्यवहार से ही हो सकता है। 'विश्वास ही विश्वास उत्पन्न करता है'—यह उनके साथ व्यवहार का मूलमंत्र है। यह भी सुझाव है कि इन डिनोटीफाइट जातियों के पुनर्वास कार्यक्रमों को या तो विस्तार कार्यक्रमों के रूप में शैक्षणिक संस्थाओं को सौंप देना चाहिए अथवा इसका दायित्व ऐसे समाजसेवी संगठनों को सौंप देना चाहिए जो सरकारी अभिकरणों जैसी यांत्रिक कार्यविधि न अपनाते हुए निजी लगन के साथ काम करते हैं।[33]

सन्दर्भ

1. देखें, संजय निगम : 'डिसिप्लिनिंग एंड पोलिसिंग द क्रिमिनल्स बाई बर्थ, भाग 1 : द मेकिंग ऑफ़ ए कोलोनियल स्टीरियोटाइप—द क्रिमिनल ट्राइब्स एंड कास्ट्स ऑफ़ नॉर्थ इंडिया' (*इंडियन इकोनॉमिक एंड सोशल हिस्ट्री रिव्यू*, खंड XXVII संख्या 2, अप्रैल-जून 1990 पृ. 134)। भारत में पहला अपराधी जनजाति पुनर्वास कानून सन् 1871 में उत्तर प्रदेश के मीणाओं के नियंत्रण के लिए पारित किया गया था। ब्रिटिश सरकार ने बस्तियाँ स्थापित कीं और उन्हें इनमें रखा गया। ये कृषि, औद्योगिक और सुधार बस्तियाँ थीं। बाद में सन् 1911 का कानून लागू हुआ और अपराधी जनजातियों को विभिन्न बस्तियों में लाया गया।
2. पुनर्वास बस्ती ऐसा स्थान होता है जहाँ कथित अपराधी जनजाति के सदस्यों की देखभाल एक प्रबन्धक की देखरेख में की जाती है। देखें, जिलियन जॉन लीविस : *टेमिंग द क्रिमिनल* (न्यूयॉर्क 1931) पृ. 111
3. वाई.सी. सिम्हाद्री : *एक्स-क्रिमिनल ऑफ़ इंडिया*, पूर्वोद्धृत, पृ. 39
4. संडाल रॉबर्ट : *द हिस्ट्री ऑफ़ साल्वेशन आर्मी*, तीसरा खंड—*सोशल रिफॉर्म एंड वेलफेयर वर्क* (न्यूयॉर्क 1955) पृ. 276
5. देखें, मीना राधाकृष्णन : 'सर्विलिएंस एंड सेटलमेंट अंडर द क्रिमिनल ट्राइब्स एक्ट इन मद्रास' (इंडियन इकोनॉमिक एंड सोशल हिस्ट्री रिव्यू, खंड 29, संख्या 2 अप्रैल-जून 1992) पृ. 182
6. देखें, लॉ (जनरल) डिपार्टमेंट प्रोसीडिंग्स जी.ओ. 1327, 14 फरवरी 1925 और वाई.सी. सिम्हाद्री : एक्स-क्रिमिनल ट्राइबस, पूर्वो., पृ. 76
7. देखें, लॉ (जनरल) डिपार्टमेंट प्रोसीडिंग्स, जी.ओ. 3187, 31 मार्च, 1924, पृ. 1
8. देखें लॉ (जनरल) डिपार्टमेंट प्रोसीडिंग्स, जी.ओ. 298, 8 जुलाई, 1924, और देखें लॉ (जनरल) डिपार्टमेंट प्रोसीडिंग्स, 2267, 16 जुलाई, 1925 पृ. 1
9. देखें लॉ (जनरल) डिपार्टमेंट प्रोसीडिंग्स (साल्वेशन आर्मी एनुअल रिपोर्ट), जी.ओ. 3187, 13 नवम्बर, 1924 पृ. 1

10. देखें, मीना राधाकृष्णन : *सर्विलिएंस...* पूर्वो. पृ. 192
11. देखें लॉ (जनरल) डिपार्टमेंट प्रोसीडिंग्स, जी.ओ. 2166, 5 सितम्बर, 1922, पृ. 1
12. 31 मार्च, 1923 को बस्ती में 1,783 व्यक्ति रहते थे जो 31 मार्च, 1924 को 1,958 हो गए। 1923 में भगोड़ों की संख्या 49 थी और 1924 में 42 रह गई। देखें लॉ (जनरल) डिपार्टमेंट प्रोसीडिंग्स, जी.ओ. 3187, 22 जुलाई, 1924, पृ. 1
13. देखें लॉ (जनरल) डिपार्टमेंट प्रोसीडिंग्स, जी.ओ. 1714, 22 अक्टूबर, 1921, पृ. 6
14. देखें लॉ (जनरल) डिपार्टमेंट प्रोसीडिंग्स, जी.ओ. 3187, 14 नवम्बर, 1924, पृ. 1
15. देखें लॉ (जनरल) डिपार्टमेंट प्रोसीडिंग्स, जी.ओ. 1714, 22 जुलाई, 1921, पृ. 3
16. देखें लॉ (जनरल) डिपार्टमेंट प्रोसीडिंग्स, जी.ओ. 748, 8 अगस्त, 1925, पृ. 1
17. देखें मद्रास सरकार : एडमिनिस्ट्रेटिव रिपोर्ट ऑफ़ द इंस्पेक्टर जनरल ऑफ़ पुलिस 1936 (1937 मद्रास) पृ. 26। 'ओ' पास एक पहचान पत्र था जो काम के लिए अन्यत्र जाने पर इन रहवासियों को आसान पहचान के लिए स्थानीय पुलिस द्वारा दिया जाता था।
18. देखें लॉ (जनरल) डिपार्टमेंट प्रोसीडिंग्स, जी.ओ. 732, 8 अगस्त, जुलाई, 1925 पृ. 1
19. देखें लॉ (जनरल) डिपार्टमेंट प्रोसीडिंग्स, जी.ओ. 748, 15 सितम्बर, 1925, पृ. 3
20. देखें लॉ (जनरल) डिपार्टमेंट प्रोसीडिंग्स, जी.ओ. 3187, 14 नवम्बर, 1925, पृ. 9
21. देखें लॉ (जनरल) डिपार्टमेंट प्रोसीडिंग्स, जी.ओ. 1000, 2 दिसम्बर, 1925, पृ. 2
22. देखें लॉ (जनरल) डिपार्टमेंट प्रोसीडिंग्स, जी.ओ. 2267, 16 जुलाई, 1925, पृ. 2
23. देखें लॉ (जनरल) डिपार्टमेंट प्रोसीडिंग्स, जी.ओ. 1879, 31 जुलाई, 1923, पृ. 3
24. देखें लॉ (जनरल) डिपार्टमेंट प्रोसीडिंग्स, जी.ओ. 695, 15 मार्च, 1925, पृ. 4 और लॉ (जनरल) डिपार्टमेंट प्रोसीडिंग्स, जी.ओ. 246, 4 जून, 1925, पृ. 4
25. देखें लॉ (जनरल) डिपार्टमेंट प्रोसीडिंग्स, जी.ओ. 1907, 15 जून, 1925, पृ. 1
26. देखें लॉ (जनरल) डिपार्टमेंट प्रोसीडिंग्स, जी.ओ. 2089, 2 मई, 1925, पृ. 30 और जी.ओ. 1907, 15 जुलाई, 1925, पृ. 32
27. देखें लॉ (जनरल) डिपार्टमेंट प्रोसीडिंग्स, जी.ओ. 2267, 16 जुलाई, 1925, पृ. 2
28. स्टुअर्टपुरम हाई स्कूल के प्रधानाध्यापक द्वारा दी गई जानकारी।
29. देखें लॉ (जनरल) डिपार्टमेंट प्रोसीडिंग्स, जी.ओ. 2267, 16 जुलाई, 1925, पृ. 2
30. लवानम और हेमलता लवानम : 'द क्रिमिनल बैकग्राउंड ऑफ़ स्टुअर्टपुरम' (एक अप्रकाशित निबन्ध)
31. फुच्स स्टीफेन : द *एबओरिजिनल ट्राइब्स ऑफ़ इंडिया* (नई दिल्ली 1973), पृ. 295
32. वाई.सी. सिम्हाद्री : एक्स-क्रिमिनल ट्राइब्स, पूर्वो., पृ. 51
33. वी. ललिता : *डिनोटीफ़ाइड कम्यूनिटी ऑफ़ आन्ध्र प्रदेश—सम प्रॉब्लम्स ऑफ़ रिहेबिलिटेशन* (पी.ए.पी.एच.सी. 1982), पृ. 32

अध्याय-5

हाल ही में स्टुअर्टपुरम बस्ती का रूपान्तरण

स्टुअर्टपुरम में सामाजिक रूपान्तरण का अभियान लवानम और हेमलता लवानम ने सन् 1974 से प्रारम्भ किया। उनके लिए सरकार ने भी सहायता का हाथ बढ़ाया। जब यह सुधार कार्यक्रम शुरू हुआ तब वहाँ सक्रिय अपराधियों की संख्या दो सौ थी। समय बीतते-बीतते परिस्थिति बदली हैं और आज वहाँ कुछ-एक अपराधी ही शेष रह गए हैं। सुधार की यह कहानी अनवरत आग्रह और धीरज से ओत-प्रोत रही है। अपराध की संस्कृति का समूल विनाश हो गया है और उसके स्थान पर प्रगति और विकास की संस्कृति का उदय हुआ है। अगली पीढ़ी को शिक्षित किया जा रहा है और ऐसे व्यवसायों को अपनाने के लिए उन्हें प्रेरित किया जा रहा है जो सामाजिक दृष्टि से स्वीकार्य हैं। पुनर्वास के लिए सन् 1974 से ही आन्ध्र प्रदेश सरकार ने 146 परिवारों के सुधार के लिए रामपेरु की 146 एकड़ बंजर जमीन उन्हें प्रदान की थी। गाँव के लिए बिजली की व्यवस्था की गई है जिसका प्रतीकात्मक अर्थ यह था कि समुदाय अपराध के अँधेरे से निकलकर सामाजिकता के प्रकाश में प्रवेश कर रहा है।

जब स्टुअर्टपुरम की बस्ती मुक्ति-सेना के अधिकार में थी तब मकानों सहित समूची भूमि पर नियंत्रण प्रबन्धन का ही था। निवासियों के पास कुछ भी नहीं था। वे प्रबन्धकों की दया पर निर्भर थे। किन्तु सन् 1974 में जब इसे स्वतंत्र बस्ती घोषित किया गया, मकानों और जमीनों का स्वामित्व व्यक्तिश: रहवासियों को स्थानान्तरित कर दिया गया। यह सामुदायिक जीवन में एक बड़ा बदलाव था। सुधार कार्यक्रम और मकानों-जमीनों का स्वामित्व हस्तान्तरित करने से पूर्व के अपराधी रहे परिवारों और समाज के गैर-अपराधी परिवारों को एकीकृत करने में सहायता मिली। लेकिन इतना ही काफी नहीं था। विकास के और भी कार्यक्रमों की जरूरत थी। यद्यपि लवानम और हेमलता लवानम के वैयक्तिक प्रयासों को घनीभूत करने के लिए *संस्कार* नाम से एक संगठन का बनाया गया, यह एक पंजीकृत संस्था है। लवानम

इसके अध्यक्ष और हेमलता लवानम उसकी सचिव हैं। तथापि समुदाय के विकास कार्यों में किसी भी दानदाता संस्था ने दिलचस्पी नहीं दिखलाई। इन पूर्व अपराधियों का यह मानवीय अधिकार है कि समाज की मुख्यधारा में आने के लिए उपयुक्त साधन उन्हें उपलब्ध हों और वे एक सम्मानजनक जीवन जी सकें।

ऐसी स्थिति में सौभाग्य से लेवी फेगल स्टुअर्टपुरम आए और उन्होंने *संस्कार** के प्रयत्नों में स्वेच्छा से सहायता देना शुरू किया। सन् 1995 से नॉर्वे का यह मानवप्रेमी स्टुअर्टपुरम में *संस्कार* अथवा *हमू परियोजना* में उनकी सहायता कर रहा है। जब *संस्कार* ने इस परियोजना का श्रीगणेश किया था तब उसे इसकी तात्कालिक सफलता के सम्बन्ध में कोई भ्रम नहीं था। वह किसी भी गतिविधि की पहल के साथ उसकी शत-प्रतिशत असफलता के लिए भी तैयार था। यदि कोई परिणाम नहीं भी मिले तब भी इसे करने को ही सफलता की शुरुआत मान लिया जाएगा। निरन्तर और निश्चित प्रयासों की यह दार्शनिक समझ अन्ततः परिणामों तक पहुँचने में काफी मददगार रही है। सन् 1995-96 में *संस्कार* ने एक महत्त्वाकांक्षी कृषि कार्यक्रम हाथ में लिया परन्तु यह पूरी तरह विफल रहा। किन्तु उन्होंने अपने आशावाद को नहीं छोड़ा क्योंकि उस समुदाय के इतिहास में पहली बार ऐसा कोई प्रयोग किया जा रहा था। अगले वर्ष सन् 1997-98 में *संस्कार* को लगभग बीस प्रतिशत सफलता मिली। संगठन को उससे काफी सन्तुष्टि और प्रोत्साहन मिला। सन् 2007 में *संस्कार* ने पचास प्रतिशत से अधिक सफलता हासिल की। फिर यह अनुभव किया गया कि *संस्कार* की कृषि परियोजना के अतिरिक्त अन्य परियोजनाओं पर भी काम किया जाना चाहिए। स्थानीय लोगों से सलाह-मशविरा करके उन्होंने एक टाइपराइटिंग की प्रेक्टिस का प्रशिक्षण देने का काम शुरू किया और सिलाई का भी। यद्यपि टाइपराइटिंग का प्रशिक्षण 35 लोग प्राप्त कर रहे थे लेकिन केवल तीन ही शासकीय परीक्षा में बैठने का साहस जुटा पाए और यह भी कोई आश्चर्य नहीं था कि वे तीनों ही फेल हो गए। यद्यपि ये सभी लोग पास नहीं हो पाए लेकिन 35 छात्रों को टाइपराइटिंग में काम चलाऊ कौशल मिल गया था। अतएव संगठन को लगा कि यह असफलता भी प्रयासों की एक अच्छी शुरुआत है। टाइपराइटिंग की कक्षाओं में उपस्थिति बढ़ने लगी। सन् 2008 में केवल तीन छात्र (2 लड़के और एक लड़की) शासकीय परीक्षा देने के लिए आगे आए थे और उन्होंने अपनी परीक्षा दी। अब तक 60 लड़के और 20 लड़कियाँ इस संस्थान से प्रशिक्षण प्राप्त कर चुके हैं। टेलरिंग संस्थान में 30 महिलाओं ने प्रशिक्षण लिया, इनमें से छह लड़कियों की उपस्थिति 90 प्रतिशत से अधिक थी। उनकी लगन को देखते हुए उनमें से प्रत्येक को संस्था की ओर से एक हजार रुपए सिलाई मशीन खरीदने के लिए दिए गए हैं। सिलाई मशीन की कीमत 1,800 रुपए है इसलिए शेष राशि इन छह लड़कियों ने अपने पास से मिलाई है।[1]

रेलवे में भर्ती के द्वारा नौकरियाँ पाने के इच्छुक शिक्षा प्राप्त लड़के और लड़कियों ने संगठन से अर्हता परीक्षा के लिए प्रशिक्षण व्यवस्था करने का अनुरोध

किया। 44 व्यक्तियों ने इस पाठ्यक्रम में प्रवेश लिया। उन सबकी उपस्थिति 90 प्रतिशत से अधिक थी। संगठन यह भलीभाँति जानता था कि एक ही स्थान के लिए जब दो सौ प्रत्याशी स्पर्धा में हों तो नौकरी पाना आसान नहीं होता। किन्तु इस प्रशिक्षण से उनका नैतिक साहस अन्यत्र प्रतिस्पर्धा की दृष्टि से सुदृढ़ हो सका। सातवीं से दसवीं कक्षा के स्कूल जाने वाले विद्यार्थियों ने भी संगठन से अपनी शिक्षा में सहयोग देने के लिए अनुरोध किया। संगठन ने 2007-08 में इस कार्यक्रम का आरम्भ किया। किन्तु सुखद आश्चर्य यह था कि पहली कक्षा के विद्यार्थी भी उसका लाभ उठाने लगे। उनका उत्साह देखकर संगठन उन्हें रोक नहीं सका। इन कक्षाओं में 67 लड़कियाँ और 69 लड़के आ रहे थे। इस वर्ष *संस्कार* ने महिलाओं के लिए कपड़ों पर छपाई का प्रशिक्षण कार्यक्रम भी हाथ में लिया। पन्द्रह लड़कियाँ इस प्रशिक्षण का लाभ उठा रही हैं। इन सभी कार्यक्रमों से समाज में एक नई संस्कृति का सूत्रपात हुआ है अर्थात 'आय वृद्धि और प्रशिक्षण'।[2]

शासन द्वारा वितरित की गई 146 एकड़ जमीन के सम्बन्ध में यह कहा जा सकता है कि भूमि की दशा बहुत खराब थी और पानी की ठीक से व्यवस्था न होने के कारण पहले के तीन वर्षों में लोगों की खेती में रुचि नहीं रही। सन् 2006 में अपने कृषि कार्यक्रम के अन्तर्गत नालियों की मरम्मत की गई और नए पाइप बिछाए गए। संगठन बहुत खुश था क्योंकि उस वर्ष इन खेतों से दो हजार बोरों से अधिक की धान काटी गई और सहायक फसल भी मिली। इससे पहले आठ सौ बोरों से अधिक फसल कभी नहीं हुई थी। इसने समुदाय की आर्थिक स्थिति में काफी बदलाव आया। वृद्धों की सहायता का कार्यक्रम जो पहले शुरू किया गया था, अब *संस्कार* 50 व्यक्तियों को वृद्धावस्था पेंशन दे रहा है। अब तक इस कार्यक्रम की प्रगति धीमी किन्तु सतत रही है। कार्यक्रम पूरी विफलता से प्रारम्भ होकर आंशिक सफलता तक पहुँचा है। किन्तु समुदाय के चरित्र में मनोवैज्ञानिक और सांस्कृतिक रूप से बहुत अधिक परिवर्तन हुए हैं। पहले कभी लोगों को स्टुअर्टपुरम के पास आने में डर लगता था क्योंकि इसे एक अपराधी गाँव माना जाता था। आज शैक्षणिक संस्थानों की वजह से पास के गाँवों से लोग भी यहाँ आने लगे हैं और स्टुअर्टपुरम के निवासियों के साथ बैठकर मेलमिलाप कर रहे हैं। यह एक बड़े सामाजिक रूपान्तरण की शुरुआत है। एकान्तवास टूट गया है और शेष समाज के साथ जुड़ाव की शुरुआत हो चुकी है। व्यक्तिश: कौशल में दक्ष होने की अभिलाषा और सामाजिक समूह के सन्दर्भ में अपनी निजी सक्रियता में वृद्धि हुई है। अतीत का बोझ उतार फेंका गया है। प्रत्येक सहभागी का अपने प्रति उज्ज्वल भविष्य का आश्वासन है। *संस्कार* उन्हें इसके लिए आवश्यक मार्गदर्शन और अवसर प्रदान कर रहा है। वर्तमान स्थिति से आगे बढ़कर *संस्कार* ने स्टुअर्टपुरम के समाज को आसपास के गाँवों से जोड़ने का प्रयत्न भी किया है। इसके लिए क्षेत्र के विकास

के लिए एक योजना भी बनाई गई है जिसकी गतिविधियों का केन्द्र स्टुअर्टपुरम रहेगा। यह एक भगीरथ प्रयास है। *संस्कार* के कार्यों से आशा अधिक जागी है। प्रयत्नों में दृढ़ता आई है और उपलब्धियाँ और अधिक निकट आ गई हैं। *संस्कार* इन अनुभवों का जनता के साथ साझा कर रहा है। इसे जनता का समर्थन और अभिरुचि प्राप्त है। संगठन का विश्वास पारस्परिक सहयोग में है। इस प्रयोग के द्वारा संगठन ने येरुकला समुदाय के पुनर्निर्माण और उसे अधिक सुदृढ़ और स्वस्थ बनाने की दिशा में बहुत अच्छे परिणाम प्राप्त किए हैं।

सन् 2007 में *संस्कार* ने स्टुअर्टपुरम में अपने सुधार अभियान की रजत जयन्ती मनाई है। इन पच्चीस वर्षों में वहाँ आमूल परिवर्तन देखा गया है। अपराध की संस्कृति से मुक्ति मिल गई है। पाँच साल पहले तक भी किसी ने यह नहीं सोचा होगा कि स्टुअर्टपुरम में एक टाइपिंग संस्थान होगा। किसी ने यह कल्पना भी नहीं की होगी कि पास के गाँवों से युवक और युवतियाँ स्वतंत्रतापूर्वक आकर स्टुअर्टपुरम में शिक्षा ग्रहण कर सकेंगे। कोई यह नहीं सोचता था कि ऊँची जातियों के किसान स्टुअर्टपुरम निवासियों के साथ कन्धों से कन्धा मिलाकर खेतों में काम करते दिखाई देंगे। इस सबसे अधिक, किसी ने सपने में भी यह कल्पना नहीं की थी कि कभी दुर्दान्त अपराधी रहे स्टुअर्टपुरम के रहवासी सामाजिक कार्यकर्ता बन जाएँगे और *संस्कार* / हामू की टीम होंगे। लेकिन यह सभी बातें घटित हुई हैं और तेजी से घटित हुई हैं तथा स्टुअर्टपुरम के येरुकलाओं के भावी जीवन और विकास में लगातार घटित होती जा रही हैं।[3]

स्टुअर्टपुरम बस्ती में समाज-सुधारों का आरम्भ

स्टुअर्टपुरम बस्ती में सुधार कार्य प्रारम्भ करने से पहले गोरा और लवानम के पास अपराधी जनजाति की समस्याओं के सम्बन्ध में सैद्धान्तिक और दार्शनिक समझ ही थी। अपराधी निर्धन नहीं हैं। समाज विरोध में वे धनाढ्य हैं। इसका अर्थ यह है कि वे प्रतिबन्धित कार्यों से सम्पत्ति जुटाते हैं। इसलिए आसपास के समाज के गरीबों जैसा व्यवहार उनके साथ नहीं किया जा सकता। वे इस दृष्टि से तो निर्धन है कि उनका धन गलत कामों में खर्च होता है और उन्हें धन कमाने के स्वस्थ तरीकों की जानकारी नहीं है। उनमें बहुत कम लोग ऐसे होते हैं जो अपनी आय घर-गृहस्थी पर खर्च करते हैं। स्टुअर्टपुरम की डिनोटीफ़ाइड जनजातियों के अतिरिक्त अन्य सामाजिक श्रेणियों के लोग भी अपराध करते हैं लेकिन उनके साथ अपराधी होने का कलंक नहीं जोड़ा जाता। जब ब्रिटिश सरकार ने कुछ जातियों और जनजातियों पर अपराधी होने का ठप्पा लगाया तो उसका अर्थ यह था कि उन्हें जन्म से ही अपराधी समझा जाने लगा। जनजाति अपराध कानून का मन्तव्य शायद यह था कि अपराधी परिवार की स्त्री यदि किसी सन्तान को जन्म देती है तो वह भी गर्भ से ही

अपराधी बनकर पैदा होगी। स्टुअर्टपुरम के निवासी इसी श्रेणी में रखे गए जबकि अन्य अपराधियों पर यह ठप्पा नहीं लगा।[4]

मूल रूप से अपराध विषम सामाजिक-आर्थिक परिस्थितियों के कारण होता है। भारत में इसके सांस्कृतिक आयाम भी हैं। भारतीय परम्परा में अपराध/चौर्य कार्य को भी एक कला के रूप में घोषित किया गया है। परम्परागत रूप से चौंसठ कलाएँ मानी जाती हैं और नृत्य, नाट्य, संगीत आदि के साथ चोरी को भी उनमें शामिल किया गया है। येरुकला जनजाति में भी दो तरह के सदस्य हैं—एक वे जो अपराध कृत्यों में लिप्त हैं और दूसरे वे जो अपराध न करने वाले परिवार से हैं। आपस में इन दोनों का मेल-मिलाप नहीं होता। अपराधी जनजाति कानून अमल में आने के बाद जो अपराधी नहीं थे, उन परिवारों को डर लगा कि यदि अपराधी जातियों के साथ उनका भी किसी तरह का सम्पर्क रहा तो उन्हें भी अपराधी मान लिया जाएगा। परिणामत:, जनजाति के भीतर भी अपराधियों और गैर अपराधियों के बीच के सम्पर्क सूत्र टूट गए। समयानुसार, अपराधी परिवार सामाजिक और सांस्कृतिक रूप से अलग-थलग कर दिए गए। जब उनका बाहरी सामाजिक सम्बन्ध नहीं रहा तो अपराधी परिवारों में अपराध की संस्कृति और गहरे पैठ गई। कुछ सन्दर्भों में इस विरासत में मिली मानसिकता के लक्षण आज भी इन परिवारों में पाए जाते हैं।

गुजरे हुए अतीत में, 'अपराधी' जनजातियाँ अन्य आदिम जातियों जैसी ही थीं। गोरा और लवानम ने 'अपराधी' जनजाति की समस्या को सांस्कृतिक परिप्रेक्ष्य में समझा है अर्थात सामाजिक और नृवंशीय व्याख्याओं के सन्दर्भ में। येरुकला प्राचीन और मध्यकालीन शासकों द्वारा सेना के खुफिया कर्मचारियों के तौर पर सामाजिक और राजनीतिक संरचना में लाए गए। समय बीतते-बीतते इनकी एक अलग जाति बन गई। जाति से सम्बन्धित चलन के नियम सभी सदस्यों पर समान रूप से लागू होते हैं। येरुकलाओं के लिए मामला अलग था। येरुकला जनजाति में सामान्य सिद्धान्तों का सार्वभौमिक प्रचलन नहीं है क्योंकि जनजाति के भीतर ही दो विभाजित श्रेणियाँ अपराधी और गैर-अपराधी वर्ग की हैं।

आधुनिक काल में, स्वतंत्रता आन्दोलन के दौरान ब्रिटिश सरकार शिक्षित उच्च वर्ग के कांग्रेसी नेताओं को उत्पीड़ित करने के प्रयास में उन्हें जेल की कोठरियों में अपराधी जनजाति के अपराधियों के साथ रखती थी। यह स्वतंत्रता सेनानियों के लिए एक तरह का परोक्ष सन्देश था कि उनके आन्दोलन को भी वह एक अपराध ही मानती है और उन्हें जेल में किसी बेहतर व्यवहार की अपेक्षा नहीं करनी चाहिए। उन दिनों, स्टुअर्टपुरम के देवाराकोंडा राजू औपनिवेशिक सरकार की निगाह में अत्यन्त भयानक अपराधी था। उसने चोरी के काम में निपुणता हासिल कर ली थी और वह जाना-पहचाना चोर बन गया था, इसलिए उसे सरदार के नाम से पुकारा जाता था। जेल में रहते हुए वह स्वाधीनता आन्दोलन के नेताओं के सम्पर्क में आया। कुछ

नेताओं ने इस अवसर का लाभ उठाया और अन्य अभ्यस्त अपराधियों से भेंट की। उन्होंने इन अपराधियों से वायदा किया कि स्वतंत्रता प्राप्त होने के बाद वे अपराधी जनजाति कानून को निरस्त करवाने में उनकी सहायता करेंगे।

महात्मा गांधी जैसे स्वाधीनता सेनानियों और स्वतंत्रता संग्राम के प्रति आकर्षित होने वाले तमाम लोगों में से देवाराकोंडा राजू भी एक था। राजू के दृष्टिकोण में जल्दी ही परिवर्तन हुआ और जेल में रहते हुए उसने स्वयं को राष्ट्रवादी के चरित्र में ढाल लिया। जेल से छूटकर उसने खादी पहनना और गांधी टोपी लगाना शुरू कर दिया। स्टुअर्टपुरम के वासियों को वह राष्ट्रीय आन्दोलन और गांधी जैसे नेताओं के विषय में बतलाने लगा। स्टुअर्टपुरम में स्वाधीनता संग्राम के नेताओं का एक सम्मेलन आयोजित करने की उसने एक असफल कोशिश भी की। अपराधी बस्तियों के कुछ रहवासियों के साथ स्वातन्त्र्य आन्दोलन के इस तरह के सम्पर्कों से उनके मन में एक नई चेतना का उदय हुआ। तथापि प्रबन्धकों ने इस चेतना को शुरुआत में ही कुचल दिया। इसलिए राजू जैसे व्यक्तियों के प्रयत्न फलीभूत नहीं हो पाए। राजू यद्यपि अपने विश्वासों का निर्वाह करता रहा। राजू की अन्तर्कथा एक उज्ज्वल किन्तु असफल प्रयास थी, जो आगे नहीं बढ़ पाई और समय बीतते भुला दी गई।

स्वाधीनता संग्राम से प्रभावित होकर देवाराकोंडा राजू ने संकल्प लिया कि वह अब कभी अपराध नहीं करेगा। उसने अपनी सन्तानों को शिक्षित करने का निर्णय भी लिया जिससे उसके बच्चे भविष्य में अपराध-मुक्त जीवन व्यतीत कर सकें। उनके पुत्र डी. हनुमन्त राव बाद में प्रान्तीय कांग्रेस कमेटी में अनुसूचित जाति इकाई के संयोजक बने। सन् 1970 में जब अपराधी सुधार कार्यक्रम की आधारशिला रखी गई तब देवाराकोंडा राजू जीवित था। हालाँकि तब उसका स्मृति-लोप हो चुका था। सुधारवादियों को धैर्यपूर्वक उनसे बात करनी पड़ती थी ओर वह उन्हें यह बताता था कि स्वयं उसे एक कठोर अपराधी से कट्टर राष्ट्रवादी बनने में किन-किन अनुभवों से गुजरना पड़ा।

चुनौती

दिसम्बर, 1973 में स्टुअर्टपुरम रहवासियों के डिनोडीफाइड येरुकला अपराधियों की कुछ पत्नियों और माताओं ने एक पुलिस कांस्टेबल की पिटाई कर दी जो वहाँ किन्हीं अपराधों में उनके पुरुषों की शिरकत के सम्बन्ध में जानकारी लेने के लिए वहाँ गया था। यह एक गम्भीर अपराध था। इस घटना की वास्तविकता जानने के लिए गुंटूर जिले का पुलिस अधीक्षक स्वयं वहाँ पहुँचा। महिलाओं ने फिर उसका घेराव कर लिया और उससे कई परेशान करने वाले सवाल पूछे : 'तुम पुलिस वाले बस्ती की औरतों के कपड़े उतारना चाहते हो? तुम हमें अपने बर्तनों में खाना

पकाने नहीं देते? हम कैसे जियें? क्या तुम्हारे घर में बहन-बेटियाँ नहीं हैं? क्या तुम्हारे परिवार के पुरुष बेकाम हैं, क्या तुम अपनी औरतों के साथ भी यही करते हो?' इस तरह के प्रश्नों ने उस पुलिस अधिकारी को उत्तेजित कर दिया। उसने इन महिलाओं को शान्त करने की कोशिश की और कहा कि पुलिस वाले भी मनुष्य हैं और वे इस तरह के अमानवीय कृत्य नहीं करेंगे। हठी महिलाओं ने पुलिस अधिकारी को चुनौती देते हुए कहा कि उसे खुद उनके साथ बेडुलापल्ली पुलिस थाना जाकर इसकी जाँच करनी चाहिए तब वह जान जाएगा कि सच क्या है।

इस चुनौती के मद्देनजर वह अधिकारी कुछ महिलाओं के साथ पुलिस थाने गया। वहाँ खोजने पर उसे सचमुच औरतों की साड़ियाँ और पेटीकोट तथा अल्यूमीनियम के बर्तन वहाँ मिले। महिलाओं ने अवहेलना के साथ उसे देखा और चुनौती भरे लहजे में कहा— 'अब बताओ कि पुलिस क्या सचमुच सभ्य है? जब हमारे आदमी अपराध करते हैं और तुम उन्हें पकड़ नहीं पाते तो तुम आकर औरतों पर अपनी मर्दानगी दिखाते हो।' एस.पी. बहुत अधिक लज्जित हुआ और पुलिस की तरफ से उसने इन महिलाओं से माफी माँगी। वह तो चला गया लेकिन इस घटना ने उसे सोचने पर मजबूर कर दिया। अगले दिन वह सादा कपड़ों में स्टुअर्टपुरम पहुँचा। उसके साथ कोई नहीं था। उसने महिलाओं को बुलाया और कहा कि वह पुलिस अधीक्षक के रूप में वहाँ नहीं आया है। वह केवल मानवता के नाते वहाँ उनकी कठिनाइयाँ दूर करने और उनकी सहायता करने के लिए आया है।

यहाँ से सुधारों का सूत्रपात शुरू हुआ। रहवासियों के जीवन में पहली बार पुलिस का एक उच्चाधिकारी इतनी अधिक रुचि और सहानुभूति प्रदर्शित कर रहा था। उस अधिकारी ने माना कि गुंटूर जिले या पास के जिलों से कभी भी कोई पुलिस वाला स्टुअर्टपुरम में उनके आदमियों को पकड़ने के लिए नहीं आएगा। एस.पी. ने गाँव के प्रवेश पर एक पुलिस चौकी बनाई और आदेश दिया कि 'अनुमति के बिना कोई भी पुलिस गाँव में नहीं घुसेगी।' एस.पी. की सहानुभूतिपूर्ण और निर्णायक कार्यवाही ने बस्ती के पुरुषों और स्त्रियों, दोनों को ही प्रभावित किया। वह रहवासियों से परामर्श करने के लिए आने लगा। वह एस.पी. उन्हें अपराध छोड़कर समाज की मुख्यधारा में मिल जाने के लिए समझाता था और अपनी तरफ से उनकी हर सम्भव सहायता करने का वचन देता था।

प्रारम्भिक बाधाएँ

जब यह खबर अखबारों में छपी कि अन्य जिलों की पुलिस का स्टुअर्टपुरम की बस्ती में प्रवेश रोक दिया गया है तो इस पर आन्ध्र प्रदेश के पुलिस महानिरीक्षक का ध्यान गया। बात राज्य के गृहमंत्री तक पहुँची। वे पुलिस अधिकारी से नाराज

हुए और उन परिस्थितियों की जानकारी माँगी जिनके कारण यह नौबत आई थी। पुलिस अधीक्षक द्वारा दिए गए विवरण से उच्चाधिकारी सन्तुष्ट नहीं थे। उन्हें लगा कि स्टुअर्टपुरम के निवासी उदारता का अनुचित लाभ ले रहे हैं और अपने अपराधों की जाँच और आरोपों से बचने के लिए उन्होंने यह रास्ता अपनाया है।[5]

सुधारकों का प्रवेश

दूसरी तरफ, जब गोरा और लवानम को इस घटना की जानकारी मिली तो उन्होंने पुलिस अधीक्षक को अपनी बधाई भेजी। पुलिस अधीक्षक इस बात से दुखी था कि पुलिस विभाग के बड़े अधिकारी स्टुअर्टपुरम बस्ती के सुधार का उसका प्रयोग जारी रखने के लिए तैयार नहीं थे। तब एस.पी. ने नास्तिक केन्द्र को आमंत्रित किया। दोनों पक्षों में खुलकर सीधी बातचीत हुई। इस विचार-विमर्श से गोरा ने अनुभव किया कि यह वास्तविकता है कि स्टुअर्टपुरम में पुलिस अधीक्षक की पहल से एक स्पष्ट परिवर्तन लाया जा सकता है। यद्यपि अधीक्षक जिले का सर्वोच्च अधिकारी होता है लेकिन उसे भी अपने कार्यों के लिए राज्यस्तरीय अधिकारियों के सामने जवाबदेही देनी पड़ती है। इसके साथ उसे अन्य नौकरशाहों का सामना भी करना होता है। ट्रान्सफर शासकीय अधिकारियों के कर्तव्यों का एक अन्य पक्ष है। एक अधिकारी के स्थानान्तरण के बाद उसका स्थान लेने वाला अधिकारी आवश्यक नहीं है कि अपने पूर्ववर्ती के प्रयासों को जारी रखे। यदि वह उन प्रयासों को जारी रखता भी है तो उसमें पूर्ववर्ती जैसी लगन और सहानुभूति नहीं हो सकती। उस समय तक इस पुलिस अधीक्षक के विरुद्ध एक वातावरण बन गया था कि उसका तरीका पुलिस के 'मॉरेल' और पुलिस अन्वेषण के तरीकों के लिए उचित नहीं है। उच्च अधिकारियों को डर था कि यदि इस तरह की घटनाएँ भविष्य में घटती हैं तो उनकी जाँच करना आसान नहीं होगा।

आमना-सामना : पुलिस और सुधारक

जनता को प्रशिक्षित करने के लिए सबसे पहले नास्तिक केन्द्र में एक बैठक आयोजित की गई जिसकी अध्यक्षता गोरा ने की। इस सम्मेलन में पुलिस अधीक्षक एम.वी. थॉमस को भी आमंत्रित किया गया। पुलिस अधिकारी ने विस्तार से स्टुअर्टपुरम में किए जाने वाले सुधारों और उनमें अपनी भूमिका और अपने भावी दृष्टिकोण के विषय में बताया। इस सम्मेलन की कार्रवाई बड़े पैमाने पर अखबारों में छपी।[6] सम्मेलन का ध्येय-वाक्य था 'अपराध व्यवसाय नहीं है'। विजयवाड़ा के आकाशवाणी केन्द्र ने सम्मेलन पर एक विशेष कार्यक्रम प्रसारित किया। इस सबसे मामले को एक समुचित सामाजिक सन्दर्भ मिला। गोरा ने पुलिस अधीक्षक को

आश्वासन दिया कि वे स्टुअर्टपुरम जाएँगे और आन्ध्र प्रदेश के मुख्यमंत्री के नाम पत्र लिखकर यह आग्रह करेंगे कि बस्ती में सुधार कार्यों के संचालन की अनुमति नास्तिक केन्द्र के प्रतिनिधियों को प्रदान की जाए। इस पत्र में यह स्पष्ट किया गया था कि समस्या के समाधान के लिए गांधीवादी उपायों का अनुसरण किया जाएगा। यहाँ यह उल्लेख किया जा सकता है कि सन् 1960 में विनोबा भावे के और सन् 1972 में जयप्रकाश नारायण के सामने चम्बल घाटी के दस्युओं के आत्मसमर्पण में गोरा, लवानम और हेमलता लवानम की महत्त्वपूर्ण भूमिका रही थी।

सुधारों की पहल : बाय्यावरम प्रयोग

सन् 1973 में लवानम और हेमलता ने एक प्रयोगात्मक शिविर लगाया। इसमें विशाखापटनम के श्रीमती ए.वी.एम. महाविद्यालय के पचास छात्र राष्ट्रीय सेवा योजना के अन्तर्गत वोरस्टाल स्कूल के पचास बाल अधिकारी छात्रों के साथ सम्मिलित हुए। यह सराहनीय प्रयोग राष्ट्रीय कार्यक्रम 'दुर्भिक्ष के लिए युवा कार्यक्रम' के अन्तर्गत विशाखापटनम जिले के बाय्यावरम में आयोजित किया गया था।

बाय्यावरम पद्धति : इसके भागीदार

बाय्यावरम प्रयोग देश में अपनी तरह का अनूठा प्रयोग था। इसके अन्तर्गत युवा छात्रों को दो सप्ताह के लिए गैर छात्र बाल अपराधियों के साथ रखा गया था। इसका उद्‌देश्य दायित्वपूर्ण सामाजिक भावना/नागरिक चेतना को बढ़ावा देना था और यह ज्ञात करना था कि परिवर्तन लाने के लिए युवा मानस की भविष्यदृष्टि क्या है? यह कार्यक्रम भारत सरकार ने प्रायोजित किया था। लवानम को इसके लिए आन्ध्र प्रदेश का राज्य समन्वयक नियुक्त किया गया। वे स्वयं एक सुधारक थे और उन्होंने इन शिविरों में अपने ही प्रयोग किए। बाय्यावरम का प्रयोग इनमें से एक था। छात्रों में सुधार का वातावरण निर्मित करने के लिए उन्होंने सुझाव दिया कि विशाखापटनम के बोरस्टाल स्कूल के पचास किशोरों को श्रीमती ए.वी.एम. महाविद्यालय के पचास विद्यार्थियों के साथ बाय्यावरम गाँव में खुले आकाश के नीचे रखा जाए। बोरस्टाल स्कूल पर स्थानीय जेल वार्डनों की निगरानी रहती थी। कुल मिलाकर छात्रों के पचास जोड़े बनाए गए। प्रत्येक जोड़े में ए.वी.एम. के एक छात्र के साथ बोरस्टाल स्कूल का एक बच्चा था। वे शिविर में सुबह छह बजे से रात के नौ बजे तक निर्द्वन्द्व साथ-साथ काम करते थे। इसके बाद बोरस्टाल स्कूल के बच्चे वार्डन के पास चले जाते थे। पन्द्रह दिन तक यह सभी युवक स्थानीय प्राथमिक शाला में रहे।[7]

वाय्यावरम पद्धति : पुनरावलोकन

शिविर की समाप्ति तक बोरस्टाल स्कूल के पचास विद्यार्थियों में से तीन विद्यार्थी शिविर से भाग गए। उन्हें जल्दी ही पकड़ लिया गया। शेष लड़कों का आचरण बहुत अच्छा रहा और उन्हें सजा में छह महीने से लेकर एक वर्ष तक की छूट दी गई। आन्ध्र प्रदेश सरकार ने इसे एक बहुत अच्छा प्रयोग माना। जेल महानिरीक्षक ए.के. रेड्डी और परिवीक्षा निदेशक एम. विनय कुमार ने लवानम से कहा कि वह वाय्यावरम से पलायन करने वाले तीन बोरस्टाल छात्रों को लेकर चिन्तित न हों क्योंकि वे शिविर में भाग लेने की अनुमति जिन लड़कों को दी गई थी, उनमें से दस प्रतिशत के पलायन के लिए वे पहले से तैयार थे। रेड्डी ने बताया, 'दो कारणों से शिविर को बड़ी सफलता मिली है। एक तो भागने वाले लड़कों की संख्या हमारे अनुमान से बहुत कम रही और दूसरा यह प्रयत्न देश में इस तरह का पहला प्रयास था।' अधिकारी-गण लवानम की ईमानदारी और पूरे प्रयोग में उनकी सुधारक गांधीवादी भूमिका के लिए भूरि-भूरि प्रशंसा कर रहे थे। इस सबके साथ, इस सराहनीय प्रयोग के लिए आन्ध्र प्रदेश के राज्यपाल खंडूभाई देसाई ने अपनी उदार अनुमति दी थी।[8]

स्टुअर्टपुरम में सुधारकों का प्रवेश

इन अनुभवों के साथ लवानम स्टुअर्टपुरम आए। इससे पहले गोरा को काकीनाडा और मछलीपटनम में उन येरुकला बालकों को पढ़ाने का अनुभव था जो अपराधी नहीं थे और यह अनुभव प्रोत्साहन पूर्ण रहा। वे अपने समय में होने वाले वार्षिक येरुकला सम्मेलनों में नियमित रूप से भाग लेते थे। इन सम्मेलनों में जनजाति अपराध कानून वापस लेने की माँग की जाती थी। स्टुअर्टपुरम में पाँव रखने से पहले गोरा, लवानम और हेमलता की त्रयी के पास अनुभवों का भंडार था। विजयवाड़ा में गोरा की पत्नी सरस्वती और पुत्री मैत्री बन्दियों और अपराध मुक्त स्टुअर्टपुरम वासियों को उनकी सफलता के लिए सलाह-मशविरा देती रही थीं।

जब गोरा, लवानम और हेमलता लवानम स्टुअर्टपुरम बस्ती पहुँचे तो उस पुलिस अधीक्षक का पदोन्नति के साथ तबादला हो चुका था। उसके स्थान पर आर. प्रभाकर राव की नियुक्ति की गई थी। चन्द्रैया जिलाधीश के पद पर थे जिनकी स्टुअर्टपुरम में चल रही गतिविधियों में व्यक्तिगत रूप से गहरी दिलचस्पी थी। राज्य सरकार के मंत्रियों—वी. कृष्णराव (शिक्षा), बी. श्रीराममूर्ति (आदिवासी कल्याण), के. राजामुल्ला (स्वास्थ्य) और पी. नरसा रेड्डी (राजस्व) ने भी मुख्यमंत्री जे. वेंगलराव के साथ नास्तिक केन्द्र के कार्यों में गहरी दिलचस्पी दिखलाई।[9]

मेल-जोल का माध्यम

पहले ही दिन से गोरा, लवानम और हेमलता ने स्टुअर्टपुरम वासियों के साथ अच्छे मेल-मिलाप का रास्ता बना लिया था। बस्ती के कुछ अपराधी चोटिल थे जब लवानम और दूसरे लोग वहाँ पहले-पहल गए थे। सामान्यत: पकड़े जाने के भय से अपराधी डॉक्टरों के पास जाने से कतराते थे। शारीरिक चोटों के इलाज के लिए वे देसी तरीकों का प्रयोग करते थे। जब लवानम और हेमलता पहली बार बस्ती में पहुँचे तो उन्हें एक घायल मिला जो बाल्तानी वेंकटेश्वरुलु नाम का भयंकर अपराधी था। उसकी हथेली में गहरा घाव था, जो काफी सूज गया था और उसमें मवाद और धूल भरी हुई थी। हेमलता लवानम स्वयं उसे प्रतिदिन बापट्ला के अस्पताल ले जाती थी। धीरे-धीरे अन्य बीमार लोग भी साहस और सहायता के लिए उनके पास आने लगे।

सुधारकों की दो प्रतिज्ञाएँ

इस मोड़ पर लवानम और हेमलता लवानम ने दो महत्त्वपूर्ण आदर्श अपने सामने रखे जो स्टुअर्टपुरम में उनके कार्य को मार्गदर्शन देंगे। ये हैं :

1. स्टुअर्टपुरम की अपराधी बस्ती के परिवार से पानी के अलावा और कुछ स्वीकार नहीं किया जाएगा क्योंकि अपराधी द्वारा दी गई चाय की एक बूँद भी चुराई गई सम्पत्ति का हिस्सा हो सकती है।
2. यदि मदहोशी की हालत में अपराधी परिवार का कोई पुरुष मिलता है तो उससे कोई बात नहीं की जाएगी।

इन दो निर्णयों का जनता पर चमत्कारिक प्रभाव पड़ा। लवानम और हेमलता किसी पेड़ के नीचे बैठकर अपराधियों और उनके परिवारजनों से चर्चा करते थे। इस प्रक्रिया में यह दम्पती अपराधियों के कष्टों और संकटों का विवरण तथा उनके कार्यों का वर्णन धैर्यपूर्वक सुनते थे। जब ऐसी चर्चा करते, दस दिन बीत गए तो अपराधी और उनके परिवार इन आगन्तुकों के बहुत निकट आ गए। उनमें से कई अपने आपको अपराध त्याग देने के लिए तैयार कर रहे थे।[10]

पहला धक्का

जब लवानम और हेमलता अपराधी परिवारों से सम्पर्क कर रहे थे तभी तीन बड़े अपराध घटित हुए। ये थे—(1) कुरनूल जिले के बनागनपल्ली में एक बैंक डकैती, (2) पश्चिम गोदावरी जिले के लक्कावरम में एक बड़ी चोरी और (3) स्टुअर्टपुरम के पास चिराला कस्बे में एक अन्य सेंधमारी। बनागनपल्ली की डकैती में दस लाख

रुपए नकद और कई किलोग्राम सोना लूटा गया था। लक्कावरम और चिराला के मामले कुछ लाख रुपयों के थे। लक्कावरम की डकैती में लूटे गए घर के एक सदस्य की डकैतों ने हत्या कर दी थी, जब स्थानीय लोगों ने शोर मचाकर उनको रोकने की कोशिश की। इन अपराधों का व्यापक प्रचार हुआ। अत: लवानम और हेमलता लवानम के अभियान को बड़ा धक्का लगा। किन्तु गोरा, लवानम और हेमलता लवानम ने तय किया कि वे अपने प्रयासों से पीछे नहीं हटेंगे।

हृदय परिवर्तन

विशेष रूप से बानागनपल्ली के बैंक डकैती के प्रकरण में गोरा, लवानम और हेमलता लवानम की सहायता से कई अपराधियों ने माल के साथ आत्मसमर्पण कर दिया। जब आदिमजाति कल्याण मंत्री बी. श्रीराममूर्ति स्टुअर्टपुरम के दौरे पर आए तो ग्राम वेल्लागी इशाक के एक संदिग्ध अपराधी ने उनके सामने भी समर्पण किया। गेरिक प्रभाकर और दो अन्य तो चलकर खुद नास्तिक केन्द्र तक पहुँचे और उन्होंने अपने को हेमलता के हवाले कर दिया जिन्होंने इन्हें गुंटूर जिले के पुलिस अधीक्षक को लूटे गए माल के साथ सौंप दिया।

पुलिस की सीमाएँ

गोरा, लवानम और हेमलता लवानम तथा पुलिस अधिकारियों के बीच एक मौखिक भद्रजनीय करार था कि जो भी स्वेच्छा से समर्पण करेगा, उस पर लगे आरोपपत्र में इसका उल्लेख अवश्य किया जाएगा। लेकिन किन्हीं कारणों से, जो पुलिस ही जानती है, इस सहमति का पालन नहीं किया गया और बताया गया कि संदिग्धों को पुलिस ने रेलवे स्टेशनों और बस अड्डों से गिरफ्तार किया है। सुधारकों का तर्क था कि अपराधी के अच्छे कार्य का उल्लेख करने अपराधियों के हृदय में अच्छा आचरण करने की प्रेरणा अधिक बलवती होती है और उन्हें अपने आपराधिक स्वभाव को छोड़ने में सहायता मिलती है। लेकिन इस सम्बन्ध में पुलिस से वांछित सहयोग नहीं मिला। सुधार कार्यक्रम में यह एक बड़ी बाधा के रूप में सामने आई।[11]

सुधार कार्यक्रम के प्रारम्भिक चरण में तेनाली के अधीक्षक कमल कुमार से सुधारकों ने यह अनुरोध किया था कि वे प्रतिदिन स्टुअर्टपुरम आकर चाय के साथ रहवासियों की संगत में दस-पन्द्रह मिनट बिताएँ। वह भारतीय पुलिस सेवा का एक युवा अधिकारी था। इसका बहुत प्रभाव हुआ। पूर्व में पुलिस केवल उनकी गिरफ्तारी के लिए वहाँ पहुँचती थी। अब एक पुलिस अधिकारी प्रतिदिन उनकी कुशलक्षेम जानने के लिए आने लगा था। लगभग एक महीने तक कमल कुमार ने वहाँ आना

जारी रखा। मंत्री भी अपने अधिकारियों के साथ जब-तब वहाँ पहुँचने लगे थे और अपराधी परिवार के बीच बैठकर वार्तालाप करते थे।

मूलत: अपराधी यह मान गए कि न्यायालयों में वे अपना बचाव नहीं करेंगे बल्कि अपराध की स्वीकारोक्ति करके प्रायश्चित की भावना से सजा को स्वीकार कर लेंगे। लेकिन जब पुलिस अपने मौखिक वायदे से मुकर गई तो अपराधियों का रुख भी सख्त हो गया। उन्होंने कोई अपराध नहीं किया यह प्रतिपादित करने के लिए वे वकीलों को खड़ा करने लगे। किन्तु यह स्थिति अच्छी नहीं थी। लूट के माल का सौंपना वे पुलिस से प्रतिशोध की भावना के साथ करने लगे। वे विवाद करते थे कि वे अपराधी नहीं हैं। अपराधी निरक्षर होते हैं। वे पूर्व अपराधी जातियों से आते हैं। सभ्य समाज से उनका सम्पर्क नहीं रहता। वे अपराध-संस्कृति के शिकार हैं। अत: सरलता से यह समझा जा सकता है कि जब पुलिस अपने वायदे से मुकर गई तो अपराधियों के मन में उसके प्रति प्रतिशोध का भाव पैदा हुआ। इस तरह के सुधार कार्यक्रमों में पुलिस की भूमिका निश्चित रूप से ऐसी होनी चाहिए कि वे अपराधियों के प्रति नकारात्मक व्यवहार न करें। उन्हें सभ्य समाज के संरक्षक के रूप में व्यवहार करना चाहिए और अपराधियों के हृदय में स्वयं को सुधारने की इच्छा का सम्मान करना चाहिए।

पुलिस को अपराधियों के साथ व्यवहार में अत्यन्त तार्किक सभ्य नागरिक रवैया बरतना चाहिए तभी अपराध-सुधार के लक्ष्य प्राप्त हो सकेंगे। फैसले न्यायालयों पर छोड़कर अपराधियों की अपराध के मकड़जाल से निकलने की इच्छा और प्रयासों को मान्यता देनी चाहिए। आरोपपत्र में इस उल्लेख से कि अपराधी ने प्रायश्चित की भावना और समाज-सुधारकों की सहायता से स्वैच्छिक आत्मसमर्पण किया है, पुलिस की हेठी नहीं होगी। यह घटना स्पष्ट रूप से दर्शाती है कि सुधार एकतरफा सम्भव नहीं हैं। इसके कई पहलू हैं। जब हम अपराधियों से ईमानदारी की अपेक्षा रखते हैं तो उन अपराधियों से सम्बद्ध अन्यान्य पक्षों को भी उतना ही ईमानदार होना चाहिए।[12]

पुनर्वास : बाधाएँ और प्रगति

अपराधियों का पुनर्वास केवल आर्थिक पुनर्वास तक ही सीमित नहीं है, इसके सामाजिक और सांस्कृतिक पक्ष भी हैं। जहाँ तक आर्थिक पुनर्वास का प्रश्न है, पूर्व अपराधी-जाति का कोई अपराधी पेशेवर अपराधी-जैसा गरीब नहीं होता। अपराध करने से उसे भारी आमदनी हो सकती है। अत: उसकी इतनी आय की पूर्ति कोई नहीं कर सकता। परन्तु उसको उसकी वर्तमान क्षमता के अनुरूप सामाजिक-सांस्कृतिक दृष्टि से स्वीकार्य आय वृद्धि के कई रास्ते सुझाए जा सकते हैं। ऐसे विकल्प कम

ही होंगे लेकिन अभियान के प्रति प्रतिबद्ध सामाजिक कार्यकर्त्ताओं के लिए इसकी सम्भावना का पूरा-पूरा दोहन करना आवश्यक है। इस बिन्दु पर शायद समाजसेवी या सामाजिक कार्यकर्ता अथवा नागरिक समाज के सदस्यों की भूमिका अत्यधिक जटिल हो जाती है। यह 'हमारे' और 'उनके' बीच का वह सनधिस्थल है, जहाँ बाल अपराधियों की स्वभावगत विरक्ति के प्रति सर्वतोमुखी दृष्टि रखनी पड़ती है। एक दूसरी बात यह है कि अपराधी आसान जिन्दगी के अभ्यस्त होते हैं और सहूलियत से धन प्राप्त करना चाहते हैं। अपराधी परिवारों की स्त्रियाँ भी छोटे-मोटे अपराधों और चोरियों में लिप्त रहती हैं। वे निकटवर्ती स्थानों में दुकानों से कपड़े और जेवरात चुराने के लिए कुख्यात हैं। इन चीजों को वे अपने गृहनगर में जाकर बेच देती हैं। इन महिला अपराधियों में से कई को गिरफ्तार भी किया गया। इस तरह, इन अपराधी परिवारों के तथाकथित कमाऊ सदस्यों के अपराधों को रोकना बहुत मुश्किल है। अचानक यदि वे अपराध करना छोड़ देते हैं तो उनके सामने जीवन निर्वाह की समस्या उठ खड़ी होती है। अपराध के अतिरिक्त किसी प्रकार का कठोर श्रम करने का उन्हें अभ्यास नहीं है।

पुनर्वास : तरीके और पद्धति

नास्तिक केन्द्र के सुधारकों द्वारा अपने प्रयास शुरू किए जाने के कुछ दिन बाद ही स्टुअर्टपुरम के उन प्रत्येक अपराधियों को, जिन्होंने अपने सुधार के लिए नाम दर्ज करवा रखे थे और जो आदतन अपराधी थे, जिला प्रशासन ने खेती के काम आने वाले औजारों का वितरण शुरू कर दिया। बिना समय को खोये, उनमें से एक-तिहाई ने शराब या सिगरेट खरीदने के लिए इन चीजों को बेच दिया। उन्हें दोषारोपित किए बिना सुधारकों ने अपने प्रयत्न जारी रखे। उनमें से ऐसों की संख्या बहुत कम थी जिन्होंने खेती की गतिविधियाँ हाथ में लीं जिनमें इन औजारों का उपयोग होता था।[13]

सन्तानों या भाइयों जैसे गैर-अपराधी सदस्यों के पुनर्वास के तरीके खोजने के लिए सुधारकों ने अन्य रोजगारों की तलाश की। सुधारकों ने इस तथ्य का लाभ उठाया कि भारत के संविधान में ये अपराधी अनुसूचित जातियों के वर्ग में आते हैं जिनके लिए राजकीय सेवाओं में आरक्षण की व्यवस्था है। एक सुधारक ने पाया कि अनुसूचित कोटे में अनेक रिक्तियाँ हैं। उन्होंने कम-से-कम आठवीं कक्षा पास सभी लोगों को शासकीय सेवा, विशेष रूप से रेल सेवा में चतुर्थ श्रेणी में नौकरी दिलवाने के प्रयास किए। वास्तव में सुधारकों ने इन अपराधियों का आर्थिक पुनर्वास ही नहीं किया था अपितु शासकीय और भारतीय रेल के मध्य दक्षिण रेलवे के सहयोग से मिलने वाली नौकरियों का प्रभाव अन्य रहवासियों पर पड़ा। इसका

समाज और अन्य कर्मचारियों की तरफ से काफी विरोध भी हुआ क्योंकि इन्हें भय था कि अपराधी परिवारों के इन सदस्यों पर पूरा विश्वास नहीं किया जा सकता। किन्तु सुखद आश्चर्य यह है कि नौकरी पाने के बाद से इस तरह सेवारत व्यक्तियों में से किसी का नाम भी अपराध से नहीं जुड़ा। सुधार अभियान की यह एक बड़ी उपलब्धि थी।

अभ्यस्त अपराधी : सुधारकों द्वारा वर्गीकरण

सुधारक अपराधियों को तीन श्रेणियों में वर्गीकृत करते हैं—

1. वे जो अपराध करते हैं और उस अपराध के लिए जिन पर मुकदमा चलता है और सजा मिलती है। ऐसे अपराधियों के लिए कोई सार्वजनिक रोजगार उपलब्ध नहीं है। उन्हें रिक्शा चालन, खेतिहर कार्य, छोटे व्यापार जैसे स्वरोजगारों के लिए प्रोत्साहित किया जाना चाहिए। लेकिन जब वे कोई व्यापार शुरू करते हैं तब उनसे सामान खरीदने में किसी की रुचि नहीं होती।
2. दूसरी श्रेणी उन अपराधियों की है जिन्होंने अपराध किया और इन अपराधों के लिए उन पर मुकदमे तो चल रहे हैं लेकिन अभी सजा नहीं मिली है। वे नहीं जानते कि उन्हें सजा होगी या वे छूट जाएँगे। इस श्रेणी के लोगों को भी सार्वजनिक रोजगार नहीं मिल पाता। इनको भी स्वरोजगार के लिए ही प्रेरित किया जाना चाहिए।
3. यह श्रेणी उन लोगों की है जिन्होंने अपराध तो किया लेकिन भ्रष्ट अधिकारियों को रिश्वत देकर, ऐसी स्थिति उत्पन्न नहीं होने दी जिसमें उन पर आरोपपत्र दाखिल किया जा सके। इनके लिए सुधारकों का कहना था कि जब वे वास्तव में अपराध कर रहे थे तब पुलिस ने कोई कार्रवाई नहीं की और अब जब वे सुधर जाना चाहते हैं पुलिस को बड़प्पन दिखाते हुए उन अपराधियों के प्रति नरमी बरतना चाहिए ताकि वे सामाजिक सुधार के माध्यम से नया जीवन जी सकें। सुधारकों का सुझाव था कि कुछ समय तक उन पर चौकसी रखकर उनके आचरण को देखा-परखा जाए, और यह आश्वस्ति प्राप्त की जाए कि अब वे वर्जित कार्यों में भाग नहीं ले रहे हैं। काफी कठिनाइयों के बाद सुधारकों को उनमें से कुछ के लिए उनके अपने परिवार के गैर-अपराधी सदस्यों के साथ सार्वजनिक रोजगार दिलवाने में सफलता मिली। अच्छी बात यह थी कि इस प्रकार पुनर्वसित किसी एक भी व्यक्ति ने फिर कोई अपराध नहीं किया और न ही उनके कार्यालय

के अन्य साथियों ने उन पर कोई सन्देह किया। निश्चय ही नौकरी में जाने से पहले सुधारकों ने लम्बे समय तक उनसे सलाह-मशविरा किया था।

रोजगार और मेल-मिलाप

सुधारकों की समझ में यह आ चुका था कि अपराधी को कभी सम्मान नहीं मिलता। नौकरी मिलने के बाद से उन्हें एक मनुष्य के रूप में देखा जाने लगा और उनके काम के लिए इज्जत मिली। बाहर के तरह-तरह के लोगों के साथ निरन्तर सामाजिक सम्पर्क का अवसर मिलने पर बदले हुए अपराधियों के मानस पर इसका प्रभाव पड़ा। स्टुअर्टपुरम बस्ती के अनेक लोग जब सार्वजनिक सेवा में आ गए तो इस अवसर ने उन्हें प्रोत्साहन दिया क्योंकि वे अपने पुराने अपराध करने के पेशे में लौटना नहीं चाहते थे। उन्हें यह डर था कि ऐसा करना उनके गैर अपराधी पारिवारिक सदस्यों के लिए हानिकारक होगा। उन्होंने युगों पुराना अपना धन्धा फिर से नहीं अपनाया। सामाजिक और सांस्कृतिक पुनर्वास में परिवर्तित अपराधियों ने नारितक केन्द्र के सदस्यों को कुछ दिन अपने साथ में रहने के लिए आमंत्रित किया ताकि वे बाहरी समाज में उनके साथ अपने अनुभव साझा कर सकें। इतना ही नहीं, बस्ती में पहली बार सुधारकों ने सभी आयु वर्गों के पुरुष और स्त्री दोनों के लिए एक खेल समारोह आयोजित किया। इसमें भाग लेने के लिए सभी को प्रोत्साहित किया गया और पुरस्कार के रूप में उपहार दिए गए।[14]

पुनर्वास : नारी की दृष्टि से

पास के एक कस्बे बेटापालम में बीड़ियाँ बनाने का एक बड़ा कारखाना था। सुधारकों ने अनुभव किया कि यदि स्त्रियों को बीड़ी बनाने का प्रशिक्षण दिया जाए तो वे प्रतिदिन दस-पन्द्रह रुपए कमा सकती हैं। बस्ती में ही प्रशिक्षण शुरू किया गया। तत्कालीन अपराध संस्कृति के प्रभाव से अपराधी परिवारों की महिलाएँ बीड़ी कम्पनी के अन्य कर्मचारियों के प्रति बहुत कर्कश थीं, जो उन्हें प्रशिक्षण दे रहे थे। वे इन स्त्रियों के कठोर और असभ्य व्यवहार को सहन नहीं कर पाए और प्रशिक्षण ज्यादा समय तक नहीं चल पाया। इसलिए बस्ती में किसी भी प्रकार का लोगों के लिए कोई भी प्रशिक्षण देने का कार्यक्रम काफी कठिन था। विजयवाड़ा के आकाशवाणी केन्द्र ने स्टुअर्टपुरम के स्त्री-पुरुषों का एक बार साक्षात्कार रिकॉर्ड किया था। इन साक्षात्कारों का इस्तेमाल बड़ी अच्छी तरह से बाहरी समाज को यह बताने के लिए किया गया कि बस्ती वाले किस तरह बदल रहे हैं और समाज की

मुख्यधारा में आने के लिए वे प्रयास कर रहे हैं। अपराधी-बस्ती में चल रहे पुनर्वास कार्यक्रम के सम्बन्ध में कुछ पत्रकारों ने अत्यन्त सहानुभूतिपूर्ण लेख और समाचार लिखे। इससे पहले स्टुअर्टपुरम के लोगों ने अपने बारे में केवल अपने अपराध के समाचार पढ़े थे। अब उन्होंने देखा कि मीडिया और अन्य लोगों ने भी इस बात को स्वीकार कर लिया है कि वे अपने आपको बदलने की कोशिश कर रहे हैं। इस नए अनुभव से इन रहवासियों को सम्मानित होने की अनुभूति हुई।

अपराध पर नियंत्रण : एक कसौटी

अपराध पर किसी सामाजिक समूह अथवा स्टुअर्टपुरम के रहवासियों का एकाधिकार नहीं है। अन्य सामाजिक वर्गों के लोग भी अपराध करते हैं। लेकिन लोग यही सोचते हैं कि स्टुअर्टपुरम के सभी रहवासी अपराध ही करते हैं। अतएव पुलिस ने सुझाया कि यदि कोई हिस्ट्रीशीटर अपराधी स्थानीय स्कूल में रात्रि आठ बजे से सुबह पाँच बजे तक पुलिस की देखरेख में सोने और अपने दस्तखत अथवा अँगूठे की छाप देने के लिए राजी हो जाए तो यह एक मुद्रित साक्ष्य होगा कि वह अपराध करने के लिए नहीं गया था। सुधरे हुए अपराधी इस बात के लिए तैयार हो गए। वे स्कूल के बरामदे में जमीन पर सोने लगे परन्तु कुछ दिनों बाद उन्होंने विद्रोह करके सोने से इनकार कर दिया। तत्काल ही लवानम और हेमलता लवानम एक रात वहाँ गए और वे दोनों भी सुधरे हुए अपराधियों के साथ वहीं जमीन पर सोए। इसका गहन मनोवैज्ञानिक और आश्वस्तिकारक प्रभाव इन सुधरे हुए अपराधियों के मानस पर पड़ा। सुधारकों ने पर्याप्त कम्बल और चटाइयाँ जुटाईं और उन लोगों में वितरित कीं जो जमीन पर सोने वाले थे। इसके बाद, नागरिक समाज के लोग यह स्वीकार करने के लिए तैयार हो सके कि आसपास के गाँवों में हो रहे अपराधों में स्टुअर्टपुरम के अपराधियों का कोई हाथ नहीं है। इस घटना से स्टुअर्टपुरम के अपराधियों में सुधार लाने के लिए काम कर रहे लोगों के प्रयासों के प्रति अधिक सहानुभूतिपूर्ण समझ अन्य लोगों में पैदा हो सकी। छह महीनों बाद ही लवानम और हेमलता लवानम सिद्धान्ततः सुधरे हुए अपराधियों के घरों से भोजन स्वीकार करने के लिए तैयार हुए। जिन लोगों ने यह शपथ ले रखी थी कि वे अब कभी अपराध की दुनिया में नहीं लौटेंगे, उन्हें भी सुधारकों के लिए भोजन लाने की अनुमति मिली। ऐसे परिवारों का चयन सुधारकर्ता बड़ी सतर्कता के साथ करते थे और जब उन्हें विश्वास हो जाता था कि किसी व्यक्ति का हृदय परिवर्तन हो चुका है केवल तभी उसके द्वारा लाए गए भोजन को स्वीकार किया जाता था। इससे समुचित संकेत गया और अनेक अपराधियों ने सुधारकों को यह विश्वास दिलाने के लिए गम्भीर प्रयत्न किए कि

अब वे अपराध नहीं कर रहे हैं और इसलिए उनका भोजन स्वीकार किया जा सकता है।

मुक्त कॉलोनी का निर्माण

यद्यपि स्वातन्त्र्योत्तर काल में सन् 1952 में अपराधी जनजाति कानून निरस्त किया जा चुका था लेकिन किसी ने भी सरकार के इस निर्णय पर ध्यान नहीं दिया कि अपराधी बस्तियों को मुक्त कॉलोनियों में बदल देना चाहिए। इसलिए आन्ध्र प्रदेश की पाँचों बस्तियाँ—स्टुअर्टपुरम, सीतानगरम, कप्परल्ला टिप्पा, सिद्धपुरम और लिंगाला—पूर्व अपराधियों की बस्तियाँ बनी रहीं। अतएव इन बस्तियों के जीवन की आधारभूत संरचना में कोई बदलाव नहीं आया। इन पाँच बस्तियों में से स्टुअर्टपुरम ही ऐसी थी जो पूरी तरह से मुक्ति-सेना के नियंत्रण में थी। अन्य बस्तियों को औपनिवेशिक शासन समाप्त होने पर सरकार ने अपने हाथ में ले लिया था। इन बस्तियों को राजस्व या पुलिस न्याय क्षेत्र के अन्तर्गत रख दिया गया। स्टुअर्टपुरम के अतिरिक्त शेष बस्तियों की सारी जमीन और मकानों पर सरकार का स्वामित्व हो गया। किन्तु स्टुअर्टपुरम में स्वतंत्रता के बाद भी चाबी मुक्ति-सेना के पास थी। औपनिवेशिक दासता से मुक्त हो जाने के बाद मद्रास की सरकार ने वेपारामेसम आई.सी.एस. की अध्यक्षता में एक कमेटी का गठन किया। कमेटी ने सलाह दी कि सभी पूर्व अपराधी बस्तियों को स्वतंत्र ग्राम घोषित करके उनके मकान वहाँ के निवासियों को सौंप दिए जाएँ। वहाँ रहने वाले प्रमाणित रहवासियों के बीच वहाँ की जमीन के वितरण का सुझाव भी दिया गया। किन्तु इन सिफारिशों पर अमल नहीं हुआ। रामेसम समिति के सुझावों के अमल में होने वाली विसंगति के प्रति लवानम ने आन्ध्र प्रदेश सरकार का ध्यान आकर्षित किया और शिकायत की कि स्वाधीनता के तीस साल बाद भी यह स्थिति है। तब तक स्टुअर्टपुरम मुक्ति-सेना के सामाजिक-धार्मिक नियंत्रण में था। आन्ध्र प्रदेश सरकार ने लवानम की अपील पर अनुकूल प्रतिक्रिया दी और समाज कल्याण विभाग के सचिव एस.आर. शंकरन ने इस सम्बन्ध में कार्रवाई करने का निर्देश दिया। उन्होंने सुधारकों के पक्ष का भारी समर्थन करते हुए, इसे क्रियान्वित करने के लिए कहा। शासन ने सन् 1976 के एक सामान्य आदेश के द्वारा घोषणा की कि सभी पूर्व अपराधी बस्तियों को अब से मुक्त ग्रामीण समुदाय माना जाएगा। इस तारतम्य में, सरकार ने सभी बस्तियों की जमीन को अपने अधिकार में ले लिया और इसे स्थानीय निवासियों को स्वामित्व के अधिकार के साथ वितरित कर दिया। इस प्रयास का रहवासियों के मानस पर गहरा प्रभाव पड़ा और सम्पत्ति पर औरों की तरह अपने कानूनी अधिकार को पाकर ये रहवासी मुख्यधारा के लोगों के समान आत्मसम्मान का अनुभव करने लगे।[15]

अपराधी जनजाति कानून की समाप्ति के बाद भी स्टुअर्टपुरम बस्ती पर मुक्ति-सेना का प्रबन्धन बना रहा। मुक्ति-सेना स्थानीय निवासियों के साथ वैसा ही व्यवहार करती थी जैसा वह कानून के प्रभावी होने के समय करती रही थी। सारी भूमि मुक्ति-सेना के अधिकार में थी। जमीन का छोटे-से-छोटा टुकड़ा भी जिस पर एक अपराधी की झोंपड़ी खड़ी हो, बसे हुए आदिवासी परिवार के अधिकार में नहीं था। यदि मुक्ति-सेना का प्रबन्धक किसी बात से खफा हो जाए तो वह रहवासी से जमीन खाली करवा सकता था। यह एक अनिश्चितता का माहौल था। कृषि भूमि की स्थिति भी यही थी। मुक्ति-सेना स्टुअर्टपुरम के गैर-अपराधी परिवारों के प्रति दयालु थी और उनके साथ उदारता का व्यवहार करती थी। इसलिए उनके साथ असुरक्षा और अनिश्चय की समस्या नहीं थी। अतएव अपराधी परिवारों के पास बस्ती में अपनी एक इंच जमीन भी नहीं थी। ऐसी स्थिति में सुधारकों को लगा कि प्रत्येक परिवार को एक एकड़ सिंचित भूमि दी जानी चाहिए। इससे उन्हें जीवन में एक नया उत्साह मिलेगा और वे अपराध में फिर कभी न लौटने के लिए प्रेरित हो सकेंगे।

यथास्थिति में परिवर्तन : भूस्वामित्व और कृषि

स्थानीय परनाले के पश्चिमी तट पर बंजर रोमपेरु की सरकारी जमीन 146 परिवारों में बाँट दी गई। प्रत्येक परिवार को नब्बे सेंट जमीन मिली। तत्कालीन मुख्यमंत्री जे. वेंगल राव ने इस प्रयास में आने वाली बाधाएँ दूर कीं और भूमि-वितरण को सम्भव बनाया। लवानम और हेमलता लवानम ने व्यक्तिगत रूप से भू आबंटन प्रक्रिया की देखरेख की। उन्होंने रहवासियों को सिंचाई सुविधाएँ भी उपलब्ध करवाईं। इस तरह वितरित भूमि को सहकारी समिति का स्वरूप दिया गया, जिसमें प्रत्येक सदस्य का हिस्सा था। जमीन को गिरवी नहीं रखा जा सकता था और न ही यह बेची जा सकती थी। मुख्यमंत्री सिंचाई योजना का उद्घाटन करने के लिए स्वयं स्टुअर्टपुरम आए। पहले साल सरकार ने बीज और खाद मुफ्त में दिया। सुधारकों ने सरकार को इसके लिए भी राजी कर लिया कि वे इन वितरित जमीनों पर काम करने वाले सभी अपराधी परिवारों को उनके श्रम की मजूरी देंगे। इस प्रोत्साहन का भी सुधरे हुए अपराधी परिवारों पर अच्छा प्रभाव पड़ा। जमीन बहुत उपजाऊ थी। इसलिए पहले वर्ष की फसल आशा से अधिक अच्छी हुई। अच्छी फसल से सुधारकों और सामाजिक कार्यकर्ताओं को बहुत सन्तोष मिला। किन्तु इससे पास के गाँवों के गरीबों के मन में ईर्ष्या की भावना उत्पन्न हुई जो स्वयं भी कुशल किसान थे। गोरा, लवानम और हेमलता लवानम की प्रतिष्ठा और आन्ध्र प्रदेश सरकार के पूरे-पूरे समर्थन की वजह से स्थानीय नेता उनका खुला विरोध नहीं कर पाते थे।

कृषि और कठिन रूपान्तरण

पहले-पहल जिस तरह की सक्रियता और गतिविधियाँ देखी गईं थीं, वैसा उत्साह इन परिवर्तित अपराधियों में दो साल बीतते-बीतते नहीं रह पाया। क्रमश: पैदावार में कमी आ रही थी, जो होनी ही थी। सुधारकों के लिए यह चिन्ता का विषय था लेकिन उन्होंने सोचा कि नई सामाजिक भूमिका में ढलने के लिए सुधरे हुए अपराधियों को व्यवस्थित होने का पर्याप्त समय दिया जाना चाहिए। सदियों से उन्होंने चोरी और डकैती से जुड़ी पारिवारिक व्यवस्था सीखी थी। इसके अलावा वे इस दृढ़ विश्वास के साथ पले और बढ़े हैं कि उनका जन्म ही लूटपाट और चोरियाँ करने के लिए हुआ है और जन्मत: यही उनका प्राकृतिक स्वभाव है। अब वे नई भूमिका में अपने को ढाल रहे हैं, तो उन्हें कुछ समय देना चाहिए।

नई सामाजिक भूमिका और आदर्श

दूसरी तरफ वे रहवासी जो सार्वजनिक सेवाओं में जा चुके थे वे अपनी नौकरी से अर्जित धनराशि ला रहे थे जिससे उनके परिवार की गुजर-बसर बिना किसी व्यवधान के हो सके। इस कारण, सार्वजनिक सेवाओं के प्रति आकर्षण अधिक था। इससे लाभ उठाते हुए सुधारक उनकी सन्तानों की शिक्षा पर बल देते थे। वे परिवारों को समझाते थे कि अच्छी शिक्षा के बिना बच्चे सरकारी नौकरियों के लिए चुने नहीं जा सकेंगे। अनुसूचित जाति होने से सरकार ने उनके लिये निशुल्क शिक्षा की सुविधाएँ दी हैं, जिसमें छात्रावास, भोजन, स्कूल की फीस और किताबें शामिल हैं। इसका का उन्हें लाभ उठाना चाहिए। ये सुविधाएँ स्नातकोत्तर शिक्षा तक दी जाती हैं।

साक्षरता की दिशा में कदम : सम्भावनाएँ और समस्याएँ

सुधारकों का सुधरे हुए लोगों की सन्तानों के लिए स्कूल जाने के लिए प्रोत्साहित करना अकारण नहीं था। उदाहरण के लिए, एक बालक अंग्रेजी माध्यम के स्कूल में पढ़ना चाहता था। तदनुसार उसे चिराला के एक अंग्रेजी माध्यम के कॉन्वेंट स्कूल में दाखिला दिलाया गया। सुधारकों ने उसके गणवेश, पुस्तकें, स्कूल फीस आदि शैक्षणिक आवश्यकताओं को पूरा किया। पहले ही दिन उसकी कक्षा के साथियों ने उससे पूछा कि उसका पिता कौन है? पूरी ईमानदारी के साथ उसने बता दिया कि उसका पिता स्टुअर्टपुरम का एक चोर है। तत्काल ही वह सारे बच्चे उसे छोड़कर अलग हो गए और खुले तौर पर दूसरे बच्चों को बताने लगे कि उस विशेष बालक का पिता एक कुख्यात चोर है। बच्चे को न केवल अपमान का अनुभव हुआ बल्कि वह अकेला भी पड़ गया। जब उस बच्चे ने दूसरे बच्चों से उनके पिता

के विषय में पूछा तो बताया गया कि किसी का पिता सरकारी कर्मचारी, किसी का पिता व्यापारी, या शिक्षक इत्यादि है। उसने यह भी देखा कि एक भृत्य का पुत्र भी कक्षा में है और उसे सहज मनुष्य की तरह सम्मान मिलता है। बालक ने गम्भीरता से यह सोचना शुरू किया कि उसे स्कूल में अपमानित किए जाने के लिए उसका क्या कसूर है? इस बात से उसे कोई सन्तुष्टि नहीं मिली कि चोरों और दूसरे समाज विरोधी अपराधियों के बच्चों के साथ ऐसा ही व्यवहार किया जाता रहेगा। शाम को वह जब स्कूल से घर लौटा तो उसने अपनी ड्रेस, किताबें और बस्ते को फेंक दिया और माँ से कहा कि यदि उसका पिता चोरियाँ करता रहेगा तो वह कभी स्कूल नहीं जाएगा। पिता ने उसे समझाने की कोशिश की लेकिन कोई फायदा नहीं हुआ। कुछ दिन बीते। पिता नहीं चाहता था कि उसका बेटा भी उसकी तरह चोरियाँ करे। वह उसे अच्छी शिक्षा दिलवाना चाहता था जिससे उसे अच्छी नौकरी मिल सके। अन्त में, कुछ दिनों बाद पिता को अपराधों से विरक्त होना पड़ा और वह रिक्शा चलाने लगा। तब ही बेटे ने फिर स्कूल जाना शुरू किया। हालाँकि यह एक अत्यन्त विरल घटना थी तथापि यह प्रगट होता है कि सुधार की चेतना कितनी व्यापक होकर मनोदशा का अंग बन गई है कि छोटे-छोटे बच्चे तक भी इससे प्रभावित होते हैं।[16]

सुधारकों द्वारा दिए गए तर्कों और उदाहरणों से सहमत होकर अभिभावकों ने अपने बच्चों—लड़कों और लड़कियों—को स्कूल भेजना शुरू कर दिया। यह भी अपराध-संस्कृति से नागरिक-संस्कृति की ओर एक बड़ी छलाँग थी। जब आपराधिक पृष्ठभूमि के माता-पिता की सन्तान स्कूल में पहुँचती थी, तब शिक्षक और अन्य छात्र उन्हें 'अपराधी के बच्चे' कहकर बुलाते थे। इतना ही नहीं, स्टुअर्टपुरम से आने वाले बच्चों को सन्देह की दृष्टि से देखा जाता था। इसका नतीजा यह हुआ कि अपराधी परिवार अपनी सन्तानों की पढ़ाई जारी रखने में हिचकने लगे और अपराधी परिवारों में निरक्षरता बढ़ने लगी। इन अपराधियों में अधिकांश बिना पढ़े-लिखे थे। अपने समय का दुर्दान्त अपराधी गजेला प्रसाद जेल में पढ़ना-लिखना सीख आया था और उसने अपनी इस क्षमता का लाभ उठाकर सुधारकों के नाम चिट्ठियाँ भेजना शुरू किया। आज सुधरे हुए अपराधियों में अनेक व्यक्ति शिक्षित हैं, जिनमें मैट्रिक, स्नातक और स्नातकोत्तर शिक्षा तक पाए हुए लोग भी हैं।[17]

नागरिक समाज से सम्पर्क : पहला अवसर

सुधारकों ने स्टुअर्टपुरम में छात्रों का एक राष्ट्रीय सेवा शिविर आयोजित किया। गुडीवड़ा के ए.एन.आर. महाविद्यालय के पचास छात्र इस शिविर के लिए पन्द्रह दिन स्टुअर्टपुरम बस्ती में रहे। उन्होंने एक सड़क बनाने में सहायता की और और ताड़ की शाखाओं से एक पुलिया का निर्माण किया। उन्होंने घर-घर जाकर स्टुअर्टपुरम

के हर परिवार के प्रत्येक सदस्य से सम्पर्क किया। यह मुख्यधारा के समाज के सदस्यों से सामाजिक सम्पर्क का प्रथम प्रयास था।

विद्यार्थियों ने शासन द्वारा प्रदत्त पौध से सैकड़ों नारियल के पेड़ों का वृक्षारोपण किया। इस शिविर से बस्ती में, विशेष रूप से युवजनों में, आश्चर्यजनिक परिवर्तन आया। स्टुअर्टपुरम के पूर्व अपराधी युवक जब गुडीवाड़ा आते थे तो वे राष्ट्रीय सेवा योजना के छात्रों को बड़े कौतुहल से देखते थे। सुधारक समय-समय पर नामी और प्रतिष्ठित व्यक्तियों को स्टुअर्टपुरम बस्ती में लाते थे ताकि शेष समाज से जुड़ाव का उन्हें अनुभव हो सके। सुधारकर्ताओं ने एक विशाल सार्वजनिक भोज का आयोजन भी किया, जिसमें गुंटूर जिले के पुलिस अधीक्षक रोडम प्रभाकर राव, उनकी पत्नी, दमकल सेवा के निदेशक जगमोहन और अन्य कई शासकीय पदाधिकारियों ने भाग लिया और स्टुअर्टपुरम वासियों के साथ बैठकर भोजन ग्रहण किया। यह ऐसी घटना थी जिसकी कल्पना पहले स्टुअर्टपुरम के सुधरे हुए परिवारों और आसपास के गाँववालों ने भी नहीं की थी।

अपराध और अपराधी : अभ्यस्त और मुख्यधारा

अपराध एक मकड़ी का जाला है। अपराधी के अतिरिक्त, चुराई गई सम्पत्ति के व्यापारी, अपराध में लागत लगाने वाले, फौजदारी के वकील और भ्रष्ट अधिकारी अपराध से मिलने वाली लूट में हिस्सेदारी करते थे। प्राय: ऐसा होता है कि अपराधी को समाजविरोधी मेहनत का फल बहुत कम ही मिल पाता है और इसका बड़ा हिस्सा बाहर के ये सफेदपोश हड़प लेते हैं। जब तक समाज में अपराधी हैं तब तक अपराध में निवेश करने वालों के लिए यह आश्वस्ति थी कि उन्हें अपनी लागत वापस मिल जाएगी। इसलिए वे अपराधी परिवारों को धन देने के लिए तैयार रहते थे। कर्ज में दी जाने वाली यह राशि गृहस्थी के काम आती थी। अपराधी द्वारा अपराध छोड़ देने पर साहूकार कर्ज देने के लिए तैयार नहीं होते थे क्योंकि उन्हें अपनी धनराशि के लौटने की आशा नहीं रहती थी। अपराधियों के लिए अपराध त्यागने का अर्थ है निर्धनता को आमंत्रण देना। इसलिए बदल चुके अपराधियों के लिए छोटी-सी रकम भी कर्ज के रूप में पाना बहुत कठिन हो जाता है, उनके अपने रिश्तेदार भी सहायता देने के लिए तैयार नहीं होते हैं।

सुधारकों के सामने सबसे बड़ी समस्या यह थी कि इन लोगों के लिए किसी काम का बन्दोबस्त किस तरह करे जिससे उनके लिए जीवन-यापन की व्यवस्था हो सके। बुनियादी जरूरतें भी पूरी करने में असमर्थ सुधरे हुए अपराधी भी कभी-कभी जेबकतरी जैसी छोटी-मोटी चोरियाँ करने लगते थे। सुधारकों के लिए यह असमंजस की स्थिति होती थी कि उन्हें दोषी ठहराएँ या नहीं। कहावत है कि 'गरीबी और कुछ

नहीं केवल चोरी है'। सुधारक उन्हें बताते थे कि वेश्यावृत्ति तक अपराध से अच्छी है क्योंकि एक पक्ष को तो उससे अस्थायी आनन्द मिल जाता है। अतएव समाज उनके पुनर्वास पर सोच रहा है और इसके लिए लोग काम भी कर रहे हैं। किन्तु बाहर के समाज में अपराधी को सदा एक खतरनाक व्यक्ति माना जाता है। अपराध अपने पीछे उनके लिए शोक और सन्ताप ही छोड़ जाता है, जिन्हें लूटा गया है।

ऐसे उदाहरण भी थे कि जब लुटे हुए परिवारों के सदस्यों ने आत्महत्या कर ली हो। एक सेवानिवृत शिक्षक ने अपनी लड़की की शादी के लिए अपनी ग्रेचुटी से और कर्ज में लिया हुआ धन जुटाकर बीस हजार रुपए घर पर रख छोड़े थे। अचानक स्टुअर्टपुरम का एक अपराधी उसके घर पहुँचा और सब लूट कर ले गया। इसके बाद शिक्षक ने आत्महत्या कर ली। उसकी पुत्री इसे सहन नहीं कर पाई, उसे लगा कि इसके लिए वह जिम्मेदार है और अपने जीवन का अन्त करके वह भी अपने पिता के रास्ते पर चली गई। सुधारकर्ता इस तरह के उदाहरणों को अपराधियों को सुनाकर उन्हें सोचने के लिए मजबूर करते थे।[18]

सुधार : दूसरी पंक्ति की सलाह

सुधारों की प्रक्रिया का प्रभाव कुछ अन्य व्यक्तियों पर भी पड़ा और ऐसा वातावरण बना कि कुछ व्यक्ति समाज को सुधारने के लिए काम करने लगे। चक्रपाणि नेल्लोर जिले के कप्परल्ला टिप्पा का एक दुर्दान्त अपराधी था। पुलिस रात-दिन उसके पीछे पड़ी रहती थी। उसकी पत्नी अपने पति की अपराधी गतिविधियों को बिलकुल भी पसन्द नहीं करती थी। वह बार-बार उससे अपराध न करने का आग्रह करती। लेकिन वह कभी इसके लिए तैयार नहीं हुआ। अपने पति की प्रच्छन्न गतिविधियों के सामने उसका परामर्श-कौशल जब नहीं चल पाया तो वह हताश हो गई। जब अपराधियों के सुधार की भावना पास की स्टुअर्टपुरम बस्ती में असरदार हुई तो इस भावना का फैलाव आसपास भी हुआ। अत: चक्रपाणी की पत्नी उसे लेकर नास्तिक केन्द्र गई, जहाँ लवानम और हेमलता लवानम ने उससे बातचीत की और उसे इस बात के लिए मना लिया कि वह गुंटूर रेंज के पुलिस उप महानिरीक्षक एस. श्रीनिवास राव के सामने आत्म-समर्पण कर देगा। चक्रपाणि आत्म-समर्पण के लिए तैयार हो गया था। उन्होंने उसे सोने को कहा। दूसरी सुबह वह भोर होते ही पुलिस अधिकारी के सामने आत्मसर्मपण करने वाला था। रात में सोते-सोते उसका विचार बदल गया। उसने अपनी पत्नी को जगाया और बिना किसी को बताए पत्नी के साथ वह भाग गया। दोनों विजयवाड़ा के रेलवे स्टेशन पहुँचे और टिकट लेकर रेल के आने की प्रतीक्षा करने लगे। उनकी गाड़ी आने में अभी कुछ समय था। उसकी पत्नी ने उसे फिर समझाने की कोशिश की। उसने कहा कि इस तरह उन सुधारकों को बिना

सूचित किए चला आना ठीक नहीं है जो लगातार अपराधियों का हृदय परिवर्तन करने के लिए संघर्ष कर रहे हैं। वह अपनी समूची योग्यता और नारी सुलभ क्षमता से अपने पति को समझाने की पूरी-पूरी कोशिश करती रही। पर चक्रपाणि पर कोई असर नहीं हुआ, वह अपनी हठ से हिलने का कोई संकेत नहीं दे रहा था। पत्नी का धीरज चुक गया और वह आक्रामक हो गई। नैतिक और मानसिक रूप से वह क्रुद्ध हो गई और तभी उसने अपने गले में पड़ा मंगलसूत्र खींचकर पति के मुँह पर दे मारा। उसने कहा, 'यदि तुम अपराध नहीं छोड़ते तो मैं आज से तुम्हें अपना पति स्वीकार नहीं करती।' इस अनपेक्षित घटना से चक्रपाणि भौंचक्का रह गया। वह भावुक हुआ और उसने पत्नी की सलाह मान ली।

वह नास्तिक केन्द्र वापस आया और वहीं पुन: सो गया जहाँ वह पहले सो रहा था। सुबह वह जागे जैसे कुछ हुआ ही न हो। लवानम और हेमलता लवानम का पत्र लेकर वह गुंटूर के उप महानिरीक्षक के पास गया। उप महानिरीक्षक सुधार कार्यक्रम का समर्थक था। दम्पती से उसने सहानुभूति के साथ बातचीत की। उनसे उसने कहा, 'मैं तुम्हें गिरफ्तार नहीं कर रहा। तुम्हारी गिरफ्तारी का वारंट मैं तुम्हें दे रहा हूँ, इसे लेकर तुम नेल्लोर के पुलिस अधीक्षक के पास जाओ, वहीं तुम्हें गिरफ्तार किया जाएगा।' चक्रपाणि ने तीन दिन की मोहलत की माँग की, जिससे वह अपने परिवार के लिए आवश्यक व्यवस्थाएँ कर सके। ठीक तीन दिन बाद वह अपनी गिरफ्तारी का वारंट लेकर नेल्लोर पहुँचा। नेल्लोर के पुलिस अधीक्षक जसपाल सिंह ने उसके नैतिक साहस की सराहना करते हुए उसे गिरफ्तार कर लिया। पुलिस अधिकारी ने तमाम सावधानियाँ बरतते हुए यह सुनिश्चित किया कि पूछताछ में उसके साथ कोई ज्यादाती न की जाए। इससे पहले जसपाल सिंह लवानम और हेमलता लवानम को यह ताना मारते थे कि वह तभी मानेंगे कि उनका सुधार अभियान सफल है जब चक्रपाणि जैसे अपराधी स्वेच्छा से आत्मसमर्पण करने आएँगे।

सुधार कार्यक्रम की सफलता का दूसरा उदाहरण तब मिला जब प्रभाकर राव और उसके साथियों ने आत्मसमर्पण किया। जब सुधारकों को यह जानकारी मिली कि बनगनेपल्ली की बैंक डकैती मामले के अभियुक्त गारिके प्रभाकर, गुट्टी जया राव और अन्य समर्पण करना चाहते हैं तो लवानम और हेमलता लवानम स्टुअर्टपुरम गए। वहाँ दो दिन और दो रात तक इन्तजार करने के बाद भी अपराधी उन्हें नहीं मिले। लवानम को दिल्ली जाना था। उन्होंने रहवासियों के लिए यह सन्देश छोड़ा कि उनके लौटने तक हेमलता लवानम प्रतीक्षा करती रहेंगी। तीन दिन बाद अपराधी समर्पण के लिए तैयार हुए और उन्होंने सन्देश भेजा कि वे लूटे हुए माल के साथ लवानम और हेमलता लवानम के सामने आत्मसमर्पण करेंगे। कृष्णा जिले के पुलिस अधीक्षक एच.जे. डोरा ने हेमलता लवानम को सूचना दी कि प्रभाकर राव और उसके साथी नास्तिक केन्द्र में सुधारकों के सम्मुख समर्पण करने के लिए आ रहे हैं। हेमलता

लवानम ने जिज्ञासु भाव से राय दी कि सीतापुरम से चलकर इतनी दूर आने की बजाय पुलिस उन्हें रास्ते में ही गिरफ्तार क्यों नहीं कर लेती? पुलिस अधिकारी का उत्तर था कि अपराधियों को सुधारकों के सामने समर्पण का सुख दिया जाना चाहिए क्योंकि इससे उन्हें परिवर्तन की प्रक्रिया में विश्वास हो सकेगा। हेमलता लवानम ने पुलिस अधीक्षक को बताया कि यदि वे आते हैं तो वह उन्हें पहले गुंटूर लेकर जाएगी और तब उन्हें पुलिस अधीक्षक रोड्डाम प्रभाकर राव के सामने प्रस्तुत करेगी। उनके मन में कहीं यह आशंका रही होगी कि गुंटूर के रास्ते में अपराधी कहीं भाग सकते हैं। तब एच.जे. डोरा ने उन्हें आश्वस्त किया कि वह अपनी गाड़ी में उन्हें गुंटूर ले जाने के लिए साथ में सादा वर्दी में पुलिस वालों को भेज देंगे। यह सब कुछ ठीक से हो गया और आत्मसमर्पण बिना किसी बाधा के शान्तिपूर्वक सम्पन्न हुआ।[19]

आदर्श प्रस्तुत करने का सुधारकों का तरीका

कभी-कभी ये दोनों सुधारकर्ता—लवानम और हेमलता लवानम—अपराधी परिवारों के लिए आदर्श भी प्रस्तुत करते थे। इस तरह की एक घटना का उल्लेख ध्यान देने योग्य है। स्टुअर्टपुरम के अधिकांश अपराधियों को शराब पीने की लत थी। एक दिन जब लवानम और हेमलता लवानम स्टुअर्टपुरम में पहुँचे तो उन्होंने देखा कि एक अपराधी शराब पीकर अपनी पत्नी को पीट रहा है। उसकी पत्नी चीखने की जगह जैसे सहायता पाने के लिए भीख माँग रही हो। लवानम और हेमलता लवानम शीघ्र ही घटनास्थल पहुँचे। लवानम ने शराबी को पकड़कर पीछे खींचा और हेमलता उसकी पत्नी को दिलासा देने लगी। इस बीच पति कह रहा था कि पति को अपनी पत्नी को पीटने का अधिकार है और बाहर वालों को इसमें नहीं पड़ना चाहिए। उसकी बात सुनकर लवानम ने आदर्श प्रतिपादित करने के लिए हेमलता के कन्धों को पकड़ ऐसा दिखाने की मुद्रा बनाई मानो वह अपनी पत्नी को निर्दयता से पीटने जा रहे हो। शराबी यह देखकर चौंक पड़ा। शराब की मदहोशी में वह चिल्लाया—'नहीं, नहीं, अम्मा को मत मारो।' लवानम की प्रतिक्रिया उसी के जैसी थी—'वह मेरी पत्नी है, मैं उसे चाहूँ तब पीटूँगा, मुझे रोकने वाले तुम कौन हो?' तब तक अपराधी का नशा उतर गया था। उसने लवानम से विनय की कि लवानम हेमलता को न पीटें, क्योंकि उनकी पत्नी बस्ती के और उसके लिए माता के समान है और वह उन्हें यह करने नहीं देगा। तब लवानम ने उससे कहा कि यदि तुम नहीं चाहते कि मैं तुम्हारी माँ की पिटाई ना करूँ तो तुम्हें भी मेरी बहन को पीटना छोड़ना पड़ेगा जो तुम्हारी पत्नी है। शराबी की समझ में आ गया था और वह शालीनता से अपनी पत्नी को घर ले गया। मानवीय व्यवहार में इस तरह की स्थितियाँ आने पर सुधारक इस तरह के अनुकरणीय उदाहरण प्रस्तुत करते हैं।[20]

सुधार के बाद परामर्श

लवानम और हेमलता लवानम समय-समय पर जेल में बन्द अपराधियों से भेंट करते थे। यह उनके परामर्श कार्यक्रम का हिस्सा तो था ही, यह उन अपराधियों से जीवन्त सम्पर्क बनाए रखने में भी सहायक था। बन्दीजन लवानम दम्पती के साथ नियमित पत्र-व्यवहार भी करते रहते थे। जेल से आने वाले बन्दियों की इन चिट्ठियों में सुधार प्रक्रिया के प्रभाव के प्रति कृतज्ञता व्यक्त की गई होती थी। अधिकांश पत्रों में बन्दी यह विश्वास व्यक्त करते थे कि सुधार कार्यक्रम और लवानम दम्पती के प्रयासों के प्रति उनकी गहन आस्था है। जेल प्रहरियों को सुधारक इसके लिए प्रशिक्षित करते रहते थे कि वे इस चल रही प्रक्रिया में अपना सुधारवादी दृष्टिकोण बनाए रखें।

सुधार कार्यक्रम चलने के बाद, प्रदेश सरकार ने गुंटूर जिले के जिलाधीश की अध्यक्षता में एक समिति का गठन किया। कई विभागों के प्रमुख इसके सदस्य थे और लवानम तथा हेमलता लवानम को इस समिति का गैर सरकारी सदस्य बनाया गया। समिति को स्टुअर्टपुरम के विकास के पहलुओं पर विचार करना था। तथापि समिति की कुछ ही बैठकें हो पाईं और दो वर्षों में ही यह निष्क्रिय हो गई। स्टुअर्टपुरम निवासियों की अन्य माँगों के साथ पहली माँग बिजली की थी। उस समय के जिलाधीश कुप्पू राव और सुधारकों ने सहानुभूतिपूर्वक इस माँग पर विचार किया और इसे पूरा करने के लिए भरसक प्रयत्न भी किए। राज्य में ऊर्जा की अपर्याप्त व्यवस्था होने के कारण प्रशासन इसके प्रयास के लिए नए कनेक्शन नहीं दे रहा था, फिर भी स्टुअर्टपुरम को एक विशिष्ट मामला माना गया। सन् 1976 में इस गाँव का विद्युतीकरण हो गया।

व्यवहार-विन्यास

अपराध की संस्कृति में दो चीजें प्रकट रूप से देखी जा सकती हैं—एक पारस्परिक अविश्वास और दूसरी सामाजिक सम्बन्धों और व्यवहार में कठोरता। परिवार के पुरुष सदस्य अपराधी के रूप में पुलिस द्वारा पकड़े जाने के भय से हमेशा ही आक्रान्त रहते हैं। घर में रहते हुए भी वे शान्ति से जीवन-यापन नहीं कर पाते हैं। वे परिवार के साथ सुखी जीवन भी व्यतीत नहीं कर पाते। जब वे फरारी में होते हैं या चोरी की गतिविधियों में घर से दूर हों तब भी वे परिवार के सदस्यों से कटे रहते हैं। जेल में होने पर वे हर किसी से मिल या बात नहीं कर सकते। पारिवारिक प्रेम और आन्तरिक मानवीय सम्बन्धों के अभाव ने इन अपराधियों को निर्मम बना दिया है।

ये अपराधी होने के कारण बिना किसी विशिष्ट जमानत के किसी और पर विश्वास नहीं करते। उनके जीवन का एक बड़ा हिस्सा निर्मम भावनाओं और कठोर कार्यों के तनाव में बीतता है। सुधार करने वालों के लिए यह आवश्यक है उनकी विपरीत प्रतिक्रिया की चिन्ता किए बिना उनके साथ दयालु और प्रेमपूर्ण व्यवहार करें। इन सुधारवादियों से अपेक्षा की जाती है कि वे अपराधियों पर विश्वास करें। भले ही ये अपराधी किसी पर विश्वास नहीं करते हैं। यह प्रक्रिया तब तक चलती रहनी चाहिए जब तक अपराधी अपने-आप में बदलाव नहीं ले आते। पारस्परिक सम्बन्धों में सुधारकों को यही सिद्धान्त अपनाना चाहिए। सुधरे हुए अपराधियों को विजयवाड़ा के नास्तिक केन्द्र में बुलाकर सेमिनार, कॉन्फ्रेन्स और अन्य आयोजनों में भाग लेने के लिए प्रोत्साहित किया जाता रहा है।

अपराध, सुधार और सामाजिक उपादान

अपराधियों का सुधार एक त्रिआयामी प्रक्रिया है जिसमें बहुत से लोगों की भागीदारी होती है। ये लोग अपनी-अपनी भूमिका सुधार कार्यक्रम में निभाते रहते हैं। इनमें से प्रमुख हैं—

1. स्वयं पहली बार का अपराधी
2. पुलिस और अन्य अधिकारियों सहित शासकीय तंत्र
3. व्यापक समाज

स्टुअर्टपुरम के अपराधी अपने सुधार के लिए तैयार हैं। सच तो यह है कि वे बदल चुके हैं। इस प्रक्रिया में राज्य और विशेष रूप से समाज कल्याण विभाग का प्रोत्साहक तंत्र ही काफी नहीं है। लेकिन पुलिस विभाग से लेकर अन्य प्रयासों से उन्हें बदल पाना आसान काम नहीं है। इसके बावजूद, व्यक्तिगत स्तर पर कई पुलिस अधिकारियों ने परिवर्तन की इस प्रक्रिया को अपना समर्थन दिया है। सामान्यत:, पुलिस हरेक व्यक्ति को इस दृष्टि से देखती है जैसे वह एक सम्भावित अपराधी हो। उसका विश्वास है कि एक बार का अपराधी सदा के लिए अपराधी बना जाता है, फिर चाहे वह महिला हो या पुरुष। उनके ये दो विश्वास ऐसे हैं जो पुलिस को अपने भ्रामक सोच से बाहर नहीं निकलने देते। सुधारकर्ता मानते हैं कि कोई कितना ही बुरा क्यों न हो उसे हमेशा ही अच्छा बनाया जा सकता है। तथापि अपराध कितना भी लाभप्रद क्यों न हो, अपराधी उस नारकीय जीवन से निकलकर एक अच्छा पारिवारिक आरैर सामाजिक जीवन बिताने के लिए लालायित रहता है। जब तक हम इस बात को समझ नहीं लेते और अपराधियों की आत्मशुद्धि की भावना को प्रखर बनाने का प्रयत्न नहीं करते, तब तक उनके सुधार का कोई अभियान सफल नहीं हो सकता। जब एक बार अपराधी को आत्मसम्मान का जीवन व्यतीत करने

का अनुभव हो जाता है तो वह अपनी प्रगति के अवसरों की खोज करने लगता है। यह कोई आसान प्रक्रिया नहीं है। यह एक लम्बी चलने वाली प्रक्रिया है। परिवर्तन की प्रक्रिया का कोई छोटा और सहज रास्ता नहीं होता। ऐसी स्थितियों का सामना करने के लिए सुधारकों और सामाजिक कार्यकर्ताओं को बड़े धीरज से काम लेना होता है। यद्यपि पुलिस कभी-कभी नेक इरादों के साथ अपना काम शुरू करती है लेकिन वह जल्दी ही अच्छे परिणाम प्राप्त करने की हड़बड़ी में होती है और इससे जब उसे वांछित परिणाम शीघ्र ही नहीं मिलते तो उसका धीरज टूट जाता है। यदि पुलिस अपराधियों के प्रति अपने व्यवहार में पुराने तरीके ही अपनाती है तो अपराधी भी यह अनुभव करने लगते हैं कि अपराधियों के साथ पुलिस का व्यवहार में उनके सुधरने से पहले और बाद में एक-जैसा है। इससे अपराधी की सोच में ऐसी स्थिति बन जाती है जब वह अपने पुराने धन्धे में वापसी पर विचार करने लगता है। यही कारण है कि पुलिस का कट्टर रवैया सुधारों के काम में बाधक है। कहा यह जाता है कि न्याय-व्यवस्था में कोई अपराधी भले ही छूट जाए लेकिन किसी निर्दोष को दंड नहीं मिलना चाहिए। यदि कोई अपराधी पुलिस के इस विश्वास को तोड़ भी दें तो पुलिस को भी उपरोक्त सिद्धान्त पर विश्वास बनाए रखना चाहिए। ईमानदार और सुधरे हुए अपराधी पर कभी कोई शक न किया जाए क्योंकि इससे उसके स्वाभिमान को ठेस पहुँचती है और स्वाभिमान की क्षति सुधरे हुए अपराधी को पुन: अपराध की ओर प्रेरित कर सकती है। अतएव सुधरे हुए अपराधियों के प्रति पुलिस को अपने व्यवहार का पुर्नविचार करना चाहिए और नई नीति बनानी चाहिए।[21]

सुधारकों ने एक परिवर्तित अपराधी विट्ठल को विजयवाड़ा में एक छोटी नौकरी दिलवाई। लगभग एक वर्ष तक नियोक्ता और नियुक्त के बीच में किसी तरह की परेशानी नहीं आई। लेकिन एक पुलिस वाले ने जो उसे पहले से जानता था, जब उसे देखा तो उसने दुकानदार के सामने एक बड़ा बखेड़ा खड़ा कर दिया। उसने दुकान मालिक से कहा कि यह लड़का एक अपराधी है और उसे काम पर नहीं रखना चाहिए। लड़का दोनों हाथ जोड़कर बता रहा था कि लवानम और हेमलता लवानम की सहायता से वह अब अपने को बदल चुका है। यदि उन्हें इसमें कोई शक है तो वह उनसे पता कर सकता है लेकिन पुलिस वाला झुकने को तैयार ही नहीं था। उसने सुधरे हुए अपराधी पर विश्वास नहीं किया और कहा, 'तुम्हारे जैसा अपराधी लवानम और हेमलता लवानम तक पहुँच ही नहीं सकता, तुम झूठ बोल रहे हो।' और पुलिस कान्स्टेबल उसे पुलिस थाने ले गई। वहाँ भी विट्ठल ने वही कहा और कई घटनाएँ दुहराईं जिनसे साबित हो सके कि वह नास्तिक केन्द्र के सुधारकों के सम्पर्क में है। उसे तीन दिन तक हिरासत में रखा गया और वह अपनी बात पर अडिग रहा। तब थाने के उपनिरीक्षक का विचार बदला और उसने उसे इस शर्त पर छोड़ा कि वह सुधारक दम्पती में से किसी एक का पत्र लाकर उसे

देगा। वह तत्काल भागकर नास्तिक केन्द्र गया और एक पत्र लेकर वापस लौटा। इस व्यक्ति के साथ ऐसी ही घटना तब हुई जब हेमलता बैंक से उसे ऋण दिलाने में उसकी सहायता करना चाहती थी। उन्होंने उससे एक खास दिन बैंक आने के लिए कहा था ताकि कर्ज का आवेदन किया जा सके। बैंक ऋण के द्वारा विट्ठल अपना एक उद्योग व्यवसाय खोलना चाहता था। उस दिन विट्ठल समय पर बैंक के लिए चला। हेमलता उसके आने का इन्तजार कर रही थीं। किन्तु वह वहाँ नहीं पहुँच पाया। बल्कि शाम को नास्तिक केन्द्र आया। उसके न पहुँचने का कारण फिर एक मानवीय चूक और मानवकृत व्यवधान था। जब वह सुबह बैंक के लिए आ रहा था तब रास्ते में एक पुराने पुलिसवाले ने देखा जो उसे उन दिनों से पहचानता था जब वह एक अपराधी था। वह उसे पुलिस थाने ले गया। विट्ठल ने पुलिस वाले को बताया कि वह किस काम से और कहाँ जा रहा है। हमेशा की तरह उसके कथन पर पुलिस ने कोई ध्यान नहीं दिया। उसने यह विनय भी की कि उसकी सच्चाई जानने के लिए पुलिसवाले उसके साथ बैंक चलें। उसने नास्तिक केन्द्र के टेलीफोन नम्बर भी बताए और वहाँ किसी से बात कर लेने का आग्रह किया। जब वह बार-बार यही कहता रहा तब तक शाम हो चुकी थी और पुलिस ने उसे छोड़ दिया। लेकिन वह एक अवसर से तो वंचित हो ही चुका था। बात यहीं नहीं रुकी। उसके निजी जीवन में अभी एक और दुर्भाग्य उसकी प्रतीक्षा कर रहा था। विट्ठल का अपनी जाति में विवाह हो गया। विवाह के समय तक वह सुधर चुका था इसलिए उसने वधु पक्ष को अपने पिछले जीवन के विषय में बताने की जरूरत नहीं समझी। पति-पत्नी सुखी थे और उसके दो सन्तानें भी हुईं। छह-सात साल बाद अंग्रेजी अखबार डेक्कन हेराल्ड ने उसका एक साक्षात्कार लिया और बहुत प्रशंसा के साथ उसकी राम-कहानी छापी। उसका नियोक्ता और न ही उसकी पत्नी उसके अतीत के विषय में ये सब बातें जानते थे कि विट्ठल पहले एक अपराधी रहा था। वे क्रोधित हुए। और उसे नौकरी से तो हाथ धोना ही पड़ा, पत्नी ने भी उसे छोड़ दिया। कई दिनों तक हेमलता उसकी पत्नी और परिवार को समझाती रहीं कि विवाह को वह न तोड़े। अन्त में उन्हें सफलता भी मिली। यह घटना बताती है कि कोई अपना अपराध त्यागकर सामान्य जीवन जीना भी चाहता है तो उसका अतीत साये की तरह उस पर मँडराता रहता है। समाज और पुलिस सामान्यत: परिवर्तन को आसानी से स्वीकार नहीं करते, सुधर जाना तो सरल है लेकिन सामाजिक और सांस्कृतिक पुनर्वास इतना आसान नहीं है। यही वह प्रस्थान-बिन्दु है जहाँ सुधरे हुए अपराधियों के साथ पुलिस को अपने व्यवहार की एक आचरण-संहिता तय करनी चाहिए और अपराधियों के सुधार को एक विषय के रूप में हर स्तर पर पुलिस प्रशिक्षण का अंग बनाया जाना चाहिए। पुलिसर्मियों के पुनर्प्रशिक्षण कार्यक्रम में भी इस पर ध्यान देना आवश्यक है। कई देशों में वहाँ की सरकारों ने जेल-सुधार और

बन्दियों के लिए कानूनी सहायता का काम तो शुरू किया है लेकिन अभी उन्होंने अपराधी सुधार और उनके पुनर्वास की पहल नहीं की है।[22]

संस्कार का योगदान : विकास के चरण

संस्कार के योगदान के अब तक पाँच चरण रहे हैं।

प्रथम चरण : 1974 से प्रारम्भ : अपराधी और उनके परिवारों से सम्पर्क स्थापित करना, उन्हें सुधार के बारे में समझाना और उन्हें, जो विभिन्न मामलों में वांछनीय हैं, स्वेच्छा से आत्मसमर्पण के लिए राजी करना। सुधारकर्ता उन्हें बताते हैं कि अपराधी द्वारा आत्मसमर्पण करने के बाद वे जमानत के लिए आवेदन करेंगे। उन्हें कहा गया कि वे अपनी तरफ से वकील नहीं करेंगे और न्यायालय में अपने अपराध की स्वीकारोक्ति कर लेंगे। इससे न्यायिक कार्रवाही में तेजी आएगी और मामले जल्दी निबट सकेंगे। यदि न्यायालय उन्हें छोड़ देता है तो वे खुशी की बात होगी और यदि न्यायालय उन्हें सजा देता है तो उन्हें जेल जाना होगा। सुधारकर्ता उन्हें आश्वस्त करते थे कि यदि उन्हें सजा हुई और छूटने के बाद उनके चाल-चलन से वे सन्तुष्ट होते हैं तो वे उनके पुनर्वास की व्यवस्था करेंगे। जब तक अपराधी जेल में रहते हैं तब तक सुधारक उनके परिवारों के सतत सम्पर्क में रहते हैं। परिवार के जीवन-यापन में वे हरसम्भव सहायता देने का प्रयास करते हैं। इस प्रक्रिया के दौरान सुधारकों ने पुलिस से तमाम हिस्ट्रीशीटर अपराधियों की सूची माँगी। इस सूची की छँटनी करके उन्होंने वृद्ध और अशक्त तथा निष्क्रिय अपराधियों को अलग किया और उन लोगों की सूची बनाई जो अभी भी अपराध में लिप्त हैं। सुधारकर्ता उनमें से हर एक से जाकर मिले। लगभग सत्तर लोग अभी अपराध प्रवृत्ति में सक्रिय थे। इनमें से पचास ने आत्मसमर्पण में रुचि दिखलाई।[23] सुधारकों ने उनका समर्पण करवाया। जिन लोगों ने आत्मसमर्पण नहीं किया उनमें से अधिकांश पुलिस द्वारा पकड़े गए। कुछ फरार हो चुके थे। यह स्थिति छह महीने से कुछ अधिक समय तक रही।

दूसरा चरण : 1975-77 : इस चरण का आधार यद्यपि पहले चरण के मध्य में ही तैयार हो चुका था। परन्तु छह महीने बाद ही इसमें तेजी आई। इसके दौरान सुधारक अपराधी परिवारों के अपराध न करने वाले सदस्यों के लिए सार्वजनिक रोजगार दिलवाने के लिए भरसक प्रयास कर रहे थे। इसके साथ ही वे अन्य कार्य भी कर रहे थे जैसे रोमपेरु भूमि का पुनरुद्धार, सिंचाई की व्यवस्था, कृषि कार्य को प्रोत्साहन, सुधार प्रयत्नों के विस्तार और सभाओं, प्रचार माध्यमों द्वारा शेष समाज की सहानुभूति अर्जित करना, व्यक्तिगत समझाइश और परामर्श, अधिकारियों-मंत्रियों जैसे सम्मानित व्यक्तियों से मुलाकात इत्यादि। अपराधी और गैर-अपराधी परिवारों के लिए विशाल सामूहिक भोजों का भी आयोजन किया गया जहाँ अपराधी और गैर-अपराधी

पास-पास बैठकर भोजन करते थे। बस्ती के भीतर के वातावरण का आकलन किया जाता था। सुधार कार्यक्रम के इस महत्त्वपूर्ण दौर में सुधारकर्ताओं और नास्तिक केन्द्र ने अन्तरण को सरल करने के लिए कई अन्य उपाय भी किए। वे नियमित रूप से जेलों में कैदियों से मिलने जाते थे। कारावास में रह रहे बन्दियों से पत्राचार करते थे, उनके परिवारों की समय-समय पर खोज-खबर लेते थे। स्टुअर्टपुरम में दो सप्ताह का एक छात्र शिविर आयोजित किया गया। अपराधी परिवारों के बुजुर्गों की सरकारी अधिकारियों से मुलाकात करवाई गई। आन्ध्र प्रदेश सरकार के सहयोग से स्टुअर्टपुरम को एक मुक्त बस्ती घोषित करवाने और सुधरे हुए परिवारों के सामाजिक-आर्थिक पुनर्वास के प्रयत्न भी चलते रहे। यह अभियान तीन वर्षों तक चला। दूसरे चरण के आरम्भ में आन्ध्र प्रदेश सरकार ने स्टुअर्टपुरम के लिए जिलाधीश की अध्यक्षता में एक पुनर्वास समिति बनाई थी, जिसमें सुधारक दम्पती और अधिकारी सदस्य थे। समिति को कहा गया कि वह बस्ती के विकास के पहलुओं पर विचार करे। साल में दो बार इसकी बैठक हुई। समिति के सदस्य पहले से ही सुधार और पुनर्वास कार्यों में लगे हुए थे और उसी उत्साह से कार्य कर रहे थे। इसलिए इस समिति के गठन से न तो वर्तमान प्रक्रिया में कोई वृद्धि हुई और न कुछ घटा। समिति का महत्त्व जल्दी ही जाता रहा और अन्ततः यह समिति निष्क्रिय हो गई।[24]

तीसरा चरण : 1980-85 : सुधार कार्यक्रम की जड़ें जम चुकी थीं। कुछ अपराधी दोषमुक्त होकर लौट आए थे, कुछ अपनी अल्पकालीन सजाएँ पूरी कर स्टुअर्टपुरम में वापस आ गए थे। उनमें से कई फिर अपराध में प्रवृत्त नहीं हुए, उनमें से तीस प्रतिशत अपराध की दुनिया में केवल इसलिए गए थे क्योंकि उनके पास कोई और धन्धा या रोजगार नहीं था। कुछ के लिए अनावश्यक पुलिस दमन इसका कारण था। सुधरे अपराधियों में से सत्तर प्रतिशत ने तमाम कठिनाइयों का सामना करते हुए सुधरे हुए जीवन को अपना लिया। इन परिवारों के बच्चे स्कूल जाने लगे। समय बीतने के साथ उनमें से कई उच्च शिक्षा पा गए। यद्यपि बहुत मजबूत न होते हुए भी एक सामाजिक नेतृत्व का उदय हुआ। कुछ सुधरे हुए अपराधी अपने काम के लिए सरकारी दफ्तरों में आने-जाने लगे। सन्तानों की शिक्षा और कुछ सुधरे हुए अपराधियों के बीच सामाजिक नेतृत्व के उभार से, महिलाओं ने भी रूपान्तरण की प्रक्रिया में अपनी उपस्थिति का भान कराया। अधिकांश युवाओं ने अपने पारिवारिक व्यवसाय को स्वीकार नहीं किया। वे अपराधी परिवारों के गैर-अपराधी सदस्य थे, इसलिए थोड़ी-बहुत कठिनाई से ही सही लेकिन उन्हें अन्यत्र कुछ स्थानों पर रोजगार मिल सकता था। तब भी सुधरे हुए अपराधियों में से तीस प्रतिशत अपराध की दुनिया में वापस लौट गए। इस परिदृश्य में अब कुछ नौजवानों का प्रवेश हुआ। इनमें से कुछ गैर-अपराधी परिवारों के भी थे। समाज में व्याप्त अपराध-संस्कृति का शिकार कुछ कमजोर और अस्थिर युवा भी बन जाते हैं। इसके अतिरिक्त बाहर के समाज

की अन्धाधुन्ध उपभोग की संस्कृति भी उन्हें आकर्षित करती है। उनमें से एक च. पाल के साथ वंशानुगत अपराध का कोई इतिहास नहीं था लेकिन वह अत्यन्त भयावह अपराधी बनकर सामने आया। इस अवधि में तीन बड़ी बातें हुईं—पहला, सामाजिक रूप से परित्यक्तों के लिए कार्य करने वाली स्वयंसेवी संगठन *संस्कार* की स्थापना। संस्कार एक संस्कृत शब्द है जिसका अर्थ होता है एक सांस्कृतिक परिवर्तन और नागरिकता। इस संस्था का औपचारिक पंजीकरण सन् 1860 के सोसाइटी रजिस्ट्रेशन कानून 21 के अन्तर्गत सन् 1983 (संख्या 157-1983) में हुआ। दूसरा, इसी समय संगठन ने संस्कार नाम की एक पत्रिका शुरू की जिसका उद्देश्य नागरिक समाज के सदस्यों में सुधार के विचारों का प्रसार करना था। इस पत्रिका में संगठन की गतिविधियों का उल्लेख होता था। और तीसरा, स्टुअर्टपुरम बस्ती में सफल गतिविधियों का एक दशक पूरा होने पर संगठन द्वारा विजयवाड़ा में पहली बार सन् 1986 में अपराधी सुधार सम्मेलन का आयोजन करना।[25]

चौथा चरण : 1995-2000 : विगत चरण के उत्तरार्द्ध में संगठन के सामने नई पीढ़ी के अपराधियों के उभार की समस्या आई। जैसा कि कहा जा चुका है, बस्ती के गैर-अपराधी परिवारों से भी कुछ युवक पैसा कमाने के लिए अपराध करने लगे। *संस्कार* की सुधार परम्परा से प्रभावित होकर इनमें से कुछ युवकों ने अपराध-वृत्ति को स्वेच्छा से छोड़ भी दिया। इसके लिए कई कारण थे—परिवार का दबाव, सुधारों के उत्तर-काल में विकसित सम्मानजनक आय के लिए बने स्रोत, सुधरे हुए अपराधियों के प्रति बढ़ती हुई सामाजिक स्वीकृति, *संस्कार* का नियमित आग्रह और स्थानीय अधिकारी वर्ग से उनका मैत्रीपूर्ण सम्पर्क। लेकिन फिर भी, कुछ युवा तो ऐसे थे ही जिन्हें अपराध भाता था और जो स्वाभाविक रूप से अपराध की तरफ मुड़ जाते थे। नई पीढ़ी की समस्याएँ सुलझाने के लिए संस्था ने बहुत प्रयास किए, और अपराधों में नए संलग्न युवकों के परिवारों से सलाह-मशविरा करने में काफी वक्त लगाया। इन लगातार प्रयत्नों को आखिरकार सफलता मिली और यह सफलता सन् 1998 में अपराधियों के स्वैच्छिक 'दूसरे आत्मसमर्पण' के रूप में सामने आई। समर्पण करने वालों में कुख्यात च. पाल भी शामिल था। इसके साथ सुधार के चक्र ने अब एक पूरा चक्कर लगा लिया था। बस्ती में कुछ छोटे चोर अभी भी हैं लेकिन उनकी संख्या ज्यादा नहीं है। जेबकतरों जैसे छोटे चोर हर समाज में रहते हैं, वे किसी भी समूह में कहीं भी मिल सकते हैं।

इस दौर में कुछ बड़ी बातें हुईं—

(क) अधिकांश समय तक अपराधियों को समझाइश का काम कुछ स्वयंसेवकों की सहायता से लवानम और हेमलता लवानम द्वारा किया गया। सन् 1995 के बाद से संस्था का काम निर्धारित और विभाजित हो कर कार्यक्रमानुसार किया जाने लगा। विस्तार कार्यक्रम के लिए संगठनकर्ताओं ने भूमि प्राप्त की और बालकों, युवकों,

और सुधरे हुए अपराधियों तथा उनके परिवारों के साथ योजनाबद्ध कार्यक्रमों के लिए कुछ इमारतों का निर्माण किया गया।

(ख) इस काल में दानदाता भी सामने आए। संस्था को अपने कार्यक्रमों के लिए *हेल्पेज़ इंडिया* और *हामू* का सहयोग मिला।

(ग) इस अवधि में संस्था ने एक बड़े प्रवर्तित सहकारी कृषि कार्यक्रम को प्रयोगात्मक रूप से शुरू किया। यद्यपि किन्हीं कारणों से, इस कार्यक्रम को छोड़ना पड़ा किन्तु इस प्रयोग ने स्टुअर्टपुरम के निवासियों को प्रेरणा दी कि वे व्यक्तिगत स्तर पर कृषि को अपनाएँ। इस असफलता से भी सुधरे हुए लोगों में कार्य-संस्कृति के बीज़ पड़े। प्रयोग बहुत साधारण था। इसके अन्तर्गत संस्था ने पच्चीस एकड़ भूमि उसके स्वामियों से लीज़ पर प्राप्त की। इस भूमि पर फसल बोई गई। उत्पादन का बँटवारा एक समझौते के अनुसार किया जाना था। सुधार और पुनर्वास कार्यक्रम के अन्तर्गत सुधारकों ने भूस्वामियों से यह स्वीकृत करवा लिया था कि वे पैदावार का पचास प्रतिशत भाग सुधरे हुए अपराधियों के बीच बाँट देंगे और उसके बदले में वे खेतों पर काम करेंगे। इस तरह का बँटवारा पाँच साल तक होता रहेगा। भूमि सुधार, बीज और खाद की कीमतों का खर्च *संस्कार* को उठाना था। यह समझौता काफी उचित लगता था और पहले साल पैदावार भी अच्छी हुई। किन्तु जल्दी ही पहले जैसा उत्साह नहीं रहा और यह प्रयोग पूर्णत: सफल नहीं हो सका। असफलता के कारणों को आसानी से समझा जा सकता था। इससे पहले यह जमीन 'शौच मैदान' के रूप में काम में आती रही थी। यह अन्धविश्वास बस्ती के कुछ निवासियों के प्रतिरोध का कारण बन गया। जमीन के आसपास कोई घेराबन्दी नहीं थी और आवारा मवेशी आसानी से वहाँ चरने के लिए पहुँच जाते थे। लीज़ पर ली गई जमीन में से दस एकड़ भूमि स्थानीय अनुसूचित जातियों (हरिजनों) के लिए छोड़ी गई थी लेकिन उन्होंने समझौते के अनुसार खेती का कोई काम नहीं किया। कुल मिलाकर, इस कृषि अभियान से केवल एक या दो परिवारों को ही लाभ मिला। इनमें से एक परिवार कुख्यात अपराधी च. पाल का था।

(घ) इस अवधि में सुधरे हुए अपराधियों के परिवार के सदस्यों और बच्चों के लिए कुछ व्यासायिक कार्यक्रम भी शुरू किए गए। पूरक शिक्षा, टाइपराइटिंग और सिलाई के प्रशिक्षण की व्यवस्था भी की गई।

(च) इस काल में सामाजिक एकता का बीजारोपण हुआ। *संस्कार* ने इसके लिए व्यावसायिक और अन्य शिक्षा को माध्यम बनाया। नए कार्यक्रमों में गैर-अपराधी परिवारों के कुछ सदस्यों और पास के बेटापुड्डी जैसे गाँवों के लोगों को भी उनका अभिन्न अंग बनाया गया। बाहर के समाज से तथा स्टुअर्टपुरम के शिक्षित युवकों को शिक्षक की नियुक्तियाँ दी गईं। यह कार्यक्रम अभियानों के द्वारा सामजिक समन्वय के प्रयासों की शुरुआत था।

(छ) इन्हीं दिनों शासन ने सुधर गए अपराधियों और उनके परिवारजनों के लिए बड़े पैमाने पर ऋण सुविधाओं की व्यवस्था की। यह ऋण लघु श्रेणी उद्यमों और व्यक्तिगत व्यवसाय जैसे ऑटो रिक्शा की खरीद, छोटे धन्धों जैसे दुकान, गृह निर्माण, प्रशिक्षण कार्यक्रम इत्यादि के लिए थे। *संस्कार* की इसमें भूमिका पूरक और निगरानी की थी।

पाँचवाँ चरण : सन् 2000 के बाद : इस काल में संगठन की प्रमुख चिन्ता सामाजिक एकता और क्षेत्रीय विकास को लेकर रही है। यह सुधारोन्मुख पुनर्वास और क्षेत्र के विकास का दूसरा चरण है। यह अपेक्षा की जाती है कि इसमें आसपास के गाँवों से जरूरतमन्दों और गरीबों को भी चल रही गतिविधियों के अन्तर्गत शामिल किया जा सकेगा। इस प्रक्रिया से सुगम सामाजीकरण और स्टुअर्टपुरम बस्ती सहित पूरे इलाके के विकास की आशा की जाती है। किसी एक समस्या पर एकांगी बल देने की प्रवृत्ति का यह बदलाव रणनीतिक महत्त्व रखता है। सुधर चुके अपराधियों और उनके परिवारों को मुख्यधारा में लाना वर्तमान कार्यक्रम का एक अंग है। सुधरे हुए परिवारों की सन्तानों की दूसरी पीढ़ी पर ध्यान केन्द्रित होना चाहिए ताकि वे अपने लिए निरपराध भविष्य की रचना कर सकें। यदि सन्तति की दूसरी पीढ़ी अपने पूर्वजों के हेय काम-धन्धों से छिटककर बाहर आ जाती है तो इससे सुधार प्रयत्नों के औचित्य और कुशलता की पुष्टि होती है। परिवर्तन प्राय: धीरे-धीरे होता है और वह अमूर्त और अवचेतन हुआ करता है। भौतिक अर्थ में उनकी सफलता की कल्पना ही की जा सकती है। इन सभी पहलुओं को ध्यान में रखकर यह कहा जा सकता है कि वर्तमान कठिन दौर में भविष्य के लिए बनाए गए कार्यक्रम अत्यन्त महत्त्वपूर्ण हैं। कुछ नियोजित कार्यक्रम इस प्रकार हैं : (1) बस्ती और निकटवर्ती गाँवों के निवासियों के लिए बनाए गए साझा कार्यक्रमों के माध्यम से स्टुअर्टपुरम के अपेक्षाकृत अलग-थलग पड़े रहने की समाप्ति। (2) अपराधी और अन्य परिवारों को मिलने वाले फायदों और कार्यक्रमों का एकीकृत संयोजन। (3) युवकों के लिए ऐसे कार्यक्रम जहाँ इनमें हिस्सेदारी के लिए समाज के सभी पक्षों से इन युवाओं को चुना जाएगा। (4) बस्ती के सभी युवकों के लिए काम मुहैया करने के अवसरों और सम्भावनाओं की तलाश। (5) सभी के लिए समान शिक्षा और स्वास्थ्य के कार्यक्रम, जिसमें सुधरे हुए अपराधियों के प्रति कोई अतिरिक्त प्राथमिकता नहीं बरती जाएगी। (6) महिला समूहों का संगठन जिनमें निकटवर्ती समाज के सभी वर्गों की सदस्य महिलाएँ होंगी। (7) एक टिकाऊ कृषि आधारित कार्यक्रम की सम्भावना की पड़ताल जिसमें मुख्य भागीदारी सुधरे हुए अपराधी परिवारों की हो और कुछ गैर-अपराधी परिवार भी इसमें शामिल हों। (8) एक शोध और सन्दर्भ संस्थान की स्थापना के लिए सम्भावनाओं की पड़ताल, जहाँ डिनोटीफ़ाइड जनजातियों के लिए दस्तावेजीकरण, रिकॉर्डों का संरक्षण और सुधार कार्य के लिए प्रशिक्षण प्रारूपों को लिपिबद्ध किया जाएगा। इसमें शासन से

सहयोग की सम्भावना भी तलाशी जाएगी। (9) समय-समय पर मानवाधिकारों पर कार्यक्रम और कार्यशालाओं का आयोजन जिनमें सुधरे हुए परिवारों, सार्वजनिक अधिकारियों, सामाजिक कार्यकर्ताओं और शिक्षाविदों के पारस्परिक सम्पर्क और अन्तर्क्रिया पर बल दिया जाएगा।[26]

सम्भावनाएँ : *संस्कार* की भविष्यदृष्टि : सुधारों के बाद : नैतिकता के बदलते हुए आयाम

सुधारोत्तरकाल में कार्यकर्ताओं के सामने अनेक अपरिहार्य प्रश्न आकर खड़े हुए। ये प्रश्न दर्शकों की ओर से ही उठे थे और सुधरे हुए अपराधियों ने भी इन्हें उठाया था। सुधार के बाद भी बदले हुए अपराधियों को मामूली और व्यर्थ के, यहाँ तक कि घरेलू झगड़ों में, पुलिस की प्रताड़ना सहन करनी पड़ती थी। मुख्य बात यह थी जब वे छोटे-मोटे विवादों को सुलझाने में सहायता पाने के लिए पुलिस के पास जाते थे तो इन लोगों से, रिश्वत माँगी जाती थी। यह बात उन्हें स्वीकार नहीं थी और उन्होंने इसमें हस्तक्षेप के लिए *संस्कार* से गुहार लगाई। दूसरी तरफ, बाहरी समाज के लोगों ने एक महत्त्वपूर्ण प्रश्न यह उठाया कि सुधारों का फायदा क्या हुआ? वे संगठन के सामने एक बुनियादी सवाल खड़ा करते हैं कि संगठन अपने आपको तब बीच में क्यों नहीं लाता जब ऐसे मामलों में पुलिस प्रताड़णा की समस्या कार्यकर्ताओं के संज्ञान में लाई जाती है।[27] यह सुधार की प्रक्रिया और सुधारोत्तर प्रभाव पर एक तरह से परोक्ष प्रश्नचिह्न है।

इन दोनों सवालों को मानवीय व्यवहार और उसकी सामाजिक क्रिया की परिधि में परखना होगा। अपराधियों के सुधार की प्रक्रिया के दौरान संगठनकर्ताओं का मुख्य लक्ष्य सहज साधारण मनुष्य को घिरे हुए व्यक्तित्व से बाहर निकालना है। एक बार ऐसा हो जाने के बाद, वे अन्य मानव के ही समान हो जाते हैं। वे अपने भाग्य के स्वयं नियन्ता हैं और उनके सामने सामाजिक रूप से स्वीकृत सभी कार्यों की चर्चा खुली हुई है। इसके अतिरिक्त वे अतिमानव नहीं है और न ही सुधारोत्तर समय में वे आदर्श वर्ग से आते हैं। निन्दनीय लूटपाट के पेशे को उन्होंने अपने परिवार के लिए त्यागा था, न कि बाहर के समाज के लिए। सुधर जाने के बाद वे भी साधारण मनुष्य बन गए हैं और उनमें भी मानवीय भ्रान्तियाँ, कल्पनाशीलता, विलक्षणताएँ, दुर्बलता और कमजोरियाँ हैं। इस लिहाज से संगठनकर्ताओं या कार्यकर्ताओं की संलिप्तता भी अन्य प्रश्न खड़े करती है। जब ये छोटे विवाद और झगड़े अपराध प्रकृति जैसे न होकर सामान्य मानवीय स्वभाव के हों तो संगठन इन्हें उस तरह का नहीं मानता जो अपराध सुधार की गतिविधियों के अन्तर्गत आते हैं। इस सम्बन्ध में एक अन्य, अत्यधिक महत्त्वपूर्ण आयाम भी है।

एक बार सुधार हो जाने के बाद पूर्व में दुर्दान्त रहा अपराधी सामान्य मनुष्य बन जाता है। सामान्य सामाजिक मनुष्य ऐसा एक भी अवसर नहीं गँवाना चाहता जब अपने प्रश्न करने के अधिकार का वह प्रयोग कर सके। यह अधिकार पहले उनके पास नहीं था। इस उपक्रम में जब सामान्य सामाजिक जीवन में तनिक भी विक्षेप उत्पन्न होता है तब वह हर मिनट आवेशाकुल और आक्रोशित तरीके से प्रश्न खड़े करता है। बाहर के समाज में होने वाली अनियमितताओं पर उनका गुस्सा फूट पड़ता है। अवचेतन स्तर पर उनका यह दृढ़ विश्वास बन चुका होता है कि अपराध छोड़ने के बाद वह दूसरों की तुलना में स्वयं नैतिक रूप से श्रेष्ठ है। ऐसी नई-नई पाई गई वैयक्तिकता अति नैतिक मानसिकता की भूमिका को आच्छादित कर देती है और इसमें उनका कोई दोष नहीं है। कहना तो यह चाहिए कि यह एक गुण है जो सुधार के प्रयास का एक सुखद परिणाम होता है।[28]

परिवर्तित अपराधी का परिवारों की जीवनशैली और समस्याओं में न उलझना संगठन की उदासीनता नहीं है बल्कि यह सुधार का वास्तविक प्रतिदान है। जब सुधरा हुआ अपराधी शासन, राजनीतिक-दल, पुलिस या अन्य विभागों से संगठन की किसी सहायता के लिए खुद ही स्वतंत्र रूप से प्रयास करता है तो इसका सीधा-सा अर्थ यह है कि सुधारोत्तर जीवन का वास्तविक प्रभाव होने जा रहा है। जब सफेदपोश अपराध (रिश्वत आदि) की समस्याओं के रहते हुए भी एक सुधरा हुआ अपराधी पुलिस से निबटने के लिए तैयार हो तो संगठन घटनाक्रम को प्रशंसात्मक शाबाशी दे सकता है क्योंकि सुधरा हुआ व्यक्ति स्वयं ही सवाल उठा सकता है और कार्यवाही कर सकता है जिसकी विगत जीवन में उसने सपने में कल्पना भी नहीं की होगी। यही कारण है कि वह सामान्य और मामूली, हर रोज घटने वाली समस्याओं में नहीं उलझता। इसका हस्तक्षेप तभी होता है जब पुनर्वास, विकास योजना अथवा अमानवीय पुलिस दुर्व्यवहार जैसी समस्याएँ हों या प्रादेशिक शासन और उच्च पुलिस प्रशासन से सम्बन्धित मसले सामने हों।[29]

सुधर चुके लोगों की नित्य प्रति दिनचर्या के हर पक्ष में संगठन का हस्तक्षेप सुधार की भावना से मेल भी नहीं खाता, जिसका मूल उद्देश्य विगत की भटकी हुई सन्तानों को आत्मसम्मान लौटना, और उनके मानवाधिकार को स्थापित करना है। ये सुधरे हुए लोग अतीत में अनेक बन्धनों से बँधे थे, इसलिए जब वे मुख्यधारा की संस्कृति में प्रवेश करते हैं या उसकी अनियमिततओं पर सवाल उठाते हैं तो संगठन को इसमें उनका कोई दोष नहीं दीखता क्योंकि बाहर के समाज में तो सर्वत्र सफेदपोश अपराध फैला हुआ है। सुधार प्रक्रिया की गत्यात्मकता की गहन समझ के द्वारा ही हमें सुधार प्रक्रिया का विश्लेषण करने में सहायता मिल सकती है।

इस स्थिति में उनके सामने की समस्या यह है कि सुधरे हुए अपराधियों को किस तरह मुख्यधारा में स्थापित किया जाए और इसका प्रभाव समाज पर क्या होगा। इसका

उत्तर सुधारकों के लिए बहुत सीधा-सादा रहा है। उन्होंने वैयक्तिक सुधार और जिन्हें सुधारा जाना है और जिन्हें इसके लिए उनसे सम्पर्क करना है, दोनों के बीच समन्वयन का विचार पल्लवित किया। सामाजिक और नैतिक आदर्श इसके आवश्यक उपादान बने, साथ ही सुधार प्रक्रिया में अपनाई गई सामरिक नीति भी। इस क्रियान्वयन को ठीक से समझने के लिए हमें बहुत सावधानी से स्वातन्त्र्योत्तर भारत में राजनैतिक तंत्र के विकास पर दृष्टिपात डालना होगा। लवानम के अनुसार स्वतंत्रता के बाद के युग को मोटे तौर पर नैतिकता की चार श्रेणियों में वर्गीकृत किया जा सकता है, जिसमें व्यक्ति दोलायमान नैतिक ढाँचे में झूलते रहे हैं। लवानम कहते हैं, 'मैंने भारत में नैतिकता के कई दौर देखे हैं और उन्हें भोगा भी है। यद्यपि वर्तमान दौर में जीवन मुझे तकलीफ देता है। मैं इसे सहन करता हूँ क्योंकि मैं देश और समाज के प्रति अपने दायित्व को समझता हूँ। बीसवीं सदी को मैं इस प्रकार विभाजित करना चाहूँगा— (1) सक्रिय नैतिकता का काल (गांधी युग), (2) निष्क्रिय नैतिकता का काल (नेहरू और लाल बहादुर शास्त्री का युग), (3) निष्क्रिय अनैतिकता का काल (इन्दिरा गांधी का युग) और (4) सक्रिय अनैतिकता का काल (संयुक्त सरकारों का युग)।'[30]

गांधीयुग और उसमें निहित नैतिक मूल्यों का आकलन आसानी से किया जा सकता है। वह उस युग की व्यक्तिगत और सामूहिक नैतिकता का प्रत्यक्ष साक्ष्य स्वयं है। उस काल की एक ऐतिहासिक घटना का लवानम ने उल्लेख किया है। महात्मा गांधी एक दिन अचानक उनसे पूछ बैठे—'सेवाग्राम में मेरी कुटिया के पीछे सफाई करते समय क्या तुम आँख चुराकर एक या दो फल खा लोगे?' पहले तो उन्होंने मना किया। लेकिन गांधी जी नहीं माने और पूछते रहे। 'क्या तुम तब उन्हें खा लोगे, जब तुम्हें यह विश्वास हो कि सफाई कार्य करने के बाद एक भी फल तुम्हें मिलने वाला नहीं है!' अब आन्ध्र प्रदेश के इस युवा सुधारक ने सहमति व्यक्त की। लवानम का उत्तर सुनने के बाद गांधीजी ने कहा— 'जब अपनी मेहनत के समान ही मुआवजा मिलने का विश्वास किसी व्यक्ति को हो तो कोई भी नैतिक दृष्टि से प्रतिबन्धित काम नहीं करेगा।' यह एक ऐसा कथन है जिसके कई अर्थ हैं।

नैतिकता सामाजिकता से कहीं अधिक वैयक्तिक होती है। यदि व्यक्तिगत नैतिकता का समाजीकरण कर दिया जाए तो ही हम सामाजिक और सार्वजनिक नैतिकता की बात कर सकते हैं। इस शर्त को पूरा किए बिना उन पर चर्चा करना व्यर्थ की बात होगी। व्यक्ति तभी एक नैतिक मनुष्य बन सकता है जब उसे पूरा विश्वास हो कि उसका जीवन आसपास के समाज में सुरक्षित है और अपने काम से वह अपनी आवश्यकताओं को पूरा कर सकता है। लवानम कहते हैं—'इस सबकी शिक्षा गांधीजी ने हमको दी है। मैंने इसी भावना को अपने सामाजिक सुधार कार्यक्रम (आन्ध्र प्रदेश में अपराधियों का सुधार) का हिस्सा बनाया।[31] गोरा ने सुधार कार्यक्रम को प्रोत्साहन दिया और उन कार्यक्रमों का मार्गदर्शन किया। गांधीयुग में

सक्रिय नैतिकता के अनेक प्रयोग किए गए। कई गांधीवादियों का विश्वास था कि सक्रिय नैतिकता की चेतना व्यापक होकर सम्पूर्ण समाज में फैल जाएगी और एक पारदर्शी तथा नैतिक राष्ट्र का आधार बनेगी। जल्दी ही उनकी समझ में आ गया कि इस सोच में उनकी भावुकता अधिक है और वास्तविकता कहीं अधिक कम।

वास्तविक और परिष्कृत 'स्वत्व'

किसी सुधरे हुए अपराधी या आदतन अपराधी के वास्तविक अहं और परिष्कृत अहं के बीच का अन्तर्विरोध आसानी से देखा जा सकता है। उनके व्यवहार-विन्यास में यह अन्तर्विरोध स्पष्टत: प्रकट होता है। यह एक स्पष्ट स्थिति है। आदतन अपराधी का स्वाभाविक 'स्व' विगत में एक परिवर्तन और नई स्वाधीनता पाने के लिए तरसता रहता है क्योंकि उनका जीवन एक आवारा की दिनचर्या से भी अधिक भटका हुआ था। सुधारकर्ताओं की सहायता से किसी दुर्दान्त अपराधी को एक अच्छा और सम्मानपूर्ण जीवन मिल जाता है। परिवर्तन की इस प्रक्रिया में विगत का थोड़ा-बहुत अंश उनकी नई जीवनशैली में बचा रहता है। परिष्कृत अहं में वास्तविक अहं की मानसिकता के कुछ तत्त्व पाए जाते हैं। इसलिए सुधरे हुए अपराधियों के चरित्र में प्राय: एक अन्तर्विरोध देखने को मिलता है। यह उनके लिए नितान्त स्वाभाविक है क्योंकि उसे लोगों की सम्पत्ति हड़पने की कला सिखाई गई थी। इतना ही नहीं, सुदीर्घ काल से वह छल से सोचने और तद्नुसार व्यवहार में करने का काम करता रहता था।[32]

इस विरासत के साथ वह परिष्कृत मानसिकता और वास्तविक मानसिकता के बीच सामंजस्य स्थापित नहीं कर पाता। प्राय: इस कारण, उसके सोच और कार्यों में सामंजस्य नहीं रहता। उदाहरण के लिए, एक सुधरे हुए व्यक्ति गारिके प्रभाकर राव उस संगठन में नियुक्त थे, जिसने उन्हें नया जीवन दिलाने का संघर्ष किया था। इस तरह की द्वैत मानसिकता के वह एक उदाहरण हैं। एक समय, उन्होंने संगठन के एक रात्रि प्रहरी के विरुद्ध शिकायत की क्योंकि उसने उनका उचित सम्मान नहीं किया था। अपनी शिकायत में उन्होंने उसे नौकरी से हटाने की माँग की थी। दूसरी तरफ उन्होंने स्थानीय समन्वयक से आग्रह किया कि वह योजना निर्देशक से कहें कि गरीब रात्रि-प्रहरी की नौकरी बनी रहना कितनी जरूरी है।[33]

यह एक मामूली उदाहरण है, किन्तु यह सुधरे हुए व्यक्ति के दोनों पक्ष बतलाता है। इसका वास्तविक 'स्व' 'घृणित व्यक्ति' को हटाना चाहता है क्योंकि उसने परिष्कृत व्यक्ति के अहं को ठेस पहुँचाई है। दूसरी तरफ परिष्कृत 'स्व' ने उसी व्यक्ति के प्रति एक सहानुभूति दर्शाई, जिसके द्वारा वह अपने बाह्य अहं की अच्छाई को बनाए रखना चाहता है। यह निश्चय ही एक नए व्यक्ति का उदय है। किन्तु यह नई-नई मिलने वाली वैयक्तिकता अभी भी खोज और तलाश की मानसिकता रखती

है। लम्बे समय से अपराधी जीवन बिताने के कारण बनी उनकी यह मानसिकता, जो अन्यथा एक गुण मानी जाती, उनके लिए एक दुर्गुण बन गई है और इसे उसका 'अपराधी स्वभाव' बताया जाता है। सुधार कार्यक्रम में कार्यकर्ताओं के सामने असमंजस की ऐसी स्थितियाँ सामने आई हैं। सुधरे हुए अधिकांश व्यक्तियों में (पूर्व अपराधियों में) पुरानी आदतों ने फिर से सिर नहीं उठाया। जब उसने अपराध के गर्भ से बाहर आकर अपने 'स्व' का परिष्कार करके अपने स्वयं को अपराधमुक्त किया है तो बाहरी संस्थानों, समाज संरचनाओं और सफेदपोश अपराध करने वाले व्यक्तियों से उनको सामना करना पड़ता है। जब, आदतन अपराधियों को वैयक्तिक अपराधीकरण से अलग करने का प्रयत्न किया जाता है, तब इसके साथ ही उसे संस्थानों, सामाजिक-संरचना और बाहर के राजनैतिक तंत्र के अपराधों का भी मुकाबला करना पड़ा है। वैयक्तिक अपराध की सर्वव्यापी निगाह के बावजूद भारत के लोकतांत्रिक, राजनैतिक तंत्र में संस्थागत अपराध एक कवच का काम करता है।

सन्दर्भ

* 'संस्कार' शब्द की व्युत्पत्ति संस्कृत के एक शब्द से हुई है, जिसका अर्थ सुधार, परिष्कार, पवित्रीकरण या सोद्‌देश्य उत्सर्ग होता है। इसलिए 'संस्कारम्' शब्द का एक आशय सुधार अथवा परिष्कार है। संस्कार प्रदत्त सामाजिक अवस्था में बदलाव का सूचक है। प्रदत्त अवस्था में असमानता और शोषण शासन करता है, इसके स्थान पर एक ऐसी व्यवस्था निर्मित की जाती है जिसमें शोषक और शोषित, दमनकर्ता और दमित, सामाजिक व्यवस्था में अपनी नवीन समानता की भूमिका ग्रहण करते हैं। व्यक्ति और सामाजिक समूहों के बीच खुला संवाद होता है और एक सहकारी उद्यम के द्वारा उन तत्त्वों से मुक्ति पाई जाती है जो व्यक्ति के दमन का कारण है। सामाजिक वातावरण के नियमित पुन:आकलन से निरन्तर मानवीकरण होता रहता है और इस तरह अधिक मानवीय तथा सामाजिक न्यायसंगत दिशा की ओर एक प्रकार की आध्यात्मिक तीर्थयात्रा की जाती है। यह संस्कार है। *संस्कार* एक अलग तरह का स्वैच्छिक संगठन है। *संस्कार* भिन्न प्रकार से हस्तक्षेपों के द्वारा पूर्व अपराधियों की चेतना में बदलाव के लिए कार्य कर रहा है इसके लिए वह समाज को प्रशिक्षित करता है जिससे इन लोगों को मुख्यधारा में समाहित किया जा सके।

1. सुन्दर, के.एच.एस.एस. : संस्कार—स्टुअर्टपुरम प्रोजेक्ट, बेस लाइन सर्वे, वर्ष 2002, 'संस्कार', स्टुअर्टपुरम, जिला गुंटूर, आन्ध्र प्रदेश।
2. रॉ डील टु रेसीडेंट्स ऑफ़ सेटलमेंट कॉलोनीज़, द *इंडियन एक्सप्रेस,* 16 जून, 1984
3. हेमलता लवानम : *मृत्योरमा अमृतंगा मया,* (तेलुगु जीवन-चरित्र) विशालान्ध्र, विजयवाड़ा 2005
4. हेमलता लवानम : पूर्व अपराधियों के पुनर्वास पर हुए सम्मेलन की टिप्पणियाँ, 'नास्तिक केन्द्र', विजयवाड़ा, 17 जून, 1984, तेलुगु लिपि।
5. ए चेंज फ़ॉर द बेटर : द *हिन्दू,* हैदराबाद, 19 जून, 1984
6. रिफॉर्म्ड क्रिमिनल्स टु टेक पार्ट इन मीटिंग, *न्यूज टाइम,* 12 जून, 1984

7. क्रिमिनल्स रिसपोंड टु परस्यूएशन, *द हिन्दू*, शुक्रवार 12 मार्च, 1999 (हैदराबाद संस्करण)।
8. कॉप्स ड्राइविंग देम टु क्राइम, *डेक्कन क्रॉनिकल* 19 जून, 1984
9. रिफॉर्म प्रॉसेस ए पेस ऍट स्टुअर्टपुरम, *द हिन्दू* (हैदराबाद) 13 मार्च, 1999
10. विल यू लिसन टु द क्राइज ऑफ़ द कन्विक्ट, (तेलुगु) आन्ध्र पत्रिका 22 जून, 1984
11. न्यू लाइट इन द लाइफ ऑफ़ द कन्विक्ट्स, *आन्ध्र ज्योति* (तेलुगु दैनिक) 17 जून, 1984
12. रिहेबीलेटशन फ़ॉर द एक्स-कन्विक्ट्स, *आन्ध्र ज्योति* (तेलुगु दैनिक) 19 जून, 1984
13. कन्विक्ट्स आर कमिटिंग क्राइम विद द सपोर्ट ऑफ़ द पुलिस, *विशालान्ध्र* (तेलुगु दैनिक) 19 जून, 1984
14. न्यू लाइट इन द लाइफ ऑफ़ कन्विक्ट्स, *इनाडु* (तेलुगु दैनिक) वसुन्धरा, 19 जून, 1984
15. *संस्कार*'स कोऑपरेशन फ़ॉर द चेंज ऑफ़ कन्विक्ट्स इन वेरियस डिस्ट्रिक्स ऑफ़ आन्ध्र प्रदेश, *वार्ता* (तेलुगु दैनिक) 11 जनवरी, 2001
16. *संस्कार*'स कोऑपरेशन फ़ॉर द रिफॉर्मेशन ऑफ़ कन्विक्ट्स, *वार्ता* (तेलुगु दैनिक), निजामाबाद 11 जनवरी, 2001
17. चेन्ज्ड कन्विक्ट्स बट अनचेन्ज्ड पुलिस, *आन्ध्र ज्योति,* (तेलुगु) 23 जुलाई, 2001
18. व्हेयर इज रिहेबिलिटेशन एंड रिफॉर्मेशन?, *इनाडु* (तेलुगु दैनिक) कुरनूल 30 दिसम्बर, 2005
19. द सेल ऑफ़ ए कन्विक्ट्स सन फ़ॉर वन ईयर लीज़—ए मदरर्स क्राई, *इनाडु*, आत्माकुर
20. नो प्रोग्रेस—नो डेवलपमेंट, *इनाडु*, कुरनूल, शनिवार, जून 2006
21. 13 क्रिमिनल सरेंडर्ड, *द हिन्दू* (हैदराबाद), 30 मार्च, 1999
22. 25 हार्डकोर डेकॉइट्स ऑफ़ गुंटूर सरेंडर, *द न्यू इंडियन एक्सप्रेस* (हैदराबाद), 30 मार्च, 1999
23. क्रिमिनल रिफॉर्मेशन, *आन्ध्रप्रभा* (तेलुगु दैनिक) रविवासरीय संस्करण, 17 जून, 1984
24. कन्विक्ट्स हैज टु बी रिफॉर्म्ड, *इनाडु* (तेलुगु दैनिक) 18 जून, 1984
25. हेमलता लवानम : देयर इज ए नीड टु ब्रिंग द चेंज इन पुलिस सिस्टम, *आन्ध्र प्रदेश* (तेलुगु दैनिक), निजामाबाद 3 जून, 1999
26. ए चांस फ़ॉर द कन्विक्ट्स टु चेंज ऐज़ ऑनेस्ट सिटीजन, *आन्ध्रभूमि* (तेलुगु दैनिक), विजयवाड़ा
27. वी वांट टु लिव ऑनेस्टली, व्हाई डोंट यू अलाऊ अस टु लिव पीसफुली?, *आन्ध्र पत्रिका* (तेलुगु दैनिक), 18 जून, 1984
28. वी आर रिफॉर्म्ड, व्हाई डू नॉट यू बिलीव, *आन्ध्र ज्योति,* विजयवाड़ा 18 जून, 1984
29. ईवन ऑफ्टर रिफॉर्मेशन हेरसमेंट कंटीन्यूज (तेलुगु) *आन्ध्रभूमि* 20 जून, 1984
30. रिहेबीलिटेशन फ़ॉर रिफॉर्म्ड 'क्रिमिनल', *इनाडु* (तेलुगु दैनिक), विजयवाड़ा, 18 जून, 1984
31. हाईकोर्ट जज फेवर्स जुवेनाइल ऑफेंडर्स टु एन.जी.ओ'ज़, *द हिन्दू* (हैदराबाद), 3 अक्टूबर, 2001
32. रिफॉर्म्ड क्रिमिनल्स वॉन्ट गवर्नमेंट टु लिफ्ट बैन ऑन एम्पलॉयमेंट, *द हिन्दू*, 20 जून, 1984
33. लवानम और हेमलता लवानम : अपराधी जनजातियों के सुधारों पर टिप्पणियाँ, नास्तिक केन्द्र विजयवाड़ा, 1976। स्रोत : *संस्कार*, बर्नी, निजामाबाद जिला और 'नास्तिक केन्द्र' विजयवाड़ा, आन्ध्र प्रदेश। हम डॉक्टर के.एच.एस.एस. के आभारी हैं जिन्होंने स्टुअर्टपुरम बस्ती में नवीनतम विकास कार्यों की जानकारी उपलब्ध करवाई। यह *संस्कार* के तत्वावधान में किए जा रहे हैं जो डिनोटीफ़ाइड जनजातियों के सुधार में सक्रियता के साथ समर्पित एक गैर सरकारी संस्था है।

अध्याय-6

निष्कर्ष

येरुकलाओं से जुड़े हुए आपराधिक आचरण का कलंक अभी भी तमाम समस्याओं के केन्द्र में है। इस तरह का सामाजिक अभिशाप उन्हें अपनी समस्याओं पर विचार नहीं करने देता। वे इसके प्रति किस कदर चिन्तित हैं, यह प्रस्तुत अध्ययन से भलीभाँति स्पष्ट होता है। यह सच है कि आपराधिक आचरण उनके सामाजिक जीवन को प्रभावित करने वाला एक तथ्य है। तथापि यह तथ्य हमेशा अपरिवर्तनीय नहीं बना रह सकता। किसी जड़-समाज का भी कोई समूह समय के साथ बदलता ही है और येरुकला इसका अपवाद नहीं है। प्रस्तुत अध्ययन से ज्ञात होता है कि इस समुदाय में भी पर्याप्त परिवर्तन ब्रिटिश शासन के अन्तर्गत और स्वतंत्रता के बाद भारतीय शासनकाल में हुए हैं। स्वातन्त्र्योत्तर काल में भारत की सरकारों द्वारा किए गए विविध उपायों और नीतियों से काफी सीमा तक उनके जीवन की गुणवत्ता में सुधार हुआ है। इन तमाम प्रयासों के बावजूद दुर्भाग्य से अभिशाप अभी तक बना हुआ है। इससे तत्काल ही, येरुकलाओं के प्रति अन्य लोगों के सामाजिक व्यवहार को लेकर प्रश्न उठते हैं। इस समुदाय की पूरी जानकारी और सही समझ के बिना किया गया सुधार का प्रयत्न निष्फल ही रहता है। पूर्व अपराधियों और जनता के बीच अच्छे सामाजिक सम्बन्ध स्थापित हो सकें, इसके लिए उचित वातावरण बनाना होगा तभी इन रहवासियों को समाज की सामयिक मुख्यधारा में लाया जा सकेगा।

शिक्षा से ही इस दिशा में गम्भीर प्रयास किया जा सकता है। वांछनीय सामाजिक परिवर्तन के लिए यह वास्तविक उत्प्रेरक सिद्ध होगा। तथापि, शिक्षा के कोई प्रयास तब तक सम्भव नहीं हैं जब तक उनके भरण-पोषण का प्रश्न सुनिश्चित न हो जाए। अपराधों में वृद्धि का कारण सामान्यत: निर्धनता और महँगाई हुआ करती है। अपनी बुनियादी आवश्यकताओं से वंचित हो गए लोग ही अपने जीविकोपार्जन के लिए गैर कानूनी साधनों का सहारा लेते हैं। ऐसी स्थितियाँ, जो इस अध्ययन में पहले

उल्लिखित हो चुकी हैं, अपने आसपास के समाज की सत्यवादिता के प्रति उनमें सन्देह की भावना ही उत्पन्न करती है। सर्वत्र उपस्थित सामाजिक-आर्थिक और नैतिक पतन को देखते हुए यह भावना और गहरी हो जाती है। परिणामस्वरूप, ये पूर्व अपराधी पुनर्वास के लिए किसी सार्थक आर्थिक और सामाजिक समर्थन से वंचित रह जाते हैं। फिर भी, यह ध्यान में रखना चाहिए कि आर्थिक पुनर्वास आवश्यक रूप से स्थानीय आर्थिक और सांस्कृतिक जागरण के अनुरूप ही होना चाहिए।

बस्ती के पूर्व अपराधी सामान्य रूप से सरल जीवनशैली के अभ्यस्त होते हैं क्योंकि उनके पुराने व्यवसाय में अधिक और अनिवार्य कठोर श्रम की आवयकता नहीं थी। अत: कार्य-संस्कृति की अनुपस्थिति प्राय: उन्हें ऐसा बना देती है कि वे किसी परिवर्तन को स्वीकार नहीं कर पाते। अस्तु, यह अनिवार्य हो जाता है कि आर्थिक पुनर्वास के कार्यक्रम इस तरह निष्पादित किए जाएँ, जिससे कार्य-नैतिकता का निर्माण हो सके। ऐसे प्रयास का प्रभाव दूर तक होगा और उनमें आत्मसम्मान तथा मूल्यों के प्रति आदर बना रहेगा। इतना ही नहीं, इस कारण उनमें मानवीय-गरिमा का अनुभव भी बना रहेगा। यह दुखद, किन्तु प्रकट सत्य है कि पुनर्वास प्रयासों और सुधारों के दो महत्त्वपूर्ण पक्षों में अर्थात उपलब्ध आर्थिक स्रोतों के समायोजन और संगठन में इस अन्तर्दृष्टि का अभाव है। योजना-आयोग ने पुनर्वास और सुधार के प्रयत्नों में तालमेल पर बल देने की जरूरत बतलाई है। यह भी कहा गया है कि पूर्व अपराधियों के लिए निर्धारित धनराशि का दो-तिहाई भाग कृषि, छोटे व्यवसायों, लघु उद्योगों तथा श्रमिकों की समितियों के संगठन पर खर्च किया जाना चाहिए। यह श्रमोन्मुख आर्थिक गतिविधियों के लिए एक परोक्ष संकेत है। इस तरह की गतिविधि से आशा की जाती है कि उनकी आरामदेह जीवनशैली में वांछित आचरण-परिवर्तन आ सकेगा। यदि यह बदलाव होता है तो शिक्षा, इन लोगों के साथ समाज के अन्याय और उनके प्रति प्रशासन की उदासीनता जैसे विषयों को सुलझाने में भी, शायद सहायक हो सके।

यदि ऐसी प्रारम्भिक आवश्यकताएँ पूरी हो जाती हैं तो सामान्य और तकनीकी शिक्षा के अन्य पहलुओं पर ध्यान दिया जा सकता है। इन लोगों में निरक्षरता के उन्मूलन के लिए एक बड़ा अभियान चलाया जाना चाहिए। केवल शिक्षा से ही उन्हें कानून का पालन करने वाला नागरिक बनाया जा सकता है, जो समाज पर भार न होकर, समाज का बन सकें। यह कहना उचित ही होगा कि जीविकोपार्जन के प्रति किसी भी सकारात्मक दृष्टिकोण के लिए होने वाला बदलाव उन्हें शिक्षा जैसे महत्त्वपूर्ण आयामों की ओर ले जाएगा।

इन लोगों के जीवन पर शिक्षा के गम्भीर प्रभाव से इस बात की पूरी-पूरी सम्भावना है कि उनके आचरण में अपेक्षित परिवर्तन आएगा जो बाद में, उनकी संतति में भी बदलाव का कारण बनेगा। इन डिनोटीफ़ाइड जनजातियों के बच्चों को,

यदि आवश्यक हो तो, वर्तमान नियम-कायदों में ढील देकर नियमित छात्रावासों में प्रवेश दिया जाना चाहिए। अन्य छात्रों से स्वतंत्रतापूर्वक मेल-जोल से उन्हें अपने अन्दर स्वस्थ मानसिकता विकसित करने में सहायता मिलेगी, जिससे वे अन्ततः समाज की मुख्यधारा का भाग बन सकेंगे और उसमें समा जाएँगे।

तब, सामाजिक आचरण के प्रशिक्षण के द्वारा पुनर्वास कार्यक्रम की संपूर्ति की की जा सकती है। यह कार्य आदर्श शिक्षण संस्थाओं अथवा समर्पित स्वयंसेवकों की निष्ठा द्वारा ही हो सकता है। इस कार्य को सम्पन्न करने के लिए ऐसी संस्थाओं और व्यक्तियों को आर्थिक सहायता देने के स्रोत खोजे जा सकते हैं। सामाजिक शिक्षा का लक्ष्य तभी पाया जा सकेगा जब इन पूर्व अपराधियों के मानस से वंचना, अवज्ञा और अलगाव की भावना पूरी तरह समाप्त कर दी जाए।

दुर्वृत्ति कभी जन्मतः नहीं होती। इसका निर्माण, पोषण और आरोपण होता है। इस कारण कोई जन्मतः अपराधी नहीं होता। अपराधी को या तो बनाया जाता है या कोई व्यक्ति जानबूझकर अपराधवृत्ति को अपनाता है। इन दोनों बातों के लिए समाज ही दोषी है। असमान अर्थतंत्र, इन व्यक्तियों के प्रति अन्यायपूर्ण सामाजिक दृष्टिकोण, पुलिस का अवैधानिक बर्ताव और भारतीय दंड संहिता के अनुच्छेद 401 और 402 जैसे अनुचित प्रावधानों में संशोधन होना चाहिए ताकि इन पूर्व अपराधियों का कल्याण और पुर्नवास हो सके।

अन्त में, जनता और पुलिस दोनों का, अधिक तर्कसंगत और मानवीय दृष्टिकोण इन पूर्व अपराधियों में एक नवीन दृष्टिकोण को उत्प्रेरित करने में बहुत अधिक प्रभावशाली होगा। तभी, मानवता में उनका विश्वास फिर से स्थापित होगा। इससे एक सचमुच का वातावरण निर्मित होगा और येरुकला समाज के साथ शेष समाज का सार्थक तथा फलदाई पारस्परिक सम्बन्ध बन सकेगा।

भाग : दो

अध्याय-7

परिचय

आश्चर्यजनक यह है कि अभी तक किसी भी समाजशास्त्री या नृतत्त्वशास्त्री ने भारत की आदिवासी जनसंख्या के सम्पूर्ण सर्वेक्षण और विवरण तैयार करने का कोई सार्थक प्रयास नहीं किया है। आन्ध्र प्रदेश दक्षिण भारत में 1,06,286 वर्गमील विस्तार वाला, भारतीय संघ का पाँचवाँ बड़ा राज्य है। इसकी जनजातीय (अनुसूचित) जनसंख्या 2001 की जनगणना में 41,99,481 (6.59 प्रतिशत) आँकी गई थी। इन जनजातियों के अतिरिक्त आन्ध्र प्रदेश में घुमन्तू, पूर्व अपराधी और आदिमजनों की छह लाख जनसंख्या भी रहती है जिसका सामाजिक स्तर अनुसूचित जातियों से बहुत नीचे है।[1] ये जनजातियाँ औद्योगिक और कृषि श्रम के लिए अजनबी हैं और आज भी कृषि मजूरी के लिए उन पर विश्वास नहीं किया जाता। स्वतंत्रता प्राप्ति के बाद भी, आन्ध्र प्रदेश की इन जनजातियों के जीवन-स्तर में कोई उल्लेखनीय सुधार नहीं हुआ है। हालाँकि यहाँ-वहाँ कुछ छुटपुट प्रगति देखी जा सकती है। करोड़ों भारतीयों की नियति के नियंत्रणकर्ता शासकीय अधिकारी और अशासकीय कार्यकर्ता उनकी समस्याएँ सुलझाने में सफल नहीं हुए हैं और उनके अनन्तकालीन शोक को मिटाने के उपाय अभी तक खोज नहीं पाए हैं। शासकीय सेवा, रोजगार, साख की सुविधा, भू-आबंटन, आर्थिक दशा, स्वच्छता-सफाई, चिकित्सा सहायता, शिक्षा और राजनैतिक-नागरिक क्षेत्रों में उनकी स्थिति अभी भी बदतर है। इतना ही नहीं, इन अपराधी जनजातियों को एक अभिशाप और भयग्रन्थि को भी भोगना पड़ता है, जिससे वे ऐसा अमानवीय जीवन जीने के लिए बाध्य हैं।

अखिल भारतीय अपराधी जनजाति कानून के प्रावधानों की कई राज्य सरकारों ने गलत व्याख्या की है। यह कानून उनको शिकार बनाने का हथियार बन गया क्योंकि उन्हें सार्वजनिक जीवन के लिए खतरनाक समझा जाता रहा है। उनकी आपराधिक गतिविधियों पर अंकुश लगाने के लिए सामान्यत: जमीनें दी गईं और

निगरानी में रखकर उनका पुनर्वास किया गया।[2] मद्रास प्रेसीडेंसी में मदुरई के कलार, चिंगलेपुर जिले में आदि द्रविड़, त्रिचनापल्ली के अम्बालगर, उत्तर और दक्षिणी अरकोट में इठुलार, रानद जिले के कलाडी, चिंगलेपुर जिले के नोक्कारा, तंजोर जिले के उरलिगंडान, मदुरई और कोयम्बटूर जिलों के वालयार, दक्षिण अरकोट जिले के बलायांकुप्पम पदायाची, दक्षिणी अरकोट के मराबार, मद्रास प्रेसीडेंसी के कोरचा या येरुकला और दसारी जनजातियों को अपराधी जनजाति बताया गया है। ब्रिटिश सरकार इन सभी जातियों की आपराधिक गतिविधियाँ नियंत्रित करने के लिए इन्हें चुनी हुई जगहों पर एकत्र करने की दृष्टि से अपराधी जनजाति कानून बनाया था।[3] ब्रिटिश सरकार ने आन्ध्र प्रदेश में कई बस्तियाँ बसाईं, यथा नेल्लोर जिले में कप्परल्ला टिप्पा या बिट्रगुंटा सुधार बस्ती, गुंटूर जिले की स्टुअर्टपुरम या बेतापुड़ी, कुरनूल जिले में सिद्धपुरम, महबूबनगर जिले में लिंगाला बस्ती। इनमें बिट्रगुंटा सुधार बस्ती की स्थापना सबसे पहले हुई। इसका विकास कावाली बस्ती से हुआ था जो सन् 1912 में अमेरिकी बॅपटिस्ट मिशन द्वारा बनाई गई थी।

कहा यह जाता है कि कप्परल्ला बस्ती में दो जनजातियाँ हैं। एक है 'कथारा' और दूसरी जनजाति 'एरुकुला' है, जिसके सदस्य सम्पूर्ण भारतीय प्रायद्वीप में बिखरे हुए हैं और विभिन्न क्षेत्रों में अलग-अलग नामों से जाने जाते हैं। सन्दर्भित जिलों में उन्हें येरुकला अथवा येरुकला कहा जाता है। उत्तर अरकाट जिले में धुर उत्तर से दक्षिण तक वे कुराग, करुचा या कोरचा कहलाते हैं। सर्वाधिक दुस्साहसी और निपुण अपराधी कुरवार जनजाति में होते हैं।[4]

अमेरिका के अपराध विज्ञानी ई.एच. सदरलैंड ने प्रमाणित किया है कि अपराध के निर्धनता सिद्धान्त का वास्तविक दुनिया से कुछ लेना-देना नहीं है। निर्धनता सिद्धान्त यह मान लेता है कि भूख मनुष्य को अपराध करने के लिए प्रेरित करती है। किन्तु इस दृष्टिकोण को कहीं भी निर्णायक रूप से प्रमाणित नहीं किया जा सका है। अपराध करना या नहीं करना, यह किसी व्यक्ति की मानसिकता पर निर्भर है। अपराध के कई कारणों में से निर्धनता एक है। किन्तु यह इसका इकलौता कारण नहीं है। वातावरण का प्रभाव, एक अन्य कारण है जिसकी उपेक्षा नहीं की जा सकती। हर गरीब अपराधी नहीं होता। और हर अपराधी को अपनी गरीबी का पदक दिखलाने की आवश्यकता नहीं है। इस दृष्टिकोण की पुष्टि डॉ. सुशील चन्द्र द्वारा भी की गई है। उनके अध्ययन से हम अपराध के उन पहलुओं का पता लगा सकते हैं जिनका सम्बन्ध सामाजिक, आर्थिक और अन्य कारकों से है। कप्परल्ला टिप्पा के लोगों पर प्रशासनिक और सुधारात्मक उपायों का कैसा प्रभाव पड़ा, यह भी उनके इस अध्ययन से पता चल सकता है। हमारे द्वारा संग्रह किए गए आँकड़ों से यह स्पष्ट रूप से ज्ञात होता है कि अपराध की घटनाओं का अपराधी की आय से बहुत कम सम्बन्ध है। अतएव, अपराध की

समस्या पर व्यावहारिक रूप से कई आयामों पर सोचना पड़ेगा। सभी व्याधियों के लिए किसी राम बाण औषधि से, जिसमें मानवीय संसर्ग न हो, यहाँ काम नहीं चलेगा।

भारत सरकार ने सन् 1912 में एक बस्ती कावाली (नेल्लोर जिला) में बनाई और येरुकला परिवारों के सुधार के लिए इसे अमेरिका के बॅपटिस्ट मिशन को सौंप दिया गया। कथारा या डोंगा दासारियों के लिए कालीचेटु (रापुर तालुका, जिला नेल्लोर) में एक दूसरी बस्ती बसाई गई। कावाली बस्ती से येरुकला और कालीचेदु बस्ती से डोंगा दसारी लाए गए और उन्हें एक नई बस्ती में साथ-साथ रखा गया जो बिट्रगुंटा सुधार बस्ती नाम से प्रसिद्ध हुई, जो हमारे इस अध्ययन का केन्द्रीय बिन्दु है।

सामान्य रूप से, समाजशास्त्रियों ने और प्रशासनिक अधिकारियों ने भी इस समस्या पर बहुत कम ध्यान दिया है। स्वतंत्रता प्राप्ति के बाद, अपराधी जनजाति कानून को समाप्त कर दिया गया।[5] लेकिन पूर्व अपराधी जनजातियों की स्थिति वैसी ही बनी रही। पुलिस की चौकसी और न्यायालयों द्वारा सजाओं का उन पर कोई असर नहीं हुआ। जनजातियों का अध्ययन अब अस्पष्ट और भ्रामक नहीं रह गया है। यह हमारे लिए बहुत चिन्तनीय है क्योंकि अपराधी जनजातियाँ हमारा ही एक हिस्सा हैं और उनका समाज में अपमान नहीं होना चाहिए।[6] यह एक तथ्य है कि ये जनजातियाँ गरीब हैं, उनमें शिक्षा का अभाव है और आधुनिक ज्ञान-विज्ञान से अपरिचित होने के कारण वे भय से आक्रान्त हैं। एक सदी से भी अधिक समय से ईसाई मिशनरियाँ इन लोगों के लिए कार्य कर रही हैं। इन मिशनरियों के धार्मिक स्वार्थ की बात यदि हम छोड़ दें तो उन्होंने इन लोगों की बहुत सेवा की है।[7]

ठक्कर बापा और बेनेलाकुंटी राघवैया जैसे समाजसेवक इन अपराधी जनजातियों के सुधार में आगे रहे हैं। फैजपुर के कांग्रेस अधिवेशन में राघवैया ने अपराधी जनजाति कानून का विरोध किया था। इन सभी के प्रयासों और कानून के निरस्त हो जाने के बाद भी अपराधी जनजातियों की दशा में ज्यादा बदलाव नहीं हो पाया है। 'इन जनजातियों के साथ व्यवहार अस्पृश्यों के साथ किए जाने वाले व्यवहार से भी ज्यादा खराब था।'[8] ऐसे व्यवहार के कारण उनमें असीम अवज्ञा और घृणा उत्पन्न हो गई, जैसी कि सुस्त और बुद्धिहीन व्यक्तियों में अधिक बुद्धिमान और चतुर लोगों के प्रति पाई जाती है। एक अपराधी जाति का सदस्य होने का कलंक, जो उनके लिए अत्यधिक प्रकट और परेशान करने वाला होता है, कानूनी तौर पर पूरी तरह से समाप्त हो चुका है। किन्तु मुक्त हो चुकी 'माँग गरुडी सेवा समिति' (बम्बई) ने एक वक्तव्य जारी किया है जिसमें कहा गया है कि 'हमारे बीच कोई ऐसा नहीं है जो हमारी कठिनाइयों को समझ सके और हमारे दुख को दुनिया तक ले जा सके। कोई ऐसा नहीं है जो हमारा मार्गदर्शन कर सके, इसलिए इस सुधार के युग में भी हमारी कठिनाइयाँ जैसी-की-तैसी बनी हुई हैं।'[9]

लक्ष्य और उद्‌देश्य

हमारे इस अध्ययन का लक्ष्य और उद्‌देश्य इन लोगों की विभिन्न स्थितियों का विश्लेषण करना और उनमें परिवर्तन लाने के उपाय और साधन को सुझाना है। अपराधी जनजातियों के सुधार को प्रभावित करने वाले कुछ विशेष पहलू हैं। उनके सुधार को बाधित करने वाला सर्वाधिक महत्त्वपूर्ण तथ्य स्वयं जनजाति बस्ती व्यवस्था का अस्तित्व है। तथाकथित ऊँची जातियों का ऐसी बस्तियों से किसी भी प्रकार का सम्मिश्रण नहीं है और न ही इन बस्ती वालों पर आधुनिक सभ्यता का कोई प्रभाव है। इसके अतिरिक्त तरुण लड़कों और लड़कियों को वहाँ ऐसे वातावरण में रहना पड़ता है जो 'अपराध' से प्रदूषित है और जैसे-जैसे वे बड़े होते हैं, वे केवल अपराधी आचरण ही ग्रहण नहीं कर लेते बल्कि वह इसे इस तरह लेते हैं जैसे यह सामान्य और आम बात हो। जनजातियों में अपराधों के पल्लवन के लिए शिक्षा की अनदेखी भी जिम्मेदार है। उनमें कोई राजनीतिक चेतना नहीं है। यहाँ तक कि अनुसूचित जातियों और जनजातियों को मिलने वाली सुविधाओं का लाभ भी वे उठा नहीं पाते हैं। इसलिए वे अपने जीवन-यापन के लिए अवैध तरीके अपनाने पर बाध्य होते हैं। अमेरिकी बॅपटिस्ट मिशन, श्रम-आयुक्त और शासन ने उन्हें बदलने के लिए पर्याप्त रूप से कुछ ज्यादा किया भी नहीं है। इतने लम्बे समय से अपराध करते रहने के बाद वे अब भी आरामदेह जीवन व्यतीत करने की स्थिति में नहीं आ पाए हैं। इन समस्याओं को अनिवार्य रूप से सामाजिक-आर्थिक और मानवीय दृष्टिकोण से देखना होगा। प्रस्तुत अध्ययन में उनकी इन समस्याओं को निम्न परिप्रेक्ष्यों में आँकने का प्रयास किया गया है :

सामाजिक पक्ष

1. प्रथमत: जनसांख्यिकी दृष्टिकोण, एक इकाई के रूप में परिवार संस्था, शैक्षणिक सुविधाएँ और धार्मिक पक्षों का अध्ययन, जिससे उनके जीवन में गहरे झाँककर देखा जा सके।
2. येरुकला और कप्परल्ला टिप्पा समुदायों में आन्तरिक संघर्ष है। अत: यह आवश्यक समझा गया कि उनके नेतृत्व का अध्ययन किया जाए और नई पीढ़ी से उनके सम्बन्धों का आकलन किया जाए।
3. दुनिया की सभ्यता का उन पर पड़ने वाले प्रभाव को जानने के लिए परिवार नियोजन कार्यक्रम का अध्ययन किया गया है।
4. तीन पीढ़ियों के समग्र पर्यवेक्षण के लिए उनके माता-पिता के जन्म स्थान के विषय में साक्षात्कार लिये गए हैं।

5. हमारी सुधार नीति के लिए यह जानना बहुत आवश्यक है कि क्या वे बस्ती में ही रहना चाहेंगे अथवा जीवन की मुख्यधारा में जाना ज्यादा पसन्द करेंगे।

आर्थिक पक्ष

1. उनके अपराधों की कार्यशैली को निकट से जानना हमारे इस अध्ययन के लिए आवश्यक है क्योंकि इसके द्वारा हमें अपराध की रोकथाम के सूत्र मिल सकते हैं।
2. यह पता लगाना कि क्या वे स्वेच्छा से अपनी सन्तानों को जानबूझकर अपराधी जीवन में डाल रहे हैं या वे अपनी सन्तानों के लिए जीविकोपार्जन के अन्य साधनों को अपनाने के लिए तैयार होंगे (यदि इसका अवसर उन्हें मिले तो)।
3. जीवनसाथी होने के नाते पत्नी की क्या भूमिका है? सामाजिक स्तर पर उसका क्या स्थान है? क्या अपने पति की सहायता के लिए प्रत्यक्ष या परोक्ष रूप से वह गिरोह में शामिल होती है?
4. कई सुधार कार्यक्रम शुरू होने के बाद भी क्या वे अपने व्यवसाय में बने रहना चाहते हैं—इसकी जानकारी पाना।
5. यदि उनके लिए वैकल्पिक रोजगारों की व्यवस्था की जाए तो क्या वे अपराध त्यागने के लिए तैयार हैं?
6. बताया गया है कि इस जनजाति के कुछ बारोजगार और शिक्षित व्यक्तियों ने अपने माता-पिता से पूरी तरह सम्बन्ध विच्छेद कर लिया है। इस तथ्य की सच्चाई जानने का प्रयत्न किया जाएगा।

प्रशासनिक पक्ष

1. इस पक्ष का अध्ययन करना कि उनके पुनर्वास में कितनी शासकीय सहायता मिली है और सुधार कार्यक्रमों के विस्तार के लिए क्या और कदम उठाए जाना चाहिए।
2. पूर्व अपराधी जनजातियों के प्रति पुलिस अधिकारियों और समाज कल्याण के अधिकारियों के रवैये को समझना।
3. विद्युत, जलप्रदाय, शिक्षा और स्वास्थ्य सेवाओं के सम्बन्ध में सुविधाएँ कितनी सन्तोषजनक हैं, यह जानना। सहकारी भंडारों और अन्य वस्तुओं की स्थिति क्या है?

अपराध

1. उनके माता-पिता के आपराधिक इतिहास का अन्दाज लगाना।
2. उनके माता-पिता के अपराध करने की कार्यशैली और वर्तमान में प्रचलित कार्यशैलियों का अन्तर जानना।
3. इसके अतिरिक्त उस अभिशप्त-चक्र का अध्ययन करना, जिसमें प्रवेश करने के बाद अपराधी बाहर नहीं निकल पाता अर्थात पुलिस, वकील, चुराई गई सम्पत्ति के खरीददार और राजनीति के नेता का रवैया क्या है।

सुधारात्मक उपाय

1. यह जानकारी प्राप्त करना कि क्या वे बस्ती में रहना चाहते हैं या बाहर निकलकर मुख्यधारा में आना चाहते हैं।
2. पूर्व-निवासियों के लिए रोजगार मुहैया कराने की दिशा में नई परियोजनाओं की आर्थिक व्यावहारिकता ओर उनके क्रियान्वयन का अध्ययन।
3. यह ज्ञात करना कि उनके लिए किस तरह के पुनर्वास-उपाय होने चाहिए।

कार्यपद्धति

इस अध्ययन का लक्ष्य यह जानना है कि बस्तियों में रहते हुए उनके जीवन और गतिविधियों में क्या परिवर्तन आए हैं और शासन तथा अन्य स्वयंसेवी संस्थाओं ने किस तरह के पुनर्वास उपाय किए हैं।

अध्ययन का विषय कप्परल्ला टिप्पा के रहवासी हैं जो येरुकला और दासारी जनजातियों से आते हैं। अध्ययन में उनके जीवन और गतिविधियों के विविध पक्षों का ध्यान रखा जाएगा जो इस प्रकार हो सकते हैं—

1. सामाजिक : इसके अन्तर्गत परिवार प्रमुख, उसकी आयु, उसका विवाह, उसकी शिक्षा, अन्धविश्वास, विस्थापन और सार्वजनिक सम्बन्धों का लेखा-जोखा तैयार किया जाएगा।

2. आर्थिक : इसके अन्तर्गत व्यवसाय, आय-व्यय, बच्चों का भविष्य और अन्य सम्बन्धित पक्ष आते हैं।

3. प्रशासनिक : अब तक सरकार द्वारा किए गए पुनर्वास प्रयत्न और वे अब प्रशासन और पुलिस से किन अतिरिक्त सुविधाओं की अपेक्षा रखते हैं? इसमें सिंचाई सुविधाएँ, शिक्षा और स्वास्थ्य सेवाओं को भी शामिल किया जाएगा।

4. अपराध : पिता और पुत्र किस तरह का अपराध करते हैं और उनके साथ पुलिस का व्यवहार किस तरह का है, जब वे हिरासत या जेल में होते हैं।

5. सुधार पक्ष : इसके अन्तर्गत पुनर्वास और सुधार के लिए उनकी इच्छा की जानकारी को एकत्रित किया जाएगा।

प्रतिदर्श का चयन

गाँव के पाँच सौ घरों में से एक सौ गृहस्थियों का चुनाव अध्ययन के लिए किया गया है अर्थात हर पाँचवाँ मकान।

प्रतिदर्श के प्रकार

प्रतिदर्श चयन सामान्य आकस्मिक विधि से किया गया है। ग्रामवासियों से भेंट की गई है। पूर्व-रहवासियों से प्राप्त जानकारी प्राथमिक स्रोत बनी। कावाली (नेल्लोर जिला) की राष्ट्रीय सेवा योजना जवाहर भारती के छात्रों और शिक्षकों की सहायता से मैदानी सर्वेक्षण किया गया। इन जनजातियों के सम्बन्ध में जानकारी ग्राम के बुजुर्गों, उसी गाँव के सेवानिवृत्त शिक्षकों और कप्परल्ला टिप्पा पुलिस थाने के उपनिरीक्षक से जुटाई गई जो इन लोगों के प्रति वास्तविक संवेदना रखते हैं। वे इनके सुधार के लिए चिन्तित हैं। नेल्लोर जिला मुख्यालय के पुलिस अधीक्षक जसपाल सिंह ने उन पर पुलिस अकादमी में एक शोधपत्र भी प्रस्तुत किया था। वे इन लोगों के लिए अपना कुछ समय भी व्यतीत करते थे। इसके अतिरिक्त वेनेलाकुंटी राघवैया[10] जैसे कुछ समाजसेवियों का साक्षात्कार भी लिया गया, जिन्होंने इन लोगों पर कई लेख और पुस्तकें लिखी हैं। लवानम और हेमलता लवानम वे व्यक्ति हैं जिनकी मुख्य रुचि जनजातियों के सुधार में है।[11] शोधकर्ता ने उन वकीलों से भी भेंट की जो इन लोगों के सम्पर्क में हैं और शोधकर्ता ने उनका साक्षात्कार लिया। जानकारी का अन्य स्रोत नेल्लोर के जिलाधीश कार्यालय में उपलब्ध शासकीय दस्तावेज हैं (जो शोधकर्ता को जिलाधीश सी. अर्जुनराव की लिखित अनुमति के बाद उपलब्ध हुए)। इसी तरह समाज कल्याण अधिकारी, भू उद्धार अधिकारी, राजस्व विभाग के अधिकारी और कावाली के तहसीलदार से शोधकर्ता ने सामग्री का संचयन किया।

लेखिका ने तिरुपति के राज्य संग्रहालय (क्षेत्रीय केन्द्र) और मद्रास के तमिलनाडु अभिलेखागार से भी जानकारियाँ प्राप्त कीं। श्री वेंकटेश्वर विश्वविद्यालय, तिरुपति के पुस्तकालय और जवाहर भारती, कावाली के पुस्तकालय से इन जनजातियों के सम्बन्ध में उपलब्ध साहित्य का अध्ययन किया। कुछ निबन्ध आन्ध्र विश्वविद्यालय, वॉल्टेयर के डॉ. सिम्हाद्री और कुछ अन्य स्रोतों से प्राप्त किए गए। शोधकर्ता एक

सप्ताह तक श्री लवानम के निवास पर रहा जहाँ उसने येरुकलाओं से साक्षात्कार किया जो सीतानगनम बस्ती से वहाँ आए थे। अपने मित्रों के माध्यम से लेखिका ने कुछ पुस्तकें और निबन्ध प्राप्त किए जैसे बी.एस. टैकरवाल का निबन्ध 'इकोनॉमिक एंड सोशल आस्पेक्ट्स ऑफ़ क्राइम इन इंडिया', अपराधी जातियों के सम्बन्ध में श्री के.एम. कपाड़िया के लेख और डॉ. सिम्हाद्री का शोध ग्रन्थ आदि। लेखिका इन लोगों की समस्याओं को निकट से समझने के लिए तीस से अधिक बार कप्परल्ला टिप्पा गई। उसने पुलिस थानों से प्राप्त प्रलेखों से अपराधियों, कुख्यात लुटेरों के इतिहास की जानकारी एकत्र की। अपराधियों की चुनी हुई हिस्ट्रीशीटों का उल्लेख परिशिष्ट में दिया गया है।

प्रस्तुत अध्ययन (भाग दो) छह अध्यायों में विभाजित है। पहला अध्याय (सातवाँ भाग) अपराधी बस्तियों की पृष्ठभूमि प्रस्तुत करता है और इसमें इस अध्ययन के विस्तार और इसके उद्देश्य को भी स्पष्ट किया गया है। इस अध्ययन के उपलब्ध स्रोत, प्रयुक्त कार्यपद्धति और सम्बन्धित साहित्य का विवरण भी इस भाग में है। आठवें भाग का सम्बन्ध हमारे देश में अपराध के विवेचन और अपराधी जनजाति कानून की ऐतिहासिक पृष्ठभूमि से है। इस कानून में कौन-से संशोधन हुए और इसका स्थान अभ्यस्त अपराधी कानून ने किस तरह लिया, यह भी यहाँ बताया गया है। युद्धोत्तर घटनाओं का प्रभाव भी उनमें एक स्वस्थ परिवर्तन का कारण बना। ये सभी बातें हमारे अध्ययन के लिए उपयोगी हैं। नवें अध्याय में कप्परल्ला टिप्पा बस्ती के उदय और विकास का ऐतिहासिक पर्यवेक्षण किया गया है और बताया गया है कि बस्ती के न रहने के बाद इन लोगों का क्या हुआ। दसवाँ भाग सर्वेक्षण और स्थानीय अध्ययन पर आधारित है। सामाजिक पहलू से इन लोगों की आयु, विवाह, विवाह विच्छेद, नेतृत्व, विस्थापन और शेष जनता से उनके सम्बन्धों पर विचार किया गया है। आर्थिक पक्ष में उनके मुख्य व्यवसाय, उनकी आमदनी और खर्च, बचत और गाँव के लोगों के ऋण आते हैं। प्रशासनिक पक्ष के अन्तर्गत कल्याण विभाग के अधिकारी और पुलिस अधिकारियों के साथ इनके सम्बन्धों की पड़ताल की गई है और शासन द्वारा उपलब्ध कराए गए पुनर्वास साधनों का विवेचन है। यहाँ विश्लेषण के लिए हमारे सामने यह तथ्य भी था कि क्या वे शासन द्वारा प्रदत्त सुविधाओं से सन्तुष्ट हैं या नहीं। इस अध्याय का अन्य महत्त्वपूर्ण विवेच्य 'अपराध' है। अपराध के तरीके में पिता और पुत्र के बीच का अन्तर और विभिन्न परिस्थितियों में उनके द्वारा अपनाई गई कार्यशैलियाँ इस विश्लेषण के अन्तर्गत आती हैं। अन्त में, सुधार का पक्ष उन समस्याओं पर केन्द्रित किया है जो बस्ती में उनके बने रहने या उसे छोड़ देने तथा इससे सम्बन्धित विषयों के परिप्रेक्ष्य में सामने आती हैं।

ग्यारहवाँ भाग इन अपराधी जातियों के सुधार और पुनर्वास से सम्बन्ध रखता है। इसमें शासन द्वारा किए गए पुनर्वास उपायों की चर्चा की गई है। अपराध की

दुनिया से सामान्य जीवन में उन्हें लाने के लिए लेखिका ने कई सुझाव यहाँ दिए हैं। जिनके निष्कर्ष अन्तिम भाग में मिलेंगे। कुछ तकनीकी शब्दों के समतुल्य प्रस्तुत अध्ययन में यथास्थान दिए गए हैं, तथापि एक समग्र शब्दावली भी अन्त में सँजोई गई है। परिशिष्ट में साक्षात्कारों की विषय-सूची, येरुकला जातियों के उद्भव और विकास से सम्बन्धित शासकीय आदेश, संख्या-विवरण, स्कूल पाठ्यक्रम, अनुमति पत्र, पंजीयन आदि के विवरण मिलेंगे। ग्राम अपराधियों की चुनी हुई हिस्ट्रीशीट भी परिशिष्ट में शामिल है।

साहित्य समीक्षा

अपराधी जनजातियों पर सामग्री बहुत कम है और इसका मुख्य कारण यह है कि समाजशास्त्रियों, अपराध विज्ञानियों और नृतत्वशास्त्रियों ने इनके अध्ययन में पर्याप्त रुचि नहीं दिखलाई है। अनेक वर्ष पूर्व जनरल हर्वे ने कुरावारों द्वारा किए जाने वाले अपराधों की सावधानीपूर्वक एक सूची बनाई थी, लेकिन वह इन लोगों के प्रणय-जीवन का विवरण देने की दृष्टि से थी। सरकार द्वारा दक्षिण भारत के कई जिलों के प्रकाशित किए गए गजेटियरों में जिले में रहने वाली जनजातियों का संक्षिप्त-सा विवरण मिलता है। सन् 1857 की क्रान्ति से पहले और पश्चात् भारत सरकार के कुछ विशेष अधिकारियों ने अपराधी जातियों का विशिष्ट अध्ययन किया था। लेकिन यह काम बहुत बड़ा था। परन्तु यह काम पुलिस विभाग तक ही सीमित रहने के कारण उनके द्वारा इस पर बहुत ही कम काम ही किया गया।

सन् 1890 के दशक में एफ.एस. मुलाली (पुलिस जिला अधीक्षक) ने इन लोगों पर एक पुस्तक लिखी थी। पुलिस के उपमहानिरीक्षक ई.एस.बी. स्टीवेन्सन, ने उनके रिवाजों और प्रकृति का अध्ययन करके इस सम्बन्ध में काफी जानकारी एकत्र की थी किन्तु उनका कार्य प्रकाशित नहीं हुआ। सन् 1905 में मद्रास पुलिस के पायाराव नायडू ने कुवाराओं के इतिहास पर एक पुस्तिका की रचना की थी। मकुलाली का कार्य और पायाराव नायडू की पुस्तक बहुमूल्य होते हुए भी अब अप्राप्य हैं। दक्षिण भारत की जातियों और जनजातियों का विवरण आसानी से 'कास्ट्स एंड ट्राइब्स ऑफ़ साउथ इंडिया' में प्राप्त होता है जिसे एडगर थर्स्टन ने लिखा था और इसमें उन्हें मद्रास म्यूजियम के के. राघवाचारी से पर्याप्त सहयोग मिला था। मद्रास सरकार ने इसे सात खंडों में सन् 1905 में प्रकाशित किया था। तथापि समाजशास्त्रियों का मत है कि यह विभिन्न जनजातियों का समग्र विवरण नहीं दे पाई है। सन् 1928 में 'लैंड पायरेट्स ऑफ़ इंडिया' के शीर्षक से तमिल देश की कुराला जनजाति के नृवंशीय पक्ष पर एक पुस्तक लिखी गई, इस जनजाति का मूल स्थान तमिलनाडु है। मद्रास सरकार ने एबोरिजिनल ट्राइबल वेलफेयर

इनक्वायरी कमेटी के सचिवालय की ओर से सन् 1948 में एक रिपोर्ट प्रकाशित की—'रिपोर्ट ऑन द सोशियो-इकोनॉमिक कंडीशंस ऑफ़ द एबोरिजिनल ट्राइब्स ऑफ़ द प्रोविन्स ऑफ़ मद्रास'। इस रिपोर्ट में मद्रास प्रेसीडेंसी में रहने वाली अपराधी जनजातियों और अपराधी जनजातियों की बस्तियों का बहुत संक्षिप्त विवरण मिलता है तथापि आदिवासी जनजातियों के सामाजिक-आर्थिक अध्ययन की दृष्टि से यह एक बहुमूल्य रिपोर्ट है। वेनेलाकुंटी राघवैया ने दो खंडों में प्रकाशित अपनी पुस्तक में अपराधी जनजातियों पर एक अध्याय लिखा है। अपराधी जनजाति की समस्याओं पर उनकी पुस्तक महत्त्वपूर्ण है। उन्होंने जनजातीय न्याय पर एक अन्य पुस्तक का प्रकाशन भी किया है जिससे हमें इन जनजातियों द्वारा किए गए अपराधों, अपराध-निग्रह, दंड और आदिवासियों से सम्बन्धित अन्य बातों की जानकारी मिलती है।

सन् 1952 में के.एम. कपाड़िया ने सोशियोलॉजिक बुलेटिन (संख्या 1 और 2) में 'भारत की अपराधी जनजातियाँ' शीर्षक से एक लेख लिखा। सी. पेरिम केरावाला ने 'भारत में अपराध का एक अध्ययन' नाम की पुस्तक लिखी। सन् 1963 में पश्चिम बंगाल के लोधों पर पी.डी. विस्वास ने अपना ग्रन्थ प्रकाशित किया। बी.एस. हैकरवाल की पुस्तक 'भारत में अपराध के आर्थिक और सामाजिक पक्ष' भी सामने आई। गुस्ताव ओपर्ट की पुस्तक 'भारत आदिम निवासी' में उन्होंने कुरुं (येरुकला और कौर) सहित सभी जनजातियों के सम्बन्ध में लिखा है। भारत सरकार ने 'अपराधी जनजाति की जाँच समिति 1940-50' की रिपोर्ट प्रकाशित की है जिसमें भारत की अपराधी जनजातियों के इतिहास की संक्षिप्त पृष्ठभूमि दर्शाई गई है। एन. वेणुगोपाल राव ने 'भारत में अपराध के चेहरे' पर एक रोचक और महत्त्वपूर्ण पुस्तक का प्रणयन किया है। इसमें हमारे देश में प्रचलित अपराधी गतिविधियों की जानकारी दी गई है और यह उन अध्येताओं के लिए बड़े काम की है जो अपराध के विभिन्न पक्षों पर शोध करना चाहते हैं।

सन् 1964 में वी. शिवप्रसाद राव ने समाजसेवा प्रशासन में डिप्लोमा के लिए मद्रास स्कूल ऑफ़ सोशल वर्क में एक शोध-निबन्ध प्रस्तुत किया। यह एक प्रारम्भिक अध्ययन है जो मुख्य रूप से पुनर्वास बस्तियों के प्रारम्भ और विकास के सम्बन्ध में किया गया है। इसमें भारत सरकार द्वारा किए गए पुनर्वास उपायों की संक्षिप्त चर्चा भी मिलती है। सन् 1968 में पेट्रिक कलेरेंस एच. ने 'भारत की अपराधी जनजातियाँ—विशेष उल्लेख माँग गरुडी—एक प्रारम्भिक रिपोर्ट' लिखी जो 'मैन इन इंडिया, खंड 48, संख्या 3' में प्रकाशित हुई। उपरोक्त के अतिरिक्त कई समाजशास्त्रियों और नृतत्वशास्त्रियों द्वारा भील, लोधा, मीना, अहीर, येरुकला तथा अन्य जनजातियों के सम्बन्ध में यहाँ-वहाँ कई लेख लिखे गए हैं। इस विषय पर साहित्य की इस समीक्षा से यह ज्ञात होता है कि इन जनजातियों में किसी एक पर भी व्यवस्थित रूप से किया गया कोई अध्ययन हमें नहीं मिलता है। केवल

डॉ. सिम्हाद्री, मीना राधाकृष्णन, जी.एन. डेवी, लक्ष्मण माने और महाश्वेता देवी द्वारा स्नातकोत्तर और डॉक्टरेट की डिग्री के लिए लिखे गए कुछ लघु शोध प्रबन्ध अथवा शोध प्रबन्ध ही उपलब्ध हैं। वाई.सी. सिम्हाद्री के धर्मपुरम गाँव (स्टुअर्टपुरम) के येरुकलाओं पर कुछ लेख प्रकाशित हुए हैं। यह भी सामाजिक-आर्थिक अध्ययन नहीं है। यह केवल एक केस-स्टडी है जो धर्मपुरम गाँव के, जिसे स्टुअर्टपुरम के नाम से जाना जाता है, की एक पूर्व अपराधी जाति के बदले हुए अपराध आचरण के सम्बन्ध में है। आदिम जाति कल्याण संघ, नई दिल्ली की *वन्यजाति* नामक एक पत्रिका का प्रकाशन करता है। इसमें अपराधी जातियों पर कुछ लेख छपे हैं। जनजाति स्मारिकाओं और अनुसूचित जाति-जनजाति विषयक रिपोर्टों में भी हमारे देश की डिनोटीफ़ाइड जनजातियों के सम्बन्ध में उपयोगी जानकारी प्राप्त हो जाती है।

प्रस्तुत अध्ययन एक अनुभवात्मक अध्ययन है जो कप्परल्ला टिप्पा ग्राम की रहवासी पूर्व अपराधी जनजातियों के सभी पक्षों को अपने में समेटता है। ग्राम की पूर्व अपराधी जनजातियों के जीवन का वर्तमान चित्र सामने लाने का विनम्र प्रयास इस अध्ययन में किया गया है। एक या दो पूर्व अपराधी बस्तियों के तुलनात्मक पक्ष आगे और अध्ययन का विषय बनेंगे। येरुकला और अन्य समुदायों का अध्ययन विस्तार से किया जाना चाहिए। इसके मिशनरी पहलू पर भी बल दिया जाना चाहिए। अतएव अभी भी ऐसा बहुत कुछ शेष है जिसे इस समस्या के लिए जानना होगा।

सन्दर्भ

1. देखें, वी. राघवैया : *ट्राइब्स ऑफ़ इंडिया* (नई दिल्ली 1965) पृ. 23। लेखक ने कहा है 'आदिम जाति के छह लाख लोग जो भोजन की तलाश में हमेशा, बिना किसी लक्ष्य के भटकते रहते हैं और जिन्हें ब्रिटिश प्रशासन ने अन्यायपूर्ण ढंग से अपराधी घोषित कर रखा है, उन पर कड़ी निगरानी रखी जाती है और उन्हें कड़ा दंड दिया जाता है। वे आज पुनर्वासित नहीं हैं। लगभग उनमें से सभी आज भी साँप पालने, नट करतब दिखाने, ताबीज़ और गंडे बेचने, भविष्य बताने, गाँवों-कस्बों में तमाशा दिखाने (बन्दर-भालू तथा दूसरे जानवरों के) के पुराने धन्धे करते हुए घुमन्तू जीवन व्यतीत कर रहे हैं।
2. देखें, *हिस्ट्री ऑफ़ मध्यप्रदेश पुलिस* (प्रकाशित, पुलिस महानिरीक्षक, भोपाल द्वारा सन् 1965) पृ. 218। कंजरों के लिए सन् 1907 में एक बस्ती कंजरपुरा के नाम से भी बसाई गई थी, जो ग्राम पीपरी (अब गाँग) के निकट थी। इन प्रयासों को आंशिक सफलता ही मिली, और वे अपराधी जीवन से मुक्त नहीं हो पाए।
3. उदाहरण के लिए देखें, उन्नारा लक्ष्मी नारायण : *मालापल्ली* (मछलीपटनम 1958)। पहला संस्करण, 1922 में प्रकाशित हुआ था। (पृ. 431-34)। यह एक उपन्यास है जिसका तेलुगु अर्थ है 'हरिजन हेमलेट'। लक्ष्मीनारायण बीसवीं सदी के पहले चार दशकों में एक जाने-पहचाने समाजसेवी और स्वतंत्रता सेनानी थे। उनका कहना था कि पुलिस निकम्मी और भ्रष्ट है जो अपराध पर नियंत्रण नहीं कर सकती। जमीनें सिर्फ उन्हीं को दी जाती हैं

जो युद्ध में जाना चाहते हैं या जो ईसाई होने के लिए तैयार हैं। बस्तियाँ वहाँ बनाई गई हैं जहाँ की उपलब्ध जमीन उपजाऊ है। समय बीतने के साथ ये बस्तियाँ गाँवों में बदल गईं।

4. इस सम्बन्ध में देखें, डब्लू. जे. हाच : *द लैंड पायरेट्स ऑफ़ इंडिया* (दिल्ली 1976, प्रथम प्रकाशन 1928) पृ. 263।
5. देखें, बी. राघवैया : *ट्राइबल जॉस्टिस* (नेल्लोर 1977) पृ. 51। एक समय था जब अपराध को वंशानुगत माना जाता था। सन् 1952 तक यह दृष्टिकोण निर्विवाद चलता रहा जब अपराधी जनजाति कानून सन् 1871 बना रहा। तब भारत की संसद ने इस अवैज्ञानिक, क्रूर और विकृत दृष्टिकोण वाले कानून को निरस्त कर दिया।
6. देखें, डी.एन. मजूमदार और टी.एन. मदान : *एन इंट्रोडक्शन टु सोशल एन्थ्रोपोलॉजी* (नई दिल्ली 1970, प्रथम संस्करण, 1956) पृ. 230।
7. देखें, निर्मल कुमार बोस : *ट्राइबल लाइफ इन इंडिया* (नई दिल्ली 1971) पृ. 65। उन्होंने लिखा है, 'ईसाई धर्म निस्सन्देह अपने साथ सम्पन्न जीवन, विस्तृत सहयोग और धर्मान्तरियों के लिए आत्मसम्मान की नई भावना लेकर आया।'
8. देखें, क्लेरेंस एच.पेट्रिक का लेख, 'द क्रिमिनल ट्राइब्स ऑफ़ इंडिया विद ए स्पेशल एम्फेसिस ऑन द माँग गुरुडी : (*मेन इन इंडिया* त्रैमासिक में प्रकाशित) खंड 48 (जुलाई-सितम्बर 1965) पृ. 244-55।
9. वही।
10. बेनेलकुंटी राघवैया (नेल्लोर) : एक समर्पित समाजसेवी और स्वतंत्रता सेनानी हैं। कई जनजातियों और उनकी समस्याओं पर उनकी लगभग एक दर्जन पुस्तकें प्रकाशित हुई हैं। उनका मुख्य विषय और व्यावहारिक कार्य यनाडियों पर है जो आन्ध्र प्रदेश और विशेषत: नेल्लोर जिले में घनी बसी हुई आदिम जनजाति हैं। इस अध्यनन में उनकी कई पुस्तकों का सन्दर्भ दिया गया है। यही यह उल्लेख भी असंगत नहीं होगा कि राघवैया को भारत सरकार ने 'पद्मभूषण' से अलंकृत किया है।
11. लवानम और उनकी पत्नी श्रीमती हेमलता लवानम (विजयवाड़ा) सुपरिचित सामाजिक कार्यकर्ता हैं। स्टुअर्टपुरम के पूर्व रहवासियों के सुधार सम्बन्धी उनकी गतिविधियों की प्रशंसा कई पक्षों से हुई है। गांधी शान्ति प्रतिष्ठान और भारत तथा विदेशों की अनेक समाजसेवा संस्थाओं से वे सक्रिय रूप से सम्बद्ध रहे हैं।

अध्याय-8

अपराध और अपराधी जनजाति कानूनों की ऐतिहासिक पृष्ठभूमि

क्लरेंस डारों के अनुसार 'अपराध एक ऐसा कृत्य है जो देश के कानून में वर्जित हो। और जिसका करना इतना गम्भीर माना जाता है कि उसके लिए दंड की व्यवस्था की गई हो।'[1] अपराध की वृत्ति सभी युगों में और सभी समाजों में न्यूनाधिक सदैव ही रही है। अपराध ऐसा कार्य है जो कानून का उल्लंघन करता हो और अपराधी वह व्यक्ति है जो कानून का उल्लंघन करते हुए कोई कार्य करता है। इसलिए कानून की भूमिका व्यक्ति के अपने समाज के साथ सम्पूर्ण अथवा आंशिक आचरण और व्यवहार का निर्देश और नियमन की होती है। कानून एक सामाजिक उपकरण है जिसे सामान्यत: खतरनाक वैयक्तिक व्यवहार से जनसाधारण की रक्षा करने के लिए प्रयुक्त किया जाता है। 'कानून जिसे अपराध मानता है, वह केवल ऐसा कृत्य है जो किसी राज्य में ऐसे समूह अथवा समूहों द्वारा सामाजिक रूप से हानिकर घोषित कर दिया गया हो, जो विधि को प्रभावित करने के लिए पर्याप्त प्रभावशाली हैं।'[2]

इटली के चिकित्सक और अपराध विज्ञान के निर्विकल्प मतवाद के प्रवर्तक लोम्ब्रोसो ने कहा था कि अपराधी जन्मजात होते हैं और उनमें एक निश्चित शारीरिक और मानसिक प्रवृत्ति पाई जाती है।[3] उनका सिद्धान्त पुराने मताग्रही और नैतिकतावादी दृष्टिकोणों से स्पष्टतया भिन्न था और इसने अपराध के अध्ययन में अपराधी के व्यक्तित्व की उचित पड़ताल किए जाने पर बल दिया। जहाँ लोम्ब्रोसो ने अपराधी की शारीरिक संरचना के लक्षणों का अध्ययन किया, वहीं उनके शिष्य एनरिको फेरी ने उन सामाजशास्त्रीय तत्त्वों को अध्ययन का विषय बनाया जो अपराध में सहायक होते हैं। राबएल गाराफेलो ने अपराधी के मनोवैज्ञानिक पक्ष पर शारीरिक पक्ष की अपेक्षा अधिक प्रमुखता दी, और इस सम्बन्ध में वंशानुगत प्रवृत्ति का

महत्त्व प्रतिपादित किया। एक अन्य जाने-माने समाजशास्त्री गोरिंग ने लोम्ब्रोसो के मत का खंडन किया। गोरिंग का मत है कि अपराध दिमाग की कमजोरी और अन्य पर्यावरणगत कारणों से उत्पन्न होता है। हालैंड के अपराध-विज्ञानी बोंगर ने स्पष्ट शब्दों में पूँजीवादी व्यवस्था के आर्थिक तनाव को अपराध का कारण बताया। सदरलैंड के अनुसार 'मेनसेरिया' अथवा अपराध-वृत्ति पहले से ही होती है।[4] व्यक्ति में मेनसेरिया और व्यवहार का संगमन होता है। अपराध के घटित होने के लिए दोनों का होना आवश्यक है।

डॉ. सीरिल कर्ट कहते हैं, 'अपराध का कोई एकमात्र सार्वभौमिक कारण नहीं है। दो या तीन कारण भी नहीं हैं। इसका जन्म अनेक कारणों और प्राय: विकल्पों तथा प्रभावों की विविधताओं से होता है।'[5] भारत का अपराधी वैसा ही है जैसा दुनिया के किसी भी दूसरे हिस्से का अपराधी। 'उसके पीछे भी वैसे ही भय, निषेध और ईर्ष्याएँ हैं जो मानव-मानस को घेरे रहती हैं।'[6]

अब आपराधिक आचरण के स्रोत के रूप में वंशानुगत प्रवृत्ति अथवा पर्यावरण का महत्त्व विवाद का विषय नहीं रह गया है। भारत में पूर्व अपराधी जनजातियों का अधिकांश पीढ़ी-दर-पीढ़ी अपराध का आदी रहा है। अपराध के मुख्य कारणों को लेकर दो तरह की विचारधाराएँ हैं : वंशानुगत प्रवृत्ति और पर्यावरण।[7] यह कहने की जरूरत नहीं है कि कोई भी संगठित समाज आचरण के अपराधी कृत्यों को कम-से-कम करने के उपाय करता है। इसका परिणाम यह हुआ है कि विगत कुछ दशकों में अपराध के कारणों अथवा तत्त्वों के सम्बन्ध में पर्याप्त मात्रा में साहित्य जमा हो गया है। हाल में ही, अपराध के व्यवस्थित अध्ययन का सूत्रपात हुआ है। अठारहवीं सदी के अन्त और उन्नीसवीं सदी के पूर्वार्द्ध में अपराध के कारणों का अध्ययन करने की दिशा में पर्याप्त अभिरुचि प्रदर्शित हुई थी। ये प्रारम्भिक अध्ययन अधिकांशत: तथ्यपरक थे और समस्या की गहराई तक नहीं पहुँचते थे।

गांधीजी ने कहा था, 'शायद इस धरती पर ऐसी जगहें ज्यादा नहीं हैं जहाँ जनजातियों का व्यवसाय ही अपराध हो, जैसा कि भारत में है, और इसका प्रसार धर्म के आवरण में होता है।'[8] कुछ जातियों और जनजातियों को क्यों अपराधी मान लिया गया, यह एक रहस्य है और यह जनजातियाँ किस तरह अपराधी जनजातियों के रूप में सामने आईं, यह उसी से जुड़ा हुआ प्रश्न है।

इस समस्या का सूत्र हमें रामायण और महाभारत में मिल जाता है, जहाँ 'चरों' का उल्लेख है। ये गुप्तचरी करने वाले कर्मचारी होते थे, जो शत्रु के क्षेत्र में जाकर सूचनाएँ इकट्ठा करते थे और अपने शासक तक उन्हें पहुँचाते थे। उस काल में हमें येरुकला 'चर' के रूप में काम करते हुए मिलते हैं।[9] जब 'धर्मयुद्ध' का संप्रत्यय शेष नहीं रहा तब युद्ध जीतने के लिए न्यायसम्मत उपायों का स्थान रणनीतियों ने ले लिया। तब क्षत्रियों ने जंगलों में रहने वालों को बुलाया होगा, जिनके पास

जातियों में बँटे समाज में कोई निश्चित काम नहीं था और इन्हें गुप्तचरी पर लगा दिया होगा। फिर यह लोग इसी काम में निपुण हो गए होंगे। जब मुगल साम्राज्य के पतन के बाद भारत में अंग्रेजों का प्रभुत्व स्थापित हुआ तब गुप्तचर सेवा से इन्हें निकाल दिया गया तो उनमें से कुछ खेती करने लगे, कुछ अन्य छोटे-मोटे व्यवसाय में लग गए और उनमें से कुछ सक्रिय अपराधी बन गए। यह अन्तिम समूह अधिकतर जंगलों और पहाड़ों में रहता था और राहजनी या पास के इलाकों में कभी-कभी चोरियाँ करता था। अपराध पर काबू पाने के लिए ब्रिटिश सरकार इन्हें पकड़ने और दंड देने लगी।[10] ऐसा लगता है कि तभी इस अनुभव से सरकार ने यह निष्कर्ष निकाला होगा कि हिन्दू समाज के कुछ समुदाय ऐसे हैं जिनका नियमित व्यवसाय अपराध ही है।

डी.एन. मजूमदार की स्थापना है कि नृवंशीय और समाजशास्त्रीय, दोनों प्रकार के साक्ष्यों से यह कहा जा सकता है कि डिनोटीफ़ाइड समुदाय उच्च जातियों से उद्भूत हैं। कई डिनोटीफ़ाइड समुदाय राजपूतों में से आए हैं।[11] कुछ हजार अपराधियों को छोड़कर, इन जनजातियों के अन्य सदस्य समान आर्थिक और सामाजिक स्तर के दूसरे समुदायों के सदस्यों जैसे ही हैं और सम्मानप्रद जीवन-यापन करना चाहते हैं।[12] तथापि इन समुदायों पर जन्मत: अपराधी होने का कलंक आरोपित कर दिया गया है।

अपराधी जनजाति कानून से पहले, व्यवस्थित अपराध करने वाली कुछ जनजातियों और उच्छृंखल तथा संदिग्ध व्यक्तियों पर 1763 के विशेष कानून—रेग्यूलेशन XXII—के अन्तर्गत कार्रवाई की जाती थी। यह रेग्यूलेशन मजिस्ट्रेटों को यह अधिकार देता था कि यदि वह फरार हो जाए तो उसे छह महीने तक की सजा दी जा सकती है। उत्तर भारत के कुछ प्रान्तों में पंजीकरण और नियमित हाजिरी की व्यवस्था संदिग्ध अपराधियों के लिए लागू की गई। लेकिन अधिकारियों के पास उन्हें गिरफ्तार करने का अधिकार नहीं था। पंजाब की न्यायपालिका ने बाद में इन नियमों को अवैधानिक घोषित कर दिया। फलत: अपराध के पंजीयन और हाजिरी की व्यवस्था समाप्त कर दी गई।

उन्नीसवीं सदी के पूर्वार्द्ध में उत्तर भारत में ठगों और डकैतों की भरमार थी। भारत सरकार ने अपराध-उन्मूलन करके स्थिति में सुधार लाने के लिए विशेष उपाय किए। उन्नीसवीं सदी में इसके लिए सन् 1830 में एक विशेष विभाग—ठगी और डकैती—विभाग बनाया गया। पंजाब प्रान्त में 'मीणा' कही जाने वाली एक जनजाति सम्पत्ति के लिये व्यवस्थित अपराध करने में कुख्यात थी।[13] वे जीवन का आनन्द भोगने के लिए अनाप-शनाप खर्च करते थे। 'उनके पास बहुत कुछ है, वे बहुत खर्च करते हैं और बहुत कुछ देते हैं और इस दान की कोई सीमा नहीं है।'[14]

सन् 1871 में भारत सरकार ने महसूस किया कि मीणा और देश की दूसरी अन्य अपराधी जनजातियों पर नियंत्रण आवश्यक है ओर इसके लिए एक विशेष

कानून बनाने पर विचार किया—यह अपराधी जनजाति कानून था। पहले तो उन्होंने जनजातियों को एक स्थिर ठिकानों तक सीमित रखने पर विचार किया परन्तु उन्हें आने-जाने से रोक पाना सम्भव नहीं था क्योंकि उनके टोकरी बनाने, अनाज बेचने जैसे काम-धन्धों के कारण उन्हें एक जगह से दूसरी जगह जाना होता था। ब्रिटिश शासन के दौरान जिन जनजातियों को 'अपराधी' घोषित किया गया था, वे भारतीय उपमहाद्वीप में सदियों से रहती आई हैं। 'भारत की 56 करोड़ सात लाख जनसंख्या में साठ लाख आबादी ऐसी है जो आपराधिक गतिविधियों से अपना जीवन-यापन करती है।'[15] अत: मुख्य रूप से अपराध के द्वारा अपनी जीविका का निर्वाह करने वाले समूहों को अपराधी जनजाति समूह में रखा गया।[16]

पहला अपराधी जनजाति कानून सन् 1871 में पारित किया गया था। स्थानीय शासन को गवर्नर जनरल की परिषद को किसी गिरोह, जनजाति अथवा व्यक्तियों के समूह के सम्बन्ध में उन कारणों की सूची देनी होती थी, जिससे उसे अपराधी घोषित किया जा सके। तब इस कानून के प्रावधान बसी हुई जनजातियों के अपराध पर नियंत्रण करने के लिए पर्याप्त समझे गए। इस कानून का पर्याप्त प्रयोग करते हुए हिंसक जातियों के सभी लोगों को नियंत्रित कर पाना सम्भव नहीं था। कानून में अपराधी जनजातियों के बच्चों को उनके पिता से अलग करने का कोई प्रावधान नहीं था। वायसराय परिषद में बहस के दौरान एक सदस्य ने यह मुद्दा उठाया था। उसने कहा था, 'इन बच्चों के लिए चोरी एक सम्मानित कर्तव्य है और यह आए दिन की घटना है।'[17]

सन् 1871 के अपराधी जनजाति कानून के बनाने वालों ने इस पूर्वग्रह के साथ अपना काम शुरू किया कि कुछ जनजातियाँ ऐसी हैं जिनका पेशा ही मुख्य रूप से अपराध करना है। इसे वायसराय परिषद में 1871 में कानून और व्यवस्था के लिए प्रभारी सदस्य जे.वी. स्टीफेन्स के एक बेहूदा वक्तव्य से समझा जा सकता है। उन्होंने कहा था—'भारत की विशेषता उसकी जाति-व्यवस्था है। यह जिस तरह की है उसमें व्यवसाय जाति से निर्धारित होता है। बढ़ई का परिवार बढ़ई होगा। एक सदी से अगर वे जीवित रहते हैं तो पाँच सदियों तक इसे ध्यान में रखते हुए व्यावसायिक अपराध का अर्थ स्पष्ट हो जाता है। इसका अर्थ यह हुआ कि एक जनजाति जिसके पूर्वज अनन्तकाल से अपराध करते रहे हों, उन्हें अपराध करना ही है, यही उनकी नियति है, उनके वंशज कानून तोड़ते रहेंगे तब तक जब तक पूरी जनजाति नष्ट नहीं हो जाती या ठगों की तरह कुचल नहीं दी जाती।'[18]

अपराधी जनजाति कानून की आलोचना करते हुए सुविख्यात समाजसेवी और भारत की जनजातियों और उनकी समस्याओं पर कई पुस्तकों के लेखक वेनेताकुंटी राघवैया ने कहा है—'जाति व्यवस्था के ऐसे विचित्र और व्यर्थ के विचारों और अपराध की कथित आनुवंशिकता के बीच जन्म लेने वाला यह कानून पारिवारिक शान्ति को नष्ट करता है, मानव जीवन में कटुता का संचार करता है और सबसे

अधिक—एक बार का अपराधी हमेशा अपराधी रहेगा—जैसे अत्यन्त मिथ्या सिद्धान्त तक ले जाता है।'[19] यही कारण है कि इस कानून और इसके अन्तर्निहित सिद्धान्त की न्यायशास्त्रियों और राजनेताओं ने समान रूप से भर्त्सना की है। मद्रास हाईकोर्ट के पूर्व कार्यवाहक मुख्य न्यायाधीश एम.वी. सुब्बाराव ने अपराधी जनजाति कानून का विवेचन इन शब्दों में किया—'ऐसे कानून रहे हैं जो प्रगतिशील भारत की चेतना को आहत करते हैं। यथा, अपराधी जनजाति कानून है जो हमेशा संविधान की अवमानना करता है।'[20] एक अन्य अवसर पर, टिन्नेवली में 5 मई, 1937 में हुए अपराधी जनजाति सम्मेलन के नाम अपने सन्देश में न्यायमूर्ति सुब्बाराव ने घोषणा की : 'मैं चाहता हूँ कि अपराधी जनजाति कानून के आपत्तिजनक प्रावधान हटा दिए जाएँ। यह कानून कुछ लोगों को जन्मत: अपराधी मानता है और जो कानून जन्म या किसी विशिष्ट जाति को अपराधी बना देता है, उससे अधिक मानवता के लिए अपमानजनक और क्या हो सकता है!'[21] बिहार के पूर्व राज्यपाल एम.एस. अणे ने सन् 1939 के अखिल भारतीय अपराधी जनजाति सम्मेलन की अध्यक्षता करते हए कहा था, 'काफी सोच-विचार के बाद हमने किसी एक पथभ्रष्ट सदस्य के आचरण के एवज में पूरी जनजाति को नामांकित करने का विरोध किया है और अमानवीय बन्दिशों पर आपत्ति उठाई है।'[22] अखिल भारतीय हरिजन सेवक संघ के सचिव ठक्कर बापा ने टिप्पणी की कि 'अपराधी जनजाति कानून हमारे संविधान पर एक बदनुमा दाग है।'[23] उन्होंने कांग्रेस और गैरकांग्रेसी लोगों से अपील की कि वे 'हमारे देशवासियों में इतने ज्यादा उपेक्षित लोगों के साथ न्याय करने वाले कानून बनाएँ, जो कभी जन्म से अपराधी नहीं थे और न ही हो सकते हैं।'[24]

देशबन्धु कोंडा वेंकटापिया पन्तुलू ने इसे 'अत्यन्त अमानवीय कानून बताया जो अपनी उपयोगिता खो चुका है।'[25] न्यायमंत्री के.एन. काटजू ने कहा था कि अपराधी जाति के मासूम बच्चों को अपराधी कहना ईश्वर और मनुष्यता का अपमान है।[26] इसके अतिरिक्त पंडित जवाहर लाल नेहरू, जो आदिवासी जनों के प्रति अगाध स्नेह और सहानुभूति रखते थे, इस कानून को पैशाचिक और नागरिक स्वतंत्रता के लिए घातक मानते थे।

साँसी जाति की आपराधिक गतिविधियों को पुलिस आयोग की सिफारिशों में खतरनाक और शरारतपूर्ण बताया गया था। इस आयोग की नियुक्ति उत्तर पश्चिम प्रान्त द्वारा की गई थी। इन्हें मानते हुए भारत सरकार ने अपराधी जनजातियों के प्रति अपने दृष्टिकोण को और अधिक कठोर कर लिया। तदनुसार सन् 1897 में अपराधी जनजाति कानून में संशोधन किए गए। इनके द्वारा अपराधी जनजाति के दूसरी या तीसरी बार सजा पाने वाले सदस्यों के उल्लिखित अपराधों के लिए दंड निर्धारित किए गए और प्रान्तीय सरकारों को यह अधिकार दिया गया कि चार से अठारह वर्ष तक आयु के बच्चों को असाध्य अपराधी माता-पिता से अलग करके

सुधार बस्तियों में भेजा जा सकता है। ये बस्तियाँ अपराधी जनजाति के बच्चों के लिए विशेष रूप से बनाई गई थीं।[27]

भारत के पुलिस आयोग (1902-03) ने इस कानून की खामियों से भारत सरकार को अवगत कराया और अपने सुझाव दिए। उसका कहना था कि अपराधी जनजाति कानून में यह विशेष प्रावधान किया जाना चाहिए कि पुलिस जहाँ भी आवश्यक हो, अनुसूचित अपराधी गिरोहों का सामान्य पंजीकरण कर सके और वयस्क पुरुष सदस्यों के अँगूठे की छाप ले सके। इन सिफारिशों के मद्देनजर सन् 1911 में नया अपराधी जनजाति कानून बना और इसने सन् 1871 के कानून की जगह ली।[28] लेजिस्लेटिव काउंसिल में विधेयक प्रस्तुत करते समय होमयेबर ने कहा कि सन् 1871 का कानून कभी भी सन्तोषजनक नहीं था। अपराधी जनजातियों का उनका वर्गीकरण निम्नानुसार था :

1. ऐसी जनजातियाँ जो मूलत: अपराधी थीं, लेकिन अब उन्होंने ईमानदारी के पेशे अपना लिये हैं। यद्यपि उनके कुछ व्यक्ति अभी भी अपराध वृत्ति से जीवन-यापन करते हैं। उदाहरण के लिए नेल्लोर जिले के यनाडी अब खेती करते हैं या घरेलू नौकर जैसे पेशे उन्होंने अपना लिये हैं। इसी तरह, येरुकला अपनी पारम्परिक और आनुवंशिक जीवनशैली छोड़कर गाँवों में रहने लगे हैं। शिक्षा का उनके बीच धीरे-धीरे प्रसार हो रहा है, इसलिए वे गाँवों में स्थिर जीवन व्यतीत कर रहे हैं और उन्होंने कृषि से सम्बन्धित पेशे अपना लिये हैं।
2. वे जनजातियाँ जिनके आवास निश्चित हैं और जो दिखाने के लिए किसी तरह का काम-धन्धा करते हैं लेकिन समय-समय पर दूर की जगहों पर जाकर डकैतियाँ और चोरियाँ भी कर लेते हैं।
3. घुमन्तू जनजातियाँ जो निरन्तर चलती रहती हैं और अपराध करती हैं।

कानून में कहा गया था, 'यदि स्थानीय शासन को इस विश्वास के कारण मिलें कि कोई जनजाति, गिरोह अथवा व्यक्तियों का समूह गैर जमानती अपराध निरन्तर करते रहने का आदी हो गया है तो प्रान्तीय सरकार गजट में सूचना प्रकाशित करके ऐसे व्यक्तियों अथवा समूहों को अपराधी जनजाति घोषित कर सकती है।'[29] कानून में अपराधी समूह की पहचान की व्यवस्था भी की गई थी। इस कानून के दो उल्लेखनीय पहलू थे—पंजीयन और पुनर्वास।

प्रान्तीय शासन जिला दंडाधिकारी को निर्देशित कर सकता था कि वह किसी भी जनजाति के सदस्यों अथवा अपने जिले में उसके किसी भी भाग का एक रजिस्टर तैयार करे। यह रजिस्टर जिले के पुलिस अधीक्षक के पास रखा जाता था। जिला मजिस्ट्रेट को यह भी अधिकार प्राप्त था कि वह अपराधी जनजाति के किसी भी सदस्य की अँगुलियों की छाप कभी भी ले सकता था या यह दायित्व अपने किसी अधीनस्थ

को सौंप सकता था। कानून में यह व्यवस्था थी कि अपराधी जनजाति के सदस्यों को प्रतिदिन पुलिस के सामने हाजिर होना पड़ेगा और अपने निवास का पता बताना होगा।

दूसरा पहलू था इन जनजातियों के आवागमन को सीमित करने के लिए उन्हें बस्तियों में बसाना। इसके अनुसार वायसराय की परिषद अथवा प्रान्तीय शासन के पास यह अधिकार था कि वे औद्योगिक, कृषि या सुधार बस्तियाँ बसा सकते थे। इस कालावधि में आपराधिक व्यवहार में कई परिवर्तन हुए थे। ऐसे अपराधी जो अब तक लुटेरा बन घूमते हुए लूटपाट करते रहे थे, अब पास ले आए गए और उनकी अपराध प्रवृत्ति को ध्यान में रखते हुए उन्हें विभिन्न बस्तियों में बसाया गया। सन् 1912-13 के वर्ष में आवश्यक वस्तुओं की महँगाई के कारण अपराध बहुत अधिक बढ़ गए थे। मद्रास प्रेसीडेंसी के विभिन्न जिलों में डकैती, लूटपाट और चोरी की घटनाएँ अधिक हो रही थीं।[30] सांख्यिकी दृष्टि से सन् 1912-13 में घुमन्तू अपराधी गिरोहों में 487 पुरुष, 754 महिलाएँ और 1099 बच्चे थे, जिनमें से 162 को सजा मिली थी। अपराधों में वृद्धि के दो प्रमुख कारण बताए जाते हैं। वस्तुओं की मूल्यवृद्धि अपराध वृद्धि में सहायक कारण था और दूसरा यह कि कुछ जिलों में अपराधियों पर पुलिस नियंत्रण की कमी थी। अपराधी गिरोहों की बसाहट में काफी प्रगति हुई। बारह जनजाति समूह अपराधी जनजाति कानून के अन्तर्गत अपराधी जातियाँ घोषित की गईं। इनमें से आठ समूहों के प्रत्येक सदस्य को यह आदेश दिया गया कि वे धारा 10 बी. के अन्तर्गत अपने निवास, इसमें किसी परिवर्तन या कहीं और जाने की सूचना दें।[31] इस तरह उनके विरुद्ध कड़ी कार्रवाई की गई। कुल मिलाकर 3,315 व्यक्तियों को आपराधिक आचरण के लिए मजिस्ट्रेट के सामने लाया गया और उनमें से 71.3 प्रतिशत जमानत पर छूटे। सन् 1914-15 में अच्छी फसल आने से खाद्यान्नों की कीमतों में कुछ कमी आई और उसके बाद इन आपराधिक गतिविधियों में भी कुछ कमी आई। इस आधार पर यह निष्कर्ष निकाला जा सकता है कि समाज की आर्थिक स्थितियों से अपराध का सीधा गहरा सम्बन्ध है। साथ ही, पुलिस की चौकसी का भी इस समय की अपराध घटनाओं पर काफी प्रभाव पड़ा। अपराधी गिरोहों के सदस्यों को उनके लिए बनाई गई बस्तियों में ले जाकर बसाने और अपराधी जनजाति कानून के अन्तर्गत कुछ जनजातियों का पंजीकरण करने से भी अपराधों में कमी आई।[32] इसके प्रभाव लाभदायक थे। सन् 1912-13 के अन्त तक धारा 16 के अन्तर्गत पाँच बस्तियाँ स्थापित हो चुकी थीं।[33]

मद्रास प्रेसीडेंसी में सफलतापूर्वक कार्यरत पाँच बस्तियों के अलावा गुंटूर में स्टुअर्टपुरम और दक्षिण अरकोट में स्टुअर्टपेट में दो अन्य बस्तियाँ अधिसूचित की गईं। तथापि, इन बस्तियों के रहवासियों को कोई रोजगार नहीं मिल पाया। इसलिए सरकार ने बस्ती प्रबन्धकों के साथ परामर्श के बाद पहल करते हुए इनको अनामाल्या में वृक्षारोपण के लिए भेज दिया। तदनुसार, नेल्लोर जिले

की कालीचेदु और कावाली बस्तियों से 165 सदस्य अनामाल्या भेजे गए और वृक्षारोपण में लगा दिए गए।

सन् 1918 में एक बार फिर नकबजनी और सामान्य चोरियों की शक्ल में अपराधों की घटनाओं में वृद्धि हो गई। इस वृद्धि का कारण युद्ध के कारण होने वाली मूल्य स्फीति थी। आर्थिक स्थितियों में हो रहे तनाव के कारण, प्रेसीडेंसी के लगभग सभी जिले फिर से आपराधिक गतिविधियों के शिकार हो गए।[34]

अपराधी जनजाति कानून के अन्तर्गत नामांकित अपराधियों के आचरण पर निगाह रखने के लिए कई जगहों पर अस्थायी चौकियाँ बनाई गईं। अपराधी बस्तियों पर रेल और अपराध-अन्वेषण विभागों की सामान्य निगरानी तो चल ही रही थी। सन् 1919 में अपराधी बस्तियों की देखरेख का क्षेत्राधिकार श्रम आयोग को दे दिया गया। दिसम्बर 1919 में भारत में अपराधी जनजाति कानून के क्रियान्वयन की समीक्षा के लिए अखिल भारतीय स्तर पर अपराधी जनजातियों का एक सम्मेलन सम्पन्न हुआ। सन् 1919-20 में अपराधी बस्तियों के कार्य की आगे और समीक्षा भारतीय जेल जाँच समिति द्वारा की गई। समिति की सिफारिश थी कि किसी भी व्यक्ति को अपराधी जनजाति वर्ग में नामांकित करने से पहले उसकी औपचारिक जाँच कर लेनी चाहिए।[35] इस समिति की महत्त्वपूर्ण सिफारिश यह थी कि अपराधी बस्तियों का अन्तिम लक्ष्य अपराधियों का सुधार होना चाहिए जिससे वे अन्ततः सामान्य समाज में घुल-मिल सकें।[36] बस्ती द्वारा अपराधी को एक अवसर दिया जाना चाहिए ताकि वह ईमानदार नागरिकों के बीच फिर से अपनी जगह बना सके। यह सिफारिशें स्वीकार कर ली गईं। सन् 1923 में एक बार फिर अपराधी जनजाति कानून में संशोधन हुए।

इन संशोधनों के द्वारा बस्ती के प्रबन्धक को यह दायित्व सौंपा गया कि वह रहवासियों के लिए रोजगार की व्यवस्था करे और रोजगार भी ऐसे हों जिसमें उन्हें ज्यादा कष्ट नहीं उठाना पड़े। इसके अतिरिक्त संशोधन में जेल जाँच समिति की यह बात भी मान ली गई कि पुलिस को बस्ती से दूर रखा जाए और बस्ती की रक्षा का जिम्मा जहाँ तक सम्भव हो बस्ती के विश्वस्त सदस्यों के पास ही रहे। यदि बस्ती में कुछ असाध्य सदस्य हैं तो उन्हें अन्यत्र विशिष्ट स्थानों पर स्थानान्तरित कर दिया जाए। उन्हें इस सम्बन्ध में अलग से प्रेरणा और प्रशिक्षण मिल सके। भारतीय जेल समिति और अखिल भारतीय अपराधी जनजाति सम्मेलन की सिफारिशों को ध्यान में रखकर भारत सरकार ने सन् 1924 का कानून बनाया जो उसी वर्ष पारित भी हो गया। इस कानून में सन् 1911 के पुराने कानून के प्रावधान, तत्पश्चात हुए संशोधन और जेल समिति के प्रतिवेदन और अपराधी जाति के सभी कानूनों की मुख्य-मुख्य बातों का समन्वय किया गया था। सन् 1924 के कानून का पालन इस तरह किया जाना था जिससे (1) अपराधों को प्रभावशाली ढंग से रोका जा सके, (2) मजूरी

और आवास के मामलों में अपराधी जातियों के साथ समुचित व्यवहार हो और (3) उनका उद्धार हो सके।

अपराधी जनजाति कानून सन् 1871 से लेकर आगे लगभग अस्सी वर्ष तक प्रभावशाली रहा। इस अवधि में इनके क्रियान्वयन से ज्ञात होता है कि इनका मनमाना और प्राय: दमनकारी रूप में इस्तेमाल किया गया। इस कानून द्वारा किसी अनुसूचित जनजाति के सभी सदस्यों को सिर्फ इसलिए अपराधी घोषित कर दिया गया क्योंकि उनका कसूर यही था कि उन्होंने एक विशेष समुदाय में जन्म लिया है। राज्य ने उन पर अनेक प्रतिबन्ध लगाए और वे पुलिस की निगरानी के बगैर स्वच्छन्द विचरण तक भी नहीं कर सकते थे। सभी जनजातियों को अपराधी मानने पर उत्तर प्रदेश, मद्रास, बम्बई और बिहार राज्यों की जनता ने भारी विरोध किया। इसे देखते हुए, अपराधी जनजाति कानून वापस ले लिया गया और उसकी जगह अभ्यस्त अपराधी कानून ने ली।[37] तथापि सन् 1924 कानून को अन्तिम रूप से निरस्त करने से पहले मद्रास प्रेसीडेंसी में सन् 1943 और सन् 1945 में इसमें संशोधन किए गए। इन संशोधनों से अपराधी जनजाति कानून के प्रावधानों को उदार बनाया गया। इन संशोधनों के अनुसार अपराधी जनजातियों को 'डिनोटीफ़ाइड समुदाय' या 'डिनोटीफ़ाइड ट्राइब्स' का नाम मिला। कानून के तेइसवें अनुच्छेद के अन्तर्गत नोटीफाइड जनजाति के किसी भी सदस्य को, जो किसी भी अपराध में नामित हो, राज्य सरकार यह निर्देश दे सकती है कि उसे मुकदमे के बाद बस्ती में रखा जाए अथवा नोटीफाइड जाति के किसी भी सदस्य को जो कारावास काट रहा है किसी बस्ती में भेज सकती है। अपराधी जनजाति कानून के सत्रहवें अनुच्छेद में यह व्यवस्था है कि बच्चों को मद्रास बाल कानून 1920 के अन्तर्गत प्रमाणीकृत स्कूलों में अथवा औद्योगिक, कृषि या सुधार विद्यालयों में ही रखा जाए। अपराधी जनजाति कानून मद्रास प्रेसीडेंसी में अन्तिम रूप से 1948 में बदल दिया गया।[38]

सन्दर्भ

1. देखें, क्लेरेंस डारो : *क्राइम : इट्स कॉजेज़ एंड ट्रीटमेंट* (लन्दन, 1934), वेणुगोपाल राव द्वारा उद्धृत— *फेसेट्स ऑफ़ क्राइम इन इंडिया* (नई दिल्ली, 1962) पृ. 10
2. ए.एन. शर्मा का लेख 'मैन एंड क्राइम' (हैदराबाद से प्रकाशित होने वाले पाक्षिक *मैनकाइंड* में, खंड 2 संख्या 11 और 12 जून-जुलाई, 1958) पृ. 977
3. देखें, सीजर लोम्ब्रोसो का निबन्ध 'ए क्रिमिनल—ए बॉर्न टाइप' (क्लाइड बी. वेट्टार ओौर अन्य (सम्पादक) *क्रिमिनोलॉजी—ए बुक ऑफ़ रीडिंग* (न्यूयॉर्क, 1953) पृ. 139
4. देखें, सदरलैंड एंड क्रीसी : *प्रिंसिपल्स ऑफ़ क्रिमिनोलॉजी* (न्यूयॉर्क, 1955) पृ. 12
5. देखें, सीरिल बर्ट : *द यंग डेलीक्वेंट* (लन्दन 1938) एन. वेणुगोपाल राव द्वारा उद्धृत पूर्वो. पृ. 13

6. देखें, एस. वेणुगोपाल राव—भूमिका, पूर्वोद्धृत।
7. देखें, ए.एन. शर्मा, पूर्वोद्धृत पृ. 976-77। उनके अनुसार जो यह कहते हैं कि वंशानुगत प्रवृत्ति ही एकमात्र तथ्य है, यह दृष्टिकाण उनके जनांकिकी तर्क पर आधारित है, जो कहता है कि सन्तान को पचास प्रतिशत जीन्स माँ-बाप से मिलते हैं और अन्य पचास प्रतिशत पूर्वजों से। व्यक्ति के निर्माण में आनुवंशिकता की अपेक्षा पर्यावरण की अधिक बड़ी भूमिका रहती है। यह मतवाद मानता है कि मनुष्य को अच्छा या बुरा बनाना पर्यावरण पर ही निर्भर है।
8. एम.के. गांधी : *हरिजन* (अहमदाबाद से प्रकाशित) खंड 4 संख्या 25 (अगस्त, 1936) पृ. 200
9. लवानम और अन्य : नोट्स एंड रिफ्लेक्शंस ऑन अवर वर्क इन रिहेबलिटेशन ऑफ़ एक्स-क्रिमिनल्स ट्राइब्स इन सेटलमेन्ट्स (गांधी शान्ति प्रतिष्ठान, विजयवाड़ा में वितरित शोधपत्र 1976)।
10. वही। जब अंग्रेजों ने भारत की समस्याओं को जाति के दृष्टिकोण से देखना शुरू किया तो वे अपराधियों की जातियों पर ध्यान देने लगे। उन्होंने पाया कि कुछ जातियों में अपराधियों की संख्या अधिक है, और अपराध उनकी आनुवांशिक परम्परा के अनुसार अपराध एक पीढ़ी दूसरी पीढ़ी को सौंपती है। *चतुषष्ठी कलालु* में चोरी को ललित कलाओं में से एक समझा जाता है। संस्कृत कवि शूद्रक के नाटक *मृच्छकटिकम्* में चोरी को एक स्वीकृत कला बताया गया है।
11. देखें, चन्द्रभाल त्रिपाठी का निबन्ध : डिनोटीफ़ाइड कम्यूनिटीज़ ऑफ़ राजस्थान, *वन्यजाति* खंड 11 संख्या 1 (जनवरी 1965) पृ. 22-26।
12. वही
13. देखें, द क्रिमिनल ट्राइब्स एक्ट इंक्वायरी कमेटी 1949-50 पृ. 34। वायसराय परिषद के सदस्य जे.वी. स्टीफेन्स ने कहा था : वहाँ पचास वयस्क मीणा रहते हैं, दूर जाकर लूटना उनका पेशा और जीविकोपार्जन का साधन है। भूमिगत सुरंगों में वे गाय, भैंस और बकरियाँ पालते हैं, यही उनकी सम्पत्ति है। उनके पास किसी चीज की कमी नहीं है। उनके शादी-समारोहों और अन्य आनन्द और धार्मिक आयोजनों पर खुल कर खर्च किया जाता है। मांस उनका आहार और शराब उनका पेय है। उनकी स्त्रियाँ चाँदी और सोने के जेवर पहनती हैं। भारत में डिनोटीफ़ाइड जनजातियों को यह सम्मान अंग्रेजों ने दिया है।
14. वही पृ. 3-4
15. देखें, वाई.सी. सिम्हाद्री का निबन्ध : चेंजिंग बिहेवियर ऑफ़ एन एक्स-क्रिमिनल ट्राइब इन एन इंडियन विलेज (*इंडियन जनरल ऑफ़ क्रिमिनोलॉजी* खंड 4, संख्या 1 जनवरी, 1976)।
16. द रिपोर्ट ऑफ़ द क्रिमिनल ट्राइब्स एक्ट इन्क्वाइरी कमेटी 1949-50। पूर्वो. पृ. 4
17. वही, वायसराय परिषद में हुई बहस के अंश। इसमें आगे कहा गया था 'उदाहरण के लिए सोनारी एक घुमन्तू जनजाति है, जिसके बच्चों को व्यवस्थित रूप से चोरी करने का प्रशिक्षण दिया जाता है और जो बाद में उनका पेशा बन जाता है। इन बच्चों का कौशल और बुद्धिमत्ता बहुत सराहनीय है और यह दुखद सत्य है कि इसका उपयोग सही और अच्छे कामों में न होकर अपराधी दिशा में किया जाता है।
18. बी. राघवैया : *द प्रॉब्लम ऑफ़ क्रिमिनल ट्राइब्स* (नेल्लोर 1943) पृ. 6
19. वही
20. वही, पृ. 11

21. वही
22. वही
23. वही, पृ. 12
24. वही
25. वही
26. वही, पृ. 13
27. लेकिन यह समस्या आज भी बनी हुई है। बच्चों को आज भी उनके परम्परागत पेशे का ज्ञान और कौशल उनके पिता द्वारा सिखाया जा रहा है अर्थात चोरी, रेल डिब्बों की लूट, जेब काटना, इत्यादि।
28. देखें, डी. रंगैय्या का निबन्ध 'येरुकलाज-ऐरुकलाज़', (*ट्राइब्स ऑफ़ इंडिया,* सम्पादक ए.वी. ठक्कर, दिल्ली 1950) पृ. 6-10
29. उद्धृत : 1884 एक्ट ऑफ़ द गवर्नमेंट ऑफ़ इंडिया, 189 फोर्ट सेंट जॉर्ज गजट (सप्लीमेंट) दि. 3 अप्रैल, 1894। (तमिलनाडु आर्काइव्ज़)
30. डकैतियों की संख्या 479 से बढ़कर 541 हो गई, लूटपाट 868 से बढ़कर और केवल मदुरई जिले में ही नकबजनी की 590 घटनाएँ हुईं। देखें, मद्रास एडमिनिस्ट्रेशन रिपोर्ट 1912-13 (मद्रास 1913) पृ. 24
31. देखें, मद्रास एडमिनिस्ट्रेशन रिपोर्ट 1913-14 (मद्रास 1915) पृ. 22-25। जनजातियों में से पाँच को कानून के सोलहवें अनुच्छेद के अन्तर्गत बस्ती में सीमित कर दिया गया।
32. यह उल्लेखित है कि साल्वेशन आर्मी गुंटूर जिले के बेथापुरी में कृषि बस्ती और मद्रास तथा गुंटूर में बन्दी आवास का प्रबन्धन करती थी।
33. मद्रास एडमिनिस्ट्रेशन रिपोर्ट 1914-15 (मद्रास 1915) पृ. 31। गम्भीर अपराधों में बढ़त का सम्बन्ध खाद्य पदार्थों की महँगाई से था। इस सम्बन्ध में मद्रास एडमिनिस्ट्रेशन रिपोर्ट 1925-26 भी दृष्टव्य है (मद्रास 1927) पृ. 38-44
34. मद्रास शहर और गोदावरी, कृष्णा, गुंटूर, नेल्लोर, कुरनूल, अनन्तपुर, कुडप्पा, मदुरई और नीलगिरि जिलों में अपराध बढ़ गए। देखें, मद्रास एडमिनिस्ट्रेशन रिपोर्ट 1918-19। (मद्रास 1920) पृ. 24
35. रिपोर्ट में कहा गया था कि हमें यह भी वांछनीय प्रतीत नहीं होता कि जेल में आने वाले जनजाति के प्रत्येक व्यक्ति को उसके पिछले अपराध के और साक्ष्य के बिना ही स्वत: एक अभ्यस्त अपराधी मान लिया जाए। देखें, रिपोर्ट ऑफ़ द इंडियन जेल्स इंक्वायरी कमेटी 1919-20। इन सभी सिफारिशों का उद्देश्य किसी कैदी को समुचित सुधारात्मक संयम, अनुशासन और निर्देशन में रखना था जिससे वह नियंत्रण और संयम सीख सके।
36. वही
37. द मद्रास रजिस्ट्रेशन ऑफ़ हेबीचुअल ऑफेंडर एक्ट 29 अप्रैल, 1948 को प्रभावी हुआ और उसकी नियमावली फोर्ट सेंट जॉर्ज गजट में 22 नवम्बर, 1949 को प्रकाशित हुई। कानून के अन्तर्गत 2,770 व्यक्ति अधिसूचित किए गए जिनमें से 2,467 नोटीफाइड ट्राइब्स एक्ट के अन्तर्गत आते थे। अन्य प्रेसीडेन्सियों में भी क्रिमिनल ट्राइब्स एक्ट का स्थान हेबीचुअल ऑफेंडर्स एक्ट ने ले लिया।
38. देखें, मद्रास एडमिनिस्ट्रेशन रिपोर्ट 1948-49 (मद्रास, 1949) पृ. 35। बिट्रगुंटा और चिन्तलदेवी की बस्तियाँ सन् 1948 के अगस्त और नवम्बर महीनों में क्रमश: समाप्त कर दी गईं।

अध्याय-9

कप्परल्ला टिप्पा बस्ती का उद्भव और विकास

समाजशास्त्रियों और नृतत्वविज्ञानियों ने उन सामाजिक और नृवंशीय समुदायों को 'अपराधी जनजाति' की संज्ञा दी है जो अपराध सम्बन्धी गतिविधियों में भाग लेते हैं। ये जनजातियाँ भारत के सभी क्षेत्रों में मिलती हैं। अपराध उनकी जीवनशैली है। उन्हें अपराधी गतिविधियों से विमुख करने के लिए ब्रिटिश सरकार ने कुछ चुने हुए स्थानों पर उनके लिए कुछ बस्तियाँ बसाई थीं। आज भी वे बहुत अधिक गरीब हैं, कुछ निर्धनता से पीड़ित हैं लेकिन उनके पेशों में कोई बदलाव नहीं हुआ है।

जिन अपराधी जनजातियों का अस्तित्व है, उन्हें विभिन्न क्षेत्रों में अलग-अलग नाम दिए गए हैं। इन अपराधी जनजातियों की कुल आबादी का आकलन विभिन्न राज्यों में किया गया है और यह संख्या कुल मिलाकर साठ लाख के आसपास होती है। मद्रास प्रेसीडेंसी के आन्ध्र परिक्षेत्र के सभी प्रमुख जिलों में अपराध-उन्मुखताओं का लेखा-जोखा तैयार किया गया था। गम्भीर अपराधों में वृद्धि का कारण मूल्यवृद्धि और स्थानीय अपराधियों के उचित नियंत्रण का अभाव रहा।

सन् 1911 के कानून के अन्तर्गत बाट जनजाति समूहों को 'अपराधी जनजाति' घोषित किया गया था और अनुच्छेद 10 बी के अन्तर्गत इनमें से आठ को यह आदेश दिया गया कि वे अपने निवास स्थान, उसमें किसी परिवर्तन और वहाँ से अपनी अनुपस्थिति की सूचना देते रहें।[1] कानून के अनुच्छेद सोलह के अन्तर्गत उनमें से पाँच जनजातियों को बस्तियों में सीमित कर दिया गया। मद्रास प्रेसीडेंसी की विभिन्न बस्तियों में रहने वालों की कुल संख्या सन् 1914 वर्ष के अन्त में 3,117 थी।

भारत में अपराधी जनजातियों के पुनर्वास का दायित्व लेने के लिए ब्रिटिश सरकार के आमंत्रण पर तीन मानवसेवी सामाजिक संगठन आगे आए। ये थे साल्वेशन आर्मी, लन्दन मिशन और अमेरिका का बॅपटिस्ट मिशन।[2] साल्वेशन आर्मी (मुक्ति-सेना) ने भारत सरकार के समक्ष यह प्रस्ताव रखा कि अपराधी जातियों की मुक्ति के लिए

मद्रास प्रेसीडेंसी में एक औद्योगिक बस्ती की स्थापना की जाए। पंजाब सिविल सेवा के एक पूर्व अधिकारी एफ. बूथ टुक्कर ने इस पर अनेक लोगों से चर्चा की। स्वेच्छा से समर्पण करने वाले और जेल में बन्द माता-पिताओं की सन्तानों और अनाथ बच्चों से बात की। मद्रास सरकार ने मुक्ति-सेना के प्रस्ताव को स्वीकार करते हुए विजयवाड़ा के सीतानगरम में एक अपराधी जनजाति बस्ती बनाई, बाद में चिराला के पास बेथापुड़ी में एक और बस्ती स्थापित की गई।[3] कप्परल्ला टिप्पा की स्थापना पर विचार करने से पहले हम आन्ध्र प्रदेश में अन्य स्थानों—स्टुअर्टपुरम (गुंटूर जिलार), सीतानगरम (कृष्णा जिला), सिद्धपुरम (कुरनूल जिला) पर सुधार बस्तियों की स्थापना और संगठन का एक सतही इतिहास देखने का प्रयत्न करेंगे।

स्टुअर्टपुरम बस्ती

यहाँ के रहवासी एरुकुला हैं। मुक्ति-सेना ने यह बस्ती सन् 1914 में बनाई थी। दुर्भाग्य से, इसके प्रबन्धक मेजर ए.आर. गेल ने बस्ती को ईसाइयत का रंग दे दिया। सन् 1955 के बाद परिस्थिति बदली है, जब इसका प्रबन्धन आन्ध्र प्रदेश सरकार के पूरे समर्थन से मुक्ति-सेना के पास आया। शासन और राजस्व अधिकारियों ने कुछ राहत के कदम उठाए, पूर्व अपराधी बस्ती में ही रह रहे थे। सन् 1956 से पहले बस्ती के अपराधियों की भौतिक उपस्थिति का सत्यापन करने के लिए वहाँ एक चौकी बनाई गई थी। अब उसे हटा लिया गया है। उसके स्थान पर इन पर निगरानी रखने के लिए बेडुलापल्ली में एक पुलिस थाना बनाया गया है—जो अब स्टुअर्टपुरम में स्थानान्तरित हो गया है। जब गुंटूर जिले के तत्कालीन पुलिस अधीक्षक एम.वी. थॉमस 25 नवम्बर 1973 को एक नकबजनी की खोजबीन के सिलसिले में स्टुअर्टपुरम गए थे तो वहाँ की महिलाओं ने उन्हें उन परिस्थितियों से अवगत कराया जो उनके सामने थीं। उन्हें जेल में बन्द अपने पतियों के बिना रहना पड़ रहा था। उन्होंने अपने अपराधी जीवन की जानकारी भी दी। उन्होंने वायदा किया कि यदि उन्हें पुलिस प्रताड़ना से मुक्त कर दिया जाए और किसी रोजगार में लगा दिया जाए तो वे अपराध के रास्ते पर नहीं चलेंगी। उनमें से कठोर अपराधिनों ने बताया कि वे लूट का माल खरीदने वालों और गाँव के बड़े-बूढ़ों के रहमो-करम पर हैं, जिन्होंने उनकी छोटी-मोटी जमीनें अपने नाम लिखवा ली हैं। इतना ही नहीं, वे अपराध करने के लिए उन्हें पैसा भी देते हैं।

अपराधी पृष्ठभूमि वाले येरुकलाओं ने अब अपने बीच से 'पाँच व्यक्तियों की समिति' गठित कर ली है, यह समिति बस्ती के अपराधियों की उपस्थिति का सत्यापन और अपराधों के अन्वेषण में पुलिस की सहायता करती है। जब राज्य के शिक्षा मंत्री एम.बी. कृष्णराव 27 जनवरी, 1974 को बस्ती में आए तो रहवासियों

ने उनसे निवेदन किया कि वे अपराध के दायरे से बाहर आने के लिए तैयार हैं यदि सरकार उन्हें जीविका के बेहतर साधन दे और कल्याणकारी उपायों के रूप में उनके प्रत्येक परिवार के लिए पर्याप्त कृषि योग्य भूमि, कृषि उपकरण, बेघरों को रहने के लिए मकान, उनके बच्चों के लिए शिक्षा और बुनियादी साधन जैसे बिजली, स्वास्थ्य-सेवा तथा पूर्व अपराधियों की महिलाओं के लिए रोजगार की व्यवस्था कर सके। उन्होंने यह माँग भी रखी कि आवश्यकता होने पर उन्हें कानूनी सहायता मिलने की भी व्यवस्था की जाए।

इन समूहों के अनेक लोगों ने जीविका के लिए दैनिक आय प्राप्त हो जाने पर अपने ईमानदार जीवन-यापन की इच्छा भी व्यक्त की। जहाँ वैकल्पिक व्यवस्था की गई है वहाँ अपराधों में कमी आई है। ये जनजातियाँ, विशेष रूप से एरुकुला विवेकयुक्त, कड़ी मेहनत करने वाले और लगनशील लोग हैं। यदि उनकी प्रतिभा को शान्तिपूर्ण और उत्पादक दिशा में मोड़ा जा सके तो उसके लाभ मिलेंगे और इन पर व्यय किए जाने वाला राज्य का खर्च भी कम होगा। वैसी सुविधाएँ जो वर्तमान में अनुसूचित जाति और जनजातियों के वर्ग के लिए है, ऐसी सुविधाएँ इन लोगों तक भी पहुँचनी चाहिए। उन्हें सामाजिक और नैतिक मार्गदर्शन दिया जाए और तब वे राष्ट्र निर्माण की गतिविधियों में अपना सक्रिय योगदान कर सकेंगे। समय बीतने के साथ, वे सामान्य नागरिक बन जाएँगे और मातृभूमि की प्रगति में सहायक होंगे। शासन को इस समस्या के लिए सर्वोच्च प्राथमिकता बरतनी चाहिए और इसका स्थायी समाधान निकालना चाहिए। यदि सम्भव हो तो इसके लिए एक अलग से विभाग बनाया जाए और निर्धारित समय-सीमा में इस समस्या को हल किया जाए। स्टुअर्टपुरम या कप्परल्ला टिप्पा, सीतानगरम अथवा जहाँ कहीं भी वे हैं, ये अपराधी जो कुछ भी हों, लेकिन सामाजिक रूप से वे पिछड़े हुए, आर्थिक रूप से पददलित, निर्ममता से शोषित, सांस्कृतिक रूप से अलग-थलग और राजनीतिक दृष्टि से अस्तित्वहीन हैं। उनमें अब आत्मचेतना का उदय हो रहा है। वे अपराध-संकुल जीवन से मुक्ति चाहते हैं और अपनी सन्तानों को शिक्षित करने के इच्छुक हैं जिससे वे और उनके बच्चे मुख्यधारा के नागर-जीवन (सिविल सोसाइटी) में प्रवेश कर सकें।

सीतानगरम की बस्ती

सीतानगरम बस्ती की स्थापना सन् 1913 में बसाई थी और सन् 1933 तक मुक्ति-सेना इसका प्रबन्ध देखती थी। उसके बाद, इसका दायित्व पुलिस विभाग ने सँभाल लिया था। इस समय समाज कल्याण विभाग की ओर से एक तहसीलदार बस्ती का कामकाज देखता है। यहाँ एक व्यवस्थित पाठशाला और अस्पताल है। विजयवाड़ा के बहुत निकट होने से इस बस्ती के रहवासियों के लिए रोजगार के कई क्षेत्र खुले

हुए हैं। यहाँ के निवासी भी उसी एरुकुला जनजाति से हैं। इससे पहले एक ही छत के नीचे एक अच्छी वर्कशॉप, कई तकलियों और अन्य कई उपकरण चलते थे और अब सरकार पर इनका भार आया है। लवानम और हेमलता लवानम इन निवासियों के जीवन में बदलाव के लिए हरसम्भव प्रयत्न कर रहे हैं और उनके प्रयासों का सुखद परिणाम भी दिखाई दे रहा है।

सिद्धपुरम बस्ती

सिद्धपुरम तालाब परियोजना में पब्लिक वर्क्स डिपार्टमेंट द्वारा काम पर लगाए गए कुछ 'डोंगा बोट्टार' श्रमिकों के हितार्थ इस बस्ती की स्थापना सन् 1913 में की गई थी। मार्च 1937 तक यह एक स्वयंसेवी बस्ती थी। शासन ने सन् 1937 में इसे अपराधी जनजाति बस्ती घोषित कर दिया। ये बोट्टार वहीं बस गए और कानून के निरस्त होने के बाद भी वहाँ रह रहे हैं। आज यह एक सुप्रबन्धित बस्ती है।

इसी तरह राज्य के अन्य स्थानों पर कुछ छोटी बस्तियाँ बसाई गई हैं। उपरोक्त बस्तियों और उनके निवासियों के अनुभव के आधार पर यह भलीभाँति कहा जा सकता है कि इन रहवासियों में अधिकांश विविध स्थानों पर चले जाना चाहेंगे ताकि उन पर लगा अपराधी होने का कलंक धुल सके। यह तभी सफल होगा जब शासन उनके जीविकोपार्जन के लिए वैकल्पिक व्यवस्था कर सकेगा।

नेल्लोर जिले की प्रारम्भिक बस्तियाँ

नेल्लोर जिला दक्षिण भारत के प्राचीन विभाजन का एक भाग है। वहाँ जिले में एक बस्ती है जिसका नाम कप्परल्ला टिप्पा है। शब्द व्युत्पत्ति की दृष्टि से 'कप्परल्ला' का अर्थ 'पत्थर' और 'टिप्पा' का अर्थ 'सतह से ऊपर उठी हुई जमीन' होता है। मूल रूप से इसे एक अमेरिकी बॅपटिस्ट मिशनरी रेव. बाडेन की स्मृति में बार्डनपेट कहा जाता था जिन्होंने 50 परिवारों के सुधार का दायित्व स्वयं पर लिया था। ये परिवार कठेरा और येरुकला जनजातियों के थे जो आपराधिक गतिविधियों में अत्यधिक सक्रिय थे। उन्हें तारों से घिरे एक बाड़े में रखा गया और उनके स्वतंत्र विचरण पर किसी सीमा तक रोक लग गई। उन्हें सभी तरह की सब्जियाँ उगाने का काम दिया गया जिसके लिए कुछ पारिश्रमिक भी उनको दिया जाता था। कप्परल्ला टिप्पा की स्थापना से पहले नेल्लोर जिले में तीन अन्य अपराधी जनजातियों की बस्तियाँ थीं, जिन्हें भारत सरकार ने बनाया था। ये थीं—कालीचेदु बस्ती, कावाली बस्ती और चिन्तलदेवी बस्ती। इनमें से पहली दो हमारे इस अध्ययन के लिए उल्लेखनीय हैं।

कालीचेदु बस्ती

कथेरा जनजाति देवनागाओं के सगोत्रीय और गडाबाओं की एक उपजाति है। तेलुगु में 'कथेरा' शब्द का अर्थ कैंची[4] है, इन्हें कथेरावान्धुलु (तेलुगु शब्द) के नाम से सम्बोधित किया जाता था, जिसका आशय था कैंची चलाने वाले। 'सम्भवत: उन्हें यह सम्बोधन इसलिए मिला क्योंकि ये मेलों, उत्सवों और रेलवे प्लेटफार्मों पर चाकू और कैंचियाँ बेचते हुए मिलते थे और जब जरूरत हो तो मनकों की माला बनाते और थैलों को काटकर खोलने का काम करते थे।'[5] यह सम्बोधन पूरी तरह एक तेलुगु भाषा का है और पेशेवर जेबकतरा होने के कारण यह नाम इन्हें दिया गया है। तथापि अलग-अलग जिलों में इनके लिए भिन्न-भिन्न सम्बोधन दिए गए हैं। उत्तर अरकाट, कुडप्पा के कुछ भागों और नेल्लोर जिलों में वह दासारी भी कहलाते हैं। कुडप्पा, नेल्लारी और कुरनूल के कुछ हिस्सों में उन्हें 'डोंगा वोड्डार', 'गोला वोड्डार' और 'मुथेरीकला' भी कहा जाता है। कृष्णा और गोदावरी जिलों में उनका नाम 'पोचपा' है। दक्षिणी जिलों में वह 'अलगिरी', 'एरा' या 'थोगामलाई कोरवा' कहे जाते हैं।

यह कथेरा एक-दूसरे के प्रति वफादार होते हैं और दक्षिण भारत के निकृष्टतम अपराधी हैं। शायद उनके मिश्रित चरित्र के कारण ही उनका नाम जनसंख्या रिपोर्टों में नहीं मिलता। पुलिस ने उनके एक बड़े गिरोह को निजाम के क्षेत्र से गिरफ्तार किया था और उन्हें नेल्लोर कस्बे के पास की बस्ती में ले आई, उनके लिए कोई उपयुक्त रोजगार वह खोज नहीं पाई, इसलिए वह दान पर जीने लगे और हतोत्साहित हो गए। तत्पश्चात, गिरोह को नेल्लोर जिले के माईपाद में ले जाया गया और उन्हें कृषि व्यवसाय में लगाया गया। अपनी जीवनशैली के इस परिवर्तन से उनका सामंजस्य ठीक से नहीं बैठ पाया और चोरी छोड़कर स्थायी जीवन उन्हें नहीं भाया। इसके अलावा माईपाद में खेती के पेशे से सालभर जीवन-यापन की आश्वस्ति भी उनको नहीं मिल पाई।

इन परिस्थितियों में अधिकारियों का ध्यान अभ्रक की खदानों पर गया। कालीचेदू की अभ्रक खदानें स्थानीय एजेंट लुडविंग की देखरेख में थीं।[6] उनमें श्रमिकों की आवश्यकता थी, इसके लिए कथेरा स्त्रियाँ और बच्चे उपयुक्त थे। यहाँ पुलिस भी आसानी से चौकसी कर सकती थी। इनके बच्चों के लिए तालुका बोर्ड ने एक पाठशाला खोली। सन् 1912 में लुडविंग ने कालीचेदू गाँव अपने संरक्षण में ले लिया और उसका विकास एक बस्ती के रूप में किया। कृषि आय की अनिश्चितता इस तरह एक गैर कृषि बस्ती का कारण बनी।

कालीचेदू बस्ती का प्रयोग तीन चरणों से गुजरा। ये चरण हैं—

1. खदानों पर बसावट और औद्योगिक कौशल
2. भूमि को प्राप्त करके कृषि कार्यों का प्रशिक्षण

3. उपरोक्त चरणों से गुजरकर आने वालों को बसाना जो कहीं और के किसानों की तरह शान्तिमय बन चुके हैं।

कालीचेदू की पुलिस डोमाराओं[7] की एक छोटी बस्ती की देखभाल भी कर रही थी जिसमें लगभग चालीस परिवार रहते थे। नेल्लोर जिले के सभी कथारा कालीचेदू बस्ती में ले आए गए थे। यह कथारा जहाँ कहीं भी रहते हों, 95 प्रतिशत चोरियों के गुनाहगार थे।[8] कालीचेदू की बस्ती सन् 1912 के अन्त तक अस्तित्व में रही और उसकी आबादी लगभग एक हजार थी।[9] इन गिरोहों का दुराचार केवल मद्रास प्रेसीडेंसी तक सीमित नहीं था बल्कि बम्बई जैसे अन्य प्रान्तों तक वे सक्रिय थे।

कावाली बस्ती

वर्ष के अन्त में, नवम्बर 1912 में कावाली में एक अन्य बस्ती की शुरुआत हुई। इसमें 152 व्यक्ति रखे गए।[10] कावाली में सन् 1894 में रेव. ई. बुलार्ड के नेतृत्व में एक अमेरिकी बॅपटिस्ट चर्च की स्थापना हुई थी। सन् 1912 में पुलिस अधिकारियों की सहमति से रेव. बुलार्ड ने बीस एरुकुला परिवारों का दायित्व स्वीकार किया और कावाली में औद्योगिक एरुकुला बस्ती की नींव डाली।[11]

यह येरुकला घुमन्तू होते हैं। इन्हें अपनी रोजी-रोटी पाना आसान लगता है। वे किसी गाँव से बाहर खुले आसमान के नीचे तम्बू गाड़कर बसेरा करते हैं। सिद्धान्ततः मवेशी उनकी सम्पत्ति हैं और वे नमक और अनाज का व्यापार करते हैं। वे जंगल से जलाऊ लकड़ी काटकर लाते हैं और इसे गाँवों में बेचते हैं। वे एक प्रकार का पत्ता भी जंगल से एकत्र करते हैं, जिसे 'कारुपाक्' (तेजपात) कहा जाता है। वे कंद भी बीनते हैं।[12] इनकी स्त्रियाँ भविष्य बताती है। वे टोकरियाँ और चटाइयाँ भी बनाती हैं। तहसीलदारों ने अपनी रिपोर्टों में उनकी कई उपजातियाँ गिनाई हैं लेकिन उन्हें उनके जाति-बोधक सम्बोधनों से ही जाना जाता है।

अपराधी गिरोह पूरी तरह घुमक्कड़ हैं, वे पूरे प्रदेश में और आसपास के सीमावर्ती इलाकों में घूमते रहते हैं। अपराधी जनजाति गिरोहों में विभाजित है। पाँचवाँ और दसवें गिरोह का घर नाममात्र के लिए नेल्लोर में है, छठे, आठवें और नवें गिरोह का निवास सामान्यतः गुंटूर में और तेरहवाँ गिरोह का कुरनूल जिले में है।[13]

पुलिस महानिरीक्षक थॉमस ने स्थापित किया कि ये सभी गिरोह अपराध के आदी और क्रूर स्वभाव के हैं।[14] अपराध अन्वेषण विभाग ने प्रशासनिक दृष्टि से उन्हें विभिन्न गिरोहों में विभाजित किया था। गिरोहों की संख्या के लिए कोई सुनिश्चित नियम नहीं था। हर गिरोह में मार्गदर्शन और निगरानी के लिए एक मुखिया होता है। उनका जीवन यायावरी है और जीविका के लिए वे भीख और चोरी पर निर्भर हैं। बाद में उन्होंने टोकरी बनाने, नमक और दूसरे खाद्य पदार्थ बेचने इत्यादि के धन्धे

भी अपनाए। गोदावरी जिले के गिरोह का नेतृत्व मानुपति पिचिगडू करता था। गुंटूर जिले का गिरोह कवाटी कोटाडू और नेल्लूर जिले के गिरोह का नेता बाचू गुरुवाडू था। उनके वंशज आज भी विभिन्न बस्तियों में रह रहे हैं।[15] इन इलाकों के येरुकला दक्षिणी जिलों के कोरावराओं के ही समकक्ष हैं।[16]

वे चोरियाँ भी व्यवस्थित तरीके से करते हैं और चोरी सिर्फ इसलिए ही नहीं करते कि उन्हें कोई काम आसानी से उपलब्ध नहीं है। जब वे चोरी नहीं कर पाते तब वे अन्य काम करने का प्रयास करते हैं और जब चोरी के अवसर मिल रहे हों तो वे उनका लाभ उठाते हैं। भीख माँगने के लिए जब वे गाँवों में घूमते हैं तब उन्हें छोटी-मोटी चोरी का मौका मिल जाता है। इसी दौरान वे घरों का नक्शा समझ लेते हैं जिससे रात में सेंधमारी या डकैती की योजना बनाना सरल हो जाता है। उन पर नियंत्रण का प्रभावशाली तरीका सिर्फ यह है कि उनकी हलचलों को सीमित कर दिया जाए और किसी बस्ती में उन्हें ईमानदारी से काम करके जीविका जुटाने का अवसर मिले, जहाँ उनके बच्चों को शिक्षा की सुविधा मिल सके और उनका अच्छा लालन-पालन हो सके।

इस प्रकार येरुकलाओं के बीस परिवार बुलार्ड के पास पहुँचे और उन्होंने मिशन में शामिल होने की इच्छा जताई। वे ईसाई धर्म अपनाने के लिए भी तैयार थे। बुलार्ड ने कहा कि 'उन्होंने जब ईसाई धर्म ग्रहण करने की इच्छा व्यक्त की, तब मेरा यह कर्तव्य बन गया कि मैं उनमें रुचि लूँ।'[17] इसके अतिरिक्त, बुलार्ड कावाली में दलित वर्गों के लिए एक बस्ती बसाने की योजना पर विचार कर ही रहे थे। उन्होंने नेल्लोर के जिलाधीश और पुलिस अधीक्षक क्रमश: दीवान बहादुर आर. रामचन्द्र राव और सी.एम. अकिन्सन से इस सम्बन्ध में चर्चा की। दोनों ने ही इसमें अपनी अपनी दिलचस्पी दिखलाई। उन्होंने फिर ओंगोल के रेव.जे.एम. बेकर, रामपटनम के रेव.जे. ह्यूरिख और दकल के रेव. चास रदरफोर्ड से भी बात की।[18] उन्होंने इसकी अनुमति दे दी और येरुकलाओं के परिवारों को रोजगार दिलाने के लिए अस्थायी आर्थिक सहायता के लिए बारह सौ रुपए भी प्रदान किए। पुलिस अधीक्षक ने रेव. बुलार्ड को यह सूचना भी दी कि वे येरुकलाओं के पूरे अपराधी गिरोह के लिए भी कार्य कर सकते हैं, जिसकी सदस्य संख्या 600 के लगभग है। कावाली में किया गया इस तरह का कार्य अपवाद रूप से बहुत अच्छा था क्योंकि आसपास के गाँवों में बहुत सी निर्जन-बंजर भूमि ऐसी पड़ी हुई थी जो खेती के लायक थी या बनाई जा सकती थी और पानी का प्रबन्ध भी वहाँ सुलभ था। इसके अतिरिक्त, वहाँ मिशन के पास कई मकान थे, जहाँ शुरू-शुरू में निगरानी, शिक्षा और औद्योगिक गतिविधियों की व्यवस्था की जा सकती थी। अमेरिकी बॅपटिस्ट मिशन ने सहर्ष इस प्रस्ताव को स्वीकार कर लिया और जहाँ तक सम्भव हो अपराधी बस्ती के लिए सामाजिक, औद्योगिक, शैक्षणिक और स्वास्थ्य सम्बन्धी

सुधारों की परिस्थिति बनाने का आश्वासन दिया। इसके लिए मिशन ने सरकार से माँग की कि वह प्रारम्भिक सहायता के रूप में सौ रुपए और वार्षिक सहायता के रूप में पचास रुपए दे। साथ ही प्रत्येक परिवार को तीन से पाँच एकड़ तक ऐसी जमीन मिलनी चाहिए जिस पर किसी अन्य का स्वामित्व न हो लेकिन वह जमीन खेती योग्य हो या उस जमीन को खेती लायक बनाया जा सके। ये जमीन कहीं भी हो सकती है लेकिन वहाँ तक आसानी से पहुँचा जा सके। बस्ती पर यूरोपीयों का नियंत्रण था और चाहा गया कि जब तक आवश्यक हो तब तक पुलिस की पहरेदारी चलती रहनी चाहिए।

अक्टूबर, 1912 के मध्य में इक्कीस परिवारों का पहला दस्ता कालीचेदू जाता हुआ कावाली में यह सुनकर रुक गया कि अमेरिकी मिशन वहाँ अपराधियों की दशा सुधारने के लिए कुछ काम कर रहा है। जब पहला दल वहाँ पहुँचा तो वहाँ पहले से ही 55 परिवार रह रहे थे। इस तरह कावाली बस्ती के रहवासियों की संख्या 76 हो गई। मिशन ने येरुकलाओं के रोजगार के लिए कताई-बुनाई, कपड़ा धोने और कृषि कार्य से मिलने वाली उपज को काटने और उसे पैक करने जैसे साधन उपलब्ध कराए। वर्तमान करघों के साथ और करघे स्थापित करने का प्रस्ताव था। बुलार्ड एक यूरोपीय युवक की सेवा लेना चाहते थे जिसे बुनाई, धुलाई और रंगाई का अच्छा अनुभव हो। बागवानी के लिए मिशन के पास क्षेत्र में सौ एकड़ के लगभग शुष्क भूमि थी। बुलार्ड के पास संयुक्त राष्ट्र अमेरिका से लाई गई एक बोरिंग मशीन थी। रेव. बुलार्ड सोचते थे कि बस्ती को सुचारु रूप से चलाने के लिए नियमित मासिक अनुदान के रूप में दो सौ रुपए और इसके साथ एक मुश्त 5000 रु. की सहायता की जरूरत पड़ेगी।

रेव. बुलार्ड ने पुलिस अधीक्षक को लिखे गए अपने पत्र में कहा था कि कप्परल्ला टिप्पा में बसने वालों के पास ईमानदार व्यवसाय होना चाहिए या फिर वे अमेरिकी बॅपटिस्ट मिशन के लिए काम करें।[19] रेव. बुलार्ड उन्हें अपने अन्तर्गत सीधे नियंत्रण में रखना चाहते थे, जिससे वह प्रयोग-पर-प्रयोग तब तक करें जब तक मिशन के पुनर्वास का लक्ष्य प्राप्त न हो जाए। रेव. बुलार्ड ने उन्हें करधे, सिलाई की मशीनें और काम करने और सामान रखने के लिए एक इमारत उपलब्ध कराई। वे एक रेशम कारखाना भी शुरू करना चाहते थे लेकिन जलवायु के कारणों से यह उद्देश्य मूर्तमान नहीं हो सका।

प्रारम्भ से ही कावाली बस्ती को कठिनाइयों का सामना करना पड़ा। रेव. बुलार्ड ने गहराई तक खुदाई के लिए एक बोरिंग मशीन का आयात किया था और वे भूजल निकाल लाने की उम्मीद कर रहे थे। यदि वे सफल हो गए होते तो इससे किसानों को बहुत लाभ पहुँचता। यद्यपि पानी तो कई स्थानों पर मिला लेकिन इसे खींचकर बागवानी के लिए लाना सम्भव नहीं हो पाया। वन विभाग के साथ ताल वृक्षों को

लगाने सम्बन्धी पत्र व्यवहार में भी काफी समय लग रहा था। बुनाई के काम में अकुशल और अप्रशिक्षित येरुकलाओं से यह अपेक्षा नहीं थी कि वे अच्छे माल का उत्पादन कर सकेंगे। वह लाभदायक मूल्य तो जुटाने के लायक था ही नहीं। रेव. बुलार्ड ने कई उद्यमों के लिए कोशिश की—पत्थरों का खनन, अल्यूमिनियम, चटाई और टोकरी बुनना तथा अन्य। किसी भी येरुकला को किसी प्रकार के व्यवसाय का अनुभव नहीं था। स्वाभाविक रूप से, वे आलसी हैं और यायावरी ने उनके इस स्वभाव में वृद्धि ही की है। फलस्वरूप, वे किसी भी ऐसे काम के लायक नहीं रह गए हैं जो उनकी आय का साधन बन सके। इन रहवासियों को नियमित कार्य में प्रशिक्षित करने के लिए समझाइश और भूखा रखने की मिलीजुली पद्धति से ही काम चलाना पड़ता है। उद्योगों के प्रश्न पर यह निर्भर करता था कि क्या भविष्य में कभी बस्ती आत्मनिर्भर हो सकेगी?

पहली बात तो यह थी कि बस्ती में अस्थिर मस्तिष्क वाले युवकों की संख्या बहुत थी जो भीख माँगकर या चोरी से अपना गुजारा करते थे। श्रम के अवसर कम ही थे और उत्पादित वस्तुओं के बेचने में आने वाली कठिनाइयाँ भी बहुत थीं। इस तरह बस्ती पूरी तरह सफल नहीं रही। लेकिन इन भारी कठिनाइयों के बावजूद रेव. बुलार्ड और उनके परिवार का धीरज और आशावाद श्लाध्य था।[20] इस बस्ती की सबसे अच्छी उपलब्धि स्कूल था जिसका प्रबन्धन कुमारी बुलार्ड करती थीं। नेल्लोर के जिलाधीश दीवान बहादुर आर. रामचन्द्र राव ने मद्रास सरकार के मुख्य सचिव को लिखा था—'पचास के लगभग विद्यार्थी आए थे और उनका मुझ पर अच्छा प्रभाव पड़ा। वे प्रतिभाशाली और साफ-सुथरे हैं तथा अन्य बच्चों से बिलकुल अलग हैं।'[21] अन्य बच्चों की संख्या 150 थी। यहाँ यह कहना आवश्यक है कि बस्ती का मुख्य ध्येय स्कूल था। इससे प्रकट है कि विकास की क्षमता की दृष्टि से येरुकला दूसरों के समान ही हैं।

बस्ती में बिजली आ चुकी थी। सफाई व्यवस्था अभी पूरी तरह ठीक नहीं हुई थी। येरुकलाओं द्वारा किए जाने वाले अपराध गाँवों में काफी कम हो गए थे। बहुत कुछ पाया जा चुका था और अभी बहुत कुछ पाने को बाकी था। कमजोर पक्ष वित्तीय व्यवस्था थी और आवर्ती अनुदान अपरिहार्य बना हुआ था।

इमारतों का विवरण

1. एल्यूमिनियम कारखाना	:	रु. 1,000
2. बाजार की इमारत	:	रु. 1,500
3. पाँच बिस्तरों के अलग-अलग दो वार्ड	:	रु. 1,500
4. स्कूली छात्रों के लिए एक छात्रावास	:	रु. 2,000
5. आवर्ती अनुदान	:	रु. 4,600

बस्ती की स्थापना को एक वर्ष और तीन महीने बीत चुके थे। रेव. बुलार्ड ने हेरोल्ड स्टुअर्ट को लिखा, 'मैं फिर भी यह कहते हुए प्रसन्नता का अनुभव कर रहा हूँ कि हमारे साथ लम्बे समय से रह रहे लोगों में सुनिश्चित सुधार देखने को मिल रहा है और पलायन करने वालों की संख्या बहुत कम है। कालीचेदू से आने वाले नए लोग ज्यादा परेशानी पैदा नहीं करते।'[22] रेव. बुलार्ड और उनके परिवार के स्वदेश लौटने का समय पास आ रहा था, इसलिए अमेरिकी बॅपटिस्ट मिशन ने ओगोल के रेव. एस.डी. बाडन और रामपटनम के डब्लू.टी. एलमोर को उनकी अनुपस्थिति में काम सम्भालने का निर्देश दिया। हालैंड के एक निवासी डेहास भी काम में सहायता कर रहे थे। वे येरुकलाओं के चालीस बच्चों को छात्रावास में लाने में सफल रहे किन्तु अभी भी 120 बच्चे ऐसे थे जिन्हें छात्रावास की जरूरत थी।

जिलाधीश दीवार बहादुर आर. रामचन्द्र राव ने बस्ती का विवरण देते हुए कहा—

1. प्रगति उल्लेखनीय है।
2. व्यक्तियों की संख्या 560 से अधिक है, उनमें से प्रत्येक बस्ती में आने से पहले जेल में रहे होंगे।
3. मकानों के निर्माण में काफी कुछ किया गया है। गारे से बने हुए ये घर एक घेरे में और एक-दूसरे से दूर-दूर हैं। आग के फैलने की कोई आशंका नहीं है। ये हवादार और स्वास्थ्यकारी हैं। चरित्र शुद्धि एक लक्ष्य है और एक तरीका लोगों के सोच में आत्मसम्मान का संचार रहा है।
4. सारे इलाके में सुअरों की गन्दगी पसरी हुई है।
5. सफाई व्यवस्था आदिम दशा में है।
6. परिवार के मुखिया को काम करने के लिए प्रति व्यक्ति दो सेर अनाज दिया जाता है।
7. कावाली में प्रारम्भ में कठिनाई यह है कि कुशल श्रमिक नहीं मिलते हैं।

रेव. बुलार्ड द्वारा लगाए गए उद्योगों से प्रारम्भ में कोई आर्थिक लाभ नहीं होना था। यदि ऐसा हुआ तो बस्ती अपना मुख्य लक्ष्य प्राप्त नहीं कर पाएगी और 'भारी नुकसान के साथ समाप्त हो जाएगी?'[23]

जहाँ तक खेती का सम्बन्ध था, भूमिगत जल तक पहुँचने की रेव. बुलार्ड की तमाम कोशिशों को सफलता नहीं मिली। यदि वह बुनाई के लिए दूसरे शेड का निर्माण कर लें तो बुनाई उद्योग को भारी सफलता मिल सकती थी। एल्यूमिनियम उद्योग में लाभ हो रहा था। कुटीर उद्योग के रूप में महिलाओं द्वारा चटाई और टोकरी बनाने का काम भी आगे बढ़ रहा था। स्कूली विद्यार्थी भी बहुत अच्छा काम कर रहे थे। कुमारी बुलार्ड ने उनके लिए पोशाकें सिलवाने का वायदा किया।

अत: बस्ती की अन्तिम सफलता इस बात में रही कि बच्चों को उनके माता-पिता के पेशे से अलग करके उन्हें किसी उद्यम में लगा दिया गया। सबसे बड़ी समस्या उन रोगियों की थी जिन्हें स्थानीय अस्पताल में जगह नहीं मिल पाई, जिसमें सिर्फ छह बिस्तर थे। पिछले साल की तुलना में अनाज कुछ सस्ते थे[24] और अपराध दर में कमी आई थी। डकैती की सन् 1913 में 979 घटनाएँ हुई थीं जो सन् 1914 में घटकर 918 रह गईं। कोयम्बटूर, गंजम, उत्तर और दक्षिण अरकोट जिलों में अपराधों की कमी स्पष्ट थी। ये अनन्तपुर, बेलारी और नेल्लोर जिलों में बढ़ गई थी। उन दिनों समुचित रोजगार पा लेना बहुत कठिन हो गया था। सन् 1916 में नेल्लोर जिले से 165 व्यक्ति कॉफी बागानों में काम करने के लिए अन्नामालाई गए। सन् 1917 में अपराधों की संख्या, विशेष रूप से सेंधमारी और साधारण चोरियाँ बहुत अधिक होने लगीं, इसका कारण युद्धकालीन परिस्थितियों में हुई मूल्यवृद्धि को बताया गया।

बुलार्ड के स्थान पर रेव. बाडन को पूर्णकालिक प्रबन्धक के पद पर नियुक्त किया गया। प्रशिक्षित स्नातक डेहस को पूर्णकालिक शिक्षक बनाया गया। प्रशासन और प्रबन्धन से बस्ती बहुत अधिक खुश थी। रेव. बाडन का कहना था कि कावाली में वेतन की कोई निर्धारित प्रणाली नहीं है।[25] प्रत्येक येरुकला को गुजर-बसर जितना ही मिल पाता है लेकिन इसमें उनका ही दोष है, प्रबन्धक का इसमें कोई कसूर नहीं है। शुरुआत में प्रबन्धक उनका पेट भरने का कुछ प्रबन्ध कर देता था लेकिन बेकार रहने वालों के लिए कोई व्यवस्था नहीं थी। बाडन मजदूरों को अधिक वेतन देना चाहते थे।

बिट्रगुंटा सुधार बस्ती (कप्परल्ला टिप्पा)

दिसम्बर, 1916 में कावाली अपराध बस्ती के कुछ रहवासियों को एल्लूर भेज दिया गया और इस तरह एल्लूर बस्ती की शुरुआत हुई। जुलाई 1917 में इसी तरह से बिट्रगुंटा सुधार बस्ती की स्थापना की गई।[26] मूल योजना यह थी कि प्रत्येक परिवार को अग्रिम के रूप में सौ रुपए दिए जाएँ। इसमें से पचास रुपए मवेशी, बीज, हल आदि खरीदने के लिए थे और शेष पचास रुपए तब तक भरण-पोषण के लिए जब तक फसल नहीं आ जाती और खर्च की व्यवस्था नहीं हो जाती। इस तरह 150 परिवारों के लिए 7,500 रुपए की राशि स्वीकृत हुई। जिसमें प्रति परिवार पचास रुपए भोजन और उपकरणों के लिए थे। 'डोंगा दासारी' के बीस परिवार कालीचेदू बस्ती से बिट्रगुंटा सुधार बस्ती में स्थानान्तरित किए गए। एल्लूर की दलदली भूमि में से रेव. एस.डी. बाडन ने संयुक्त निरीक्षण के बाद एक जगह चुनी। इस निरीक्षण दल के निम्न सदस्य थे। मद्रास के पुलिस महानिरीक्षक, नेल्लोर के जिलाधीश, कावाली की येरुकला औद्योगिक बस्ती के प्रबन्धक, नेल्लोर के पुलिस अधीक्षक

ई.एल. स्किनर और नेल्लूर के अधीक्षण यंत्री आर. डाचाजल। एल्लूर के अमरीकी बॅपटिस्ट मिशन के डब्लू.एस. डेविस ने एल्लूर के दलदल में प्रस्तावित क्षेत्र को देखने के लिए 18 दिसम्बर, 1916 को वहाँ की यात्रा की। कमेटी ने जिस जमीन को चुना वह बिट्रगुंटा रेलवे स्टेशन से दलदली भूमि से होकर पूर्व में जा रही सड़क और उत्तरी महापथ के पास मद्रास से 130वें मील पत्थर के संगम पर थी।[27] इस स्थल का चयन करने के कारण निम्न थे :

यह अपेक्षाकृत ऊँचा और कंकरीला मैदान था, जिसका बहाव दलदल की दिशा से पूर्व और उत्तर-पूर्व की ओर था और यहाँ पानी नहीं टिकता था। यह समुद्र तट से दलदल की विपरीत दिशा में था इसलिए कम-से-कम दो सौ एकड़ जमीन मिल सकती थी। इस जमीन में भविष्य के विस्तार की सम्भावना थी। इस स्थल से दो मील के अर्द्धव्यास में दो हजार एकड़ ऐसी दलदली भूमि थी जिसमें खेती की जा सकती थी। इस भूमि पर सिंचाई के लिए एपन्ना तालाब से सीधी नहर थी। यह बिट्रगुंटा रेलवे स्टेशन से लगभग सवा किलोमीटर की दूरी पर उपस्थित होने के कारण, जहाँ हर रेल ठहरती थी, गम्भीर मरीजों को जरूरत होने पर अस्पताल ले जाना आसान था। दूसरी सहूलियत यह थी कि उनके कृषि उत्पादों को बाजारों तक पहुँचाया जा सकता था।

जब तक योजना के अनुसार पुनर्वासीय इमारतों के निर्माण का काम पूरा नहीं हुआ तब तक के लिए आवास के अस्थायी प्रबन्ध उस स्थल पर किए गए। कप्परल्ला टिप्पा में तीसरी कक्षा तक एक पाठशाला थी, तीसरी कक्षा के बाद बच्चों को बावाली या एल्लूर के मिशन स्कूलों में भेज दिया जाता था। यह निर्णय प्रबन्धक के विवेक पर होता था। इसी तरह स्कूल, कार्यालय और प्रबन्धकों के लिए अस्थायी इमारतें बनाई गईं। शासन ने इसकी स्वीकृति भी दे दी कि शुरू के प्रायोगिक चरण में 75 परिवारों को इस बस्ती में रखा जाए, इनमें से सदाचरण वाले पचास परिवार कावाली से और शेष कालीचेदू[28] से वहाँ भेजे गए। जून, 1917 में शासन ने कालीचेदू बस्ती को बन्द कर दिया। कालीचेदू में केवल 425 डोमार रह गए थे, जिनका प्रबन्धन क्रिश्चियन और उनके सहयोगियों द्वारा किया जाता था। नाममात्र के लिए वे डोमार कावाली बस्ती में पंजीकृत थे और कालीचेदू में वे छुट्टी पर आए हुए थे।[29]

कृषि निदेशक ने स्थल का दौरा किया और कावाली संरक्षित वन के पश्चिम में एक साथ पड़ी हुई एक हजार एकड़ भूमि की कृषि योग्य मान कर अपनी राय दी। कावाली की बस्ती में लगभग 750 रहवासी थे। बाडन ने ऐसे सदस्यों की सावधानी से एक सूची बनाई जिन्हें स्टुअर्टपुरम में स्थानान्तरित किया जाना था।[30] बिट्रगुंटा सुधार बस्ती के लिए और अधिक अनुदान की आवश्यकता का जहाँ तक प्रश्न है, कम-से-कम तीन पहलू विचारणीय हैं।

पहला, बिट्रगुंटा सुधार बस्ती से रहवासियों का स्थानान्तरण। हर स्थान्तरित नए समूह जब तक अपने पाँवों पर खड़े नहीं हो जाते, उनके लिए अग्रिम धनराशि की आवश्यकता होती है।[31] कावाली और कालीचेदू से बिट्रगुंटा सुधार बस्ती और एल्लूर बस्तियों को हुए स्थानान्तरण नीचे दर्शाए गए हैं—

दिनांक	*माह*	*वर्ष*	*विस्थापितों की संख्या*	
12	दिसम्बर	1916	46	एल्लूर के लिए पहला समूह
10	जनवरी	1917	73	बिट्रगुंटा के लिए पहला समूह
30	मार्च	1917	103	बिट्रगुंटा के लिए दूसरा समूह (कालीचेदू के कथेरा)
28	जुलाई	1917	1917	बिट्रगुंटा के लिए तीसरा समूह (कालीचेदू के कथेरा)
13	अगस्त	1917	33	एल्लूर के लिए दूसरा समूह (कावाली से येरुकला)
13	अगस्त	1917	66	बिट्रगुंटा के लिए चौथा समूह

इनमें से प्रत्येक समूह के लिए उपलब्ध दलदली जमीन का निरीक्षण पहले ही से कर लिया गया था और प्रत्येक वयस्क को यह एक एकड़ की दर से दे दी गई थी।[32] विलम्ब से हुई बुवाई के कारण बिट्रगुंटा सुधार बस्ती में कुछ ही ऐसे थे जिन्हें मामूली-सी फसल पाने में सफलता पाई। यह भी सच है कि एल्लूर गुट को आगे बढ़ाने में उन्होंने अपनी पूरी शक्ति नहीं लगाई। उनकी जमीनों में पानी भर गया और तीन बार उनकी फसलें नष्ट हुईं। अक्टूबर, नवम्बर और दिसम्बर के महीनों में बाढ़ें आईं। नवम्बर की बाढ़ भयंकर थी क्योंकि इसमें रापन्ना टैंक से आने वाली नहर के किनारों से पानी बाहर निकलने लगा था। अति वर्षा के कारण वे मजूरी भी नहीं खोज पाए जिससे उनका भरण-पोषण चल पाता।[33]

हमें रेव. बुलार्ड और रेव. एस.डी. बाडन की कार्यशैली का तुलनात्मक अध्ययन कर लेना चाहिए। रेव. बुलार्ड येरुकलाओं के प्रति उदार थे और उनके भविष्य के प्रति अतिशय आशान्वित थे। रोजगार और जीविका के साधनों के सम्बन्ध में उनका आकलन प्राय: सही नहीं होता था। रेव. बाडन ने येरुकलाओं को आत्मसम्मान और आत्मनिर्भरता से जीने वाला बनाने के लिए कड़ा परिश्रम किया। कप्परल्ला टिप्पा के रहवासियों में आया परिवर्तन साफ दिखलाई दे रहा था और इसके लिए कहा गया—पाँच वर्षों से मैंने व्यक्तिगत रूप से गिरोह पाँच और दस के येरुकलाओं को देखा-समझा है और मैं कहता हूँ कि मुझे यह कल्पना भी नहीं थी कि वे इतने अच्छे हो जाएँगे, जितने वे आज हैं। वे पहले से ज्यादा साफ-सुथरे और स्वस्थ हैं,

वे आसपास के वातावरण में रुचि लेते हैं और उनमें अनुशासन की समझ आ गई है।[34] कावाली की अपराधी बस्ती के लिए अमेरिकी बॅपटिस्ट मिशन को बुडमगुंट और कावाली गाँवों में जो अलग-अलग पड़ी जमीनें प्राप्त हुई थीं, बाडन ने उनका दायित्व सितम्बर 1917 में वन विभाग को सौंप दिया।[35] रेव बाडन ने शासन से एक बाढ़ कोष बनाने का भी अनुरोध किया जिससे उनकी जमीनों का संरक्षण हो सके और इसके लिए बारह हजार रुपयों के अनुदान का अनुरोध किया। वे बिट्रगुंटा के पूर्व-अपराधियों के लिए भूमि-उद्धार का काम करना चाहते थे।

एल्लूर की दलदली भूमि के सम्बन्ध में रेव. बाडन ने नेल्लूर के जिलाधीश को पत्र लिखा। इस सिलसिले में अल्लूपेट गाँव के 'कारानाम' से उन्हें कुछ सहायता मिली। लेकिन सिंगापेट ग्राम के कारानाम के क्षेत्राधिकार में बिट्रगुंटा द्वारा चाही गई सारी जमीनें थीं, उसने प्रबन्धक के साथ कोई सहयोग नहीं किया। रेव. बाडन की सिंगापेटा के निवासियों से कहासुनी हुई जिसने एक दंगे का रूप ले लिया और कोबूर के जिला न्यायालय में एक गम्भीर फौजदारी का मामला दर्ज किया गया।[36]

अन्तत:, कावाली सम्भाग के राजस्व अधिकारी ने यह जमीन रहवासियों के नाम कर दी। इस प्रकार शासन की सहायता से रेव. बाडन ने 'सिगईजमा' भूमि का अधिग्रहण कर लिया। सन् 1923 तक बाडनपेट में रहने वाले परिवारों की संख्या बढ़कर 300 हो गई थी और इनमें कथेरा और येरुकला दोनों ही जनजातियाँ थीं। इन अपराधियों पर नियंत्रण रखने के लिए कोबुरपल्ली की चौकी बिट्रगुंटा ले जाई गई जो बाडनपेट से एक मील ही दूर थी।

बस्ती की तीस एकड़ जमीन को बारह फुट ऊँची काँटेदार मजबूत तारों की बाढ़ से घेर दिया गया। इस घेरे में रहने वालों को कृषि उपकरण दिए गए और वे वहाँ बागवानी श्रमिकों के रूप में काम करते थे। टमाटर, बैंगन जैसी सब्जियाँ उगाई गईं। मजूरी के रूप में पुरुषों को प्रतिदिन एक रुपया और दो आना तथा स्त्रियों को बारह आने का भुगतान किया जाता था (आना आज के छह पैसे और बारह आना चिहत्तर पैसे के बराबर था)।

सन् 1934 में बस्ती का प्रबन्धन पुलिस विभाग ने अपने हाथों में ले लिया, और तब से पुलिस महानिरीक्षक बस्ती का प्रबन्धकर्ता होता है।[37] उसकी सहायता एक लेखाधिकारी और दो लिपिक करते हैं। वहाँ एक उपनिरीक्षक और दो हैड कान्स्टेबल भी विशेष स्टाफ में हैं। बाद में सोचा गया कि रहवासियों के सुधार की दृष्टि से उन पर पुलिस का नियंत्रण नहीं होना चाहिए और सन् 1940 में प्रबन्धन जेल अधिकारियों के पास चला गया और इसका सामान्य प्रभार श्रम आयुक्त को दिया गया। रहवासियों के कल्याण के लिए श्रम विभाग ने वहाँ एक स्कूल और एक अस्पताल स्थापित किया है। सन् 1946 में बिट्रगुंटा सुधार बस्ती को पुलिस उप-अधीक्षक के प्रभार में दे दिया गया और तभी से इसकी देखभाल पुलिस के अधिकारियों द्वारा की जाती है।

अपराधी जनजाति कानून की समाप्ति के बाद सितम्बर 1948 में रहवासी स्वतंत्र हो गए। पुनर्वास कार्यालय बन्द करके वहाँ के बस्ती सम्बन्धी तमाम अभिलेख जिला पुलिस को दे दिए गए। जनवरी 1949 में बिट्रगुंटा की चौकी पक्के पुलिस थाने में बदल गई। 2 फरवरी, 1950 को यह पुलिस थाना वर्तमान इमारत में आ गया। अपराधी जनजाति कानून के निरस्त होने के पश्चात सन् 1952 में अपराधी जनजाति बस्तियाँ समाप्त हो गई हैं और इनका प्रभार समाज कल्याण विभाग के पास आ गया है। उनकी देखभाल जिलाधीश के अधिकार क्षेत्र में है और इन लोगों के कल्याण का उत्तरदायित्व एक विशिष्ट अधिकारी के पास है।

कप्परल्ला टिप्पा की जनजातियाँ

कोरचा : पूर्व देसी रियासत हैदराबाद और मैसूर तथा मद्रास प्रेसीडेंसी के लगभग सभी जिलों में विभिन्न नामों से कोरचा अपराधी जनजाति के रूप में अधिसूचित थे। कोरचा, कोरवा और येरुकला एक ही हैं।[38] कोरचा में से कुछ बेट्टाल कहलाते हैं और स्वयं को पालो कवराय, इडयन, रेड्डी आदि कहते हैं। रेलें पूरे देश में फैली हुई हैं और वे उनमें यात्रा करने के अभ्यासी हैं क्योंकि इससे उन्हें अपराध-स्थल को छोड़कर तुरन्त भाग जाने की सुविधा मिल जाती है।

उन्हें कपमारी कोरवा कहा जाता है और वे दूर-दूर तक यात्राएँ करते हैं। उनमें से कुछ तो कटक, पुरी और मिदनापुर जैसी दूरस्थ जगहों पर भी पाए गए हैं। आज भी, वे अलग-अलग नामों से देशभर में बिखरे हुए हैं। 'कपमारी एक भयंकर गाली है जो चरित्रहीनता की पराकाष्ठा को व्यक्त करती है।'[39] ये आवारा जनजातियाँ समूचे मद्रास और भारत के अन्यान्य क्षेत्रों में पाई जाती हैं। येरुकला एक घुमन्तू जनजाति है जो आन्ध्र प्रदेश के गुंटूर, कुरनूल, गुडप्पा, अनन्तपुर और नेल्लोर जिलों में मिलती है।[40] 'येरुका' का अर्थ है भविष्य कथन, इस जनजाति की महिलाएँ 'येरुको, अम्मा, येरुकार' की आवाज लगाते हुए सड़कों पर घूमती हैं।[41] यद्यपि कोरवा और येरुकला एक ही भाषा—तमिल का अपभ्रंश—बोलते हैं, फिर भी उनके बीच मामूली अन्तर है।[42] 'कोरचा' या 'कोर्चा' सम्बोधन 'कोरबा' के बाद प्रचलन में आया प्रतीत होता है, और कहा जाता है कि यह हिन्दुस्तानी के 'कोरी' (धूर्त) शब्द से निकला है। कोरी नग्गा (धूर्त जैसा) शब्द बाद में 'कोरचा' में रूपान्तरित हो गया। यह कोरचा, कोरवा और येरुकला भिक्षावृत्ति, रस्सी की बुनाई और गोदना गोदने के पेशों से जीवन व्यतीत करते हैं।[43] वे हर तरह का अपराध करते हैं, इनमें सेंधमारी और चोरी प्रमख हैं। इनके मुख्य भाग हैं सतुपती, कवाड़ी, मानपली और मेंड्रागुट्टी। आन्ध्र प्रदेश में अभी भी इन उपनामों वाले परिवार सर्वत्र मिल जाते हैं।[44] ये कोरवा या येरुकला पहले नमक, इमली, गुड़ और करी पत्ता

जैसा सामान बेचने के लिए निकलते थे। मैसूर राज्य में उनकी स्त्रियाँ मनके और चूड़ियाँ बेचती थीं। इस जनजाति के सदस्यों द्वारा किए जा रहे बड़े उपद्रवों और इस तरह की वारदातों में होने वाली हिंसा को देखते हुए इनकी एक बड़ी संख्या को उस समय की मद्रास प्रेसीडेंसी के सीतानगनम, बिट्रगुंटा और स्टुअर्टपुरम बस्तियों में निरुद्ध कर दिया गया था।[45] अपने साथियों को आते हुए खतरे से आगाह करने या उन्हें सूचना देने के लिए वे कूट भाषा और गुप्त संकेत काम में लाते थे। उनका यह तरीका बताता है कि वे किस हद तक अपने को छुपाते हैं और अपने साथियों के साथ कितनी एकता बरतते हैं।

येरुकला में अधिकांश रहवासी अपराधकर्मी नहीं हैं लेकिन किसी एक स्थान पर स्थायी रूप से न ठहरने वाले डोंगा येरुकला परिस्थितियों के दबाव के कारण अपराध की दिशा में प्रवृत्त हुए हैं। उनके पुरुष राहजनी के लिए कुख्यात हैं। 'उनके बसावट के पास की सड़कें किसी समय उतनी असुरक्षित थीं कि दंडाधिकारी ने वहाँ से गुजरने वाले यात्रियों को इनकी आत्मरक्षा के लिए हथियारों के लाइसेंस जारी कर दिए थे।'[46] वे अपराध भी अनावश्यक तमाशे और हिंसा के साथ करते थे।[47] चुराई गई सम्पत्ति को छुपाने में उनकी महिलाएँ उनकी मदद करती थीं। वे उन्हें अपराध के लिए आवयक जानकारी भी जुटाती थीं। वे साधारणतय: अपनी सन्तानों को चोरी करने की शिक्षा नहीं देते थे। इन गतिविधियों के कारण उन्हें अपराधी जनजाति कानून के अन्तर्गत लाया गया और इसका परिणाम यह हुआ कि उनके द्वारा किए जाने वाले हिंसायुक्त अपराधों में कमी आई।

दासारी : दासारी इनसे बहुत अलग हैं, जिन्हें यह नाम मिलने का कारण यह है कि 'उनके स्त्री और पुरुष दासारियों जैसा छद्म रूप धारण करते हैं। उनके माथे पर वैष्णवों जैसा खड़ा तिलक होता है और वे एक दीपक (गरुड कम्बुम), पीतल की एक घंटी और जकाता कहा जाने वाला एक ढोल लेकर चलते हैं। सिर पर मोरमुकुट लगाकर वे गाँवों में भिक्षाटन करते हैं। कभी-कभी वेंकटेश्वरलू का भक्त समझकर रोटियों सहित सुस्वादु भोजन से उनकी अभ्यर्थना की जाती है।'[48] बेलारी जिले में मुख्य रूप से रहने वाले ये लोग बहुत भयंकर अपराधी वर्ग के हैं। अपनी जाति की संख्या बढ़ाने के लिए वे बच्चों की चोरी करते हैं। अपनी जाति में मिलाने के बाद वे दूसरी जाति के लोगों का शुद्धिकरण करते हैं। इसे 'जिह्वा दहन की प्रथा' कहा जाता है। वे तेलुगु और केनारी, दोनों ही बोलियाँ प्रयुक्त करते हैं। उनके दो ही उपनाम होते हैं—सुन्नी अकी (पतला चावल) और घंटेलावारु (घंटी वाला)। अन्य सभी समुदाय बाद में डोंगा दासारी में मिल गए।[49] चोरी के अभियान पर निकलने से पहले वह कसमें खाते हैं। चोरी और सेंधमारी के वे विशेषज्ञ हैं। बच्चों को पाँच-छह वर्ष की उम्र से ही महिलाएँ चोरी करना सिखाती हैं। इन्हें अपराधी जनजाति कानून के अन्तर्गत लाया गया और नेल्लोर जिले की कालीचेदू बस्ती में रखा गया।

भारत में अन्यत्र अपराधी जनजातियाँ

इसी प्रकार दक्षिण और उत्तर भारत के अन्य स्थानों पर भी अपराधी जनजातियाँ हैं। उत्तर भारत में भील, अहीर, औदिया, भदक, बंजारा, बरवार, भवादा, बेड़िया, बिलोच, गोंड, दलेरा, गूजर, हबूरा, मीणा, लोध आदि कुछ अपराधी जनजातियाँ हैं। राजस्थान में पूर्व अपराधी जनजाति के लगभग आठ हजार व्यक्ति निवास करते हैं।[50] इनमें अधिकांशत: कंजर, साँसी और बावरिया हैं, जो राज्य के विभिन्न भागों में फैले हुए हैं। बिहार में पूर्व अपराधियों के 2,576 परिवार थे, जिनकी चिन्ता मुक्ति-सेना ने की और उन्हें बिहार हरिजन सेवक संघ को सौंप दिया गया।[51] उत्तर प्रदेश के विभिन्न स्थानों पर, लखनऊ, कानपुर, गोरखपुर और मुरादाबाद में जनजाति की कुल आबादी सोलह लाख आँकी गई है।[52] इनके हितार्थ सरकार ने अलग-अलग स्थानों पर विकास खंडों की स्थापना की है।

ओडिशा राज्य में लगभग एक लाख की आबादी पूर्व में अपराधी रही जनजातियों की है। मुख्य रूप से गंजम, कोरापुट, सम्भलपुर, सुन्दरगढ़, बलांगी और कटक में उनकी घनी बसाहट है।[53] बम्बई में उन्तीस पूर्व अपराधी जनजातियाँ रहती हैं। इसी तरह देशभर में कई पूर्व अपराधी जनजातियाँ अथवा समूह हैं। जब अपराधी जनजाति कानून निरस्त हुआ, उस समय आन्ध्र प्रदेश में पूर्व अपराधी जनजातियों की कुल संख्या 2,02,000 थी। इनमें सुगाली या लम्बाड़ी, यनाड़ी, डोंगा दासारीया कथेरा और निरशिकारी मुख्य थे। उनमें से अधिकांश अभी भी यायावरी जीवन में हैं। चित्तूर, नेल्लोर, कुरनूल, वारंगल, महबूबनगर और हैदराबाद में कृषि बस्तियाँ बसाई गई हैं। औद्योगिक बस्तियाँ भी विजयवाड़ा, बपतला और गुंटूर में स्थापित हुई हैं।

सन्दर्भ

1. मद्रास एडमिनिस्ट्रिेशन रिपोर्ट 1913-14 (मद्रास, 1915) पृ. 22-25
2. साल्वेशन आर्मी के सम्बन्ध में 8 अप्रैल, 1914 को सचिव मद्रास शासन के नाम लिखे अपने एक पत्र में नेल्लोर जिले के जिलाधिकारी दीवान बहादुर आर. रामचन्द्र राव ने लिखा था : 'अपराधियों के प्रबन्धन-क्षेत्र में मुक्ति-सेना का सुदीर्घ अनुभव है और कुछ अपराधियों का सुधार समाज के लिए हितकारी होगा।'
3. जुडीशियल प्रोसीडिंग्स, जी.ओ. 2000, 3 दिसम्बर, 1912 (तमिलनाडु आरक़ाइव्ज़ मद्रास)।
4. बोसवॅल : नेल्लोर डिस्ट्रिक्ट मेनुअल (मद्रास, 1873) पृ. 147
5. वही। देखें, डब्लू.जे. हाच, पूर्वोद्धृत, उनके सम्बन्ध में लिखते हुए उन्होंने कहा था, 'कुछ लोग कैंची साथ रखते हैं और इसलिए उन्हें 'कैंची चोर' कहा जाता है। वे इन कैंचियों का इस्तेमाल जेवर उड़ाने, जंजीरें काटने, बटुआ या थैला खोलने जैसे आपराधिक कृत्यों में करते हैं। और भी देखें : एडगर थर्स्टन—'कास्ट एंड ट्राइब्स ऑफ़ सदर्न इंडिया' खंड 3 (मद्रास, 1909) पृ. 257

6. मद्रास के मुख्य सचिव के नाम नेल्लोर के जिलाधिकारी दीवान बहादुर आर. रामचन्द्र राव का 18 अप्रैल, 1916 का पत्र। जूडिशियल प्रोसीडिंग्स जी.ओ. 457 डी. नेल्लोर में कोयम्बटूर के मजिस्ट्रेटियल आरक़ाइव्ज़।
7. देखें, जुडिशियल प्रोसीडिंग्स जी.ओ. 1639 दिनांक 13 अगस्त, 1913, मद्रास सरकार (तमिलनाडु आरक़ाइव्ज़ मद्रास)।
8. दीवान बहादुर आर. रामचन्द्र राव का मुख्य सचिव के नाम पत्र, जी.ओ. 457, 8 अप्रैल, 1914 (जुडिशियल प्रोसीडिंग्स, तमिलनाडु, आरक़ाइव्ज़, मद्रास)।
9. देखें, मद्रास एडमिनिस्ट्रेशन रिपोर्ट 1912-13 (मद्रास, 1914) पृ. 24
10. देखें, बेलारी के जिलाधिकारी ए.एफ.जी. मेकार्डो का मद्रास सरकार के मुख्य सचिव के नाम लिखा गया 15 जून, 1914 का पत्र—जुडिशियल प्रोसीडिंग्स (नेल्लोर के जिलाधीश कार्यालय का अभिलेखागार)।
11. दृष्टव्य, ए.टी. फिशमैन : फ़ॉर दिस परपज (न्यूयॉर्क) पृ. 46। कावाली में उन लोगों के लिए जिन्हें कानून अपराधी जनजाति की संज्ञा देता है, आवास और पुनर्वास की दृष्टि से येरुकला औद्योगिक बस्ती की स्थापना की गई। अन्ततः ये दो सुसंस्थापित कृषि बस्तियाँ और ईसाई चर्चों के रूप में फलीभूत हुई और 'अपराधियों' की सन्तानों को शिक्षित कर उन्हें अपराधी जीवन से विमुख करके उपयोगी और आत्मसम्मान युक्त सेवा के लिए प्रेरित कर रही है। गजेटियर ऑफ़ नेल्लोर डिस्ट्रिक्ट भी देखें। (मद्रास सरकार 1938 तक) पृ. 84।
12. बोसवॅल, पूर्वोद्धृत। पृ. 154। राजमुन्दरी महाविद्यालय के प्राचार्य मेटकाफ का निबन्ध 'अ ब्रीफ स्केच ऑफ़ द येरकलाज लेंग्वेज ऐज़ स्पोकन इन राजमुन्दरी' भी देखें। (*मद्रास जनरल ऑफ़ लिटरेचर एंड साइंस* में प्रकाशित। मद्रास 1879) पृ. 23-101। लेखक ने कहा है, 'उनके रीति-रिवाज सामान्यतः सरल हैं। वे अपने मृतक का दाह साधारण रूप से करते हैं। विवाह के अवसर पर भोजन का आयोजन होता है जिसमें ताड़ी और चावल मुख्य रूप से भरपूर मात्रा में परोसा जाता है। उनके खाद्यान्नों में चोलम, रागी, और जब वे पा सके तब चावल हैं। उनकी कोई लिखित भाषा नहीं है और न ही अपने गीत, जो वे गाते हैं वे तेलुगु के गान हैं।' मेटकाफ ने यह निबन्ध मद्रास के शिक्षा निदेशक कर्नल आर.एम. मेकडानल्ड के आग्रह पर लिखा था।
13. इन गिरोहों को मद्रास सरकार के अपराध अन्वेषण विभाग के आदेशानुसार पंजीकृत किया गया था। शासकीय आदेश 910, मई 10, 1913 (जुडिशियल प्रोसीडिंग्स, तमिलनाडु अभिलेखागार मद्रास)।
14. वही
15. देखें, शासकीय आदेश 1638, मद्रास सरकार, जुडिशियल प्रोसीडिंग्स, तमिलनाडु अभिलेखागार, मद्रास।
16. देखें, डब्लू.जे. हाच, पूर्वोद्धृत पृ. 32। बल्ली अम्माल, 'ने परिस्थितियों के सामने घुटने टेक दिए और वह एक परिवार की माँ बन गई जो बढ़ता-बढ़ता तमिल देश में कुरवार जाति में बदल गया है। तेलुगु जिलों में येरुकला और उत्तर में इनके कैकरी, कोरचा और कोरवा नाम हैं।' इस सम्बन्ध में कोरवारों का विस्तृत विवरण, उनके व्यवसाय और अन्य बातों के लिए देखें एवं जे.ए. डुबाइस : *हिन्दू मेनर्स, कस्टम्स एंड सेरेमनीज़* (ऑक्सफोर्ड यूनीवर्सिटी प्रेस 1936, प्रथम संस्करण 1817) पृ. 65-68।
17. कावाली की ए.बी.एम. सोसाइटी के मिशनरी रेव. ई. बुलार्ड का मद्रास सरकार के मुख्य सचिव के नाम पत्र 27 फरवरी, 1913 देखें, जुडिशियिल प्रोसीडिंग्स (मद्रास अभिलेखागार)

18. देखें, शासकीय आदेश 284 दिनांक 25 अप्रैल, 1913, मद्रास शासन, जुडिशियल प्रोसीडिंग्स (मद्रास अभिलेखागार, मद्रास)
19. कार्यवाहक पुलिस महानिरीक्षक का मुख्य सचिव मद्रास शासन के नाम पत्र, 8 मार्च, 1913।
20. दीवान बहादुर आर. रामचन्द्र राव का मुख्य सचिव (मद्रास सरकार) के नाम पत्र 9 फरवरी, 1914
21. वही
22. शासकीय आदेश 209 दिनांक 28 जनवरी, 1714। जुडिशियल प्रोसीडिंग्स (जिलाधिकारी कार्यालय अभिलेखागार, नेल्लोर)।
23. वही
24. मद्रास एडमिनिस्ट्रेशन रिपोर्ट 1912-13 (मद्रास, 1914) पृ. 24।
25. देखें, *हिस्ट्री ऑफ़ बिट्रगुंटा सेटलमेंट* (लेखक के पास मूल दस्तावेज थे) टाइप की हुई प्रति कप्परल्ला पुलिस थाने से प्राप्त की गई।
26. बिट्रगुंटा सुधार बस्ती कप्परल्ला टिप्पा नामक एक छोटी-सी जगह पर स्थापित की गई थी, जो बिट्रगुंटा से लगभग सवा किलोमीटर की दूरी पर है। यहाँ दक्षिण रेलवे का महत्त्वपूर्ण स्टेशन, लोको और अन्य संस्थान हैं। कप्परल्ला टिप्पा ग्रांड ट्रंक रोड (कलकत्ता-मद्रास) के किनारे सौ मीटर से भी कम दूरी पर है। यह ज्ञातव्य है कि प्रारम्भ में इस बस्ती को बाडनपेट कहा जाता था।
27. देखें, शासकीय आदेश 2069 दिनांक 4 अक्टूबर, 1917। पब्लिक वर्क्स लेबर डिपार्टमेंट प्रोसीडिंग्स (तमिलनाडु अभिलेखागार, मद्रास)।
28. देखें, शासकीय आदेश 2069, होम जुडिशियल 4 नवम्बर, 1917। कथेरा के घर दलदली सड़क के उत्तर में और येरुकलाओं के घर दक्षिण में बनाए जाएँगे।
29. मुख्य सचिव मद्रास सरकार के नाम लिखा गया नेल्लोर के जिला अधिकारी दीवान बहादुर एल.डी. सनिकन्ना पिल्लई अवरगल का पत्र देखें। 2 मार्च, 1918, होम जुडिशियल प्रोसीडिंग्स (तमिलनाडु अभिलेखागार, मद्रास)।
30. शासन को लगा कि बाडन निश्चित रूपरेखा पर काम कर रहे हैं और उनके पास एक पूर्व निर्धारित योजना है। अत: उसने उनकी स्थापना में किसी रोक-टोक की आवश्यकता नहीं समझी। देखें, शासकीय आदेश संख्या 3266 दिनांक 29 दिसंबर, 1915। पब्लिक प्रोसीडिंग्स, कनक्टर कार्यालय अभिलेख नेल्लोर।
31. जिलाधिकारी नेल्लोर को लिखा गया बाडन का पत्र देखें। 7 फरवरी, 1918।होम जुडिशियल प्रोसीडिंग्स, जिला कार्यालय अभिलेख नेल्लोर।
32. नेल्लोर का जिलाधिकारी उनमें से कुछ को चिनीडाड भेजना चाहता था, लेकिन वह इसके लिए तैयार नहीं हुए।
33. जिलाधीश नेल्लोर, सन्दर्भ 104 दिनांक 16 जनवरी, 1916 जुडिशियल प्रोसीडिंग्स, जिला कार्यालय अभिलेखागार नेल्लोर। आज भी स्थिति लगभग वैसी ही है। मानसून में धरती को जल प्लावन से बचाया नहीं जा सकता और इस मौसम में उन्हें जीवन-यापन के लिए कोई काम नहीं मिल पाता।
34. नेल्लोर के जिला अधिकारी दीवान बहादुर आर. रामचन्द्र राव का मद्रास सरकार के सचिव को लिखा पत्र देखें। 8 जुलाई 1915, जुडिशियल प्रोसीडिंग्स (तमिलनाडु आरक़ाइव्ज़, मद्रास)।
35. सीरियल क्र. 862 कार एलूरपेटा प्लाट अदाला वेंकटसुब्बा रेड्डी, पर्वत रेड्डी और शेषाद्रि

रेड्डी के पास संयुक्त रूप से था। इस 3.96 एकड़ भूमि को एल्लूटपेटा में मकान बनाने के लिए ठीक माना गया और इसके लिए सरकार ने मालिकों को मुआवजा दिया।

36. सिंगापेट ग्राम के गंटा रोसैया और अन्य ने गवर्नर-परिषद को एक याचिका दी थी। दलित वर्ग के इन लोगों का कहना था कि वह अल्लूर की लगभग 250 एकड़ जमीन की सफाई पर अपनी दैनिक मजदूरी से जीवन चला रहे हैं। इस दलदली जमीन पर उनका पुश्तैनी अधिकार है जिस पर कप्परल्ला टिप्पा में बसने वाले लोग अतिक्रमण कर रहे हैं।
37. देखें, *हिस्ट्री ऑफ़ बिट्रगुंटा सेटलमेंट,* पूर्वोद्धृत, पृ. 4।
38. उन्हें उत्तर अरकोट जिले में धुर दक्षिण से उत्तर तक कोरवा कहा जाता है, जहाँ वह कोरचा या कोर्चा के नाम से मिलते हैं। आन्ध्र के दूसरे जिलों में वे येरुकला या येराकला कहलाते हैं। देखें, एडगर थर्सटन, पूर्वो. पृ. 430।
39. वही, पृ. 440
40. बी. राघवैया (सम्पादक) *ट्राइब्स ऑफ़ इंडिया,* खंड 1 (नई दिल्ली 1969) पृ. 60। इस सिलसिले में देखें—नेल्लोर के पुलिस अधीक्षक लेफ्टी. ए. बामर का जिलाधिकारी नेल्लोर जे.डब्लू. डाइक्स को 22 मई 1885 को भेजा गया पत्र। प्रोसीडिंग्स ऑफ़ बोर्ड ऑफ़ रेवन्यू अक्टूबर 1865 (तमिलनाडु आरक़ाइव्ज़, मद्रास) बामर ने लिखा था : 'येरुकलाओं पर मैंने बहुत अधिक दिया दिया है। उनके सम्बन्ध में यह कहने की जरूरत नहीं है कि मुझे शासन से अधिक अभी यहाँ करना है। वे डकैती, महामार्गों पर राहजनी और लूटपाट के आदी हैं। हमारे घुमन्तुओं में वे सबसे ज्यादा खतरनाक हैं।'
41. एडगर थर्स्टन, पूर्वो. पृ. 441।
42. उनकी भाषा 'द्रविड़ परिवार की है और तमिल के बहुत निकट है, यद्यपि कुछ शब्द तेलुगु और कनारी से भी लिए गए हैं।' निश्चय ही यह कह पाना कठिन है कि तेलुगु के कुछ शब्द और कुछ वाक्य जो यहाँ मिलते हैं, वे वास्तव में इसी भाषा के हैं अथवा तेलुगु देश में उनकी यात्राओं के कारण क्रमश: आकर उनकी भाषा में मिल गए हैं। इस सम्बन्ध में मेटकाफ के सुरचित निबन्ध को देखें—'ए बीफ स्केच ऑफ़ द येरुकल लेंग्वेज ऐज स्पोकन इन राजमुन्दरी', पूर्वोद्धृत।
43. देखें, एबे.जे.ए. डुबोइस, पूर्वोद्धृत पृ. 66-67।
44. उपनाम श्री पौपा राव नायडू की पुस्तक *हिस्ट्री ऑफ़ रेलवे थीव्स,* एडगर थर्स्टन (पूर्वो.) द्वारा उद्धृत पृ. 451।
45. बी. राघवैया (सम्पादक) पूर्वोद्धृत पृ. 62।
46. देखें, गजेटियर ऑफ़ नेल्लोर डिस्ट्रिक्ट 1938, प्रकाशित 1942, पूर्वो. पृ. 118।
47. वही। 'उनके विषय में अपराधों की जानकारी देने वालों की कभी-कभी नृशंसा हत्या कर दी जाती थी या उनके घर फूँक दिए जाते थे। इससे लोग अधिकारियों को उनके सम्बन्ध में सूचना देने से डरते थे।'
48. देखें, एम. पौपा राव नायडू : हिस्ट्री ऑफ़ रेलवे थीव्स (तीसरा संस्करण)। एडगर थर्स्टन द्वारा उद्धृत, पूर्वो. खंड 2, पृ. 191।
49. देखें, एडगर थर्स्टन, पूर्वो. खंड 4, पृ. 192।
50. देखें जे.पी. गुप्ता का निबन्ध—'सोशल वेलफेयर इन इंडिया' पूर्वोद्धृत।
51. वही
52. वही
53. वही

अध्याय-10

विश्लेषण और विमर्श

शोध के क्षेत्र

आयु लिंग परिवार विवाह अन्धविश्वास परिवार नियोजन विस्थापन जनसम्पर्क	सामाजिक पक्ष
काम-धन्धा आमदनी व्यय ऋण मनोरंजन बचत	आर्थिक पक्ष

शासकीय उपाय

आर्थिक सहायता, सरकारी अधिकारियों का व्यवहार	प्रशासनिक पक्ष

पुनर्वास के उपाय

शैक्षिक
सिंचाई
स्वास्थ्य

अपराध के प्रकार

पिता और पुत्र
कार्यशैली
सम्पत्ति का निबटान
पुलिस विभाग से रिश्ते
वकीलों से रिश्ते
जेल की परिस्थितियाँ

अपराध पक्ष

बस्ती की स्थिति

सुधार
पुनर्वास

सुधार पक्ष

सुधार के लिए सुझाव
पूर्व बस्तियों के सुधार के लिए सुझाव

सामाजिक पक्ष

सारिणी-1

परिवारों के मुखिया का आयु-समूह

मुखिया की उम्र	*संख्या (%)*
10-19	4
20-29	21
30-39	25
40-49	18
50-59	13
60-69	9
70-79	7
80-89	3
	100

आयु : सारिणी 1 से स्पष्ट है कि लगभग 77 प्रतिशत परिवारों के मुखिया बीस से साठ वर्ष तक की आयु-समूहों के हैं। उनमें से चार प्रतिशत 10-19 के वर्ग से आते हैं। साठ वर्ष से ऊपर के आयु-समूह में परिवारों के मुखिया कम ही हैं। 60-69 आयु समूह में केवल 19 मुखिया हैं। मुखिया की औसत उम्र 43.5 है और उनके आयु-वितरण के सम्बन्ध में भिन्नता अधिक है जो 17.4 वर्ष है।

सारिणी-2

परिवार मुखिया का लैंगिक वितरण

पुरुष	91%
स्त्री	9%
	100

लिंग : उपरोक्त सारणी बताती है कि 100 में से 91 पुरुष परिवार के मुखिया हैं जबकि स्त्रियाँ केवल 9। परिवार के मुखिया के रूप में स्त्रियों का प्रतिशत बहुत कम है।

सारिणी-3

परिवार के मुखिया की साक्षरता

साक्षारता का प्रकार	*संख्या (%)*
निरक्षर	30
पाँचवीं कक्षा तक	15
आठवीं-सातवीं कक्षा	17
आठ से दसवीं कक्षा	18
महाविद्यालयीन शिक्षा	0
कामचलाऊ साक्षरता	20
	100

साक्षरता : नमूने के लिए गए सौ परिवारों के मुखिया में से तीस प्रतिशत निरक्षर हैं। उनमें से बीस प्रतिशत के पास काम चलाने लायक साक्षरता है। पचास प्रतिशत प्रधानों ने पहली से दसवीं कक्षा तक शिक्षा प्राप्त की है। उनमें से किसी के पास महाविद्यालयीन शिक्षा नहीं है।

सारिणी-4

परिवार का आकार

सदस्य संख्या	*आकार*	*कुल परिवार (%)*
पाँच से कम	अधिकतम	40
छह से अधिक	विशाल	60
		100

इस सूची से हम कह सकते हैं कि अधिकतम सदस्यों के परिवार चालीस प्रतिशत और बड़े परिवार साठ प्रतिशत हैं।

सारिणी-5

विवाह की आयु

न्यूनतम	19 वर्ष
अधिकतम	36 वर्ष
विवाह के समय औसत आयु	19 वर्ष
आदर्श आयु	20 वर्ष

सारिणी-6

'बोली' अथवा कन्याशुल्कम् (वधू का मूल्य)

न्यूनतम	रु.16
अधिकतम	रु.2,000

इस सूची के अनुसार यहाँ के पूर्व अपराधी निवासियों में 'बोली' अथवा विवाह के अवसर पर 'कन्याशुल्कम्' देने की प्रथा है। वधु को 'बोली' के रूप में सोलह रुपए और अधिकतम दो हजार रुपए दिए जाते हैं। औसत 'बोली' रु. 189 रुपए वधू को दी जाती है। अत: 'बोली' का प्रतिमय रुपए 150 रुपए है। (यहाँ सर्वाधिक उतार-चढ़ाव देखने को मिलता है)।

सारिणी-7

नेतृत्व

प्रश्न	*हाँ %*	*न %*
क्या तुम्हारा कोई नेता है, जिसका तुम अनुसरण करते हो?	81	19
यहाँ गुट हैं क्या?	60	40
क्या नेता के प्रति प्रतिबद्धता उसके अनुगमन का कारण है?	87	13
क्या नेता के कारण से एकता है?	66	34
क्या नेता सचमुच रहवासियों के हितों की रक्षा करता है?	24	76
क्या गुटों में मतभेद हैं	34	66
क्या युवा पीढ़ी नेता से सहमत नहीं है?	65	35

नेतृत्व की प्रकृति और प्रकार तथा अपने समाज के प्रति उसके लगाव को इस सारणी में दर्शाया गया है। यहाँ गुट भी हैं और गुटों के नेता भी। वे अपने नेता के पीछे चलते हैं और इस बात से सन्तुष्ट हैं कि उनके नेता को अपने समाज की चिन्ता है। फिर भी उन्होंने स्वीकार किया कि

नेताओं के बीच आपसी मतभेद हैं और शायद इसीलिए वे लोगों के हितों में काम नहीं कर पा रहे। कुछ प्रभाव रखने वाले वास्तविक नेता वे हैं जो 'कुल पंचायत' में होते हैं, (यह जातीय परिषद की तरह होती है) और सभी लोग एक बड़ी सीमा तक इसके द्वारा निर्धारित नियमों-कायदों का पालन करते हैं।[1] पिछली पीढ़ी से अपनी असहमति के बाद भी नई पीढ़ी अन्ततः उनके नेतृत्व को स्वीकार करती है।

सारिणी-8

परिवार नियोजन

	हाँ%	*न%*
जागरूकता	85	15
विश्वास	75	25
व्यवहार	35	65
विपरीत प्रकरण	26	74

यह सारणी परिवार नियोजन कार्यक्रम की स्थिति दर्शाती है। उनमें से 85 प्रतिशत ऐसे हैं जो परिवार नियोजन कार्यक्रम के बारे में जानते हैं जबकि 15 प्रतिशत को इसकी कोई जानकारी नहीं है। इनमें से 75 प्रतिशत को परिवार नियोजन में विश्वास है लेकिन 25 प्रतिशत ने बताया कि उन्हें इस पर भरोसा नहीं है। तथापि केवल 35 प्रतिशत लोगों ने इसके लिए आपरेशन करवा लिए हैं। इस स्थिति का कारण यह है कि यहाँ परिवार नियोजन का ठीक से प्रचार-प्रसार नहीं हुआ। उन्हें इसकी जानकारी केवल 'ग्रामसेविका' के माध्यम से ही मिल पाती है। प्रचार के दूसरे तरीके जैसे चल स्वास्थ्य सुविधा, पोस्टर, नि:शुल्क गोली वितरण या प्राथमिक स्वास्थ्य केन्द्र और उनकी सहायता आदि उन तक नहीं पहुँची हैं। जब उनसे विपरीत प्रकरणों के विषय में पूछा गया तो उन्होंने बताया कि ये मामले बहुत कम और कभी-कभी ही होते हैं।

सारिणी-9

विस्थापन

कप्परल्ला टिप्पा में निवास की अवधि

वर्ष	*संख्या*	
0-10	4	
10-20	3	
20-30	8	20 से कम 7%
40-50	4	20 से अधिक 93%
50-	3	
जन्म से ही	75	

इस सूची से प्रकट है कि यहाँ बीस साल से कम रहने वालों का प्रतिशत सात है और जो बीस साल से अधिक अवधि से यहाँ रह रहे हैं, वह 93 प्रतिशत है। इस बस्ती में लगभग सभी परिवारों के मुखिया जन्म से ही यहाँ के निवासी हैं। निम्न तालिका से यह और भी अधिक स्पष्ट हो जाएगा।

सारिणी-10

दादा का निवास स्थान

पिता का स्थान	*टिप्पा*	*जिला नेल्लोर*	*आन्ध्र के अन्य जिले*	*निजाम क्षेत्र*	*अन्य बस्तियाँ*	*घुमन्तू*	*योग*
टिप्पा	36	6	-	9	5	11	67
नेल्लोर जिला	1	7	-	2	-	2	12
आन्ध्र के अन्य जिले	-	-	2	-	-	-	2
निजाम क्षेत्र	-	-	-	8	-	-	8
अन्य बस्तियाँ	-	-	-	-	3	5	8
घुमन्तू	-	-	-	-	-	3	3
योग	37	13	2	19	8	21	100

इस तालिका से यह प्रमाणित होता है कि केवल 37 दादाओं ने यह स्वीकार किया कि कप्परल्ला टिप्पा ही उनका मूल स्थान है। इससे यह ज्ञात होता है कि ये दादा आन्ध्र के विभिन्न स्थानों और आसपास के निजाम के क्षेत्रों से वहाँ पहुँचे थे। उनमें से कुछ घुमन्तू थे। ब्रिटिश शासन ने उन्हें लाकर इन बस्तियों में बसाया था। लेकिन पिताओं का मामला कुछ और था। तालिका बताती है कि 67 प्रतिशत पिताओं ने कप्परल्ला टिप्पा को अपना मूलस्थान बताया। आव्रजन मुख्य रूप से दादाओं के समय में हुआ है, पिताओं के समय में यह अपेक्षाकृत कम रहा। एक बस्ती से दूसरी बस्ती में भेजना भी कभी-कभी ही हुआ है। जिन्हें असाध्य समझा जाता था, वे ही सुधार बस्तियों में पहुँचाए गए।[2]

सारिणी-11

आसपास के गाँवों में जाने वाली जनता से सम्बन्ध

	प्रतिशत में
नहीं जाते	8
कभी-कभी जाते हैं	16
प्रतिदिन जाते हैं	16
कई बार जाते हैं	60

यह बताता है कि बस्ती के निवासी आसपास के गाँवों में जाया करते हैं। क्यों जाते हैं यह कारण यहाँ बताया नहीं गया है। यह कारण सामान की खरीद, सूदखोरों से कर्ज पाना या कुछ और भी हो सकता है। वे अपराध करने के लिए भी जाते होंगे। तथ्य तो यह है कि उनमें से 60 प्रतिशत ने यह माना कि वे एक सप्ताह में कई बार पास के गाँवों में जाते हैं।

सारिणी-12

जनता का व्यवहार

	प्रतिशत में
सामान्य	25
सम्मानजनक	27
घृणास्पद	11
आक्रामक	9
चोरों जैसा	28
	100

इस सारणी में इन बस्ती वालों के प्रति जनता के रवैये को प्रदर्शित किया गया है। यह देखा जा सकता है कि उनमें से 48 प्रतिशत के साथ उपेक्षा का व्यवहार होता है जबकि 52 प्रतिशत से सामान्य व्यवहार किया जाता है। अपराधी जीवन-यापन करने वालों के साथ आक्रामक रुख रहता है और अन्य के प्रति सहज।

सारिणी-13

जनता की प्रतिक्रिया का प्रभाव

	प्रतिशत में
सामान्य	35
दुखदायी	43
बदले की भावना	13
पश्चाताप	5
परवाह नहीं	4
	100

तालिका बताती है 61 प्रतिशत रहवासियों को अपना पेशा अच्छा नहीं लगता। चार प्रतिशत ऐसे हैं जिन्हें इस बात की परवाह नहीं है कि आसपास के गाँव वाले उनके प्रति क्या सोचते हैं? उनमें से 35 प्रतिशत लोगों ने बताया कि ये सम्बन्ध सामान्य हैं।

सारिणी-14

अन्य बस्तियों में सम्बन्धी

	प्रतिशत में
हैं	76
नहीं हैं	24
	100

उनमें से 76 प्रतिशत ने बताया कि उनके सम्बन्धी अन्य बस्तियों में हैं और केवल 24 प्रतिशत ऐसे थे जिनका कहना था कि उनका कोई सम्बन्धी नहीं है।

आर्थिक पक्ष

सारिणी-15

काम-धन्धा

काम-धन्धा	*संख्या (%)*		
कृषि	12		
वाणिज्य	9		
अपराध	29	एकल धन्धा	62
कुली	6		
कृषि+कुली	9		
कृषि+वाणिज्य	5	मिश्रित काम-धन्धा	38
कृषि+अपराध	11		100
वाणिज्य+अपराध	2		
वाणिज्य+कुली	3	अपराध+कुछ और	50
अपराध+कुली	8		
अन्य (भिक्षाटन)	6	अन्य	50
	100		100

यह तालिका दर्शाती है :

1. 62 प्रतिशत एक ही पेशे में हैं।
2. 29 प्रतिशत का मुख्य पेशा केवल अपराध है। यह बताता है कि अपराधों में कमी आ रही है। यह सुधार प्रयासों का परिणाम हो सकता है अथवा यह भी सम्भव है कि रहवासियों के रुझान में क्रमश: परिवर्तन हो रहा हो।
3. उनमें से पचास प्रतिशत (जो पहले अपराधी रहे थे) अब दूसरे पेशों में चले गए हैं। इसके कारण सुनिश्चित करने होंगे।
4. अभी भी पचास प्रतिशत अपराधी हैं। यह माना जा सकता है कि शायद पुनर्वास के उपायों को प्रभावशाली और एकीकृत रूप में क्रियान्वित नहीं किया गया, इसीलिए कप्परल्ला टिप्पा एक अलग बस्ती के रूप में अभी भी चलाई जा रही है।

सारिणी-16

पारिवारिक आय

मासिक आय	*परिवार*
0-100	8
100-200	29
200-300	17
300-400	23
400-500	9
500-600	8
600-700	3
700-900	2
900-1000	1
	100

रहवासियों की मासिक आय का आकलन करते हुए शोधकर्ता ने पाया कि इसमें बहुत सी भिन्नताएँ हैं। कुछ की आमदनी तो इतनी कम है कि वे दिन में एक बार का भोजन भी नहीं जुटा सकते। जिनकी आय रु. 500/- से रु. 1000/- तक है, वे किसी तरह से गुजारा कर रहे हैं। तेरह प्रतिशत ही ऐसे हैं जिनकी आय रु. 500/- से रु. 1000/- के बीच उच्च स्तर पर है। परिवार के मुखिया की औसत आय तीन सौ रुपए है। इस सन्दर्भ में मानक विचलन 177 रुपए है (रु. 176.9)। यही कारण है कि उनकी आमदनी में इतना उतार-चढ़ाव है।

सारिणी-17

वह उम्र जब वह कमाना शुरू करते हैं

आयु समूह	*कमेरों का प्रतिशत*
नौ वर्ष तक	15
10-19	66
बीस से अधिक	19
	100

उपरोक्त तालिका से ज्ञात होता है कि बच्चे साधारणत: पन्द्रह वर्ष की उम्र से कमाना शुरू कर देते हैं। नौ वर्ष से कम आयु वालों का प्रतिशत केवल पन्द्रह है और 10-19 आयु वर्ग में 66 प्रतिशत हैं। बीस से ऊपर केवल 19 प्रतिशत। औसत आयु जब वह कमाई शुरू करते हैं बाइस वर्ष है। पन्द्रह वर्ष से कम उम्र के बच्चों को कोई व्यस्तता चाहिए। 29 प्रतिशत स्कूल जाते हैं। उनमें से 26 प्रतिशत अपराध में लगे हुए हैं और शेष कृषि कार्यों में अथवा घरेलू कामकाज में हाथ बँटाते हैं।

सारिणी-18

पन्द्रह वर्ष से कम के बच्चों की भूमिका

शिक्षा	29	29%
अपराध	20	26%
अपराध की शिक्षा	6	
कृषि से सहायता	16	34%
कुली	18	
घरेलू कार्य	11	11%

जहाँ तक महिलाओं का प्रश्न है, उनमें से 66 प्रतिशत का कहना था कि वे कृषि और गृहस्थी के अन्य कामों में अपने पुरुषों का सहयोग करती हैं। 34 प्रतिशत अपराध और उससे सम्बन्धित गतिविधियों में सहायता करती हैं। पूर्व में जब वे अपराध के अभियान पर निकलते थे तो स्त्रियों को अपने साथ ले जाते थे। अब सामान्यत: पुरुष सदस्य ऐसी गतिविधियों में स्त्रियों को साथ नहीं रखते।

सारिणी-19

कप्परल्ला टिप्पा के सदस्यों द्वारा अपराध अपनाने के कारण

जीवन का व्यवसाय	22 प्रतिशत
पर्यावरण का प्रभाव	23 प्रतिशत
विवशता	8 प्रतिशत
अन्य व्यवसाय का अभाव	47 प्रतिशत
	100

सारिणी 19 दर्शाती है कि बाइस प्रतिशत ने अपराध को अपना पेशा इसलिए बनाया क्योंकि यह उनका परम्परागत व्यवसाय था। उनके पिता और दादाओं के जीविकोपार्जन का स्रोत यही था और खुद को अपराधी कहे जाने पर उन्हें स्वाभिमान का अनुभव होता है। उनमें से तेईस प्रतिशत ने आसपास के प्रभाव से अपराध का रास्ता चुना। इसका अर्थ यह हुआ कि वातावरण अपराध से भरा पड़ा है और इसके असर से प्रभावित होकर बाहर निकल पाना उनके लिए सम्भव नहीं है। अब वह इसके दास बन चुके हैं। लेकिन उनमें से 47 प्रतिशत का कथन यह था कि किसी वैकल्पिक काम के उपलब्ध न होने के कारण वे अपराध कर रहे हैं। 8 प्रतिशत मानते थे कि उन्हें यह मजबूरी में करना पड़ रहा है। 47 प्रतिशत लोगों ने कहा कि यदि सरकार उन्हें कोई और काम दे देती है तो वे इस अभिशप्त दायरे से बाहर निकलना चाहेंगे।

सारिणी-20

अपने पेशे से सन्तुष्ट-असन्तुष्ट

	प्रतिशत में
नहीं	61
खुश	39

सारिणी-21

बच्चों का भविष्य

	प्रतिशत में
अपराधी नहीं बनें	47
बड़ों की सहायता करें	8
पढ़ें-लिखें और अपनी रोजी-रोटी खुद कमाएँ	60
उन्हें मुख्यधारा में सम्मिलित होने का अवसर मिले	28

इस तालिका से समुदाय के अग्रज सदस्यों का अपने बच्चों के भविष्य के प्रति दृष्टिकोण स्पष्ट होता है। 88 प्रतिशत माता-पिता चाहते हैं कि उनकी सन्तान को शिक्षा मिले और वे उन्हें अच्छी जीविका दिलाने के इच्छुक हैं। वे उन्हें जीवन की मुख्यधारा में प्रवेश भी करवाना चाहते हैं। शेष बारह प्रतिशत अपने अभिभावकों की सहायता करना चाहते हैं, फिर चाहे यह अपराध का क्षेत्र हो या फिर खेती। वास्तव में परिवर्तन की दृष्टि एक शुभ संकेत है। जिन सौ व्यक्तियों से पूछताछ की गई उनमें से केवल 28 प्रतिशत ही ऐसे थे जिन्होंने अपने बच्चों को शिक्षित किया और रोजगार दिलवाया, यद्यपि उन्हें उनसे बहुत कम आर्थिक सहयोग मिल पाता है।

सारिणी-22

अपराध के पेशों को जारी रखना

	प्रतिशत में
उदासीनता	32
सुधार	48
विकल्प न होने से जारी रखना	16
बस्ती को बिखराना	4

शोधकर्ता ने जिन लोगों से साक्षात्कार किए उनमें से 52 प्रतिशत तैयार हैं, अपने आपको सुधारने के लिए उत्सुक हैं। यहाँ तक कि वे बस्ती छोड़ देने के लिए भी तैयार हैं। उनमें से बत्तीस प्रतिशत

पूरी तरह उदासीन तो नहीं हैं लेकिन बस्ती में रहने के सम्बन्ध में उनका मत स्पष्ट नहीं है। सोलह प्रतिशत उन लोगों का है जो इसलिए अपने व्यवसाय में बने हुए हैं क्योंकि उनके पास दूसरा विकल्प नहीं है।

सारिणी-23

आमदनी और अपराध का सम्बन्ध

प्रतिमाह आय	*अपराध*	*अपराधों की संख्या*	*योग*
0-199	16	21	37
200-399	19	21	40
400-599	11	6	17
600 से अधिक	3	3	6
	49	51	100

शोधकर्ता ने आमदनी और अपराध का सम्बन्ध जानने के लिए X^2 पद्धति अपनाई :

$$X^2 = X^2\ (4\text{-}1)\ (2\text{-}1) = \cdot 05$$

$$X^2C = X^2 \qquad = \cdot 15\%$$

यह जानने के लिए कि अपराध की घटनाओं का कोई सम्बन्ध आय से है, चार समूहों में आमदनी और अपराध के सम्बन्धों का अध्ययन किया गया। यह देखा गया कि इस आनुषांगिक तालिका 4×2 के लिए आकलित X^2 पाँच प्रतिशत के स्तर पर महत्त्वपूर्ण नहीं है। इस कारण यह हो सकता है कि केवल 29% ही अपराधी हैं, इसलिए अपराध और आमदनी में कोई सम्बन्ध नहीं है। केवल आर्थिक पिछड़ापन ही उन्हें अपराध के प्रति प्रवृत्त नहीं करता, तथापि अपराध घटित करने वालों कारणों में से यह एक महत्त्वपूर्ण कारक होता है। अत: X^2 परीक्षण का परिणाम यह स्पष्ट कर देता है कि अपराध का आमदनी से कोई महत्त्वपूर्ण सम्बन्ध नहीं है। इस तालिका का अधिक विश्लेषण विमर्श के भाग में किया गया है।

सारिणी-24

व्यय

व्यय रु. में	*परिवारों की संख्या*
0-99	4
100-199	22
200-299	22
300-399	20
400-499	11
500-599	8
600-699	5

700-799	2
800-899	1
900-999	1
1000-0	4
	100

उत्तर देने वालों से ज्ञात हुआ कि मूल्य स्तर में वृद्धि के कारण उनका खर्च भी बढ़ गया है। वह जितना कमा पाते हैं उसमें और उनके खर्च में थोड़ा-सा अन्तर है। परिवार का सामान्य खर्च 361 रु. है और मानक विचलन रुपए 228.8/- इसका अर्थ यह हुआ कि उनके खर्च में बड़ा वैपरीत्य है।

सारिणी-25

आय-व्यय का अन्योन्य सम्बन्ध

आय	*व्यय*				
	0-199	200-399	400-599	600-अधिक	योग
0-199	31	6	-	-	37
200-399	2	30	6	2	40
400-599	-	2	12	3	17
600-अधिक	-	-	-	6	6
	33	38	18	11	100

आय-व्यय का अन्योन्य सम्बन्ध 0.8468 पाया गया। चूँकि अन्योन्य-प्रतिशत आय से अधिक है अत: निष्कर्षत: यह कहा जा सकता है कि आमदनी से खर्च अधिक है। अधिक व्यय के साथ सामंजस्य बिठाने के लिए वे आपराधिक गतिविधियों में लिप्त होते हैं।

सारिणी-26

मनोरंजन पर व्यय

व्यय	*परिवारों की संख्या*
0-49	60
50-99	25
100-149	96
150-199	94
200-249	93
250-अधिक	2

तालिका 26 प्रदर्शित करती है कि जिनका साक्षात्कार लिया गया वे सभी मनोरंजन पर धन व्यय करते हैं। प्रति व्यक्ति औसत व्यय रुपए 61.5/- और मानक विचलन 56-30 था, जो अधिक नहीं है। मनोरंजन के माध्यमों का जहाँ तक सम्बन्ध है, इस राशि में शराब पर 29 प्रतिशत, तम्बाकू पर 30 प्रतिशत खर्च किया जाता है। सिनेमा पर वे 27 प्रतिशत और 14 प्रतिशत अन्य तरीकों पर खर्च करते हैं।

सारिणी-27

खर्च सहने की क्षमता

	प्रतिशत में
हाँ	40
नहीं	60

सत्ताइसवीं तालिका से प्रकट है कि साठ प्रतिशत परिवार ऐसे हैं जो अपनी आय से परिवार का खर्च चलाने में समर्थ नहीं हैं। शेष चालीस प्रतिशत ही अपने व्यय की पूर्ति कर पाते हैं।

सारिणी-28

बचत

	प्रतिशत में
हाँ	7
नहीं	93

उनमें से नब्बे प्रतिशत ऐसे हैं जिनमें बचत की आदत नहीं है। यह उनके आर्थिक स्तर का द्योतक तो है ही, यह भी बताता है कि जीवन के प्रति वे कितने लापरवाह हैं। वे आमतौर पर जितना भी कमाते हैं, उसे उड़ा देते हैं। कभी-कभी तो उनकी कमाई से ज्यादा उनके खर्च होते हैं और उन्हें कर्ज लेना पड़ता है।

सारिणी-29

ऋण के स्रोत

स्रोत	*प्रतिशत में*
महाजन	49
बैंक	10
नाते-रिश्तेदार	41

सामान्यत: वे महाजनों या अपने ही सम्पन्न नाते-रिश्तेदारों से उधार लेते हैं। उपरोक्त तालिका बताती है कि 49 प्रतिशत कर्ज महाजनों से और 41 प्रतिशत रिश्तेदारों से लिया जाता है। उनमें से केवल दस प्रतिशत ही व्यावसायिक बैंकों से कर्ज लेते हैं। हम देखेंगे कि कर्ज की अदायगी का उनका तरीका क्या है?

सारिणी-30

कर्ज अदायगी का उनका तरीका

व्यवसाय	*प्रतिशत में*
अपराध से	36
खेती से	40
वाणिज्य से	24

अपराधों से जीवन-यापन करने वाले परिवार कर्ज की अदायगी अपराध करके ही करते हैं। इसी तरह खेती या व्यवसाय से जिनकी आजीविका चलती है, वे फसल आने पर अथवा मुनाफा होने पर अपना ऋण लौटाते हैं। जहाँ तक गहनों का प्रश्न है, साक्षात्कार में 35 प्रतिशत परिवारों ने ही यह स्वीकार किया कि उनके पास आभूषण हैं। पैंसठ प्रतिशत के पास कानों की बालियाँ या 'ताली' (मंगल-सूत्र) तक भी नहीं है। वह जो भी कमाते हैं, उसे शराब या किसी अन्य चीज पर खर्च कर देते हैं। कभी-कभी तो अपने व्यसनों के लिए भी उन्हें उधार लेना पड़ता है।

सारिणी-31

कर्ज का भार

बकाया कर्ज	*परिवारों की संख्या (%)*
रु. 0-499	53
रु. 500-999	15
रु. 1000-1499	12
रु. 1500-1999	6
रु. 2000 या अधिक	14
	100

हम पहले यह देख चुके हैं कि कर्ज का नब्बे प्रतिशत महाजनों या नाते-रिश्तेदारों से प्राप्त किया जाता है। कर्ज की राशि दो हजार रुपए तक या इससे अधिक होती है। उनमें से आधे के लगभग अर्थात 53 प्रतिशत परिवार ऐसे हैं जिन पर 0-499 रुपए का कर्ज का भार है। परिवार के मुखियाओं पर औसत ऋण 815 रुपए है, अत: मानक विचलन 740 रुपए है। औसत कर्ज और मानक विचलन प्रक्रिया से आने वाले कर्ज में बहुत अधिक है। एक अन्य आकलन भी किया गया जिससे निम्न तालिका हमारे अध्ययन के लिए महत्त्वपूर्ण है।

सारिणी-32

आय और ऋण—बकाया ऋण

प्रतिमाह आय	*0-499*	*500-999*	*1000-1499*	*1500-1999*	*2000-अधिक*	*योग*
0-199	20	7	2	2	7	38
200-399	15	6	8	2	8	39
400-599	8	1	6	-	2	17
600-अधिक	2	-	-	-	4	6
	45	14	16	4	21	100

r = 0.145, यहाँ आमदनी और ऋण के बीच बहुत कम अन्योन्य सम्बन्ध है। इस अध्याय के विमर्श भाग में इसकी अधिक चर्चा की जाएगी।

वृद्ध-जन

सारिणी-33

वृद्ध-जनों की दिनचर्या

कार्य	*कार्यरत व्यक्तियों का प्रतिशत*
कृषि कार्य में सहायता	6
वाणिज्य	10
भिक्षाटन	12
अपराध	2
निठल्ले	70
	100

सारणी 33 से यह सत्यापित होता है कि वृद्धजनों का सत्तर प्रतिशत ऐसा है जो अपना समय निठल्ले रहकर बिताते हैं, बाकी के विभिन्न कार्यों में सहायता देते हैं। उनमें से 6 प्रतिशत कृषि कार्यों में, 10 प्रतिशत व्यवसाय में सहयोग करते हैं। बारह प्रतिशत भीख माँगते हैं। आपराधिक गतिविधियों में दो ही प्रतिशत हैं। शोध कार्य से ज्ञात हुआ कि वृद्धावस्था पेंशन जैसे साधन उन्हें प्राप्त नहीं हैं।

प्रशासनिक पक्ष

पुनर्वास उपाय के रूप में सरकार ने सोलह प्रतिशत परिवारों को दुधारू भैंसें उपलब्ध करवाई हैं। पन्द्रह प्रतिशत को जमीन दी गईं। अन्य तेरह प्रतिशत को भेड़ें, बैंक-ऋण, कृषि उपकरण जैसी अन्य सहायता प्रदान की गई। जिन लोगों का साक्षात्कार किया गया, उनमें से छप्पन प्रतिशत ऐसे थे जिन्हें किसी तरह की सहायता नहीं

मिली। शायद यही कारण था कि 97 प्रतिशत लोगों का कहना था कि सरकार द्वारा दी जाने वाली सहायता से वे सन्तुष्ट नहीं हैं। केवल तीन प्रतिशत ने ही शासकीय कल्याण कार्यक्रमों के प्रति अपना सन्तोष व्यक्त किया। वे अपना व्यवसाय जारी रखना चाहते हैं क्योंकि उनके अनुसार अब वे इसके अभ्यस्त हो गए हैं। वे अतिरिक्त सुविधाएँ जैसे भूमि पट्टे, सिंचाई, रोजगार, कारखानों की स्थापना, घर इत्यादि की अपेक्षा भी रखते हैं।

सारिणी-34

रहवासियों के लिए सरकार के कल्याण कार्यक्रम

उपलब्ध उपाय	*हितग्राहियों का प्रतिशत*
दुधारू मवेशी	16
जमीन	15
दुकानें	2
भेड़-बकरी	1
बैंक ऋण	4
कृषि उपकरण	6
कुछ नहीं	56
	100

सारिणी-35

कल्याण और पुलिस अधिकारियों का दौरा

दौरे की आवृत्ति	*लोगों के सहयोग का प्रतिशत*
प्राय:	14
कभी-कभी	47
कभी नहीं	39

पूर्व-पुनर्वासित बस्तियों में पुलिस और कल्याण विभाग के अधिकारी कभी-कभी ही पहुँचते हैं या फिर कभी आते ही नहीं। केवल चौदह प्रतिशत ने ही माना कि ये अधिकारी अकसर वहाँ आते हैं। यह पुलिस अधिकारियों के लिए सच हो सकता है लेकिन कल्याण विभाग के अधिकारियों के लिए सच नहीं है। जब उनसे पूछा गया कि क्या वे अधिकारियों के साथ अपनी समस्या मुक्त भाव से निडर होकर उठा पाते हैं या नहीं तो 75 प्रतिशत का उत्तर नकारात्मक था। उनके काम और मिलने वाली सहायता के सम्बन्ध में उनकी राय पूछे जाने पर केवल 26 प्रतिशत ने कहा कि पुलिस और कल्याण विभाग से ऐसी सहायता मिल जाती है। (सारिणी 37 के अनुसार केवल 26 प्रतिशत कल्याण विभाग से और पन्द्रह प्रतिशत पुलिस से सन्तुष्ट थे।)

सारिणी-36

सरकारी कर्मचारियों के प्रति राय

अधिकारियों के प्रति राय	*राय से सहमतों का प्रतिशत*
सन्तुष्ट	26
असन्तुष्ट	65
बहुत खराब	9

सारिणी-37

पुलिस अधिकारियों के प्रति राय

पुलिस अधिकारियों के प्रति राय	*राय से सहमतों का प्रतिशत*
सन्तुष्ट	15
असन्तुष्ट	41
घृणास्पद	16
दुर्व्यवहारपूर्ण	28

सारिणी-38

सिंचाई सुविधाएँ

	प्रतिशत
सन्तोषजनक	8
सन्तोषजनक नहीं हैं	92

कुछ साल पहले तक पूर्व-रहवासियों को पीने का पानी लाने के लिए एक मील से अधिक की दूरी तय करना पड़ती थी।[3] इसके बाद भी, उनमें से 92 प्रतिशत ने कहा कि वे वर्तमान सिंचाई सुविधाओं से सन्तुष्ट नहीं हैं।

कप्परल्ला टिप्पा में शिक्षा सुविधाएँ आज भी सन्तोषजनक नहीं हैं। भारत सरकार ने इस डिनोटीफ़ाइड समुदाय के पुनर्वास के लिए राज्य शासन को अनुदान दिए हैं। पहली पंचवर्षीय योजना में उनके कल्याण पर 1.10 करोड़ रुपए खर्च किए गए थे और दूसरी पंचवर्षीय योजना की अवधि में इसके लिए 3.12 करोड़ रुपए का प्रावधान था। इस धनराशि का व्यय शिक्षा, आर्थिक प्रगति, स्वास्थ्य और गृह-निर्माण से सम्बन्धित कार्यों पर किया जाना था। तीसरी पंचवर्षीय में ये सारी योजनाएँ केन्द्रीय सरकार के नियंत्रण में रहीं। इन तमाम योजनाओं के बावजूद कप्परल्ला टिप्पा में शैक्षणिक सुविधाएँ पचास वर्षों में लगभग जस-की-तस हैं।

64 प्रतिशत ने शैक्षणिक सुविधाओं से सहमति व्यक्त की जबकि 36 प्रतिशत सन्तुष्ट नहीं थे। 82 प्रतिशत शिक्षकों से प्रसन्न हैं लेकिन स्कूल में उनके बच्चों से किए जाने वाले व्यवहार के कारण शिक्षकों से नाखुश हैं। परिवारों के 74 प्रतिशत मुखिया अपने बच्चों को शिक्षा दिलाने के लिए उत्सुक हैं लेकिन उनमें से 26 प्रतिशत ने कोई रुचि प्रदर्शित नहीं की। उनमें से 62 प्रतिशत एक से अधिक बच्चों को स्कूल भेजते हैं और 38 प्रतिशत ऐसे हैं जिनका कम-से-कम एक बच्चा स्कूल जाता है। हाई स्कूल जाने वाले बच्चों में से 80 प्रतिशत एक मील दूर बिट्रगुंटा के हाईस्कूल में जाते हैं, शेष को कावाली जाना होता है जो दस मील दूर है।

स्वास्थ्य सेवा और चिकित्सकों का आगमन : भारत के कई राज्यों में अनुसूचित क्षेत्रों में स्वास्थ्य और जनस्वास्थ्य सुविधाएँ पहुँचाने और उनमें सुधार लाने के लिए अनेक उपाय किए गए। पहली पंचवर्षीय योजना में दस हजार से अधिक कुएँ खोदे गए और उनकी मरम्मत की गई। स्वास्थ्य सेवा उपलब्ध कराने के लिए जनजातीय इलाकों में 3,144 अस्पताल, दवाखाने और चलित स्वास्थ्य इकाइयाँ स्थापित की गईं। लगभग सभी जनजातियों की पूर्व बस्तियों में भी इनकी शुरुआत की गई। कप्परल्ला टिप्पा में स्वास्थ्य सुविधाएँ बहुत कम हैं। कप्परल्ला टिप्पा से दो मील दूर बोगोल का अस्पताल उनकी पहुँच से परे है और इसलिए यह अस्पताल प्रभावी रूप से कार्य नहीं कर पाता। ऐसी कोई चलित चिकित्सा इकाई भी नहीं है, जो आकस्मिक स्थिति में काम आ सके।

सारिणी-39

स्वास्थ्य सेवा, चिकित्सक की देखभाल

	प्रतिशत में
बहुधा	6
कभी-कभी	6
कभी नहीं	88

88 प्रतिशत का कहना है कि डॉक्टर उनके स्थान पर कभी नहीं आता। 6 प्रतिशत बताते हैं कि कभी-कभी आ जाता है, शेष 6 प्रतिशत कहते हैं कि डॉक्टर उनके पास प्राय: आ जाता है। कोबूरपल्ली (कप्परल्ला टिप्पा से लगभग तीन मील दूर) का प्राथमिक स्वास्थ्य केन्द्र उनके लिए ज्यादा उपयोगी नहीं है (84 प्रतिशत)। 16 प्रतिशत का कहना है कि यह स्वास्थ्य केन्द्र उनके लिए उपयोगी है।

अपराध पक्ष

सारिणी-40

पिता और पुत्र के अपराधों का सम्बन्ध

पिता के अपराध	पुत्र के अपराध							
	डकैती	*नकबजनी*	*रेल के डिब्बे काटना*	*छीनना*	*सूटकेस चुराना*	*जेबकटी*	*कोई नहीं*	*योग*
डकैती	-	2	1	1	2	-	2	7
नकबजनी	-	10	6	5	2	4	4	31
रेल के डिब्बे काटना	-	1	2	-	1	2	-	6
चेन छिनना	-	2	2	5	1	1	1	12
सूटकेस चुराना	-	2	2	2	1	1	3	11
जेब काटना	-	1	2	1	1	4	-	9
कोई नहीं	1	4	4	3	2	3	4	21
योग	1	22	19	17	9	15	17	100

पुत्र के अपराध

	Yes^{A}	No		
पिता के अपराध	Yes^{B}	66a (AB)	13b (AB)	79
	No^{C}	17^{C}	4^{d}	21
		$83^{(AC)}$	$17^{(\alpha\beta)}$	100

$$\text{संयवन का गुणक } Q = \frac{(AB)\,(\alpha\beta) - (\alpha\beta)\,(AC)}{(AB) + (\alpha\beta)\,(AC)}$$

$$\frac{(66)\,(4) - (17)\,(13)}{(66)\,(14) + (17)\,(13)} = \frac{264 - 221}{264 + 221}$$

$$= \frac{43}{485} = 0.0886$$

5 प्रतिशत के स्तर पर x^2 नगण्य है; $x^2 = 0.886$

उपरोक्त तालिका और आकलन दर्शाता है कि पिता और पुत्र की आपराधिक गतिविधियों में परस्पर कोई सम्बन्ध नहीं है।

सारिणी-41

परिवार के पिता के अन्तिम अपराध

	प्रतिशत में
नकबजनी	70
जेब काटना	10
सूटकेस चुराना	5
रेल के डिब्बों में चोरी	6

साक्षात्कार कर्त्ताओं द्वारा पिता द्वारा आखिरी बार किए गए अपराध का जब हमने प्रतिशत निकाला तो परिणाम ये थे—नकबजनी 70 प्रतिशत, जेब कतरना 10 प्रतिशत, सूटकेस चोरी 5 प्रतिशत, रेल के डिब्बों से चोरी 6 प्रतिशत। पिताओं को इन अपराधों में सजा हुई थी। अधिकतर सजाएँ कारावास की थीं और जुर्माने बहुत कम हुए थे। अध्ययन से यह प्रमाणित हुआ कि इन पूर्व अपराधियों में से 36 प्रतिशत का अन्य बस्तियों के साथ निकट का सम्बन्ध था और 62 प्रतिशत के ऐसे कोई सम्बन्ध नहीं थे। पिता और पुत्र दोनों ही अपराध के समय कुछ हथियारों का इस्तेमाल करते हैं। ये हैं—(1) करुं (धारदार लोहे का डंडा), (2) लाठी, (3 चाकू, (4) मिर्ची पाउडर, (5) नकली चाबियाँ, (6) पंसा कोलू, (7) कैंची, (8) माचिस, (9) कुल्हाड़ी तथा (10) पत्थर। पिता के सक्रियता काल में उनमें से 86 प्रतिशत अपराध के अभियान पर समूह में निकलते थे, केवल 14 प्रतिशत ने ही अपने अकेले जाने की बात कही। लूटी हुई संपत्ति का बँटवारा 3:1 के अनुपात से किया जाता था। तीन हिस्से अपराध करने वालों को मिलता था और एक हिस्सा उन्हें जो उनकी चौकसी रखते थे।

साक्षात्कार लिए गए कुल सदस्यों में से 71 प्रतिशत ने स्वीकारा कि वे जो चोरी करते हैं उसमें पुलिस की हिस्सेदारी होती है। शेष 29 प्रतिशत ने इस बात से इनकार किया। उनमें से साठ प्रतिशत का कहना था यदि उन्होंने अपराध नहीं भी किया हो, तब भी रिश्वत के लिए पुलिस उन्हें तंग करती है। उनके पुराने इतिहास की वजह से ऐसा किया जाता था और इस आधार पर पुलिस उन्हें हिरासत में डालकर उनसे मारपीट करती है। पुलिस की बेजा माँगें पूरी करने के लिए, जिन्होंने हमेशा के लिए अपराधों से किनारा कर लिया था या जो सुधार की प्रक्रिया में थे, वे भी फिर से अपराध करने लगे हैं।

पूर्व अपराधियों के साथ हिरासत में पुलिस का व्यवहार क्रूरता की सीमा तक पहुँच जाता है। कभी-कभी पुलिस द्वारा लगाए गए झूठे आरोपों में, उन्हें केवल सन्देह के आधार पर ही सजा भुगतनी पड़ती है। साक्षात्कार में 74 प्रतिशत ने यही बात दोहराई।

सारिणी-42

रहवासियों के साथ व्यवहार में पुलिस के तरीके

	प्रतिशत में
सन्देह के आधार पर	37
जिन्हें माल बेचा गया उन लोगों द्वारा दी गई जानकारी	15
रहवासियों द्वारा दी गई जानकारी	24
संयोगवश	24

उपरोक्त तालिका के अनुसार 37 प्रतिशत अपराधियों को केवल सन्देह के आधार पर पकड़ लिया जाता है, पन्द्रह प्रतिशत उन लोगों से प्राप्त जानकारी के आधार पर पकड़ा जाता है जिन्होंने चुराया गया माल खरीदा था। अन्य रहवासियों से प्राप्त किसी सूचना पर 24 प्रतिशत पकड़े जाते हैं और 24 प्रतिशत केवल संयोग से पुलिस के हाथ लग जाते हैं।

सारिणी-43

वकीलों से सम्पर्क

	प्रतिशत में
हाँ	78
नहीं	22

आरोपियों और संदिग्धों से, जब उन्हें परेशान किया जाता है या अदालतों में ले जाया जाता है, 78 प्रतिशत ही वकीलों के पास जाते हैं।

सारिणी-44

वकीलों के खर्च की पूर्ति

	प्रतिशत में
अपराध से	73
उधार/कर्ज से	4
खेती/वाणिज्य से	21
नाते-रिश्तेदार से	2

इस तालिका में वकीलों पर होने वाले खर्च की पूर्ति के लिए साधनों का उल्लेख है। उनमें से 73 प्रतिशत यह खर्चा पूरा करने के लिए अपराध करते हैं। 21 प्रतिशत खेती या व्यापार से होने वाली आय से वकीलों की फीस भरते हैं और 6 प्रतिशत इसके लिए महाजनों या रिश्तेदारों से कर्ज या

उधार लेते हैं। जहाँ तक वकीलों के उनके साथ व्यवहार का प्रश्न है, 39 प्रतिशत मानते हैं कि यह सहानुभूतिपूर्ण है और 61 प्रतिशत समझते हैं कि यह व्यवहार पेशेवराना ही है।

सारिणी-45

अपराध का घटनास्थल

	प्रतिशत में
निकटवर्ती गाँव	24
निकटवर्ती कस्बे	17
दूरवर्ती गाँव	20
दूरवर्ती शहर	21
राज्य से बाहर	18

यहाँ अपराध के घटनास्थल का उल्लेख हुआ है। यह प्रदर्शित करता है कि वे कहीं भी अपराध कर सकते हैं—आसपास के गाँवों (बीस प्रतिशत) से लेकर राज्य से बाहर (18 प्रतिशत) तक। 17 प्रतिशत अपने आसपास के कस्बों में अपराध करते हैं, 20 प्रतिशत दूर के गाँवों में और 21 प्रतिशत दूर के कस्बों में अपराधों को अंजाम देते हैं।

सारिणी-46

व्यवसाय शुरू करने की उम्र

आयुवर्ग	*प्रतिशत में*
10-20	78
11-35	20
36 या अधिक	2

पेशा अख्तियार करके औसत उम्र 9 वर्ष है। तथापि यहाँ यह ध्यान में रखना होगा कि इसका सम्बन्ध केवल अपराध से ही नहीं है, खेती, व्यापार भी इसके अन्तर्गत आते हैं। उत्तरकर्ताओं में से अधिकांश (78 प्रतिशत) ने अपना पेशा बहुत पहले ही अपना लिया था, 10 से 20 वर्ष की आयु के बीच में ही। 20 प्रतिशत ने अपना व्यवसाय 21-35 आयु वर्ग में शुरू किया, और 2 प्रतिशत ने अपना पेशा तब अपनाया जब वे 35 वर्ष की आयु पूरी कर चुके थे।

सारिणी-47

अपराध जब पकड़ा गया

आयुवर्ग	*प्रतिशत में*
10-20	52
21-35	46
36 या अधिक	2

10-20 के आयुवर्ग में 52 प्रतिशत अपराधी पकड़े गए। 21-35 आयुवर्ग में 46 प्रतिशत और 36 या अधिक के आयुवर्ग में केवल दो प्रतिशत अपराधी पकड़े गए।

उत्तर देने वाले बहुत कम व्यक्ति ऐसे थे जिन्होंने अपनी सन्तान को अपराध करना सिखाया हो। (30 प्रतिशत)। अन्य 70 प्रतिशत का उल्लेख इस लिए किया जा रहा है। क्योंकि वे अपराध छोड़कर दूसरे पेशों में हैं। जब अपराध सिद्ध हो जाता है तो अपराधियों को उनके कृत्य के अनुसार अलग-अलग जेलों में रखा जाता है। इनमें से 93 प्रतिशत जेलों में मिलने वाली सुविधाओं से सन्तुष्ट नहीं थे। और कोई आश्चर्य नहीं कि उनमें से किसी ने भी यह नहीं कहा कि घर पर उनके जीवन की अपेक्षा जेल में रहना वे ज्यादा पसन्द करेंगे।

सारिणी-48

पूर्व रहवासियों का कारावास के बाद का अनुभव

आयुवर्ग	*प्रतिशत में*
सामान्य	47
अपराध वृत्ति छोड़ दी	43
अपराध कार्यों में संलग्न और अब भी संलग्न हैं	10

सजा काट चुके अपराधियों से जब उनके जेल-जीवन के सम्बन्ध में पूछा गया तो उनकी प्रतिक्रियाएँ अलग-अलग थीं। 47 प्रतिशत के लिए जेल जीवन उनके लिए आम बात थी। 43 प्रतिशत को लगा कि अब उन्हें अपराधी जीवन को त्याग देना चाहिए। 10 प्रतिशत को अपने दुखी जीवन का क्षोभ था क्योंकि पुलिस के द्वारा उन्हें एक औजार की तरह इस्तेमाल किया जाता है और अब भी किया जा रहा है।

सुधार पक्ष

सारिणी-49

बस्ती का भविष्य

आयुवर्ग	*प्रतिशत में*
आवश्यक सुधारों के साथ बनी रहे	43
वैकल्पिक सुविधाओं के साथ बन्द की जाए	57

जब साक्षात्कार देने वालों से बस्ती को बनाए रखने के सम्बन्ध में पूछा गया तो 43 प्रतिशत का उत्तर सकारात्मक था लेकिन वे चाहते थे कि इसके उचित सुधार के उपाय सोचने होंगे। तथापि 57 प्रतिशत ने इस शर्त पर बस्ती छोड़ देने की बात कही कि यदि उन्हें जमीन, घर, उनके बच्चों की शिक्षा रोजगार के अवसर इत्यादि की वैकल्पिक सुविधाएँ अन्यत्र प्राप्त हो सकें। वर्तमान में, वहाँ अपराधी बच्चों की संख्या अधिक नहीं है (केवल 14 प्रतिशत) और उन्हें बोरस्टल तथा प्रमाणित विद्यालयों में प्रशिक्षण मिल रहा है।

सारिणी-50

सुधार

	प्रतिशत में
सुधार और पुनर्वास	93
सुधार नहीं	2

इस तालिका से स्पष्ट है कि इन रहवासियों में सुधार और पुनर्वास की प्रबल इच्छा है (90 प्रतिशत) और इससे असहमत होने वालों की संख्या नगण्य है। जिन उत्तरदाताओं ने सुधार और पुनर्वास में अभिरुचि दिखलाई है उनसे अपनी बस्ती को अधिक निवास योग्य और सुविधाजनक बनाने के लिए सुझाव माँगे गए। कई सुझाव दिए गए; जैसे 43 प्रतिशत ने वहाँ कोई कारखाना स्थापित करने की माँग की; 42 प्रतिशत मवेशी (दुधारू भैंसें, जुताई के लिए बैल, आदि) चाहते थे। 32 प्रतिशत ने कृषि सुविधाओं की माँग की। बैंक से कर्ज और नि:शुल्क भूमि आबंटन की चाहत रखने वाले 20-20 प्रतिशत थे और 13 प्रतिशत चाहते थे कि वहाँ उच्च शिक्षा के लिए व्यवस्था होनी चाहिए।

विमर्श

कप्परल्ला टिप्पा की पूर्व अपराधी बस्ती के सम्बन्ध में प्रस्तुत सर्वेक्षण के आधार पर विस्तार से विश्लेषण करते हुए आज हम पूर्व-अपराधी जनजातियों की विविध संघटनाओं के मुख्य और ध्यान दिए जाने योग्य पहलुओं पर अपना विमर्श केन्द्रित करेंगे। हमारे सामने कथेरा और येरुकला दोनों ही जनजातियाँ हैं, जो गम्भीर अपराधों के लिए कुख्यात थीं और आज भी हैं तथा आज भी यहाँ रह रही हैं। इनमें से सौ परिवारों को आकस्मिक रूप से नमूने के रूप में लिया गया, यह रेंडम सैम्पल टेबल के द्वारा साधारण पद्धति से किया गया।

कप्परल्ला टिप्पा के निवासी पहले झुग्गियों में रहते थे। अब हर घर में दो कमरे और एक बरामदा है। ये काफी बड़े मकान हैं। तीन या चार आधुनिक शैली में बने हुए मकान भी हैं। अलग स्नानगृह, जल-संचय और कम्पाउंड वॉल की कोई व्यवस्था नहीं है।

परिवार के मुखिया जो बीस से कम और साठ से अधिक वर्ष आयु के हों, यहाँ बहुत कम हैं। इसलिए परिवार के मुखिया की औसत आयु 43.5 वर्ष है। अत: आयु वितरण की दृष्टि से विचलन बहुत अधिक है। महिला मुखिया बहुत कम हैं।

इस आधार पर कहा जा सकता है कि यह पूर्व बस्ती सामाजिक संरचना की दृष्टि से पितृसत्तात्मक है और शेष हिन्दू समाज के समान है। कोई महिला गृहस्थी का नेतृत्व करने की स्थिति में इसलिए हैं क्योंकि उनकी गृहस्थी के पुरुषों की मृत्यु हो चुकी है अथवा वे कारावास में हैं।

शिक्षा का जहाँ तक सम्बन्ध है, पचास प्रतिशत मुखिया कामचलाऊ साक्षरता से लेकर दसवीं कक्षा तक शिक्षित हैं। कामचलाऊ साक्षरता के चलते बीस प्रतिशत अपना दैनिक व्यवहार कर लेते हैं लेकिन 30 प्रतिशत निपट निरक्षर हैं। सारिणी तीन से स्पष्ट होता है कि उनमें से आधे लोगों की ही शैक्षणिक पृष्ठभूमि है। इसे निश्चय ही एक सकारात्मक बिन्दु माना जा सकता है और यहाँ से उनकी नई पीढ़ी शैक्षणिक वृत्त में प्रवेश करने के योग्य बन सकती है। इसके लिए, ईसाई मिशनरियों का आभार व्यक्त किया जाना चाहिए कि उन्होंने इन पूर्व अपराधियों को इस दिशा में अग्रसर होने के कुछ अवसर उपलब्ध कराए। इसके परिणामस्वरूप, उनमें से कुछ रेल विभाग और पुलिस, डाकघर और शिक्षा आदि क्षेत्रों में सरकारी नौकरियाँ कर रहे हैं। ऐसे उदाहरण भी हैं कि यहाँ से एक या दो चिकित्सा स्नातक भी निकले हैं। शिक्षण के क्षेत्र में उनकी उपलब्धियों की यह स्थिति निश्चित रूप से एक मानक प्रतिमान है।

बस्ती में साठ प्रतिशत बड़े परिवार हैं। कुल मिलाकर यहाँ संयुक्त परिवार ही रहते हैं। बड़े परिवार को अधिक धन की आवश्यकता होती है और वर्तमान में उनकी जैसी आय है उससे सुखी जीवन व्यतीत कर पाना सम्भव नहीं है। क्रमश: संयुक्त परिवार विघटित होकर एकल परिवार बन रहे हैं। इससे यह प्रकट होता है कि उनमें से चालीस प्रतिशत ऐसे हैं जो पाँच या उससे कम सदस्यों के एकल परिवार में रहते हैं। संयुक्त परिवारों का इसी तरह का विन्यास व्यापक हिन्दू समाज में भी देखने को मिलता है। इन परिवारों के विघटन का कारण है एकल परिवारों के प्रति बढ़ता हुआ रुझान, स्वच्छंदता से प्रेम और बढ़ती हुई महँगाई के कारण संयुक्त परिवार के संचालन में आने वाली दिक्कतें। तथापि उत्तरदाताओं में यह विचार आमतौर पर पाया गया कि वृद्धावस्था, बेरोजगार, पति की अकस्मात मृत्यु जैसी समस्याओं का निदान संयुक्त परिवार में ही सम्भव है।

विवाह संस्था के सन्दर्भ में, पूर्ववर्ती समय में बहु-विवाह की प्रथा प्रचलन में थी। यद्यपि एकल विवाह के उदाहरण भी मौजूद थे। अब बहु-विवाह देखने को नहीं मिलता है और सभी पुरुष एक ही विवाह करते हैं। उनकी वैवाहिक स्थिति में आए इस परिवर्तन का एक कारण हिन्दू धर्म से ईसाई धर्म में उनका धर्मान्तरण है। येरुकलाओं में अभी भी परम्परागत हिन्दू वैवाहिक पद्धति प्रचलन में है लेकिन डोंगा दासारियों में अब विवाह या तो चर्च में होते हैं या किसी चर्च के पादरी द्वारा निश्चित स्थान पर, उसकी देखरेख में सम्पन्न होते हैं।

विवाह की औसत आयु उन्नीस वर्ष और प्रादर्श आयु बीस वर्ष है। विवाह की न्यूनतम आयु तेरह बरस और अधिकतम छत्तीस बरस है। इससे हम समझ सकते हैं कि इन जनजातियों में सामान्यत: बाल-विवाह नहीं होते। विवाह संस्कारों में वर या उसके अभिभावकों को वधु के घरवालों को 'बोली' अर्थात 'कन्या शुल्कम्' देना पड़ता है। ऐसी कोई निर्धारित राशि नहीं है जिसे देना अनिवार्य हो। परिवार की

आर्थिक स्तर पर यह मूल्य निर्भर करता है और सोलह रुपए से लेकर दो हजार रुपए तक यह वधू मूल्य हो सकता है। 'बोली' की प्रादर्श राशि 150/- रुपए है। वर्तमान में हिन्दू समाज से प्रभावित होकर उनके बीच यहाँ-वहाँ दहेज-प्रथा भी देखने को मिलती है। कप्परल्ला टिप्पा की पूर्व अपराधी जनजाति में तलाक की भी अनुमति है। 'कुल पंचायत' पति और पत्नी के बीच होने वाले सभी विवादों की मध्यस्थता करती है और इन विवादों में तलाक भी शामिल है। इन जनजातियों में तलाक आसानी से मिल जाता है। विधवा-विवाह भी स्वीकार किया जाता है। येरुकलाओं में 'जिस स्त्री ने सात बार विवाह किया हो उसे विशेष रूप से सम्मानीय समझा जाता है।'[4]

यदि किसी स्त्री को पुनर्विवाह स्वीकार नहीं हो तो उसे उसके अभिभावकों अथवा भाइयों को सौंप दिया जाता है और वही उसका भरण-पोषण करते हैं। उनका विश्वास उन्हीं शकुनों और अन्धविश्वासों—टोटे-टोनों में है जो शेष हिन्दू समाज में माने जाते हैं। यहाँ यह उल्लेखनीय है कि ईसाइयत में मतान्तरित होने के बाद भी, ये लोग वास्तविक शकुनों-विश्वासों का पालन हिन्दुओं जैसा ही करते हैं परन्तु प्रार्थनाएँ ईसाई पद्धति से करते हैं। 'शकुन कुरवार के जीवन में बड़ी परेशानी का कारण है।'[5] ऐसा डोंगा दासारियों के साथ भी है। कोई दुस्साहसी कुरावार जब लूटमार, चोरी, डकैती के अभियान पर निकलता है या राहजनी के दौरान किसी प्रतिरोधी को मौत के घाट उतारने के लिए तैयार हो और यदि कोई अपशकुन हो जाए तो वह लौट आता है।[6] 'उसके दाहिने हाथ की तरफ कोई छिपकली बोल उठे या ब्राह्मण-विधवा सिर मुँडाए रास्ते पर दिखाई दे जाए, सड़क पर पतंग बाएँ से दाएँ ओर उड़े अथवा कुत्ता या बिल्ली रास्ता काट दे, कोई उल्लू या कौआ दिख जाए अथवा कोई लोमड़ी आवाज करे तो इसे वे अपशकुन मानते हैं और फिर वे आगे नहीं जाते। नाई उनके लिए दुरात्मा है और वह दुर्भाग्य लाता है। इसी तरह छींक सुनाई देने पर भी अभियान रोक दिया जाता है।'[7] इसी तरह वे सभी शुभ-अशुभ संकेतों में विश्वास करते हैं।

वे नारी के कौमार्य को लेकर बहुत सचेत रहते हैं। स्त्री के चरित्र पर सन्देह होने की दशा में अथवा कौमार्य परीक्षण के लिए वे अभी भी अनेक प्रकार के अन्धविश्वासों से घिरे हुए हैं। संदिग्ध महिला को उबलते हुए तेल में अँगुलियाँ डुबानी पड़ती हैं या भट्टी में लाल हो रही लोहे की छड़ को पकड़ने के लिए कहा जाता है। इन अन्धविश्वासों को लेकर आज की आधुनिक सभ्यता का उन पर कोई प्रभाव नहीं पड़ा है।

हम कह चुके हैं कि कप्परल्ला टिप्पा के रहवासियों के अपने गुट और नेता हैं। वे निष्ठा के साथ अपने नेता का अनुसरण करते हैं और इस बात से सन्तुष्ट हैं कि नेता उनकी एकता बनाए रखता है। किन्तु उन्होंने यह भी स्वीकार किया कि नेताओं के बीच आपस में मतभेद हैं और इसीलिए वे जनता के हितों की रक्षा नहीं कर पाते। जो भी हो, यह तो स्पष्ट ही है कि नई पीढ़ी के दृष्टिकोण का पुरानी पीढ़ी

के विचारों से सीधा-सीधा विरोधाभास है। यह दर्शाता है कि ये पीढ़ी अपने बुजुर्गों के प्रति कितनी श्रद्धा रखती है। उन्होंने बताया कि उनके यहाँ नेताओं के अतिरिक्त पाँच व्यक्तियों की एक परिषद भी है जिसे कुल पंचायत कहा जाता है, जो अपने-अपने कबीलों के वरिष्ठ लोग होते हैं। वे पंचायत के नियम और कायदों का पालन करते हैं।[8]

कप्परल्ला टिप्पा के लोग परिवार नियोजन कार्यक्रम से सहमत हैं। केवल 33 प्रतिशत ने आपरेशन करवाकर अपने परिवार को सीमित किया है। इतनी कम संख्या ठीक से प्रचार न होने के कारण है। उन्हें ग्राम सेविकाओं के माध्यम से ही इसकी जानकारी मिलती है। विपरीत प्रकरण कुछ कम ही घटे हैं। इसका अर्थ यह हुआ कि बस्ती के बाहर होने वाली घटनाओं से वे पूरी तरह अनजान नहीं हैं।

विस्थापन

परिवारों के 93 प्रतिशत प्रमुखों ने बताया कि वे बीस वर्षों से भी अधिक समय से कप्परल्ला टिप्पा में निवास कर रहे हैं। बीस वर्ष से कम अवधि से रहने वालों का प्रतिशत केवल सात था। इस तरह हम कह सकते हैं कि यह लगभग इनका मूल निवास स्थान ही है और इस स्थान के प्रति उनके मन में एक लगाव बन गया है। उनके पुरखे आन्ध्र प्रदेश के विभिन्न स्थानों से वहाँ पहुँचे थे। उन्हें जीवन की बुनियादी जरूरतों को पूरा करने के लिए यहाँ से वहाँ भटकना पड़ता था। यह भी स्पष्ट है कि उनके इस घुमन्तू जीवन का सम्बन्ध उनके मवेशियों के गल्लों से था, जो उनकी एकमात्र सम्पत्ति थी। बाद में, कुछ ने व्यापार का रास्ता अपना लिया और कुछ अपराध के अपने परम्परागत पेशे में चल निकले। उस समय, उनकी अनेक आपराधिक गतिविधियाँ जनता के लिए अभिशाप बन गई थीं, इसलिए भारत सरकार ने उनके लिए विभिन्न कृषि, औद्योगिक और सुधार बस्तियाँ बसाईं और धारा 4(10बी) के अन्तर्गत उन सबको वहाँ लाया गया। इन रहवासियों के पूर्वजों और उनके जन्मदाता के समय स्थिति अलग थी। जब शोधकर्ता ने उनके पिताओं का साक्षात्कार लिया तब तक वे स्थायित्व पा चुके थे और कप्परल्ला टिप्पा (अर्थात बिट्रगुंटा सुधार बस्ती) में रह रहे थे। इसलिए उनके पिताओं के समय में कोई विस्थापन नहीं हुआ।

जनता के साथ सम्बन्ध

बस्ती के साक्षर लोग प्राय: रोज ही आसपास की जगहों पर जाते हैं। उन्होंने अपने आवागमन का कोई विशेष कारण नहीं बताया, कभी-कभी उन्हें किसी काम के लिए जाना होता है, कभी अपराध के लिए या फिर परिवार की आवश्यकताएँ पूरी करने के लिए सामान लाने के कारण। जब उनसे उनके प्रति जनता के रुख के

विषय में मालूम किया तो उनका उत्तर था कि जनता उन्हें चोर समझती है। उनमें से 61 प्रतिशत ने उनके प्रति जनता के आक्रामक रुख पर अपना गुस्सा जाहिर किया। यद्यपि वे जानते हैं कि जनसामान्य उन्हें हेय दृष्टि से देखता है, वे भी दूसरों की तरह एक अच्छा जीवन जीना चाहते हैं। वे यह भी जानते हैं कि समाज में सर्वत्र सफेदपोश अपराधी हैं। इन सफेदपोश अपराधियों से समाज में न तो घृणा की जाती है और न उन्हें अपमानित किया जाता है। इसके विपरीत, ऐसे सफेदपोशों को सभ्यजन समझा जाता है। जब इससे वे अपने सामाजिक स्तर को तौलते हैं तो उनके दिल में आग लग जाती है। ऐसा एक भी दिन नहीं गुजरता जब वे लोगों के दुर्व्यवहार और पुलिस के आतंक का शिकार न हुए हों।

इन येरुकलाओं और डोंगा दासारियों के सगे-सम्बन्धी स्टुअर्टपुरम, सीतानगरम, सिद्धपुरम जैसी अन्य बस्तियों में रहते हैं। यत्र-तत्र ऐसे उदाहरण मिल जाते हैं, जहाँ अन्य राज्यों में भी इनसे मिले-जुले अपराध-अभियान हुए होंगे।

आर्थिक पक्ष

आर्थिक पक्ष के अन्तर्गत हम आमदनी, खर्च, कर्ज का भार और पूर्व अपराधियों की मनोरंजन जैसी गतिविधियों का विश्लेषण करेंगे। यदि हम काम-धन्धे की बात करें तो 62 प्रतिशत एक ही काम करते हैं। वे या तो खेती करते हैं या व्यापार; अपराधी हैं अथवा कुली। 62 प्रतिशत में से केवल 29 प्रतिशत ही ऐसे हैं जिनकी एकमात्र गतिविधि अपराध है। इससे स्पष्टत: पता चलता है कि अपराधों में कमी आ रही है। इसका एक कारण अपराधियों के मन में उस पश्चाताप का अनुभव है जो अपराधी होने से उन्हें समाज की अवमानना के रूप में सहना पड़ता है और विपन्नता में अपना जीवन बिताना पड़ता है। उनमें से पचास प्रतिशत ने अब अन्य पेशे अपना लिए हैं। अतीत में, वे सब अपराधी थे। निश्चित रूप से, इन पूर्व अपराधियों के सोच का तरीका बदला है। यदि उन्हें वैकल्पिक रोजगार मिलता रहे तो अपराधियों की संख्या में और भी कमी आएगी। पुनर्वास के उपायों में कमी को भी अपराध का एक कारण माना जा सकता है। जिन अधिकारियों पर इन लोगों से सम्पर्क की जिम्मेदारी है, उनके पास इन सब बातों पर आवश्यक ध्यान देने का न तो समय है और न ही चिन्ता। नतीजा यह है कि इनकी अपराध करने में एक निरन्तरता बनी रहती है। सामाजिक कार्यकर्ताओं की प्रेरणा से जिन लोगों ने अपराधों को तिलांजलि दे भी दी थी, अब वे पुन: अपराध-वृत्ति में वापस आ रहे हैं। इसका कारण अधिकारियों की बेरुखी है। अत: बस्ती चालू है। प्रतिदिन, पूर्व अपराधियों को व्यक्तिगत रूप से प्रस्तुत होना पड़ता है और बस्ती में अपनी मौजूदगी के प्रमाण के दस्तखत या अँगूठे की छाप देनी होती है।

आय

प्रत्येक परिवार की आय की दृष्टि से अनुसंधानकर्ता ने इस मुद्दे को दो वर्गों में बाँटा है—(1) शासन द्वारा सुधार के लिए उपलब्ध कराया गया व्यवसाय और (2) उनके वर्तमान व्यवसाय से होने वाली आमदनी। पहले मुद्दे में वह भूमि आती है जो सरकार ने उन्हें दी है और जिस पर वे खेती कर रहे हैं। दूसरे मुद्दे पर कह सकते हैं कि इन जमीनों की पैदावार से नियमित रूप से काम नहीं चल पाता। अनावृष्टि और यदा-कदा बाढ़ इसका कारण है। इसके अतिरिक्त रहवासियों को उस जमीन के पट्टे भी नहीं दिए गए, जिसे वे जोत रहे हैं और इस कारण वे जमीन को बन्धक रखकर व्यावसायिक बैंकों से ऋण भी प्राप्त नहीं कर सकते।

परिवार-प्रमुखों की आय में विचलन का मुख्य कारण यह है कि उनमें से कुछ के जीवन-यापन का आधार भिक्षावृत्ति है। अपराधी जीवन व्यतीत करने वाले इस स्थिति में नहीं हैं कि अपनी ठीक-ठीक आमदनी बता सकें। यह बहुत कुछ उनके अपराध-अभियानों, चुराई गई सम्पत्ति के खरीददारों से उनके सम्बन्ध, वकीलों और पुलिस हवलदारों पर निर्भर है। यदि प्रति माह औसत आय तीन सौ रुपए भी हों तब भी वे अपना खर्च पूरा नहीं कर पाते। यह तथ्य चकित करता है कि इतनी सारी चोरियों और आसान 'कमाई' के बावजूद उनके पास कोई बचत नहीं है। इस दुखद प्रश्न का उत्तर केवल यही हो सकता है कि वे एक अभिशापित दायरे में घिर गए हैं।

आय और अपराध के प्रति परीक्षण (सारिणी 23) से ज्ञात होता है कि इन दोनों के बीच कोई खास सम्बन्ध नहीं है। सामान्य रूप से जिनकी आमदनी बहुत कम है उन्हें धनार्जन के लिए और ज्यादा चोरियाँ करनी चाहिए और जिनकी आय अधिक है कम चोरियाँ करनी चाहिए। लेकिन x^2 पद्धति से हमें यह परिणाम नहीं मिलता। हमारा आकलन बताता है कि व्यक्ति के अपराध से आमदनी का कोई सीधा सम्बन्ध नहीं है।

कुल मिलाकर, वे अपनी आय से बहुत ज्यादा सन्तुष्ट नहीं हैं, इसलिए नहीं कि आय बहुत कम है, बल्कि इसलिए क्योंकि यह आय अनिश्चित है और इससे उनकी मासिक आवश्यकताओं की पूर्ति नहीं हो पाती। उनका स्वभाव है कि जितना भी धन हो उसे खर्च कर डालें और जब उनके पास कुछ नहीं रहता तो वे भूखों मरते हैं। यह प्रवृत्ति केवल अपराधी जनजातियों में ही नहीं अपितु पूरे जनजाति समुदाय में पाई जाती है।

खर्च

मूल्य स्तर में वृद्धि के कारण उत्तरदाताओं का व्यय आय से अधिक होता है। यही उन पर कर्ज होने का प्रमुख कारण है। खर्चे की मदों में मुख्य रूप से भोजन, अच्छे

कपड़े, सिगरेट, मनोरंजन, खेती, कानूनी सहायता इत्यादि बड़े खर्च हैं। विवाह, मृत्यु, अन्य सामाजिक और धार्मिक समारोहों पर होने वाले खर्चों में ज्यादा फेरबदल नहीं हुआ है। उनके रिवाज ओर जीवनशैली ऐसी है कि वे अपनी हैसियत के मुताबिक खर्च करते हैं। उनमें भविष्य के लिए कुछ बचा लेने का स्वभाव नहीं है। व्यय को आय के अनुसार होना चाहिए किन्तु प्राय: ऐसा होता नहीं और उनका बजट घाटे का रहता है। फलत:, वे कर्ज लेते हैं और कर्ज चुकाने के लिए महाजनों या अपने सगे-सम्बन्धियों के पास जाते हैं। संस्थागत साख समितियाँ (सहकारी साख समिति या व्यावसायिक बैंक) अभी बन ही रही हैं। अतएव कर्ज चुकाने के लिए प्राय: उन्हें फिर से अपराध अभियानों का आश्रय लेना पड़ता है। जैसे ही अवैध तरीकों से उन्हें आमदनी होती है तभी वकील, पुलिस, सूदखोर उत्सुकता से अपना हिस्सा पाने की प्रतीक्षा कर रहे होते हैं। जो बचता है वह शराब, तम्बाकू और अन्य चीजों पर खर्च हो जाता है। जब बटुआ खाली हो जाता है तो उन्हें फिर से अपराध के अभियान पर निकलना पड़ता है। इस तरह, वे सदा एक अभिशाप के घेरे में घिरे रहते हैं।

ऋण-ग्रस्तता

जिन लोगों के साक्षात्कार किए गए उन लोगों में कर्ज का कोई भय नहीं था। उनका कहना था कि कर्ज को चुकाना एक दिन या एक महीने का काम है। जैसा कि बताया जा चुका है, ये लोग कुछ भी बचा नहीं पाते और हमेशा कर्जदार बने रहते हैं। उनसे यह अपेक्षा करना कि वे अपनी स्वभावगत अपराध की आदतों से बाज आएँगे, एक दुराशा मात्र है।

इन लोगों के विषय में किए गए आर्थिक सर्वेक्षण से यह कहा जा सकता है कि जमीन के मूल्य को समझ पाने में वे सफल नहीं हुए हैं। इसका कारण यह है कि सरकार और स्वयंसेवी संगठनों से उन्हें सामाजिक शिक्षा नहीं मिल पाई है। पहले अपराध को घमंड का विषय माना जाता था, अब उनकी समझ में आ गया है कि यह एक समाजद्रोही कृत्य है। और तब उन्हें उपलब्ध करवाए जाने वाले वैकल्पिक रोजगार का महत्त्वपूर्ण प्रश्न सामने आता है। उन्हें किसी-न-किसी तरह का रोजगार मिलना चाहिए, जिससे उन्हें कुछ आय हो सके और वे सामान्य जीवन-यापन कर सकें।

कप्परल्ला टिप्पा के निवासी यह स्पष्ट रूप से जानते हैं कि उनके जीवन की परिस्थितियों में सुधार के लिए उन्हें किन सुविधाओं की आवश्यकता है। भूमि के पट्टे, सिंचाई सुविधाएँ, रोजगार के अवसर, पक्के घर इस गाँव के लोगों की जरूरतें हैं।

कप्परल्ला टिप्पा में कल्याण विभाग के लोग और पुलिस अधिकारी कभी-कभी ही पहुँचते हैं। उनका दौरा केवल औपचारिकता मात्र होता है। इन अधिकारियों

के रवैये से रहवासी सन्तुष्ट नहीं है। पुलिस कर्मचारियों, विशेषतय: निम्न श्रेणी कर्मचारियों के प्रति उनकी राय अच्छी नहीं है, पुलिस के व्यवहार से वे पूरी तरह से क्षुब्ध पाए गए।

सिंचाई की सुविधाएँ बिलकुल ही सन्तोषप्रद नहीं हैं। आन्ध्र प्रदेश की सरकार को इन्हें समुन्नत करने के लिए एपन्ना जलाशय के निर्माण में तेजी लानी चाहिए, जिससे कप्परल्ला टिप्पा की समस्याएँ हल हो सकें।

जहाँ तक कप्परल्ला टिप्पा में शैक्षणिक सुविधाओं की बात है, गाँव में एक उच्च प्राथमिक पाठशाला है। पाठशाला में प्रधान अध्यापक ने गहरी रुचि दर्शायी है। उसने बताया कि जो बच्चे स्कूल आते हैं उन्हें भी घरेलू काम करने पड़ते हैं, जैसे मवेशियों की देखभाल, गोबर इकट्ठा करना, जलाऊ लकड़ी लाना, इत्यादि, फलस्वरूप, वे अपनी पढ़ाई में एकाग्रचित्त नहीं हो पाते।[9] लड़के और लड़कियाँ दोनों ही स्कूल के अपने सहपाठियों के समान ही प्रतिभावान हैं। लेकिन उनके समुचित विकास के लिए वातावरण अनुकूल नहीं है। यदि सरकार उन्हें किसी आवासीय स्कूल में रख सके, तो ऐसे स्कूलों के स्वस्थ और मैत्रीमय वातावरण में उनमें वास्तविक परिवर्तन आ सकेगा। उपयोगिता के दृष्टिकोण से स्थिति को देखने वाले कुछ परिवारों के मुखिया मानते हैं कि उनकी सन्तानों की शिक्षा पर किया जाने वाला खर्च व्यर्थ जा रहा है। केवल सातवीं या दसवीं तक शिक्षित इन बच्चों के रोजगार को लेकर वे चिन्तित हैं। इस बीच, इन बच्चों का बोझ उन्हें उठाना पड़ता है। हाई स्कूल और कॉलेज की शिक्षा उनके लिए दुर्लभ है। जो भी हो, शासन को इसका श्रेय तो दिया जाना चाहिए कि वह इन लोगों को छात्रवृत्ति और अन्य सुविधाएँ देकर शिक्षा के प्रसार को प्रोत्साहित कर रही है।

स्कूल में शासन छात्रवृत्ति, गणवेश, मध्याह्न भोजन और पुस्तकें भी छात्र-छात्रओं को देता है। पुस्तकें और अन्य सामग्री समय पर पहुँचनी चाहिए अन्यथा स्कूल की व्यवस्था बनाए रखना प्रधान-अध्यापक के लिए कठिन हो जाता है। कुछ अभिभावक इसी से प्रसन्न हैं कि उनके बच्चे कम-से-कम माध्यमिक स्तर तक पढ़े-लिखे हैं। उन्हें आशा है कि उनके वंशजों को भविष्य में विश्वविद्यालयीन शिक्षा भी मिल सकेगी।

स्वास्थ्य की स्थिति

स्वास्थ्य के सम्बन्ध में स्थिति यह है कि ग्रामीणों को या तो बोगुली गाँव के निजी डॉक्टर के पास जाना पड़ता है या वह कावाली (तालुका मुख्यालय) अथवा नेल्लूर (जिला मुख्यालय) के सरकारी अस्पताल में जाते हैं। गाँव में डॉक्टर या दवाएँ बिलकुल भी उपलब्ध नहीं हैं। यदि इस गाँव में सरकार चिकित्सा सेवाओं

की व्यवस्था नहीं करती तो बीमारियों से मरनेवालों की संख्या बढ़ती ही जाएगी। स्वच्छता-सफाई की स्थिति भी अच्छी नहीं है। कोबुरपल्ली का प्राथमिक स्वास्थ्य केन्द्र इस गाँव का ध्यान नहीं रख पा रहा है।

अपराध

अपराध एक परिवर्तनीय अवधारणा है, जो जनता की अभिरुचियों और मूल्यों पर निर्भर करती है जो उनके सामान्य विश्वासों से निरूपित होते हैं।[10] अनन्तकाल से मानवता आपराधिक कृत्यों में रुचि लेती रही है। मनुष्य का व्यवहार जितना असाधारण होता है, उतनी ही अधिक चिन्ता होती है। इस चिन्ता का एक कारण यह बताया जाता है कि यह हमारे अपने लिए और हमारी सम्पत्ति के लिए खतरे की आशंका से उत्पन्न होती है, जिसे अपराध से हानि पहुँच सकती है।

जहाँ तक कप्परल्ला टिप्पा का सवाल है, जब हम पिता और पुत्र द्वारा किए जाने वाले अपराधों की तुलना करते हैं तो देखते हैं कि उनमें भारी अन्तर्विरोध हैं। आँकड़े बताते हैं कि उनकी आपराधिक गतिविधियों में कोई तालमेल नहीं है। उनके पिता और दादा के जमाने में डकैती, लूटमार, नकबजनी और मवेशियों की चोरी जैसे गम्भीर अपराध होते थे।[11] पिता के समय में नकबजनी का विशेष रूप से अधिक बोलबाला था। अब जो अपराध घटते हैं, वे रेल के डिब्बों को तोड़ना, जेब काटना, छीना-झपटी, सूटकेसों की चोरी जैसे हैं। गम्भीर अपराधों में आई कमी के कई कारण हैं। बदली हुई परिस्थितियों में, अधिकांश मकानों का निर्माण इस तरह से हो रहा है कि प्राय: सेंधमारी की कोई गुंजाइश नहीं रह पाती, यद्यपि यहाँ-वहाँ ऐसी घटनाएँ होती रहती हैं। शासन द्वारा उठाए गए निरोधक उपाय भी अपराधों में कमी के लिए काफी प्रभावशाली सिद्ध हुए हैं। एक अन्य कारण यह है कि इन लोगों और उनकी गतिविधियों पर पुलिसा चौकन्नी दृष्टि रखती है।

पिता और पुत्र की आपराधिक गतिविधियों के अन्तर पर निगाह डालने से यह तथ्य सामने आता है कि सेंधमारी की वारदातें 31 प्रतिशत से घटकर 22 प्रतिशत रह गई हैं। रेल के डिब्बों को काटने का सिलसिला इसलिए चल पड़ा क्योंकि रेल परिवहन में वृद्धि हुई थी और कप्परल्ला टिप्पा एक महत्त्वपूर्ण रेलवे स्टेशन (बिट्रगुंटा) के बहुत पास है। ये लोग रिश्वत देकर रेलवे पुलिस को पटा लेते हैं और दिन में भी अपनी चोरियों को अंजाम देते हैं। छीनाझपटी और सूटकेस चोरी की घटनाओं में भी भारी बढ़ोतरी हुई है। इन्हें अपराध का आसान तरीका माना जाता है। भीड़भाड़ में चेन खींची जा सकती है और जेब काटी जा सकती है। औरतों को इसमें महारत हासिल है जो चलती गाड़ियों, भीड़भाड़ वाले प्लेट0ों पर और सिनेमाघरों में अपना हुनर दिखाती हैं। जब उनसे उनके पिता द्वारा किए गए अन्तिम अपराध के प्रकार के

विषय में पूछा गया तो 79 प्रतिशत ने इसे नकबजनी बताया। पिता को इसके लिए मुख्य रूप से कारावास का दंड मिला। अपराध परिस्थिति और सहूलियत देखकर किए जाते हैं। पिता और पुत्र दोनों ही या तो अकेले अथवा समूह में अपराध के अभियान पर निकलते हैं।

ऐसा प्रतीत होता है कि पुलिस का भ्रष्टाचार अपराधी घटनाओं में वृद्धि का एक बड़ा कारण है।[12] सामाजिक व्यवस्था को बनाए रखने का काम पुलिस और जनता दोनों मिलकर करते हैं, किन्तु उनका योगदान भी अपराधों को बनाए रखने में है। यह एक आश्चर्यजनक तथ्य है और जो हमारी समझ से बाहर है कि कानून और व्यवस्था की रक्षा करने का दायित्व जिन पर है, वही पुलिस अधिकारी अपराधियों से 'मामूल'[13] वसूल करते हैं। इतना ही नहीं, वे उन दिनों भी पूर्व अपराधियों से रिश्वत लेते हैं, जब वे कोई अपराध न कर रहे हों। कभी-कभी थाने का रोजनामचा भरने के लिए भी वे उनके खिलाफ मामले दर्ज कर लेते हैं।

आँकड़े दर्शाते हैं कि उनमें से 90 प्रतिशत को पुलिस ने बिना किसी अपराध के आरोपित किया है। उन पर मुकदमा चलेगा और उन्हें सजाएँ होंगी। पुलिस अवसर की तलाश में रहेगी और जैसे ही कोई अपराधी मिलेगा पुलिस उसके विरुद्ध मामला दर्ज कर लेगी। ऐसा कृत्य इन अपराधियों के प्रति पुलिस का एक गम्भीर अन्याय है। अकसर यह होता है कि निर्दोष व्यक्ति इसके शिकार हो जाते हैं। चुराई गई सम्पत्ति को खुर्द-बुर्द करने के सिलसिले में अपराधियों का सम्पर्क जमींदारों और व्यापारियों से रहता है। कभी-कभी यह काम मध्यस्थों के माध्यम से होता है। उनकी महिलाओं में से कुछ इस तरह के कार्यों के लिए विशेष रूप से प्रशिक्षित होती हैं।

इन जनजातियों पर न्यायालय में चल रहे आपराधिक प्रकरणों में अभियुक्त के पक्ष प्रतिपादन और अपराधियों को जरूरत पड़ने पर मुसीबत से बचाने में वकीलों की अपनी एक भूमिका है। वकील का खर्चा देने के लिए अपराधी फिर से अपराध करता है। साधारणतय: वकीलों का व्यवहार व्यावसायिक रहता है। अपराधियों से पैसा वसूलने के लिए वे इन अपराधियों के प्रति सहानुभूति और चिन्ता दर्शाते हैं।

उनके अपराध किसी एक स्थान तक सीमित नहीं है। आँकड़ों से पता चलता है कि अपराधी अपने अभियान पर न केवल आसपास के गाँवों-कस्बों में बल्कि दूर-दूर तक भी जाते हैं। कभी-कभी वे राज्य से बाहर भी चले जाते हैं।[14]

साक्षात्कार के दौरान लोगों ने बताया कि उन्होंने अपने अपराधी जीवन की शुरुआत 10 से 20 वर्ष की आयु से ही शुरू कर दी थी। इसी कारण, औसत आयु 19 वर्ष स्थिर की गई है। आपसी मेल-जोल की प्रक्रिया से अपराध वृत्ति बच्चों के मन में जड़ें जमा लेती है। वर्तमान में माता-पिता इन अपराधी गतिविधियों को पसन्द नहीं करते। वे गम्भीरता से यह चाहते हैं कि उनकी सन्तानें अपराधी बनने से बचें। वे इस पेशे को छोड़ कर समाज की मुख्यधारा में आना चाहते हैं। वे इस बात से

खिन्न हैं कि उनके बच्चों को भी जेल में या पुलिस के द्वारा वैसी ही प्रताड़नाएँ, दुर्व्यवहार और पीड़ाएँ सहनी पड़ेंगी जैसी वे स्वयं सहते हैं। उन्हें बहुत सन्तुष्टि मिलेगी यदि उनके बच्चे बिना किसी कलंक और भय-बोध के सामान्य नागरिक बन सकें।

बस्ती को बनाए रखने के मुद्दे पर दो विचारधाराएँ हैं। आधे से कुछ अधिक (57 प्रतिशत) चाहते हैं कि पुनर्वास के वैकल्पिक प्रबन्ध के बाद बस्ती को भंग कर देना चाहिए जबकि शेष (43 प्रतिशत) बस्ती के बनाए रखने के पक्ष में हैं। जो इसे बनाए रखना चाहते हैं उनका भावनात्मक जुड़ाव बस्ती के साथ हैं। वे इसके आभारी हैं। वहाँ ये जन्म से ही रहते आए हैं। भारत सरकार ने उन्हें जमीनें और मकान दिए, वे अपने नातेदारों और मित्रों के बीच रहकर खुश हैं, जो उन्हीं की जनजाति से हैं। वे इसे ठीक नहीं समझते कि बस्ती को छोड़कर कहीं अन्यत्र जाकर बसें। जो बस्ती बन्द करने के पक्ष में हैं, वे यहाँ के वातावरण से ऊब चुके हैं। उन्हें लगता है कि यदि सरकार कोई विकल्प देती है तो वे यहाँ से चले जाएँगे और अन्यत्र एक नया जीवन का प्रारम्भ करेंगे। वेन्नलाकुंटी, रघुवैया, लवानम और श्रीमती हेमलता लवानम तथा अन्य कई समाजसेवी, पूर्व जिलाधीश नेल्लोर जिला सी. अर्जुन राव, पुलिस अधीक्षक कावाली जसपाल सिंह और पुलिस उप अधीक्षक काशीनाथ जैसे मानवतावादी और मददगार अधिकारी, और अभिभाषक अनन्त रामैय्या (नेल्लोर) और रामन रेड्डी भी इस पुरानी बस्ती को बन्द करने के पक्ष में हैं।[15] शायद समस्याओं को हल करने और अपराध का फैलाव रोकने का यही एक रास्ता हो। यदि उन्हें नियमित समाज में ले आया जाता है तो उन्हें सामान्य जनता के बीच में रहने का एक अवसर मिलेगा। जनता उनको अपराध में पुन: न जाने का काम करेगी। वे जीवन की कई नई बातें सीख सकेंगे और दूसरे लोगों से तुलना करके अपने जीवन का आकलन कर सकेंगे। इन परिस्थितियाँ में उनका बदलाव सुनिश्चित है। इस बदलाव को लाने के लिए उन्हें वैकल्पिक रोजगार, जमीनें और अन्य सुविधाएँ दी जानी चाहिए।

परिवार में अभी भी अपराधी हैं लेकिन उन्हें समुचित प्रशिक्षण पाने के लिए किसी सुधारगृह में नहीं भेजा जाता। उनमें से 86 प्रतिशत ऐसे हैं जो उसी वातावरण में पल-बढ़ रहे हैं और अपनी कोशिशों और अपनी विफलताओं से सीख रहे हैं। सभी अपना सुधार और पुनर्वास चाहते हैं। केवल दो प्रतिशत ऐसे हैं जो यह परिवर्तन नहीं चाहते। जो सुधार और पुनर्वास चाहते हैं उनके मन में उन सुविधाओं का नक्शा साफ है जो उनकी आवश्यकताएँ हैं। उनके पास इस सम्बन्ध में अनेक सुझाव भी हैं।

भरपूर प्रयासों से पूर्व रहवासियों को इस सोच से विमुख किया जाना चाहिए कि जीवन के लिए उनका एकमात्र व्यवसाय चोरी है। उन्हें महसूस होना चाहिए कि उन्हें पसीना बहाकर ही अपना जीविकोपर्जन करना है। केवल पूर्व अपराधियों की मानसिकता और आचरण में ही परिवर्तन लाना ही आवश्यक नहीं है, बल्कि

पुलिस और जनता के सोच को भी बदलना होगा ताकि वह उनके साथ सहानुभूति रखें और समाज में उनके विलीनीकरण का स्वागत करें।

सन्दर्भ

1. इस सम्बन्ध में डॉ. वाई.सी. सिम्हाद्री द्वारा एक निबन्ध में व्यक्त विचारों को देखें : कास्ट्स एंड ट्राइब्स इन इंडिया : (*द इंडियन जनरल ऑफ़ सोशल वर्क*, खंड 37, संख्या 4 जनवरी 1977)। वे लिखते हैं, 'जाति व्यवस्था का एक संगठन द्वारा कड़ाई से पालन किया जाता है जो जाति पंचायत (पाँच सदस्यों की परिषद) कहलाती है। यह सभी गाँवों में एक स्थायी संगठन होता है और प्रत्येक जाति में सदैव रहता है...जाति पंचायत के पास विधायिका, न्यायपालिका और कार्यपालिका जैसे सभी अधिकार होते हैं। चूँकि एक सदस्य का कृत्य पूरी जाति को प्रभावित करता है, इसलिए पंचायत प्रत्येक व्यक्ति के कार्यों का हिसाब रखती है।
2. देखें, बिट्रगुंटा अथवा बाडनपेट का इतिहास, पूर्वोद्धृत। यह दस्तावेज मूल रूप से अमेरिकन मिशनरियों ने तैयार किया था। उन्होंने इसे शासन को दिया और अब यह कप्परल्ला टिप्पा के पुलिस थाने में सुरक्षित है। इसमें कहा गया है, 'इसके साथ, अजीजनगर, सिद्धपुरम, स्टुअर्टपुरम, सीतानगरम ओर चिन्तलदेवी बस्तियों से भागे हुए लोगों और दो से चार वर्ष तक की सजा पूरी करने के बाद छूटे हुए अथवा पहचान में आए हुए लोगों को बिट्रगुंटा सुधार बस्ती में लाया गया है। इसका परिणाम यह हुआ है कि बिट्रगुंटा सुधार बस्ती के रहवासी आज भी अन्य जिलों और अन्य राज्यों में अन्य रहवासियों के साथ अपराध करने के लिए मिलते-जुलते पाए जाते हैं।
3. हाल ही में नेल्लोर जिले के पुलिस अधीक्षक, और ग्रामीण पुनर्रचना कार्यक्रम में निदेशक प्रोफेसर ए. विंडी तथा स्वयं ग्रामवासियों के स्वैच्छिक सहयोग से इस समस्या का समाधान निकला है, जिन्होंने वहाँ ताजे पानी का एक कुआँ खोद लिया है।
4. देखें, डब्लू.जे. हाच, पूर्वोद्धृत पृ. 89
5. वही
6. वही
7. वही
8. लेखिका को कुल पंचायत की एक बैठक देखने का अवसर मिला था। बैठक इतवार को सुबह आठ बजे बुलाई गई थी और इसमें एक विवाहित दम्पती के बीच उत्पन्न विवाद पर विचार करना था। पति का मन पत्नी से भर गया था और वह उससे पीछा छुड़ाना चाहता था। कुल पंचायत ने इसे आदेश दिया कि वह जाति के कानून को माने, दम्पती ने यह आदेश स्वीकार कर लिया।
9. अनुसंधानकर्ता ने कप्परल्ला टिप्पा के माध्यमिक स्कूल के हैडमास्टर से भेंट की, उसने बताया, 'यदि स्कूल के साथ एक छात्रावास भी रहे तो समस्या हल हो जाएगी। छात्रों को माता-पिता से दूर करना ठीक नहीं है।'
10. देखें, जिलान : *क्रिमिनोलॉजी एंड पेनोलॉजी* (न्यूयॉर्क 1945) पृ. 20।
11. नेल्लोर जिले में लूटपाट और डकैती के सम्बन्ध में एक स्पष्ट विवरण आई.टाइटर ने प्रस्तुत किया है। देखें, : *एंटीपोड्स एंड इंडिया 1846-1902* (मद्रास 1902) पृ. 77। वह

लिखते हैं, 'जिले में अपराधों का बोलबाला था और सन् 1861 में छब्बीस से कम मशाल के साथ रात्रि डकैतियाँ नहीं पड़ी थीं...मैं कहना चाहूँगा कि सामान्य रूप से डकैतियों में पाँच या अधिक लोग शामिल होते हैं, किन्तु नियमत: गिरोह बहुत बड़ा नहीं होता। लेकिन तथाकथित 'मशाल वाली' डकैतियाँ अधिक गम्भीर मामला है। इनमें पचास-साठ लोग एक साथ हाथों में मशालें लेकर आते हैं और गाँव पर रात में हमला बोल देते हैं। वे गाँव वालों से मारपीट करते हैं, बस्ती में आग लगाते हैं जिससे वे अपने जेवर और दौलत का पता बता दें। लूटने के बाद उसी तेजी के साथ अचानक लौट भी जाते हैं।'

12. देखें एन.एस. सक्सेना : 'मेन रीजन्स फ़ॉर द इन्क्रीज़ इन क्राइम्स इन इंडिया इन रीसेंट इयर्स' (*जनरल ऑफ़ पब्लिक एडमिनिस्ट्रेशन* खंड 21 संख्या 4, 1975), पृ. 678।
13. रिश्वत का निरन्तर और नियमित भुगतान—'हफ्ता'
14. पुलिस अधीक्षक नेल्लोर, जसपाल सिंह से साक्षात्कार। उन्होंने कहा : 'अपराधी अन्य बस्तियों के अपराधियों से मिलकर राज्य के बाहर अपने अभियान पर राज्य के भीतर और बाहर निकलते हैं। ऐसे उदाहरण हैं जब हमारे यहाँ के अपराधी बम्बई, नागपुर, भोपाल, मद्रास, कलकत्ता और अन्य स्थानों पर मिले हों। बस्तियों को बन्द किया जाना चाहिए और रहवासियों को बिखरा कर विभिन्न स्थानों पर बसाया जाना चाहिए।'
15. नेल्लोर के जिलाधीश सी. अर्जुनराव से साक्षात्कार और पुलिस जिला अधीक्षक जसपाल सिंह से भेंटवार्ता के अंश : उन्होंने बताया कि वे बस्तियों को बन्द करने के पक्ष में हैं। इन अपराधियों को मुख्यधारा में लाना चाहिए और जनता की निगाह उन पर रहनी चाहिए। दोनों का ही कहना था कि अलगाव समस्या का हल नहीं है।

अध्याय-11

सुधार और पुनर्वास

दंड सामाजिक नियंत्रण का एक साधन होता है। दंड की सहज अवधारणा यह है कि कानून का उल्लंघन करने वाले को किसी प्रकार का क्लेश पहुँचाया जाए। अतीत में प्रचलित दंड व्यवस्था में शारीरिक पीड़ा, अंग विच्छेद, दागना, सार्वजनिक अपमान, जुर्माना, सम्पत्ति की जब्ती, देशनिकाला, विस्थापन और कारावास जैसी सजाएँ दी जाती रही हैं। वर्तमान में दंड की न्यायसंगत अवधारणा में प्रतिदंड, क्षतिपूर्ति, निवारण, परिमाण और सुधार को शामिल किया जाता है।[1]

'दंड की कुछ निश्चित सीमाएँ हैं। अपराधी अपनी गतिविधियों को गोपनीय रखना चाहता है। यह उसे अभिशप्त बनाती हैं और समाज से उसमें अलगाव को जन्म देती है। वह विद्रोही बन जाता है, उसमें समाजद्रोही आग्रह आ जाता है और वह अधिसत्ता का तिरस्कार करने लगता है। दंड की भूमिका अन्य में अपराध के विस्तार को रोकने, सामाजिक हानि की पूर्ति और अपराधी के व्यक्तित्व की पुनर्रचना करने की होती है।'[2] अपनी पुस्तक *लैंड पायरेट्स ऑफ़ इंडिया* में डब्लू.जे. हाच ने कहा है : 'अपराधी एक दार्शनिक जैसा है जो स्वैच्छाचरण करता है और जनता और सरकार के लिए कठिनाइयाँ उत्पन्न करता है जो उसकी स्वतंत्रता को प्रतिबन्धित करती है।'[3] अन्तिम लक्ष्य तो अपराधी का फिर से समाजीकरण, समाज में उसका फिर से समन्वय, उसका पुनर्वास और उसका परिवर्तन है। प्रथम विश्व युद्ध के बाद से कैदियों की देखभाल, और उनकी पुनर्शिक्षा तथा सामाजिक पुनर्वास के कार्यक्रमों में बेहतरी आई है।

1924 के अपराधी जनजाति कानून के सन् 1952 में निरस्त होने के बाद कुल मिलाकर 22,68,363 व्यक्ति, जिन्हें भारत में अपराधी जनजातियों का माना जाता था, जन्मत: अपराधी होने के कलंक से मुक्त हो गए।[4] उनमें और समाज के दूसरे लोगों में धर्म, प्रजाति, जाति, लिंग और जन्मस्थान के आधार पर कोई

अन्तर नहीं रहा। इस कानून के बाद यह समझ लिया गया कि इन पूर्व अपराधी जनजाति के लोगों को सभी मूलाधिकार मिल गए हैं। अब किसी अपराध के लिए कठोर दंड सिर्फ इसलिए नहीं मिलेगा क्योंकि वे अपराधी जनजाति के सदस्य हैं। भारत सरकार का जोर इस बात पर है कि देश में अनुसूचित जातियों, जनजातियों और अन्य पिछड़े वर्गों को संरक्षण मिलना चाहिए। इस निर्देश के अन्तर्गत भारत सरकार, राज्य सरकारें और कुछ कल्याण संस्थाएँ इन लोगों को व्यवस्थित करने और उन्हें सदाचारी, शान्तिप्रिय और कानून का पालन करने वाले नागरिक बनाने के लिए हरसम्भव प्रयत्न कर रही हैं। उन्हें सामान्य अवस्था में लाने के लिए सभी सम्भव उपाय किए जाने चाहिए।

ये पूर्व-अपराधी जनजातियाँ समूचे भारत में बिखरी हुई हैं। आन्ध्र प्रदेश में जब सन् 1924 का कानून खत्म किया गया तब इनकी संख्या 2,02,000 थी।[5] तभी से सरकार ने पुनर्वास का कार्य शुरू कर दिया था लेकिन इसकी गति सुस्त रही है। जो भी हो, इन कार्यक्रमों के अपर्याप्त होने के बावजूद यह स्वीकार करना होगा कि देश की कुछ राज्य सरकारों ने अपराधी जनजातियों के पुनर्वास की ओर पर्याप्त ध्यान दिया है। इन शासकीय प्रयत्नों के बाद भी अभी तक पूर्व अपराधी जनजातियाँ सन्तप्त जीवन ही बिता रही हैं।[6] इस सन्ताप के कारणों का हम यहाँ विश्लेषण करना चाहेंगे। सबसे पहले उन्हें सामान्य मनुष्य जैसा जीवन व्यतीत करने के लिए आधारभूत सहूलियतें उपलब्ध होनी चाहिए। अपना पेशा (चोरी) त्याग देने के बाद उनके पास कोई वैकल्पिक व्यवसाय नहीं रहा है जिससे अपनी बुनियादी जरूरतें पूरी करने के लायक भी वे जीविकोपार्जन कर सकें। दूसरे, यह अपेक्षा की जाती थी कि अपराधी जनजाति कानून के निरस्त होने के बाद सभी जनजातियाँ स्वत: डिनोटीफाई हो जाएँगी और उन पर लगे प्रतिबन्ध हट जाएँगे। ऐसा पूरी तरह से नहीं हो पाया, 'मानवीय स्वातन्त्र्य का अतिक्रमण किन्हीं परिस्थितियों में किसी सीमा तक किया जा सकता है परन्तु, नियम यह है कि मानव स्वातन्त्र्य का उल्लंघन एक अपवाद ही रहना चाहिए।'[7] वर्तमान में इन पूर्व अपराधियों पर पुलिस की चौकसी रहती है। जब इन जनजातियों को समाज से अलग रखा जाता है तो उनके मन में जनता और सरकार के प्रति अवहेलना का भाव उत्पन्न होता है। वे अपना आत्मविश्वास खो चुके हैं और उनमें अपने ही सगे-सम्बन्धियों तक के लिए उपेक्षा और अलगाव का भाव जड़ें जमा चुका है। अपराधी को लगता है कि उसे समाज ने निराश किया है और वह समाज को इसीलिए धोखा देना चाहता है। इसे अपराध की संस्कृति कह सकते हैं। इसके अतिरिक्त 'किसी व्यक्ति या समुदाय के स्तर और आत्मगरिमा को कम करने में वंचना और निर्धनता एक बड़ा कारण होती है। यह अभिशाप भी है। इसलिए, ये उजड़े और भटके लोग अपनी सामाजिक-राजनीतिक हैसियत खो चुके हैं, उनका पतन भी इसके साथ ही हुआ है; विशेष रूप से ब्रिटिश शासकों द्वारा सन् 1871 में अपराधी जनजाति कानून के अन्तर्गत इन्हें रखने के बाद से।'[8]

इन जनजातियों के कल्याण के लिए स्वतंत्रता के पश्चात भारत में कई योजनाएँ लागू की गईं जैसे कि इन्हें पिछड़े हुए वर्ग में सम्मिलित करना। किन्तु राज्यों और केन्द्र की सरकारें 'डिनोटीफ़ाइड समुदाय' के सदस्यों का चरित्र और क्षमता को'[9] पूरी तरह समझ नहीं पाई हैं। ऐसा प्रतीत होता है कि उनके जीवन के सभी पहलुओं को समझने का कोई गम्भीर प्रयास किया ही नहीं गया है और न ही व्यापक स्तर पर उनकी समस्याओं के वैज्ञानिक हल का कोई प्रयत्न हो पाया है। समुचित पुनर्वास कार्यक्रमों को लागू किए जाने से पहले उनकी सामाजिक और आर्थिक परिस्थितियों का गहन अध्ययन होना चाहिए था। उनकी समस्याएँ बिलकुल ही अलग प्रकार की हैं और इसलिए वे अनुसूचित जातियों और जनजातियों के समकक्ष नहीं है। इसी तरह अपराधी जनजातियों को उन सूचियों में शामिल नहीं किया गया है। यद्यपि वे अपने स्वभाव और पेशे से अब अपराधी नहीं रहे हैं और शान्तिमय कानून को मानने वाले नागरिक का जीवन व्यतीत कर रहे हैं लेकिन फिर भी उनके पेशे का कलंक उनका पीछा नहीं छोड़ता ओर इसके कारण अपनी सामाजिक स्थिति से क्षुब्ध रहते हैं।[10] जनजाति अनुसन्धान केन्द्र भी उन पर ठीक से ध्यान दिलाए जाने में सफल नहीं हो पाया है। इन डिनोटीफ़ाइड जनजातियों से सम्बन्धित पुनर्वास कार्यक्रम या तो शैक्षणिक संस्थाओं को सौंप दिए जाने चाहिए या फिर उनका संचालन करने का दायित्व उन वास्तविक और प्रतिष्ठित समाजसेवी संस्थाओं को दे दिया जाए जो उनमें सचमुच रुचि ले सकें। वर्तमान परिस्थितियों में जब केवल सरकारी अधिकारियों के भरोसे ही इनको चलाया जा रहा है, इनसे कुछ भी ठोस हासिल नहीं होना है। अधिकारियों के पास वैसे भी समय नहीं होता। फिर, कार्यक्रमों को पूरा करने की प्रतिबद्धता भी उनके पास नहीं होती। ऐसी स्थिति में इन कार्यों का पूरा होना दुष्कर है। इस सम्बन्ध में शेर सिंह शेर ने निम्न उपायों का सुझाव दिया है[11] :

1. सरकार को डिनोटीफ़ाइड जनजातियों की जनसंख्या के आँकड़े इकट्ठा करने चाहिए।
2. डिनोटीफ़ाइड जनजातियों की समस्याओं का ठीक से आकलन किया जाए।
3. 'डिनोटीफ़ाइड जनजाति' शब्द को छोड़कर उसके स्थान पर 'विस्थापित राजपूत' शब्द का व्यवहार किया जाए।[12]
4. सेवाओं तथा चुनाव इत्यादि राजनैतिक प्रतिनिधित्व के लिए आरक्षण को विधिसंगत कर दिया जाए।
5. इन जनजातियों के साथ विशेष अधिकारियों अथवा समन्वयकों को सम्बद्ध किया जाए, जिससे वह अपने को पुनर्वास कार्यक्रम का अंग मान सकें। प्रत्येक पूर्व-अपराधी बस्ती में सहानुभूति और ईमानदारी के गुणों से सम्पन्न एक विशेष अधिकारी होना चाहिए।

6. अलगाव की नीति (इन जनजातियों को अलग से देखना) का परित्याग किया जाना चाहिए।
7. इन पूर्व-अपराधियों को हमेशा से स्वीकार्य खेती और पशुपालन जैसे व्यवसायों का प्रशिक्षण देना चाहिए।
8. वर्तमान शिक्षा पद्धति के स्थान पर सामाजिक शिक्षा को अपनाना चाहिए।
9. पाठ्यक्रम में स्थानीय स्तर पर उनके उद्‌भव और इतिहास की जानकारी शामिल की जाए और उनकी समस्याएँ वस्तुपरक और निरपेक्ष ढंग से सामने लाई जाएँ।[13]

पूर्व अपराधी जनजातियों के सक्रिय अपराधियों के समूहों का सुधार भगीरथ प्रयत्नों की अपेक्षा रखता है। सुधार के इस जीवन्त नाटक में पूर्व-अपराधियों की हैसियत स्वयं नायकों की है। काफी बड़ी सीमा तक उन्हें यह समझ में आ चुका है कि वे जीवन की मूल राह से भटक गए हैं। वे ईमानदारी से अपनी सन्तानों के भविष्य के बारे में सोचते हैं, वे मानते हैं कि उनके बच्चों को उसी दमनकारी अभिशाप की छाया में पलना-बढ़ना नहीं चाहिए, जहाँ वे स्वयं आज भी हैं। बंगनापल्ली सिंडिकेट बैंक के चर्चित मामले में, यह देखा गया कि अपराधियों ने स्वेच्छा से लूटी गई राशि के साथ पुलिस के सामने आत्मसमर्पण किया था। अत: 'किसी भी सुधार की सफलता इस आधार पर सम्भव होती है कि उस प्रयास में कितनी ईमानदारी है और सुधार के लिए की जाने वाली प्रक्रिया के आचरण में कितना सत्यता है।'[14]

नेल्लोर जिले के पुलिस अधीक्षक जसपाल सिंह ने अपने शोधपत्र में कहा है कि उनके सुधार की राह में आने वाली सबसे बड़ी बाधा स्वयं बस्ती का अस्तित्व है।[15] वेनेलाकुंटी राघवैया चाहते थे कि पूर्व अपराधियों के गिरोह विभिन्न गाँवों में रखे जाएँ, जिससे किसी एक स्थान पर अथवा क्षेत्र में अपराध घनीभूत न हो पाए। जब वे जीवन की मुख्यधारा में विलीन हो जाएँगे तब वे यह समझने की कोशिश करेंगे कि आधुनिक सभ्यता क्या है और समय के साथ अपने नए जीवन को स्थापित कर सकेंगे। इससे उन्हें हिन्दू समाज की अन्य 'उच्च जातियों' के साथ घुलने-मिलने का अवसर प्राप्त होगा।

एक व्यवसाय के रूप में चोरी और उठाईगिरी का उनके जीवन से अन्त हो जाना चाहिए। उन्हें मेहनत की कमाई से जीना सीखना चाहिए। जहाँ तक सम्भव हो उनमें निकटतम भाईचारा पनपने नहीं दिया जाए जिससे जनजाति के प्रति निष्ठाएँ प्रधान हो जाती हैं। तथ्य तो यह है कि ये लोग पीढ़ियों से एक बन्द समाज में रहते आए हैं, जिससे उनके आपराधिक कृत्यों को प्रोत्साहन मिलता है। नई पीढ़ी ऐसे आपराधिक कृत्यों को सामान्य और स्वाभाविक बात समझकर यही करने लगती है।

जसपाल सिंह ने जिस दूसरी चीज पर बल दिया है, वह है शिक्षा। उन्होंने कहा : 'आज अधिकांश बस्तियों में प्राथमिक शिक्षा से आगे की पाठशालाएँ नहीं हैं और

बच्चे अपने अभिभावकों की अपराधी राह पर उनका अनुसरण करते हुए इन स्कूल से अनुपस्थित रहने के लिए अधिक उत्सुक रहते हैं।'[16] समुचित शिक्षा और कौशल प्रशिक्षण के अभाव में ये उन नौकरियों का लाभ भी नहीं उठा पाते जो अनुसूचित जातियों के लिए आरक्षित हैं। इतना ही नहीं 'बस्तियों' में खोली गई पाठशालाएँ भी ठीक से काम नहीं कर रही हैं और (मैदानों में चल रही) दूसरी शालाओं की तरह लकीर ही पीट रही हैं, उनमें कल्पनाशीलता का अभाव है।

शिक्षा का अभाव उनके लिए अन्य समस्याएँ उत्पन्न करता है, यथा राजनीतिक चेतना का अभाव। विधायिका में उनका प्रतिनिधित्व करने वाला कोई नहीं है जो बस्ती में सुधार के लिए आवाज उठा सके या उनकी मूलभूत आवश्यकताओं की पूर्ति के लिए प्रशासन पर दबाव डाल सके। इसलिए उनकी जरूरतें पूरी नहीं हो पातीं। चूँकि उनकी आय अपेक्षाकृत कम है इसलिए चीजों का बन्दोबस्त कर पाने की उनकी क्षमता भी बहुत सीमित है और विधायिका के वर्तमान सदस्य उनकी तरफ ज्यादा ध्यान नहीं देते। ये पूर्व-अपराधी जनजातियाँ परम्परागत रूप से हीनता-बोध की शिकार रही हैं। आज भी हम उनमें ऐसी भावना को देख सकते हैं। ऐसा लगता है कि वे समाज से इसका प्रतिशोध लेना चाहती हैं, जो, उनके अनुसार, उनके प्रति अन्याय कर रहा है।

सामान्यत: यह माना जाता रहा है कि अपराध का जन्म आर्थिक पिछड़ेपन से होता है। तथापि हमारे सर्वेक्षण से यह सामने आया है कि आमदनी और अपराध के बीच कोई खास सम्बन्ध नहीं है।[17] फिर भी, उन्हें जीविकोपार्जन के वैकल्पिक साधन मुहैया करने की दिशा में सरकार को पहल करनी चाहिए, जैसे लघु उद्योग, कुटीर उद्योग इत्यादि। उनकी उपज के लायक जमीनों की सिंचाई के लिए कृषि उपकरण, खाद-बीज और आर्थिक सहायता उपलब्ध कराई जानी चाहिए। इस प्रकार, उनके पुनर्वास के आर्थिक पक्ष पर ध्यान दिया जाना आवश्यक है। बिजली और पेयजल जैसी अन्य सुविधाओं का प्रबन्ध होना चाहिए। स्काउट और गाइड किस्म का प्रशिक्षण उन्हें दिया जाए ताकि वे अपने समुदाय के भीतर सुधारात्मक प्रभाव की धुरी बन सकें।[18]

उनके समुदाय से इस कलंक को दूर करना (कि वह अपराधी हैं) उनके पुनर्वास का एक अन्य महत्त्वपूर्ण पहलू है। यह सुझाव दिया जा सकता है कि उनके बच्चों को माता-पिता से अलग करके आवासीय स्कूलों में भेज दिया जाए। प्रभाव ग्रहण करने वाली उम्र में माता-पिता और बस्ती के वातावरण से अलग करके स्वस्थ और समुचित वातावरण में—जो अपराध, दमन, भय, उत्पीड़न और सन्देह से मुक्त हो—बच्चों को शिक्षा दी जा सकेगी। सन् 1947-61 की रिपोर्ट में भारत में शिक्षा की समीक्षा करते हुए सरकार ने कहा था—'अनुसूचित जातियों, जनजातियों के पूर्व अपराधी जनजाति और अन्य पिछड़ा वर्ग सहित विद्यार्थियों को विशेष प्रोत्साहन देने के लिए अनुदान प्राप्त निजी छात्रावासों में रहने और भोजन की सुविधाएँ दी जा रही हैं।'[19]

आर्थिक पुनर्वास का समन्वय सामाजिक और सांस्कृतिक पुनर्वास के साथ किया जाना चाहिए। उनके क्षेत्र में अलग-अलग लोगों को ले जाया जाए, इससे उनका सामाजिक, सांस्कृतिक व्यवहार बढ़ेगा, जिससे परोक्ष रूप से उनके सुधार में सहायता मिलेगी। अपने तमाम दोषों और कमियों के बाद भी सुधार कार्यक्रम के प्रभाव धीरे-धीरे दिखाई देने लगे हैं क्योंकि आत्मसम्मान की ललक और सन्तान के लिए बेहतर भविष्य की आशा रहवासियों को अनुप्राणित करती रहती है। यह पाया गया कि वे कोई धन्धा, व्यवसाय अथवा रोजगार पाने के इच्छुक हैं।[20]

इस सम्बन्ध में यह भी देखा गया कि वे सरकार और जनता से सहानुभूति और समझदारी की आशा करते हैं। यहाँ यह सुझाव दिया जा सकता है कि इन बस्तियों में सुधार के विभिन्न उपायों में सामंजस्य रखने के लिये योग्य और सक्षम व्यक्तियों की ही नियुक्ति की जानी चाहिए। इन सभी सुधारात्मक उपायों का लक्ष्य यह होना चाहिए कि बस्ती के रहवासियों में मूलभूत परिवर्तन हो सके और जिसके द्वारा क्रमश: कलंक से अन्तत: उन्हें मुक्ति मिल सके। इस विषय में लवानम का कहना है कि रूपान्तरण हो रहा है अपराध की संस्कृति का सामाजिकता की संस्कृति से, जीविका के लिए समाज विरोधी साधनों का संविधान द्वारा समर्थित जीविका के साधनों से, चिरंतन भीतिग्रन्थि का प्रतिस्पर्धात्मक भावना से और उद्धत व्यवहार का विवेक और समझदारी के आचरण से।[21]

रहवासियों की समस्याएँ चरणबद्ध तरीकों से हल करनी होंगी। पूर्व के विमर्श में हमने उनकी कुछ समस्याओं को सामने रखने का प्रयत्न किया है। इसके सन्दर्भ में आगे के पृष्ठों में हम पुनर्वास के कुछ उपायों की चर्चा करेंगे।

यदि उनकी आर्थिक स्थिति को उनकी प्रगति का पैमाना माना जाए तो उनकी स्थिति बहुत नीचे है।[22] यह अवस्था इन लोगों के जीवन में एक गहन दृष्टि की माँग करती है। समूचे प्रश्न का सार यह है कि उन्हें अपराध के दायरे से बाहर किस तरह उबारा जाए और वैकल्पिक रोजगार के साधन उपलब्ध करवा कर उन्हें समाज की मुख्यधारा का अविभाज्य भाग कैसे बनाया जाए।

इन रहवासियों के आर्थिक संघर्ष को हमें मानवीय दृष्टिकोण से देखना होगा। अभी हाल ही में सरकार ने उनके सोलह परिवारों को सोलह दुधारू भैंसें दी हैं।

इसे ज्यादा-से-ज्यादा मात्र एक अस्थायी और तात्कालिक पुनर्वास-उपाय माना जा सकता है। यह स्थायी समाधान हो ही नहीं सकता। असंख्य अपराधी वारदातों के बाद भी वे अभी भी निर्धनता के शिकंजे में हैं। उनकी अपराधी गतिविधियों से हुई आय को समाज के लोगों का एक वर्ग—जमींदार, व्यापारी, महाजन, वकील और भ्रष्ट पुलिस अधिकारी—उनसे छीन कर ले जाता है।

कप्परल्ला टिप्पा के हमारे सर्वेक्षण में यह पाया गया कि उनकी औसत आय तीन सौ रुपए प्रति माह है। येरुकला और डोंगा दासारी दोनों ही जनजाति की किसी

औरत को 'अपने शरीर पर चमकीली सोने की चेन या कानों की बाली पहने नहीं देखा गया।' गाँव के हरेक हिस्से में निराशा और असन्तोष ही पसरा हुआ था।[23]

अतएव उनकी विशिष्ट समस्याओं और आर्थिक दशा को ध्यान में रखकर निम्न आर्थिक उपायों का सुझाव दिया जा रहा है—

1. एक श्रमाधारित हल्का उद्योग कप्परल्ला टिप्पा के गाँव में स्थापित किया जाना चाहिए, जिससे रोजगार की प्रचुर सम्भावनाएँ हों। ईंट बनाने,[24] बीड़ी बनाने या बनियान बुनने, पुलिस विभाग की वर्दियाँ सिलने जैसे कारखाने शुरू किए जा सकते हैं। इनमें उनकी महिलाओं को रोजगार मिल सकेगा। इस तरह के उद्योगों में कम लागत लगती है और तकनीकी विशेषज्ञता की ज्यादा जरूरत नहीं होती। सरकार उनके धन जुटाने के लिए व्यावसायिक बैंकों और राज्य-स्वामित्व वाले तथा जिले के निजी बैंकों को निर्देश दे सकती है।
2. क्षेत्र में चटाई बनाने, डलिया बुनने और कपड़े सिलने जैसे घरेलू उद्योग शुरू किए जा सकते हैं।
3. 15 से 22 आयुवर्ग के युवकों को जो अपनी शक्तियों का अपव्यय रेल के डिब्बे लूटने, जेब काटने जैसे कामों में करते हैं, उनका ध्यान बँटाकर उन्हें मोटर चलाने, आटोमोबाइल कार्यों, बढ़ईगीरी आदि का प्रशिक्षण जिले के औद्योगिक प्रशिक्षण केन्द्र में दिया जाना चाहिए।[25] उनमें से जो अशिक्षित हैं उन्हें रेल, राज्य सड़क परिवहन और अन्य सार्वजनिक क्षेत्रों में नौकरी दी जा सकती है।
4. पुलिस विभाग में कान्स्टेबल, पानी पिलाने वाले, सफाई कर्मचारी इत्यादि की नौकरी उन्हें मिल सकती है।
5. उनमें से कुछ अभी भी चौकीदारी में नियुक्त हैं और उनकी साख अच्छी है। अत: उन्हें कार्यालयों में चौकीदार बनाया जा सकता है।
6. जो रहवासी छोटी दुकानें, रेहड़ी, चाय का ढेला आदि लगाने में अपनी दिलचस्पी दिखलाएँ, उन्हें बैंकों से आसान किश्तों पर ऋण मिल सके, इसकी व्यवस्था की जानी चाहिए। स्वरोजगार योजनाओं में इस बात की पर्याप्त गुंजाइश है कि व्यवसाय जैसे क्षेत्रों में वे अपनी आन्तरिक क्षमता का प्रयोग कर सकेंगे।[26]
7. आवश्यक अधोरचना की सुविधाएँ निर्मित हो जाने के बाद ही किसी क्षेत्र के आर्थिक विकास की गति बढ़ाई जा सकती है और बस्ती की तात्कालिक आवश्यकताएँ जैसे सभी मौसम में उपयोगी सड़कें, बिजली आदि का विस्तार हो सकता है।
8. उच्च माध्यमिक शिक्षा प्राप्त ऐसी कई बेरोजगार लड़कियाँ हैं, जिन्हें नर्स, मिडवाइफ या शिक्षा के क्षेत्र में प्रशिक्षण दिया जा सकता है।

9. श्रम ठेकेदारी समितियों का गठन होना चाहिए जिससे उन्हें बाँध, नहरों का निर्माण आदि क्षेत्रों में काम मिल सके।

कुल मिलाकर, हमारे समाज के इन उपेक्षित वर्गों का समुचित ध्यान रखने के लिए लालफीताशाही के कुछ तौर-तरीकों को छोड़ा भी जा सकता है। आर्थिक विकास एक सतत प्रक्रिया है। क्षेत्र में ग्रामीण बैंक की स्थापना के लिए भी प्रयास किया जाना चाहिए, जिससे उनकी बचत का उपयोग उन्हीं के विकास के लिए किया जा सके। बस्ती के आसपास आज जो दमन और शोषण का आर्थिक-चक्र बन गया है, इसे समाप्त करना ही होगा।[27] पिछड़ा वर्ग आयोग के प्रतिवेदन में कहा गया है, 'आर्थिक कार्यक्रम को सामाजिक शिक्षा के गतिशील और समानुकूलित कार्यक्रम से संगति रखते हुए चलना चाहिए जिससे उन्हें अवांछित प्रवृत्तियों से विमुख किया जा सके।'[28] उनकी साहसिकता और परम्परागत कौशल को ध्यान में रखकर कल्याण कार्यक्रमों में ठोस आर्थिक दृष्टि अपनानी चाहिए। आर्थिक विकास के दूसरे चरण में कृषि आधार का विस्तार किया जाना चाहिए और इसके लिए उन्हें साख, उपकरण, बीज, खाद आदि की सहायता मिलनी चाहिए। तथापि सिंचाई की सुविधाएँ इस कार्यक्रम का महत्त्वपूर्ण पक्ष है।

पूर्व अपराधियों के पुर्नवास के लिए बहुत काम करने वाले प्रतिष्ठित मिशनरी रेव. बाडन के समय में ब्रिटिश सरकार ने उन्हें बस्ती प्रबन्धक के रूप में जमीनों के पट्टे दिए थे।[29] लेकिन सुरक्षा कारणों से पट्टे रहवासियों के नाम नहीं किए जा सके। इससे रहवासियों में बड़ी निराशा आई। दुर्भाग्य से, लम्बे समय के बाद भी वही अनिश्चितता आज भी बनी हुई है। बैंकों से जब कर्ज के लिए पूछताछ की गई तो बैंक ने जोखिम उठाने से मना कर दिया क्योंकि इन रहवासियों के पास जमीन का स्वामित्व नहीं था इस कारण स्थिति और अधिक खराब हो गई। इसके अतिरिक्त, कृषि के उपयोग में आने वाली 'सिवाईजमा' भूमि (एल्लूर का दलदली क्षेत्र) खेती के लायक नहीं है। जमीन की भौगोलिक स्थिति यह है कि यह एक नीची सतह वाला क्षेत्र है और जब भारी वर्षा होती है तो यहाँ पानी भरने से एक झील जैसी स्थिति बन जाती है और जब पानी नहीं बरसाता तो जमीन सूखी पड़ी रहती है। यदि उचित ध्यान दिया जाए तो यह ऐसी समस्या नहीं है जिसका हल न निकाला जा सके।

सुझाव

1. उन्हें उचित सिंचाई-सुविधाएँ मिलें। इसके लिए रामन्ना जलाशय के पानी का उपयोग किया जा सकता है। बाँध से एक मील लम्बी नहर के निर्माण का कार्य अभी पूरा नहीं हो पाया है। इसके पूरा हो जाने पर वहाँ तक सिंचाई के लिए पानी पहुँच सकेगा।[30]

2. व्यावसायिक बैंकों की ऋण देने में मौजूदा हिचकिचाहट ठीक नहीं है। यदि पट्टे लोगों के नाम कर दिए जाएँ तो यह समस्या सुलझ सकती है। रहवासियों के लिए कर्ज की आवश्यकता का ठीक से आकलन करके तदनुसार उनके लिए ऋण की उपलब्धता की व्यवस्था होना चाहिए।
3. खेती करने वाले अधिकांश सीमान्त किसान हैं। खेतिहरों के पास औसत जमीन डेढ़ एकड़ के आसपास है। उन पर परम्परागत सूदखोरों का प्रभुत्व अभी भी बना हुआ है और व्यवस्थापन ऋण के लिए उन्हें अपने सम्पन्न रिश्तेदारों पर आज भी निर्भर रहना पड़ता है। ब्याज की दरें बहुत अधिक हैं, कभी-कभी तो यह पचास प्रतिशत तक पहुँच जाती हैं। ग्रामीण ऋण की यह समस्या साहूकारों और स्थानीय सूदखोरों के द्वारा जटिल बना दी गई है। अत: अपनी खेती की जरूरतें पूरी करने के साधन जुटाने में उनके द्वारा आपराधिक गतिविधियों का सहारा लिया जाना कोई आश्चर्य की बात नहीं है।

   समस्याओं के इस जंजाल को सुलझाने के लिए यह सुझाव दिया जाता है कि सरकारी अधिकारियों को सहकारी कृषि को प्रोत्साहित करना चाहिए। इससे पूर्व-अपराधी अपनी समस्याएँ स्वयं हल कर सकेंगे। कृषि के लिए आधुनिक उपकरण, बैल, खाद और उन्नत बीजों इत्यादि की आवश्यकता होती है। इस सम्बन्ध में सुझाव यह है कि जिले के भूबन्धक बैंक को भूमि-उद्धार तथा अन्य कार्यों के लिए दीर्घावधि ऋण देने पर राजी किया जाना चाहिए। जिला अधिकारियों को इस मामले में दखल देकर आगे आना चाहिए और रियायती दरों पर उर्वरकों की उपलब्धता सुनिश्चित की जानी चाहिए। उर्वरक रियायती दरों पर मिलना चाहिए।
4. खेती की समस्याओं से जुड़े हुए प्रश्न हैं, डेयरी, मुर्गी पालन, सुअर पालन और इनसे सम्बद्ध अन्य व्यवसाय। अब तक केवल सोलह परिवारों को दुधारू पशु दिए गए हैं। कार्यक्रम का दूसरा चरण क्रियान्वित नहीं हुआ, पहले चरण के ऋण की अदायगी भी वे अभी तक नहीं कर पाए हैं।

जनजातीय समाजों में प्रचलित शिक्षा-व्यवस्था उन्नीसवीं सदी के अन्त से चली आ रही है। भारतीय शिक्षा आयोग ने आदिवासी लोगों की शिक्षा की समस्याओं का अध्ययन किया था ओर उनमें शिक्षा के प्रसार के लिए महत्त्वपूर्ण सुझाव दिए थे। उस रिपोर्ट में यह भी कहा गया था कि 'इन सुझावों में महत्त्वपूर्ण यह है कि आदिवासी बच्चों को शुल्क के भुगतान से मुक्त रखा जाए और उन निजी शिक्षा संस्थाओं को आर्थिक सहायता दी जाए जहाँ ये पढ़ते हैं।'[31] 'जनजाति के बच्चों को सरकार के अतिरिक्त मानवसेवी व्यक्तियों और रामकृष्ण मिशन, भारत सेवाश्रम, ईसाई मिशनरियों आदि जैसी संस्थाओं द्वारा भी शिक्षित किया जा रहा है।'[32]

पूर्व-अपराधियों के सुधार का सारा मामला इस बात पर निर्भर करता है कि क्या उन्हें श्रेष्ठ शैक्षणिक सुविधाएँ उपलब्ध होती हैं, जिनसे उनमें जागरूकता आए और वे राष्ट्रीय जीवन की मुख्यधारा में विलीन होकर उसका अंग बनने की दिशा में अग्रसर हो सकें। शिक्षा उनकी शक्तियों को साध करके उन्हें उपयोगी दिशा में मोड़ने में भी सहायक होगी। शिक्षा एक प्रभावशाली हथियार और सामाजिक परिवर्तन का कारगर उपाय है।[33] उनके भाग्य और जीवनशैली को बदलने में शिक्षा की महत्त्वपूर्ण भूमिका हो सकती है, लेकिन पूर्व-अपराधी इसके महत्त्व से अभी पूरी तरह परिचित नहीं हैं। इसका मुख्य कारण हैं—उनका आर्थिक संघर्ष, जिस कारण वे चाहते हैं कि उनके बच्चे विभिन्न कार्यों से उनकी गृहस्थी चलाने में सहायता करें, बजाय इसके कि स्कूलों में जाकर ऐसी घिसी-पिटी पढ़ाई करें जो उनके जीवन और आवश्यकताओं के किसी काम की नहीं है। जनजातीय शिक्षा पर टिप्पणी करते हुए कहा गया है : 'शिक्षा अन्तर्निहित प्रतिभा को सामने नहीं लाती, यह उन्हें अस्तित्व के संघर्ष के लिए योग्य नहीं बनाती, इससे सर्वांगीण—शारीरिक, मानसिक और नैतिक—विकास नहीं हो पाता, बल्कि इसके उलटे यह उनके नैसर्गिक विकास को अवरुद्ध ही कर देती है और वे यदि कोई रोजगार प्राप्त नहीं कर पाते तो ईमानदारी से जीवन-यापन के योग्य नहीं रह जाते और अपने पाँवों पर खड़े रहने के लायक नहीं रहते।'[34] काप्पाराला टिप्पा में जिन पूर्व अपराधियों का साक्षात्कार किया गया, उनमें से अधिकांश अपने बच्चों को स्कूल भेजने के पक्ष में नहीं थे, वह भी पूरे दिन के लिए काम के घंटों में। एक अभिभावक ने बताया—'हमें अपने बच्चों को खेतों में भेजना चाहिए। वे बच्चे हमारे पशुओं की देखभाल कर सकते हैं, वे खेत जोतने में हमारी सहायता कर सकते हैं। स्कूल भेजने से क्या फायदा जहाँ से एक पैसा भी नहीं मिलता।'[35]

स्पष्ट है कि निर्धनता के कीचड़ में धँसे हुए इन लोगों को तात्कालिक लाभ चाहिए। वे स्कूली शिक्षा के दस से पन्द्रह वर्षों के बाद होने वाले दीर्घकालिक लाभ का इन्तजार नहीं करना चाहते। इसलिए यह आवश्यक हो जाता है कि शासकीय प्रयत्न इस तरह से किए जाएँ कि उन्हें ऐसा न लगे कि उनके आर्थिक लाभों को स्कूल निगलता जा रहा है। अस्तु, वर्तमान एक रस और 'अनुत्पादक' शिक्षा प्रणाली के स्थान पर आवश्यकता आधारित और रोजगारोन्मुख शिक्षा का प्रभावशाली विकल्प सामने रखना चाहिए। इसके निमित्त उदार छात्रवृत्तियाँ, मध्याह्न भोजन और रोज़गार मुखी माध्यमिक शिक्षा उनकी हालत सुधारने में काफी हद तक कारगर हो सकती है।

दूसरी ओर, बहुत ही चेतावनी देने वाले अवरोधक हैं जैसे उनका सामाजिक अनुभव जो अच्छा बनने की उनकी इच्छा को निर्दयता से कुचल देता है। सामाजिक परिवेश का प्रभाव शिक्षा के क्षेत्र में भी अपना असर डालता है। अन्य राज्यों के

लोगों से जब वे अपनी तुलना करते हैं तो उनका 'हीनता ग्रन्थि' का शिकार हो जाना स्वाभाविक है। वे कुएँ के मेढ़क जैसा जीवन जीते हैं। जिन लोगों से हम मिले उनका विचार था कि उनके बच्चे समाज के उच्च स्तर तक नहीं पहुँच पाएँगे क्योंकि वे मनोवैज्ञानिक ग्रन्थियों से पीड़ित हैं।

वर्तमान स्कूली व्यवस्था के विस्तृत अध्ययन से एक धूमिल चित्र उभरता है। कप्परल्ला टिप्पा में स्कूल के नाम पर पाँच सीमेंट के फर्शवाले पाँच कमरे हैं, जिनके ऊपर छत ठीक नहीं है। नेल्लोर के पुनर्वास अधिकारी द्वारा संचालित यह स्कूल 135 लड़कों और 100 लड़कियों की शैक्षणिक आवश्यकताओं को पूरा करता है। यदि ठीक से प्रयास किए जाएँ तो सौ और भी बच्चे स्कूल में आ सकते हैं। साक्षात्कारों के उपक्रम में कप्परल्ला टिप्पा के लगभग सभी निवासी वर्तमान स्कूली सुविधाओं से सन्तुष्ट थे। इसका कारण यह था कि वहाँ का प्रधान अध्यापक उन्हीं के समुदाय का है, जो उनमें आत्मविश्वास जगाने और जानकारी से अवगत कराने के लिए बहुत श्रम करता है।

स्कूल में योग्य अध्यापकों की कमी सबसे बड़ा व्यवधान है। इस स्कूल में कुल मिलाकर दो माध्यमिक स्तर के शिक्षक, एक उच्च माध्यमिक शिक्षक और एक प्रधानाध्यापक हैं। वर्तमान में प्रत्येक अध्यापक दो कक्षाओं को एक साथ पढ़ाता है। आसानी से यह कल्पना की जा सकती है कि इन परिस्थितियों में शिक्षक अपने दायित्व का ठीक से निर्वहन कैसे कर पाता होगा?

एक विद्यालय माध्यमिक है और यहाँ कक्षा एक से सात तक की पढ़ाई होती है। इसे बहुत पहले सन् 1925 में शासकीय मान्यता मिल गई थी। तथापि अब तक यह विद्यालय अपनी कार्यशैली के मानक स्तर तक नहीं पहुँच पाया है। राजस्व अधिकारियों और कल्याण अधिकारियों के समन्वित प्रयास ही इस विद्यालय की समस्याओं को हल कर सकते हैं। वर्तमान में, यहाँ अध्यापक-छात्र अनुपात सन्तोषजनक नहीं है जबकि सरकार की सोच यह है कि अधिक विद्यार्थियों के प्रवेश से वे सारी बुराइयाँ दूर हो जाएँगी जो यहाँ की शैक्षणिक स्थिति को घेरे हुए हैं।

मध्याह्न भोजन कार्यक्रम जिस तरह से चलाया जा रहा है उससे उसका उद्देश्य ही समाप्त हो गया है। भोजन के समय छात्रों के तमाम चेहरे दिखाई देते हैं लेकिन बाद में वे गायब हो जाते हैं। जब आदर्श अध्यापक-छात्र अनुपात 1:25 है तो कल्पना की जा सकती है कि उस स्कूल की दशा कैसी होगी, जहाँ यह अनुपात 1:50 का है। यह निश्चित रूप से शिक्षा के स्तर को इस स्कूल में घटाता ही है और यह शैक्षणिक मानदंडों की अवहेलना है।

यद्यपि आसपास के गाँवों के स्कूल हाल ही में स्थापित हुए हैं और छात्रों की अपेक्षाकृत कम संख्या के बावजूद भी उन्हें छात्रावास संचालित करने के लिए शासन से नियमित अनुदान मिल रहा है, यह आश्चर्यजनक है कि कप्परल्ला टिप्पा

के इस विद्यालय को शासन ने छात्रावास की सुविधा नहीं दी है। यदि यहाँ छात्रावास बना दिया जाता है तो बच्चे छात्रावास में रह कर अपने अभिशप्त जीवन से बाहर निकल सकेंगे। । इससे विद्यार्थी अपने पैतृक प्रभाव से विलग हो सकेंगे जो उन्हें अपने पैतृक आपराधिक प्रवृत्ति की ओर घसीटता है। यदि इन बच्चों को बचपन में ही ठीक से नहीं ढाला गया तो इसका समाज पर जो भावी प्रभाव होगा, वह बहुत गम्भीर हो सकता है।

पूर्व अपराधी जनजातियों की शिक्षा व्यवस्था के पुनर्गठन के लिए मानवीय दृष्टिकोण का होना आवश्यक है, जो उन्हें आत्मविश्वास दे सके और हिन्दू समाज की मुख्यधारा का आन्तरिक अवयव बनने में उनका मार्गदर्शन कर सके। इसका एक उपाय वर्तमान स्कूली ढाँचे को आश्रम या गुरुकुल व्यवस्था में बदलना हो सकता है। सुशिक्षित अध्यापक और विशेष रूप से, इन पूर्व अपराधी जनजातियों के प्रति विशेष अभिरुचि रखने वाली सुसज्जित पाठशालाएँ इनके व्यक्तित्व को उचित ढंग से निखारने के लिए महत्त्वपूर्ण कारक होंगी।

जनजाति कल्याण विभाग के निदेशक से लेकर पुनर्वास अधिकारी तक के अधिकारियों का तंत्र इस प्रसंग में बहुत उपयोगी नहीं पाया गया है। पूर्व अपराधी समूह की ज्वलन्त आवश्यकताओं के प्रति थोड़ी अधिक संवेदना की जरूरत है अपेक्षाकृत राजनीतिक वक्ताओं के वाग्जाल से जिसमें उनसे वायदा किया जाता है, कि वे वह 'दलितों के उत्थान के प्रति सजग' हैं।

मनोवैज्ञानिक बन्धनों से मुक्ति

इन पूर्व अपराधियों को समकालीन संसार के निकट लाने के प्रयत्न में सबसे बड़ी जरूरत उस आदर्श स्थिति को बनाना है, जिसमें अपनी बस्ती में इनके आपस में व्यक्तिश: और पुलिस, जनता और पूर्व-अपराधियों के बीच परस्पर सम्बन्ध सुधारे जा सकें। सच तो यह है कि व्यावहारिक रूप से इन तीन वर्गों के बीच कोई आदर्श रेखा खींच पाना ही कठिन है।

पूर्व-अपराधियों का सामाजिक अनुभव उनके इस शाश्वत भय को ही और बढ़ाता है कि समाज का अधिक मुखर वर्ग उन पर हावी हो रहा है। जब तक समाज उन्हें समान अवसर नहीं देता और प्रत्येक क्षेत्र में उनके साथ समान व्यवहार नहीं करता तब तक ये पूर्व-अपराधी अपने खोल से बाहर निकलने के लिए तैयार नहीं होते। 'हमें चाहिए कि हम इन लोगों के साथ एकात्म भाव जागृत करें, एकता और सहानुभूति के साथ। यह अनिवार्यत: एक मनोवैज्ञानिक उपाय है।'[36] समाज के प्रभावी तबकों द्वारा उनका दमन नहीं किया जाना चाहिए, इससे उनके मन में बैठा हुआ अभिशाप भाव क्रमश: दूर होता जाएगा। जब तक यह 'अभिशाप' उपस्थित

है तब तक ये राष्ट्रीय सम्पन्नता में अपनी समुचित भागीदारी के सुख का अनुभव नहीं कर सकते। इस सन्दर्भ में हम यहाँ पूर्व अपराधियों के सामाजिक जीवन की संक्षिप्त चर्चा करेंगे।

पुलिस विभाग से सम्बन्ध

1. ऐसा लगता है कि पुलिस विभाग में बढ़ता हुआ भ्रष्टाचार अपराध की घटनाओं में वृद्धि का एक महत्त्वपूर्ण कारण है। 'किसी भी तरह का कदाचरण पुलिस की छवि को धूमिल करता है, अधिकारी द्वारा कठोर कदम उठाए जाने की क्षमता को क्षीण करता है, पुलिस और जनता के सहयोग को कठिन बनाता है और इसलिए परोक्ष रूप से भ्रष्टाचार को प्रोत्साहित करता है।'[37]
2. जनता के सामने अपनी अच्छी तसवीर पेश करने के लिए पुलिस बहुत सारे अपराधों को रोजनामचे में दर्ज ही नहीं करती है, इससे भी वास्तविक अपराध से गम्भीरतापूर्वक निबटने के उसके तमाम प्रयास विफल हो जाते हैं।
3. इन पूर्व अपराधियों को लगातार यह डर सताता रहता है कि पुलिस उन्हें पकड़ेगी और बुरी तरह पीटेगी। पुलिस विभाग कुछ मामलों में, लूट के माल में पचास प्रतिशत तक अपना हिस्सा माँगती है। इस तथ्य से पता चलता है कि अपराधी दौलत और सोने के लिए इतनी अधिक संख्या में अपराध करने के बाद भी क्यों गरीब हैं? कुछ रहवासियों ने यह सच स्वीकार किया कि अपना 'मामूल' वसूलने के लिए पुलिस ने ही उन्हें अपराध के लिए उकसाया था।

यहाँ यह भी याद रखना चाहिए कि उनके साथ पुलिस जो दुर्व्यवहार करती है उसका भारी असर उनके सामान्य व्यवहार पर पड़ता है। जेलों में गन्दे और दुखी जीवन का अनुभव और पुलिस का सहानुभूति रहित रवैया उनमें एक नकारात्मकता को जन्म देता है और इसके वशीभूत होकर वे भी वैसी ही क्रिया के लिए विवश हो जाते हैं। जब तक पुलिस वाले अपना तरीका नहीं बदलते और इन रहवासियों के प्रति सहानुभूतिशील और मैत्रीपूर्ण व्यवहार नहीं करते तब तक, पूर्व-अपराधियों के सामाजिक ताने-बाने को गम्भीर क्षति होती ही रहेगी।[38]

जनता के साथ सम्बन्ध

वह मनोवैज्ञानिक अवरोध जो पूर्व-अपराधियों को समाज के अन्य वर्गों के साथ घुलने-मिलने से रोकता है और उनकी अवहेलना करता है, उनकी 'हीनता ग्रन्थि' में

निहित है। जब तक समाज उन्हें शंकालु दृष्टि से देखता रहेगा, वातावरण में सुधार नहीं हो सकता। पूर्व अपराधी अन्य लोगों के साथ भावनात्मक लगाव का अनुभव तब तक नहीं कर पाएँगे जब तक वे 'अभिशाप' के भय को छोड़ नहीं देते और यह भय तब तक दूर नहीं हो सकता, जब तक वह अपने जंक लगे और संकीर्ण जीवन से बाहर निकलकर एक लम्बी अवधि तक समाज के साथ अपनी एकरसता को प्रमाणित नहीं कर देते। यह तब तक सम्भव नहीं है जब तक उनके पास ठोस आर्थिक आधार नहीं है। समाज शिक्षा और पुनर्वास के अन्य उपायों से उनके सामाजीकरण द्वारा उनकी मनोवैज्ञानिक अवरुद्धता को तोड़ने में उनकी सहायता कर सकता है। इन पूर्व अपराधियों के लिए शिक्षा को सतत प्रक्रिया बनाना होगा। आने वाली पीढ़ी पर विशेष ध्यान रखना होगा क्योंकि उनके लिए इस कलंक को बनाए रखने के लिए बहुत से कारण हैं। उनकी व्यवस्थित प्रगति ओर विकास में प्रौढ़ शिक्षा, आकाशवाणी, पुस्तकालय सुविधा और इन गतिविधियों में बस्ती के युवकों की भागीदारी, उनकी जीवनशैली को दिशा देने के समन्वित प्रयास कारगर होंगे और इसके लिए उन्हें अधोरचनागत बिजली, संचार और पेयजल जैसी सुविधाएँ उपलब्ध करवानी होंगी।

सन्दर्भ

1. देखें, वाल्टर ली. रेकलेस : *द क्राइम प्रॉब्लम* (न्यूयॉर्क 1953 पृ. 50)।
2. देखें, जे.पी. गुप्ता, पूर्वोद्धृत, पृ. 242-48।
3. देखें, डब्लू.जे. हाच, पूर्वोद्धृत। पृ. 65। आगे उन्होंने कहा है : 'समाज उसके विरुद्ध है, उसके लिए कानून बनाए गए हैं, विधान परिषद में उन्हें नियमबद्ध किया गया है, उन पर बहस हुई और ऐसे निर्णय लिए गए जिससे उसकी स्वाधीनता को उनकी छीना जा सके। यह कानून के नुमाइन्दों को भटकाने की कोशिश है, सिर्फ इसलिए कि उनके कुकृत्यों पर आपत्ति करने वालों को जितना सम्भव हो, कम-से-कम परेशानी हो।
4. देखें, जे.पी. गुप्ता : *सोशल वेलफेयर इन इंडिया,* पूर्वोद्धृत।
5. वही।
6. उदाहरण के लिए देखें, द रिपोर्ट ऑफ़ द क्रिमिनल ट्राइब्स एक्ट इंक्वायरी कमेटी 1949-50 (न्यू देहली) पृ. 67।
7. वी. राघवैया : *द प्रॉब्लम ऑफ़ क्रिमिनल टाइब्स,* पूर्वोद्धृत, पृ. 16।
8. ट्राइबल सोवेनियर (नई दिल्ली) पृ. 70। लेखक का निष्कर्ष है कि डिनोटीफ़ाइड जातियों पर आवश्यक ध्यान नहीं दिया गया है और पुनर्वास और कल्याण के कार्यक्रमों का बहुत सीमित प्रभाव पड़ा है।
9. वही, पृ. 71।
10. देखें, जे.एच. हटन, *कास्ट इन इंडिया—इट्स नेचर, फंक्शन एंड ओरिजन,* ब्लर्ड 1973 (प्रथम प्रकाशन 1946) पृ. 197।
11. वही, लेखक ने कहा है कि उनमें से अधिकांश जनजाति नहीं हैं, बल्कि पूरी तरह परिभाषित

हिन्दू जातियाँ हैं। अन्तर केवल इतना-सा है कि पाकिस्तान से आने वाले विस्थापित व्यक्ति केवल पन्द्रह वर्ष पूर्व विस्थापित हुए थे, जबकि ये लोग 700 वर्ष पहले अपनी मातृभूमि से उजाड़ दिए गए थे।

12. वही।
13. श्री वेंकटेश्वर विश्वविद्यालय के समाजविज्ञान विभाग ने इस शैक्षणिक वर्ष (1977-78) में स्नातकोत्तर अन्तिम वर्ष के पाठ्यक्रम में 'हरिजन और गिरिजन अध्ययन' का एक प्रश्नपत्र शुरू किया है जो सम्भवत: दक्षिण भारत के विश्वविद्यालयों में अपनी तरह का अकेला है।
14. *अवर एक्सपीरिएंस इन स्टुअर्टपुरम,* प्रतिष्ठित सामाजिक कार्यकर्ता लवानम और श्रीमती लवानम की पांडुलिपि से। विजयवाड़ा का यह दम्पती स्टुअर्टपुरम बस्ती के सुधार कार्यों से सम्बद्ध रहा। यह पांडुलिपि लेखक को उन्हीं से मिली थी।
15. श्री जसपाल सिंह ने यह शोधपत्र एस.वी.पी. नेशनल पुलिस अकादमी के छत्तीसवें वरिष्ठ अधिकारी सम्मेलन में प्रस्तुत किया था। लेखक को यह शोधपत्र उन्हीं से प्राप्त हुआ।
16. वही।
17. चौथे अध्याय की सारिणी 23 में इसकी चर्चा हुई है।
18. देखें, नेल्लोर के ग्राम निर्माण संगठन एम.ए. विंडी द्वारा कप्परल्ला टिप्पा बस्ती पर जिला अधिकारियों को सन् 1977 में प्रस्तुत रिपोर्ट। लेखक ने इसे नेल्लोर के पुलिस अधीक्षक से प्राप्त किया है।
19. ए रिव्यू ऑफ़ एजुकेशन इन इंडिया 1947-61 (नई दिल्ली 1961) पृ. 170।
20. उदाहरण के लिए देखें लवानम इत्यादि, *अवर एक्सपीरिएंस एट स्टुअर्टपुरम,* पूर्वोक्त।
21. वही।
22. उनके कल्याण पर व्यय होने वाले धन का बड़ा भाग उनके आर्थिक पुनर्वास पर खर्च किया जाना चाहिए। खर्च का दो-तिहाई अंश आर्थिक विकास पर लगाना चाहिए। देखें, रिपोर्ट ऑफ़ द कमिशनर फ़ॉर शिड्यूल्ड कास्ट्स एंड शिड्यूल्ड ट्राइब्स फ़ॉर द इयर 1961-62। (ग्यारहवीं रिपोर्ट, भाग दो, नई दिल्ली 1963) पृ. 103।
23. गाँव के एक मुखिया केरेडुला जयपाल ने कहा, समाज उनके प्रति पूर्वग्रही है। यही समाज असल लुटेरों को, अर्थात सफेदपोश अपराधियों को सम्मानित मनुष्य मानता है। उसका कहना था कि यह अनुचित और अन्यायपूर्ण है। के. जयपाल कोवाली से साक्षात्कार, 4 सितम्बर, 1977।
24. यहाँ ईंटों को बनाना आसान है। इसके लिए कच्चा माल उपलब्ध है। इसके अतिरिक्त यहाँ सर्वत्र ईंटों की भारी माँग है, फिर इस उद्योग को चलाने के लिए ज्यादा तकनीकी मार्गदर्शन की आवश्यकता भी नहीं है। हमारा सुझाव यह है कि ईंट बनाने वालों की सहकारी समितियाँ गठित की जाएँ और ऋण तथा अनुदान के रूप में उन्हें आर्थिक सहायता दी जा सकती है। प्रत्येक समिति लगभग पचास व्यक्तियों को रोजगार दे सकेगी। इन समितियों को भट्टियाँ बनाने, जलाऊ कोयला, रेत, गारा जैसे कच्चे माल के लिए आर्थिक सहायता देनी चाहिए। देखें, रिपोर्ट ऑफ़ द कमिशनर फ़ॉर शिड्यूल कास्ट्स एंड शिड्ल्यूड ट्राइब्स। पूर्वो. पृ. 103
25. बस्ती के युवक इन गतिविधियों को नहीं छोड़ पाए क्योंकि उनके सामने जीविकोपार्जन का अन्य कोई साधन उपलब्ध ही नहीं था। देखें, 'प्रॉब्लम्स ऑफ़ कप्परल्ला टिप्पा सेटलमेंट : हाऊ टु इवाल्व एनएसएस स्टूडेंट्स टु साल्व देम'। नेल्लोर जिला पुनरुद्धार अधिकारी द्वारा तैयार नोट।

26. रिपोर्ट ऑफ़ द कमिश्नर फ़ॉर शिड्यूल कास्ट्स एंड शिड्यूल ट्राइब्स। पूर्वोद्धृत, पृ. 103 पर कहा गया है कि 'यह देखा गया है कि डिनोटीफ़ाइड समुदाय के लोग चलते-फिरते सामान बेचने का धन्धा आसानी से कर लेते हैं, जैसे फल और सब्जियाँ, चीनी मिट्टी के बर्तन, खिलौने आदि बेचना और इस व्यवसाय से उन्हें कुछ नियमित आय हो सकती है। हमारा सुझाव यह है कि अनुदान देकर और अधिक लोगों को ऐसे व्यवसाय के लिए प्रोत्साहित किया जाना चाहिए। प्रति परिवार सौ रुपए का अनुदान इसके लिए काफी होगा।
27. देखें, लवानम इत्यादि का शोधपत्र 'नोट्स आन रिफलेक्शन ऑफ़ अवर वर्क इन रिहेबिलिटेशन ऑफ़ एक्स क्रिमिनल ट्राइब्स पीपुल इन सेटलमेन्ट्स' पूर्वोद्धृत।
28. देखें, द रिपोर्ट ऑफ़ द स्टडी टीम आन सोशल वेलफेयर एंड वेलफेयर ऑफ़ बैकवर्ड क्लासेस, खंड 1 (नई दिल्ली 1959)।
29. यद्यपि बस्ती के लिए तीन से चार हजार एकड़ जमीन की माँग की गई थी लेकिन उसे कितनी जमीन दी गई यह ठीक-ठीक मालूम नहीं है। सिवोईजमा खेती को इसलिए अनुमति दी गई थी क्योंकि यह सोचा गया था कि इससे भूमि का स्वाभाविक क्षरण नहीं होगा। सरकार ने उन्हें पाँच वर्ष तक बिना किसी आकलन के भूमि का इस्तेमाल करने की अनुमति दी थी। बस्ती के प्रबन्धक ने रहवासियों को तब तक रहने के पट्टे दिए थे जब तक वह नियमित पट्टे उन्हें दिए जाने की अनुशंसा नहीं करता। रेवेन्यू प्रोसीडिंग्स, सामान्य आदेश सं. 622, दि. 10 अक्टूबर 1925। जिलाधीश अभिलेखागार, नेल्लोर।
30. यहाँ श्रमदान के द्वारा जवाहर भारती कालेज, कावाली के राष्ट्रीय सेवा योजना (एनएसएस) के छात्र-स्वयंसेवकों ने बहुत अच्छा काम किया है। फिर भी काम अभी अधूरा है। इस कार्य को पूरा करने के लिए जिले के अन्य महाविद्यालयों के रासेयो के स्वयंसेवकों ओर बस्ती के रहवासियों का सहयोग लिया जा सकता है।
31. देखें, एल.आर.एन. श्रीवास्तव और अन्य : 'एन इंटीग्रेटेड एंड कन्परेटिव स्टडी ऑफ़ ए सिलक्टेड ट्राइबल कम्युनिटी लिविंग इन कांटीजुअस एरियाज़' (नई दिल्ली 1971) पृ. 32। शैक्षणिक शोध और प्रशिक्षण की राष्ट्रीय परिषद (एन.सी.ई.आर.टी.) द्वारा प्रकाशित इस प्रबन्ध में जनजातीय क्षेत्रों में चलाए जा रहे विकास ओर कल्याण कार्यक्रमों का अध्ययन प्रस्तुत किया गया है। इसके लिए तीन गाँवों को चुना गया है, जो बिहार के डुमराई और मध्य प्रदेश के जयशपुर नगर प्रखंड के हैं।
32. मानेन्द्रनाथ बसु का निबन्ध देखें, 'सजेशंस फ़ॉर द एजुकेशनल प्लान ऑफ़ द एबओरिजिनल पीपुल्स ऑफ़ इंडिया' (*वनजाति,* त्रैमासिक पत्रिका, खंड 9, सं. 3 जुलाई 1961 नई दिल्ली) पृ. 123-26।
33. जे.एस. आप्टे का निबन्ध : 'तालवडा आश्रम स्कूल—एन एक्सपेरीमेंट इन ट्राइबल एजुकेशन' (*वन्यजाति,* खंड 8, संख्या 2, अप्रैल 1960) पृ. 81-82।
34. नाना आप्टे का निबन्ध : 'ट्राइबल एजुकेशन—ए प्रॉब्लम' (*वन्यजाति* खंड 9, संख्या 1, जनवरी 1961) पृ. 37-38।
35. कप्परल्ला टिप्पा के निवासियों के साक्षात्कार।
36. देखें, *जवाहर लाल नेहरू के भाषण—1949-53* (नई दिल्ली 1955) पृ. 44।
37. एन.एस. सक्सेना का निबन्ध : 'मेन रीजन्स फ़ॉर इन्क्रीज इन क्राइम्स इन इंडिया इन रीसेंट ईयर्स : (द *इंडियन जनरल ऑफ़ पब्लिक एडमिनिस्ट्रेशन,* खंड 21 सं. 4, अक्टूबर-दिसम्बर 1974) पृ. 678-93।

38. इस विचार को एस. वेणुगोपाल ने प्रभावशाली ढंग से प्रस्तुत किया है (पूर्वोद्धृत पृ. 169)। इस सम्बन्ध में वाई.सी. सिम्हाद्री का निबन्ध भी देखें : 'इंस्टीट्यूशन फेक्टर एंड ट्राइबल कम्युनिटी—एन एनालिसिस ऑफ़ एन येरुकला ट्राइब इन आन्ध्र विलेज़। (*ईस्टन एन्थ्रोपालिज्स* (त्रैमासिक) खंड 27, सं. 2 (जनवरी-मार्च 1974) पृ. 22-30।
जवाहर लाल नेहरू ने इस सन्दर्भ में कहा था :
'हमें उनको भरोसा दिलाना चाहिए कि हम उनसे कुछ छीनने नहीं बल्कि उन्हें कुछ देने के लिए आए हैं। जो व्यक्ति अधिकारी बनकर वहाँ जाता है उसे अपने जीवन की भागीदारी उनके साथ करने के लिए तैयार रहना चाहिए। उसे उनकी झोंपड़ियों में जाना चाहिए, उनके साथ भोजन करना चाहिए, उनके हुक्के-पानी का साथी बनना और उनका जीवन, बिना यह समझे कि वह उनसे श्रेष्ठ है, साथ-साथ बिताना चाहिए। तभी वह उनका सम्मान और विश्वास अर्जित कर सकेगा और उन्हें सलाह दे सकेगा।' *जवाहरलाल नेहरू के भाषण* (पूर्वोद्धृत)।

अध्याय-12

निष्कर्ष

हमारे जैसे किसी भी आधुनिक लोकतंत्र में कोई भी जनजाति इतनी स्वच्छन्द नहीं होती कि वह अपने आपराधिक कृत्य करती रहे या जनता को आतंकित रखे, फिर वह राष्ट्र की मुख्यधारा से कितनी ही अलग-थलग क्यों न हो। समाज के हर एक तबके को इस सत्य का बोध होना चाहिए कि वह समाज के विशाल ताने-बाने का एक छोटा-सा हिस्सा है। हमारे सभ्य व्यवहार की अवधारणा उसी समय समाप्त हो जाती है जब हम समाज के किसी स्तर को अभी भी दलित अथवा डिनोटीफ़ाइड समझते हैं। पूर्व अपराधियों ने खुशी-खुशी अपराध का रास्ता नहीं अपनाया था, इसके अनेक दूसरे कारण थे।[1]

वास्तविकता तो यह है कि इन पूर्व-अपराधियों और समाज के अन्य सदस्यों के बीच खड़ी होने वाली दीवार मुख्य रूप से इन पूर्व अपराधियों की आर्थिक विपन्नता से जन्म लेती है। इस बात की कोशिशें की गई हैं कि उन्हें उनके जीवन के आपराधिक तरीके से अलग किया जाए। एक प्रयत्न यह किया गया कि उनके कार्यक्षेत्र को सीमित कर दिया जाए। समाज के सदस्यों, सरकार, मिशनरियों ने अपना समय और शक्ति लगाकर उन्हें सामान्य मनुष्य में बदलने की कोशिश की, लेकिन परिणाम बहुत उत्साहजनक नहीं रहा।[2] अब तक किए गए सारे प्रयत्न सीमान्त संघर्ष बनकर रह गए। उनके सामने खड़ी समस्याओं के बीच उनका समाज के अन्य वर्गों के साथ अपनी पहचान स्थापित करने का विषय गहन चिन्तन चाहता है।

अपराधी जन्मत: नहीं होते। किन्हीं विशिष्ट परिस्थितियों के कारण वे अपराध-वृत्ति अपनाते हैं। अपराध के प्रमुख कारणों को लेकर दो दृष्टिकोण प्रचलित हैं, अर्थात आनुवंशिकता और पर्यावरण। यद्यपि अपराध एक पीढ़ी से दूसरी पीढ़ी में पहुँचता है, तथापि आनुवंशिकता ही अपराध का एकमात्र कारण नहीं है। व्यक्तित्व को निरूपित करने में पर्यावरण की कहीं अधिक भूमिका रहती है। यह तो प्रकट

है कि विज्ञान की प्रगति से अनेक नए औजार बने हैं जिनसे लोगों को अधिक-से-अधिक अपराध करने के साधन मिले हैं। दुर्भाग्य से, इस पक्ष पर ठीक से ध्यान नहीं दिया गया है। इसका स्वाभाविक परिणाम यह हुआ है कि पूर्व अपराधियों की समस्याएँ सुलझाने में मानवीय दृष्टिकोण का अभाव रहा है।[3] हम जिस शोषक समाज में रह रहे हैं, उसकी संरचना ही ऐसी है कि अमीरी-गरीबी के बीच की खाई को पाटने के लिए किए गए हर प्रयास को कुचल दिया जाता है। इस दृष्टि से समाज का पददलित वर्ग उन खिंचावों और दबावों का शिकार जल्दी हो जाता है, जो उस पर डाले जाते हैं।

समाज से अपराधों को आमूल समाप्त करना सम्भव नहीं है। फिर भी बुराई को नियंत्रित और न्यूनतम तो किया जा ही सकता है। इसका कारण यह है कि अपराध की जड़ें गहरी हैं। अनेक कानूनी व्यवस्थाओं से भारत सरकार ने अपराध पर नियंत्रण के प्रयत्न किए हैं। इन प्रावधानों से पहले, विनियम थे जिनका दंडाधिकारी पालन करते थे। तथापि ये विनियम न्यायिक अधिकारियों को ऐसी शक्ति नहीं देते थे कि वे इन अपराधियों को गिरफ्तार कर सकें। परिणामत: सन् 1781 में पहला अपराधी जनजाति कानून बनाया गया। इस कानून में इन जनजातियों के बच्चों को उनके माता-पिता से अलग करने का प्रावधान नहीं था। बचपन से ही वे अपराध को 'सम्मानित' पेशा मानते थे। उन दिनों 'अपराधी' कहलाना गौरव की बात थी। 'एक बार अपराधी सदा के लिए अपराधी' का विचार कड़ाई से सभी को मान्य था।[4] न्यायविदों, राजनयिकों और सामाजिक कार्यकर्ताओं ने सन् 1871 के कानून की एक स्वर से आलोचना की और इसे संविधान का कलंक बताया।

फलस्वरूप इस पुराने कानून की जगह 1911 का अपराधी जनजाति कानून लाया गया। सन् 1871 के कानून में अपराध के सभी पहलुओं को समेटने की गुंजाइश नहीं थी इसलिए सन् 1897 में एक नया अधिनियम इसमें जोड़ा गया। इसमें अपराधियों के लिए कठोर उपाय सम्मिलित किए गए थे। पुलिस आयोग (1902-03) की अनुशंसा पर एक अन्य कानून सन् 1911 में पारित किया गया। आर्थिक परिस्थितियों की गम्भीरता की वजह से प्रेसीडेंसी के सभी जिले घातक अपराधी गतिविधियों के केन्द्र बन चुके थे। सन् 1923 में कानून में फिर संशोधन किया गया। इस कानून के दो महत्त्वपूर्ण बिन्दु थे—पंजीकरण और पुनर्वास। तदनुसार अपराधी जनजातियों की बस्तियाँ बसाई गईं। आन्ध्र प्रदेश में बिट्रगुंटा सुधार बस्ती (नेल्लोर जिला), स्टुअर्टपुरम बस्ती (गुंटूर जिला), सीतानगरम बस्ती (गुंटूर जिले में लेडपल्ली) और लिंगला बस्ती (महबूबनगर जिला) स्थापित हुईं। बढ़ती हुई अपराध दर को थामने में इन बस्तियों के बसाए जाने से भी कोई सहायता नहीं मिली। इसके लिए युद्ध के कारण होने वाली महँगाई को उत्तरदायी माना गया। भारत की जेलों की जाँच करने वाली समिति (1919 ओर 1921) ने सिफारिश

की कि अपराधी बस्तियों का अन्तिम ध्येय अपराधियों का सुधार और समाज की मुख्यधारा में उनका विलय होना चाहिए।

अपराध के प्रभावी निरोध और अपराधियों के साथ उचित व्यापार तथा उनके पुनर्वास को दृष्टिगत रखकर सन् 1924 में एक नया अधिनियम आया। जो भी हो इन अपराधी जनजातियों की बस्ती के सदस्यों को अपराधी कहा जाना रुका नहीं। सन् 1924 के कानून को निरस्त किया गया और उसकी जगह अभ्यस्त अपराधी कानून ने ली।

अपराधी जनजातियाँ भारत के विभिन्न भागों में पाई जाती हैं। सरकार के आह्वान पर मुक्ति-सेना, लन्दन मिशन और अमेरिकी बॅपटिस्ट मिशन जैसी मानवसेवी संस्थाओं ने आन्ध्र प्रदेश में अपराधियों के पुनर्वास का दायित्व अपने ऊपर ले लिया। मुक्ति-सेना ने दो बस्तियाँ बसाईं, ये थीं—स्टुअर्टपुरम और सीतानगरम। येरुकलाओं का अपना तो कई स्थायी निवास स्थल नहीं था और वे परिस्थितिवश अपराधी जीवन की ओर प्रवृत्त हुए थे, इन दोनों ही बस्तियों में येरुकला मिलते हैं। देश में मिलने वाली अन्य जनजातियों से उनकी संस्कृति और उनका सामाजिक संगठन बिलकुल भिन्न है। इस जनजाति के मुखिया को 'बरो मानुषम' कहा जाता है जिसका अर्थ है बड़ा मनुष्य।[5] ये येरुकला मुख्य रूप से आन्ध्र प्रदेश के गुंटूर, कुरनूल, गुडप्पा और नेल्लोर जिलों में मिलते हैं।

नेल्लोर जिले में अमेरिका के बॅपटिस्ट मिशन ने इन अपराधियों को सुधारने का काम हाथ में लिया। कप्परल्ला टिप्पा की बस्ती बनाने से पहले दो अन्य बस्तियाँ वहाँ पहले से थीं—कावाली और कालीचेदू बस्तियाँ। कावाली बस्ती मुख्य रूप से डोंगा येरुकलाओं के लिए थी और कावाली में कथेरा या डोंगा दासारी रहते थे। ये कथेरा एक-दूसरे के वफादार नहीं होते और दक्षिण भारत की जनजातियों में अपने मिले-जुले चरित्र की वजह से सर्वाधिक जघन्य अपराधी माने जाते हैं।

अमेरिकी बॅपटिस्ट मिशन ने मद्रास प्रेसीडेंसी की सरकार का प्रस्ताव स्वीकार कर लिया और वह अपराधी बस्तियों के सुधार के लिए अनुकूल परिस्थितियों को बनाने पर सहमत हो गया। कावाली में ईसाई मिशनरियों के सामने प्रारम्भ में अकुशल श्रमिकों का प्रशिक्षण, रुपए-पैसे की कमी और सार्वजनिक प्रोत्साहन का अभाव जैसी समस्याएँ आईं। रेव. बुलार्ड पूर्व-अपराधियों की दशा सुधारने के कार्यक्रमों को गति देने वाले व्यक्ति थे। प्रारम्भिक चरण में, उन्होंने बस्ती में आने वाली समस्याओं को अपने कन्धों पर ले लिया। तथापि बस्ती की गति विस्तार और व्यापकता प्रदान करने का श्रेय रेव. बाडन को जाता है। ईसाई धर्म के प्रचार-प्रसार में वे जी-जान से लग गए। रेव. बुलार्ड कुछ ज्यादा ही आदर्शवादी थे और बस्ती के संचालन में आने वाली ठोस वास्तविकताओं का सामना नहीं कर पाए। लेकिन रेव. बाडन जमीन से जुड़े व्यक्ति थे और कड़े अनुशासन में विश्वास करते थे।

सन् 1947 में भारत को स्वतंत्रता मिलने के तत्काल बाद, रहवासियों को सितम्बर 1948 में उन्हें अधिक स्वतन्त्रता देने की दृष्टि से मुक्त कर दिया गया। सरकार उन्हें बदलना चाहती थी और उसने अनुभव किया कि यह उन्हें आजाद किए जाने से ही हो सकता है। लेकिन वे आर्थिक संकट की अधिक गम्भीर समस्या से मुक्त नहीं थे। बिना किसी रोजगार सम्भावना के अपराधियों को मुक्त किए जाने से वस्तुत: स्थिति और भी गम्भीर बन गई। पुलिस को भी यही लगा और सन् 1949 में एक पूरी तरह व्यवस्थित पुलिस थाना कप्परल्ला टिप्पा में स्थापित किया गया।

कप्परल्ला टिप्पा के रहवासी येरुकला और डोंगा दासारी जनजातियों के हैं। वे कई तरह के अपराध करते हैं, विशेषत: सेंधमारी, जेबकटी, रेल डिब्बे तोड़ना, लूटना और छीनाझपटी, इत्यादि। साक्षात्कारों के माध्यम से हमने कप्परल्ला टिप्पा के पूर्व अपराधी रहवासियों की सामाजिक, आर्थिक और प्रशासकीय समस्याओं के गहन अध्ययन का एक प्रयास किया है।

कप्परल्ला टिप्पा की सामाजिक व्यवस्था मुख्य रूप से पितृसत्तात्मक है। उनके मकानों की बनावट सीधे-सीधे उनकी आर्थिक स्थिति को व्यक्त करती है। कोई आश्चर्य नहीं कि संयुक्त परिवार के अवशेष अभी भी परिवार आकार में मिलते हों, परन्तु वे काफी बेमेल हैं।

वे शकुन-मुहूर्तों और कुछ अन्धविश्वासों में आज भी विश्वास रखते हैं। पति-पत्नी, दो व्यक्तियों के विवाद, ऋण, सम्पत्ति और जमीन आदि के विवादों में कुल पंचायत को फैसला सुनाने का अधिकार है। ईसाई मत में धर्मान्तरित होने के बाद भी हिन्दू धर्म के संस्कार, रिवाज और परम्पराओं की उन पर गहरी छाप है। इसे उनके विवाहों, मृतक संस्कारों और सामाजिक उत्सवों में देखा जा सकता है। उनमें 'बोली' (वधु शुल्क) की प्रथा अभी भी प्रचलित है। उनमें से एक बड़ी संख्या आधुनिक परिवार-नियोजन कार्यक्रम से परिचित है। समुचित प्रचार-प्रसार से ओर भी लोग इसके अन्तर्गत लाए जा सकते हैं।

हमारे आकलन से यह स्पष्ट हुआ है कि उनके पुरखे यद्यपि घुमन्तू रहे थे, बाद की पीढ़ियाँ कप्परल्ला टिप्पा में बस चुकी हैं। अपराध का अभिशाप वे आज भी ढो रहे हैं। उनकी दशा बदलने के लिए ब्रिटिश सरकार ने उन्हें बदलने के लिए काफी प्रयास किए हैं। और युद्धोत्तरकाल की सरकारें भी इसके लिए उत्सुक रही हैं। ईसाई मिशनरी उनकी सहायता के लिए आगे आईं लेकिन इनकी अवस्था जस-की-तस है। यद्यपि इसे कानून की दृष्टि से समाप्त मान लिया गया। अन्य क्षेत्रों में दृष्टव्य विकास तो हुआ है किन्तु आर्थिक क्षेत्रों में समूचे प्रयत्न सफल नहीं रहे। आर्थिक पुनर्वास कभी भी एक-सा सम्पन्न नहीं हो पाया। मनोवैज्ञानिक अवरोध अभी भी हैं। इसलिए समाज-शिक्षा के साथ लाभदायक आर्थिक कार्यक्रम की दिशा में कदम उठाने पड़ेंगे।

जनता की ओर से उनके साथ होने वाला अपमानजनक व्यवहार उनकी संवेदनशीलता में प्राय: उभारता है। किन्तु उनमें से कुछ के साथ जो अपराध नहीं करते, जनता का व्यवहार बहुत अच्छा है। पूर्व अपराधी अपराध की त्रासद वास्तविकता से भलीभाँति परिचित हैं लेकिन आर्थिक और अन्य कारणों से उन्हें अपराध के इस कीचड़ में धँसना पड़ता है।

हमारे द्वारा एकत्रित आँकड़ों से पता चलता है कि जनता के इस विभ्रम के बाद भी कि इस जनजाति की आबादी बढ़ रही है और समाज के लिए एक संकट है, अपराधों की संख्या घटकर आधी रह गई है। ऐसा शासन द्वारा किए जाने वाले उपायों से ही सम्भव हो सका है।

कप्परल्ला टिप्पा की आबादी में ऐसे लोगों की संख्या एक-तिहाई है जो अपराध को एक पेशे की तरह करते हैं। आर्थिक विवशताओं के चलते वे कुलीगीरी, खेती, व्यापार जैसे धन्धे के साथ-साथ अपराध भी करते हैं। जनजातीय क्षेत्र की लब्ध प्रतिष्ठित समाजसेवी श्रीमती लवानम का कहना है कि कप्परल्ला टिप्पा बस्ती के पूर्व अपराधियों में कुल दंडित अपराधियों का अनुपात ज्यादा नहीं है।[6]

उनकी सिंचाई सम्बन्धित जरूरतें अब बेकार पड़े रामन्ना जलाशय की मरम्मत से अच्छी तरह पूरी की जा सकती है। जवाहर भारती कालेज, कावाली के राष्ट्रीय सेवा योजना से जुड़े छात्रों ने इस काम की शुरुआत की थी लेकिन बाद में यह काम बन्द हो गया। जनजाति के अधिकांश सदस्यों को सरकार से उन्हें मिलने वाले पट्‌टे भी अभी तक नहीं दिए गए हैं। व्यावसायिक बैंक उचित प्रतिभूति के बिना उन्हें ऋण देने से झिझकते हैं।[7] सहकारी और व्यावसायिक बैंकों से मिलने वाला संस्थागत ऋण उनकी आवश्यकता से बहुत कम है। गैर आदिवासी जनों, जैसे महाजनों, व्यापारियों, जमींदारों, श्रम ठेकेदारों, अधिकारियों और कभी-कभी स्वयं जनजाति नेताओं और राजनीतिक नेताओं द्वारा आदिवासी जातियों पर किया जाने वाला शोषण बढ़ गया है।[8] अपराध की घटनाएँ उच्च आय और निम्न आय वर्गों में समान रूप से घटित होती हैं। आँकड़े दर्शाते हैं कि अपराध का आय स्तर से शायद ही कोई सीधा सम्बन्ध हो। सदस्यों में बचत का भाव बिलकुल नहीं है और वे बरसात के दिन के लिए भी बचाकर रखने की भी नहीं सोचते।

सरकार द्वारा कल्याण के लिए किए जाने वाले उपाय सन्तोषजनक नहीं हैं। कप्परल्ला टिप्पा के निवासियों को अपनी समस्याओं की स्पष्ट रूप से जानकारी है। उन्हें एक छोटे श्रमोन्मुख कारखाने की जरूरत है, जैसे ईंट निर्माण उद्योग या बीड़ी बनाने का कारखाना। उन्हें स्कूल के लिए बेहतर सुविधाएँ और रामन्ना जलाशय की मरम्मत भी चाहिए।

उनमें यह जागरूकता नहीं है कि बाहर की दुनिया में रोजगार की असीम सम्भावनाएँ उनके लिए खुली हुई हैं। इसका कारण है कि किसी भी अनजान स्थिति

में वे पड़ना नहीं चाहते। उन्हें बाहरी लोगों से निर्मम शोषण का भय सताता रहता है। इसके साथ ही पूर्व-बस्ती के निवासियों तथा प्रशासन के बीच संवादहीनता भी इसका एक प्रमुख कारण है। स्कूल में उपलब्ध अधोसंरचना सम्बन्धी सुविधाओं के विषय कुछ नहीं कहना ही ठीक होगा, वहाँ बहुत कुछ अपेक्षित है। आर्थिक विवशताओं की वजह से पालक अभी भी यह समझते हैं कि बच्चों को स्कूल भेजना समय खराब करने जैसा है। उन्हें वह नहीं मालूम कि इसके दीर्घकालीन प्रभाव क्या हो सकते हैं।

समय में बदलाव के साथ-साथ, अपराध करने के उनके तरीके भी बदले हैं। अतीत में वे मुख्यत: घरों में सेंधमारी करते थे और डकैतियाँ डालते थे। अब वे सूटकेस चुराने, जेब कतरने और रेल के डिब्बों में करने जैसे अपराध भी करते हैं। पुलिस वालों की जिम्मेदारी सामाजिक व्यवस्था को बनाए रखने की है किन्तु अपराध की घटनाओं में वृद्धि को रोकने में वे अपनी शक्ति का प्रयोग नहीं करते। अपराध से वास्तविक लाभ गाँव में जमींदारों और व्यापारियों तथा शहरों में अन्य मध्यस्थों को होता है। इनके द्वारा ही मुख्य रूप से चुराई गई सम्पत्ति इधर-उधर की जाती है और इन संदिग्ध सौदों में उन्हें अच्छा-खासा हिस्सा मिल जाता है। इससे यह स्पष्ट हो जाता है कि बड़ी-बड़ी चोरियों के बाद भी ये सदस्य गरीब क्यों हैं।

पुराने समय के और आज के दंड देने के तरीकों में बहुत अन्तर आ गया है। दंड की प्रतिकारात्मक और निवारक अवधारणाएँ अब त्याग दी गई हैं। अब दंड विधान में दक्ष विद्वान मानते हैं कि दंड का उद्देश्य अपराधी का सुधार होना चाहिए। अपराध को रोकने के लिए चिकित्सकीय दृष्टि होनी चाहिए। अपराध को एक रोग माना जाता है क्योंकि इसका जन्म दुर्बल मानसिकता से होता है और तदनुसार ही इसका उपचार किया जाना चाहिए। अस्तु, अन्तिम साध्य अपराधी के समाजीकरण और उसे समाज में अनुकूलित करने का होना चाहिए। अपराधी को जन्मत: अपराधी होने की ग्रन्थि से मुक्त करना होगा। उसे सामान्य मनुष्य की स्थिति में लाने का हरसम्भव प्रयास किया जाना चाहिए। उनके जीवन के सभी पक्षों की जानकारी एकत्र करने के लिए लगता है कि कोई गम्भीर प्रयास अभी तक नहीं किए गए हैं। उनकी समस्याओं का समाधान करने के लिए वैज्ञानिक विश्लेषण की आवश्यकता है। अच्छा तो यह होगा कि 'डिनोटीफ़ाइड' और 'डिस्प्लेस्ड' जैसे शब्दों को छोड़ ही दिया जाए। बार-बार इन शब्दों का प्रयोग उन्हें समाज के अन्य वर्गों से मनोवैज्ञानिक रूप से अलग करता है। अपने बच्चों के भविष्य को लेकर उनके मन में गहरी चिन्ता है। बस्ती को बनाए रखने में अपराध के घनीभूत हो जाने का भी खतरा है। अतएव, उन्हें राज्य के विभिन्न भागों में बसाने के लिए भी कदम उठाए जाने चाहिए। लेकिन कप्परल्ला टिप्पा के रहवासी बस्ती को छोड़ने के पक्ष में नहीं हैं। उन्हें यह वास्तविक भय है कि ऐसे कठोर कदम से उनकी प्रजातीय

पहचान समाप्त हो जाएगी। जो भी हो, यह तो अपरिहार्य ही है कि कुछ समय बाद समुचित प्रशिक्षण देकर उन्हें समाज की मुख्यधारा में वापस लाना होगा।

शिक्षा से सामान्य मनुष्य को आत्मविश्वास, नई दृष्टि और सम्मान मिलता है, आदिवासी व्यक्ति को शिक्षा से कुछ ज्यादा ही मिलता है। शिक्षा से उसके सामने काम के नए रास्ते खुलते हैं। शिक्षा द्वारा हम उन्हें अच्छा नागरिक बना सकते हैं, जो देश पर बोझ न होकर उसकी परिसम्पत्ति सिद्ध होंगे।[9] जनता और पुलिस की अधिक संवेदनशील और मानवीय प्रतिक्रिया उन्हें अच्छी नागरिकता की दिशा में अग्रसर होने के लिए प्रेरणास्पद होगी। आर्थिक कारणों के अलावा भी अन्य कई रुकावटें हैं, जो उन्हें शेष समाज के साथ मिलने-जुलने में बाधक हैं। उदाहरण के लिए, समाज के अन्य भागों से उनका अलग रहना। यह सामाजिक हदबन्दी का कारण बन जाता है। अतएव, आर्थिक पुनर्वास के साथ-साथ सामाजिक शिक्षा को भी संयुक्त किया जाना चाहिए।

और, और वायदे उनके दृष्टिकोण में मूलभूत परिवर्तन नहीं लाएँगे। उन्हें सामाजिक मूल्यों में प्रशिक्षित करने से पहले उनकी आर्थिक समस्याओं के समाधान के लिए पहल करनी होगी। एक भूखे आदमी के पास प्रवचनों को सुनने का धीरज नहीं होता। व्यावहारिक तो यह होगा कि आर्थिक और सामाजिक पहलुओं में सन्तुलन रखते हुए कार्य किया जाए। दुर्भाग्य से, इन बातों पर ध्यान नहीं दिया गया है। नैतिक मूल्यों के उच्चतम स्तर तक उनका उत्थान तभी होगा जब कोई उनमें आत्मविश्वास का संचार करे और बतलाए कि राष्ट्रीय पुनर्निर्माण की गतिविधियों से जुड़ने के लिए उन्हें कौन-सी और कैसी राह अपनानी है। लेकिन उनकी आर्थिक दशा में सम्पूरक विकास के अभाव के बिना यह आसान नहीं होगा। सामाजिक शिक्षा का गंतव्य तब तक नहीं पाया जा सकता, जब तक उनके मानस में हताशा, अवज्ञा और एकाकीपन की भावनाएँ बनी हुई हैं। उन्हें यह एहसास होना चाहिए कि उनके सामने असीम सम्भावनाओं के द्वार खुले हैं। उन्हें इन अवसरों का लाभ उठाने के लिए प्रोत्साहन मिलना चाहिए। अखबारों में विज्ञापन छपाने से कुछ नहीं होगा। सरकारी अधिकारी, सामाजिक कार्यकर्ता, समाज के अन्य वर्गों और आदिवासियों के बीच की संवादहीनता को समाप्त करना होगा। इस सिलसिले में रेडियो, दूरदर्शन आदि प्रचार माध्यमों से जनजाति से सम्बन्धित विशेष कार्यक्रम लाभकारी हो सकते हैं।[10] पुलिस और अन्य अधिकारियों का लापरवाह व्यवहार भी इसमें एक रुकावट है। उनके जख्मों पर मरहम लगाने और जीवन को नई दृष्टि से देखने के लिए उन्हें प्रोत्साहित करने में कालेज के युवा छात्रों और समर्पित सामाजिक कार्यकर्ताओं के किसी दल की आवश्यकता है जो किसी प्रेरक शिक्षाविद के समन्वयक नेतृत्व में इस दिशा में कार्य करे। राजनैतिक विवादों से मुक्त और आदर्शों में विश्वास रखने वाले इन लोगों को पूर्वग्रह छोड़कर इन आदिवासियों की समस्याओं को देखना

होगा। वे किसी प्रौढ़ शिक्षा केन्द्र से इसका प्रारम्भ कर सकते हैं, उनकी सहकारी समितियों में सहायता दे सकते हैं और उनका सही-सही मार्गदर्शन कर सकते हैं। रातों-रात सबकुछ ठीक हो जाने की उम्मीद नहीं की जानी चाहिए। पुनर्वास की इस प्रक्रिया को दीर्घकालीन सन्दर्भों में चलाना होगा।

सारांश रूप में, इन सभी मोर्चों पर एकाग्र कार्यवाही की जाने की आवश्यकता है। पूर्व-अपराधियों के मानस से 'मनोवैज्ञानिक अवरुद्धता' पूरी तरह से दूर करनी होगी। पुलिस की हिरासत, जेल की गन्दी कोठरी और मानसिक उत्पीड़न का भय उनके दिमाग से बाहर निकालना होगा। उनमें स्वाधीनता, आत्मसम्मान और समानता के भाव भरने होंगे। सबसे पहले, अलग से बस्ती बसाने के विचार को ही हटाना होगा। 'डिनोटीफ़ाइड', 'अपराधी' जैसे मनहूस शब्दों से पीछा छुड़ाना होगा। संचार, विद्युत, स्वास्थ्य, शिक्षा जैसी मूलभूत सुविधाओं को सुदृढ़ करना होगा। श्रमोन्मुख हल्के उद्योग की स्थापना से उन्हें रोजगार की बड़ी सम्भावनाएँ मिल सकेंगी। अपराध के लिए दंड की व्यवस्था करने वाली धारा 401 और 402 में उचित संशोधन करके दंड की निर्ममता को कम किया जा सकता है। न्यायिक आयोग को एक सुधारक संस्था की तरह काम करना चाहिए, न कि निस्पृह आयोग की तरह, जो आदेश देता रहे। पुलिस विभाग के संगठन को चुस्त-दुरुस्त बनाया जाए। अभी आरोपियों के साथ उनका व्यवहार निन्दनीय है। सुप्रशिक्षित, समझदार और सहानुभूतिपूर्ण पुलिस कान्स्टेबल हमें चाहिए। अपराधियों की गतिविधियों पर लगातार पुलिस की चौकसी में ढील दी जा सकती है। पूर्व अपराधियों में से शिक्षित व्यक्तियों को पुलिस बल में शामिल भी किया जा सकता है।

बस्ती की देखरेख में स्थानीय नेताओं की दखलअन्दाजी नहीं होना चाहिए। बस्ती के निवासियों को आसान कर्ज देने के लिए व्यावसायिक बैंकों को आगे आना चाहिए। व्यावसायिक बैंकों को वर्तमान के साहूकारों, व्यापारियों और अन्य निहित स्वार्थों का स्थान लेना होगा। कावाली के जवाहर भारती कालेज में 'एन. एस.एस. के विशेष सन्दर्भ में महाविद्यालय और समाज' विषय पर एक सेमिनार हुआ था, जिसमें एक विशेष राज्यस्तरीय समिति गठित करने का सुझाव दिया गया जो पूर्व रहवासियों और उनकी समस्याओं पर ध्यान दे सके। इस समिति में मुख्यमंत्री, समाज कल्याण मंत्री, आदिवासी कल्याण के निदेशक और समाज कार्यों से सम्बद्ध विभागों के अधिकारी हों। निचले स्तर पर ऐसी ही समिति जिले में भी बनाई जा सकती है जो कार्यक्रमों को निर्देशित करे। जिलाधीश की अध्यक्षता में गठित इस समिति में आदिवासी कल्याण से सम्बन्धित विभागों के अधिकारियों को शामिल किया जा सकता है। इन दोनों समितियों में सामाजिक कार्यकर्ता, अन्वेषी विद्वान और राष्ट्रीय सेवा योजना के स्वयंसेवी छात्र भी सदस्य के रूप में रखे जा सकते हैं।[11]

अन्त में, सुपरिचित नृतत्वशास्त्री पी.के. भौमिक ने जैसा कहा है, 'लोध जन्म से अपराधी नहीं हैं। उन्हें अंग्रेजों की नीतियों और समाज की उपेक्षाओं ने अपराधी बना दिया है।'[12] कप्परल्ला टिप्पा के लिए भी यही सच है। कुछ भी कहें या करें, अन्तिम सत्य यही रहेगा। जब तक समाज के आर्थिक-सामाजिक विन्यास में ही आमूलचूल परिवर्तन नहीं आता, सुधार के प्रयत्न अधूरे ही रहेंगे। परिवर्तन एक निरन्तर प्रक्रिया है जो सम्पूर्ण समर्पण, उत्साह और शक्ति से, जितना भी सम्भव है, चलती रहनी चाहिए। समूचे परिदृश्य पर एक गहन दृष्टि से हमारे सामने सम्बन्धित तथ्य आएँगे और वे सभी मोर्चों पर प्रभावी कार्यवाही करने के लिए हमारे लिए पहला कदम बन सकते हैं।

सन्दर्भ

1. देखें, स्टीफेन्स फुक्स : *द एबओरिजिनल ट्राइब्स ऑफ़ इंडिया* (नई दिल्ली 1973) पृ. 107। वह कहता है, 'वे उत्तरी भारत में लगातार चल रही लड़ाइयों से सम्भवत: विस्थापित हुए होंगे और जीविकोपार्जन के सभी ईमानदार तरीके या सैनिक बनने के रास्तों से वंचित हो गए। जब अंग्रेजों ने देश में शान्ति और व्यवस्था की फिर से स्थापना की तो उनके पास रोजगार नहीं था। किसान या दस्तकार के रूप में जीविका कमाने के लायक वे थे नहीं। इसलिए ये उपेक्षित सिपाही प्राय: अपराधी बन जाते थे।'
2. देखें, डब्लू.जे. हाच, पूर्वोद्धृत पृ. 19। उसने लिखा, 'इस पर हमें विश्वास नहीं होता, यद्यपि इसके लिए मानव स्वभाव के अनुकूलन में हमें पूरा-पूरा विश्वास रखना होगा और मनुष्य की उस शक्ति को स्वीकार करना होगा जो उसे सदाचारी बनाती है।'
3. यह एक दुखद स्थिति थी कि विज्ञान और तकनीकी की प्रगति ने एक अपना ही असर अपराध की घटनाओं पर डाला। सिनेमा, नाट्यगृह, मन्दिर, रेलवे स्टेशन—सभी उपयोगी सार्वजनिक स्थलों ने पूर्व-रहवासियों के सामने लोगों को ठगने और पैसा कमाने के तमाम अवसर खोल दिए। साथ ही अपराधियों के कार्यक्षेत्र का भी विस्तार हो गया। अपने कारनामे को आसान बनाने के लिए तमाम आधुनिक औजार उसके लिए उपलब्ध थे। एक महिला अपराधी ने स्वीकार किया कि बड़ी संख्या में महिलाओं के अपराधी बन जाने का मुख्य कारण यह था कि आधुनिक औजारों से अब वारदात करना अपेक्षाकृत आसान हो गया था। इसके परिणामस्वरूप, आपराधिक घटनाएँ आसमान छूने लगीं।
4. वास्तविकता तो यह है कि आज भी यह अवधारणा अनेक लोगों के मन में बैठी हुई है। इस भ्रम के निवारण के लिए लोगों के दृष्टिकोण में परिवर्तन की जरूरत है।
5. देखें, ए. जोसेफ का निबन्ध : 'येरुकला ट्रेडीनशल जस्टिस' (ट्राइबल, खंड 4, जनवरी-जून 1967)। लेखक ने कहा है : 'येरुकला समुदाय में 'बेरो मानोसम' का चुनाव उसकी आयु, बुद्धिमत्ता और समुदाय के प्रति उसके प्रेम और आत्मीयता के कारण समूचे समुदाय या उसके अपने कबीले पर उसके प्रभाव के आधार पर किया जाता है।
6. लवानम और श्रीमती लवानम, विजयवाड़ा से साक्षात्कार।
7. स्टेट बैंक ऑफ़ इंडिया कावाली के एजेंट के. राममूर्ति से साक्षात्कार।
8. रणजीत गुप्ता : *प्लानिंग फ़ॉर ट्राइबल डेवलपमेंट,* पूर्वो.

9. डब्लू.जे. हाच, पूर्वोद्धृत पृ. 265।
10. इस सम्बन्ध में देखें, डी.पाल चौधरी : *अ हैंडबुक ऑन सोशल वेलफेयर* (1966)। वह लिखता है, 'तथ्य तो यह है कि प्रत्येक सामुदायिक केन्द्र की गतिविधियों का एक अंग सामाजिक शिक्षा भी होना चाहिए। सामाजिक शिक्षा का अर्थ केवल प्रौढ़ शिक्षा ही नहीं है, जो इस समय इन केन्द्रों की अकेली दी जा रही है। उदार शिक्षा के तीन पक्षों का सम्बन्ध सामाजिक शिक्षा से है, ये हैं—(1) लिखित और मौखिक भाषा की जानकारी, (2) नागरिकता का प्रशिक्षण और (3) सामाजिक जीवन से समुचित समन्वय।
11. देखें, 'अ नोट आन द सेमिनार ऑन कम्युनिटी विद स्पेशल रेफरेंस टु एन.एस.एस.' (जवाहर भारती कालेज, कावाली में एक टंकित प्रति उपलब्ध है)।
    1. जिले के आदिवासी कल्याण छात्रावासों में स्कूल जाने वालों की उम्र के बच्चों को प्रवेश दिया जाए।
    2. रहवासियों के शिक्षित युवजनों की पहुँच रोजगार केन्द्रों तक हो।
    3. डेयरी, सुअर पालन, मुर्गी पालन, बीड़ी कारखाना जैसे लघु उद्योगों को शुरू करने के लिए पूँजी और प्रबन्ध कौशल उपलब्ध हो।
    4. कप्परल्ला टिप्पा के सदस्यों के लिए सहकारी समितियों का गठन हो।
    5. रहवासियों के लिए चिकित्सा और स्वास्थ्य सेवाओं के लिए काम किया जाए।
12. देखें एस. मैती का शोध-पत्र : एमर्जिंग प्रॉब्लम्स ऑफ़ द एक्स-क्रिमिनल ट्राइब्स—द लोधा ऑफ़ वेस्ट बेंगाल'। जनजाति सुधार के एकीकृत कार्य की योजना विषय पर हुए सेमिनार में प्रस्तुत (प्रिपरेशन एंड इम्पलीमेंटशन एट द नेशनल इंस्टीटयूट ऑफ़ कम्युनिटी डेवलपमेंट, हैदराबाद।)

परिशिष्ट-1

मद्रास शासन (न्याय विभाग)

संख्या 1299

प्रेषक :
द ऑनरेबल मि. ए.जी. कारडियू सी.एस.आई.
कार्यवाहक मुख्य सचिव, मद्रास शासन।

सेवा में :
सचिव (गृह विभाग)
भारत सरकार

दिनांक : उटकमंड, 30 जून, 1913

महोदय,

मुझे ये निर्देशित किया गया है कि इस सरकार द्वारा प्रकाशित एक अधिसूचना की प्रति (अनुबन्धन 1) आपकी ओर अग्रेषित करूँ, जिसके द्वारा डोंगा येरुकलाओं के कुछ गिरोहों को अपराधी जनजाति घोषित करने उनके ऊपर सन् 1911 के अपराधी जनजाति कानून की धारा 10 (बी.) के प्रावधान लागू किए गए हैं। यह आदेश भी दिए जा चुके हैं कि जिन जिलों में वह मुख्य रूप से बसती है वहाँ इस जनजाति के सदस्यों का एक रजिस्टर तैयार किया जाए। गवर्नर का यह मानना है कि इस तरह अधिसूचित सात गिरोहों में से छह की गतिविधियों को तत्काल गुंटूर और नेल्लोर जिलों के कुछ नामांकित क्षेत्रों तक सीमित कर दिया जाना चाहिए। तदनुसार आवश्यक कार्रवाई के लिए भारत सरकार से आवेदन कर रहा हूँ।

येरुकला जनजाति के सम्बन्ध में संलग्न स्मरण-पत्र (अनुबन्ध-2) श्री पी.बी. थॉमस द्वारा तैयार किया गया है, जो अपराध अन्वेषण के लिए पुलिस के उपमहानिरीक्षक हैं। यह उनकी आपराधिक प्रकृति और वे जिन अपराधों के अभ्यस्त हैं, उनका स्पष्ट विवरण प्रस्तुत करता है। यह दर्शाता है कि उनके पास जीविका का कोई वैध साधन नहीं है। विश्वास किया जाता है कि इन सात गिरोहों में एक हजार से ज्यादा वयस्क पुरुष हैं, जिनमें से पुलिस ने 411 की पहचान कर ली है। इनमें से 172 को गैर जमानती अपराधों में सजा दी जा चुकी है। पिछले सोलह वर्षों में इन्हें मिली सजाओं की जितनी जानकारी मिल पाई है, उसके अनुसार उनकी कुल संख्या 238 है। शेष में से ऐसे लोग 115 से कम नहीं हैं जिन्हें क्रिमिनल प्रोसीज़र कोड की सुरक्षा धाराओं के अन्तर्गत प्रतिबिन्धत किया गया है। जनजाति के लोग भिक्षाटन और चोरी करते हुए यायावरी जीवन व्यतीत करते हैं और कभी-कभी टोकरी बनाने, नमक और अनाज बेचने, खाने योग्य पतित्याँ बेचने जैसे छोटे-मोटे धन्धे कर लेते हैं। इनके पास जमीन के जो छोटे-छोटे टुकड़े हैं (उप पुलिस महानिदेशक की रिपोर्ट में डी और ई में उल्लिखित) वह प्रकट रूप से जीविका के लिए पर्याप्त नहीं है और आदतन वे अपराध की गतिविधियों से अपना भरण-पोषण करते हैं। इसके साथ ही यह विश्वास करने के भी कारण हैं कि यह जनजाति सदा से आपराधिक कृत्यों की अभ्यस्त नहीं थी। श्री थॉमस का अनुसन्धान प्रदर्शित करता है कि बदलती परिस्थितियों में उन्हें अनाज और दूसरी वस्तुओं का लाना-ले-जाना छोड़ना पड़ा, जिससे वह बेईमानी के आचरण की ओर मुड़ गए। इसी कारण से गवर्नर को पूरी-पूरी आशा है कि यदि उन्हें उपार्जन के साधन मिल सकें, तो वे थोड़े ही समय में अपना आपराधिक स्वभाव छोड़ देंगे।

3. भारत सरकार को पूर्व में ही सूचित किया जा चुका है (पत्र संख्या 2001 दिनांक 3 दिसम्बर 1912) कि गुंटूर जिले के सीतानगरम में साल्वेशन आर्मी ने अपराधी जनजातियों के लिए एक औद्योगिक बस्ती बनाई है। ऐसी ही एक बस्ती हाल ही में शासन के सहयोग से नेल्लोर जिले के कावाली में अमेरिकी बॅपटिस्ट मिशन द्वारा बनाई गई है (विस्तार से सामान्य आदेश क्र. 784, न्यायिक, दिनांक 25 अप्रैल 1913, अनुबन्धन 3)। इन दो बस्तियों में अपराधी जनजाति कानून की धारा 10 बी. के अन्तर्गत अधिसूचित किए गए सात गिरोहों में से छह को बसाने और उन्हें काम देने का विचार है। सातवें गिरोह की सदस्य संख्या का आकलन अभी ठीक से नहीं हो पाया है, यद्यपि उसे काफी माना जाता है। उन्हें इन बस्तियों में हाल-फिलहाल रखना कठिन है। फिर भी आशा की जाती है कि जल्दी ही उनके स्थायी पुनर्वास की सन्तोषजनक व्यवस्थाएँ कर ली जाएँगी।

4. मैंने जो परिस्थितियाँ आपके सामने प्रस्तुत की हैं, में आपसे निवेदन करता हूँ कि कृपा करके भारत सरकार से अपराधी जनजाति कानून की धारा 12 के अन्तर्गत अधिसूचना के प्रकाशन (अनुबन्धन 4) की अनुमति प्राप्त करें, जिससे यहाँ नामांकित

गिरोहों को खोली गई बस्तियों में रखा जा सके और वहाँ उनकी देखभाल और भरण-पोषण हो सके।

यह मेरे लिए सम्मानजनक होगा,
महोदय
आपका अत्यन्त आज्ञाकारी सेवक
ए.जी. कारड्यू
कार्यवाहक मुख्य सचिव

अनुबन्धन 1

अधिसूचना

क्योंकि यह विश्वास करने के कारण हैं कि नीचे वर्णित डोंगा येरुकला के गिरोह व्यवस्थित तरीके से गैर जमानती अपराध करने के आदी हैं, गवर्नर इन काउंसिल, उन्हें अपराधी जनजाति कानून 1911 (1911 का 3) की धारा 3 के द्वारा प्रदत्त शक्तियों का प्रयोग करते हुए यह घोषणा करते हैं कि इनमें से प्रत्येक कथित गिरोह कथित कानून के लिए एक अपराधी जनजाति है :

1. मनुपति चिपीगाडू और मनुपति कासीगाडू के नेतृत्व वाला गिरोह जिसकी गतिविधियाँ मुख्य रूप से गोदावरी जिले में हैं।
2. बाचू गुरुवाडू के नेतृत्व वाला गिरोह जिसकी गतिविधियाँ मुख्य रूप से नेल्लोर जिले में सीमित हैं और नाम के लिए जिसका मुख्य ठिकाना कोथावंगालू गाँव, तालुका कोबूर जिला नेल्लोर में है।
3. कवेती कोटाडू के नेतृत्व वाला गिरोह जिसकी गतिविधियाँ मुख्य रूप से गुंटूर जिले तक सीमित हैं।
4. करेडुला नरसिगाडू के नेतृत्व वाला गिरोह जिसकी गतिविधियाँ मुख्यत: गुंटूर जिले में हैं।
5. बन्दे गुरुवाडू का गिरोह जो मुख्य रूप से गुंटूर जिले में सक्रिय है।
6. अबुला पेड्डा सुब्बाडू के नेतृत्व वाला गिरोह जिसकी गतिविधियाँ मुख्य रूप से नेल्लोर जिले में हैं और जिसका मुख्य ठिकाना जिले के ओवक और लक्काडिन्ने में नाममात्र के लिए है।
7. किलागोंटा अबुलू सुब्बाडू का गिरोह जो कुरनूल जिले में सक्रिय है और जिसकी गतिविधियाँ कुरनूल जिले तक सीमित हैं और नाम मात्र के लिए उसका मुख्यालय जिले के ओवक और लक्काडिन्ने में है।

कथित कानून की धारा 10 बी. के अन्तर्गत गवर्नर इन काउंसिल प्रसन्नतापूर्वक यह निर्देश देते हैं कि कथित अपराधी जनजाति का प्रत्येक पंजीकृत सदस्य निर्धारित

रूप से अपने निवास की जानकारी, उसमें कोई परिवर्तन अथवा सम्भावित परिवर्तन, वहाँ से किसी अनुपस्थिति या सम्भावित अनुपस्थिति की सूचना देगा।

अनुबन्धन 2

डोंगा येरुकलाओं सम्बन्धी स्मरण पत्र, जिसे 0उपमहानिरीक्षक पुलिस, रेलवे और अपराध अन्वेषण, मि.पी.बी. थॉमस ने तैयार किया।

जनजाति का नाम

1. विशाल जनजाति कोरबार की तेलुगु शाखा को येरुकला कहा जाता है। इस जनजाति के विषय में विस्तृत जानकारी पौपा राव नायडू की पुस्तक 'हिस्ट्री ऑफ़ कोरबाज़' और एडगर थर्स्टन की 'कास्ट्स एंड ट्राइब्स ऑफ़ सदर्न इंडिया' खंड 3 में मिलती है। जनजाति अब अनेक उपजातियों में विभाजित हो गई है, जिनमें से कुछ अपराधी हैं और कुछ अपराधी नहीं हैं। वे अलग-अलग बोलियाँ बोलते हैं और उनके रीति-रिवाज अलग-अलग हैं। इस प्रतिवेदन में उल्लिखित जनजाति का भाग इतना पृथक है कि उसे एक अलग ही जनजाति या कबीला माना जा सकता है। इसके सदस्य मद्रास के पूर्व तट के तेलुगु क्षेत्रों में 'डोंगा येराकला' या 'चोर येराकला' के नाम से पहचाने जाते हैं।

जनजाति का विकास

2. जैसे-जैसे समय बीतता है कोरबारों के विभिन्न विभाग उभर कर सामने आए हैं। इन भागों की अपनी बस्तियाँ, गाँव इत्यादि हैं। अन्य अनाज आदि को ढोने वाले हैं। 'डोंगा येरुकला' हमेशा से ही घुमक्कड़ रहे हैं और मूलत: अनाज ढोने वाले थे जो अपनी बैलगाड़ियों में अनाज आदि लाते-ले-जाते थे। कुछ आज भी यही करते हैं। रेल सेवाओं के विस्तार, जनसंख्या वृद्धि और अन्य कारणों से इनकी जीविका उपार्जन का यह साधन छिन गया। उनके साथ अन्य घुमन्तू जनजातियों के साथ भी ऐसा ही हुआ। जैसा कि यूरोप में हुआ है, भारत में भी किसी जिप्सी जाति के लिए घुमक्कड़ी में ईमानदारी से जीवन-यापन कर पाना कठिन होता जा रहा है और एक ऐसा समय आएगा जब वे विलुप्त होने पर विवश हो जाएँगी। अभी भी यह कहा जा सकता है कि मद्रास प्रेसीडेंसी में कुछ धार्मिक भिक्षाटन करने वाले समुदायों को छोड़कर सभी घुमन्तू कबीले और जनजातियाँ अपराधी हैं, क्योंकि वे ईमानदारी से अपनी जीविका कमा नहीं पाईं।

येरुकला विविध स्थानों पर बस गए हैं और जनजाति के बसे हुए सदस्य अनिवार्य रूप से अपराधी नहीं हैं। 'डोंगा येरुकला' स्वयं कभी स्थिर नहीं हो पाए और इस नाम के अन्तर्गत येरुकला कहलाने वाले उन सभी घुमन्तू येरुकलाओं को शामिल किया जा सकता है जो नेल्लोर, गुंटूर, कुरनूल, कृष्णा, गोदावरी और विशाखापटनम जिलों में पाए जाते हैं। कोरबार जनजाति का यह इतना सुस्पष्ट विभाजन है कि उसकी चर्चा अलग से की जा सकती है। यदि एक पृथक 'जनजाति' उन्हें मानने में कोई आपत्ति है तो उन्हें एक अलग 'गिरोह' तो कहा ही जा सकता है।

जनजाति की संख्या और वितरण

3. 'डोंगा येरुकलाओं' के 411 वयस्क पुरुषों के अपराधी होने की जानकारी पुलिस के पास है, इन्हें या तो सजाएँ हो चुकी हैं अथवा वे संदिग्ध मुजरिम हैं, जिनकी अँगुलियों की छाप इत्यादि पुलिस के पास है। वे नेल्लोर, कुरनूल, गुंटूर, कृष्णा, गोदावरी और हैदराबाद में घूमते रहते हैं। वे सात गिरोहों में विभाजित हैं, जिन्हें अपराध अन्वेषण विभाग में गिरोह 4, 5, 6, 8, 9, 10 और 13 का नाम दिया गया है। देश के इस हिस्से में डोंगा येरुकला जनजाति अथवा गिरोह के वयस्क पुरुषों की कुल संख्या, यदि वे सभी मिल चुके हैं और पहचान लिए गए हैं, तो मोटे तौर पर 800 से लेकर 1,000 तक हो सकती है। इनमें से अधिकांश अपराधी प्रवृत्ति के हैं ओर जीवन-यापन के पर्याप्त साधन न होने के कारण सम्भावित अपराधी हैं। उन 411 लोगों में से, जिनकी अँगुलियों की छाप पुलिस के पास है, 172 सदस्यों को गैर जमानती अपराधों में सजा मिल चुकी है। उनमें से किसी के पास भी निवास की स्थायी जगह नहीं है और कई लगातार लापता होकर छुपे हुए हैं। वर्तमान में 10 लापता हैं और 96 विभिन्न कारागृहों में। गिरोह छोटे-छोटे समूह बनाकर घूमते हैं और टोकरी बनाकर, जंगलों से इकट्ठी की गई खाना बनाने में प्रयुक्त करियापाक पत्तियाँ बेचकर, भीख माँगकर और नमक तथा अनाज ढोकर अपनी जीविका चलाने का दिखावा करते हैं। इनमें से कोई भी पेशा केवल दिखावा भर है और गिरोह के जीवन-यापन का आधार वास्तव में अपराध ही है।

जनजाति की सजातीयता

4. डोंगा येरुकलाओं की सजातीयता को लेकर कोई सन्देह नहीं है। वे वास्तविक येरुकला है जो चार येरुकला प्रजाति अथवा गोत्रों से निकले हैं, ये हैं सतुपति, मेनापति, कावेरी और मेंड्रागुट्टी (विस्तार से देखें पौपा राव का हिस्ट्री ऑफ़ कोरबार पृ. 2 और थर्स्टन की कास्ट्स एंड ट्राइब्स ऑफ़ सदर्न इंडिया, खंड 3, पृ. 451)। इस नृवंशवर्णन के अतिरिक्त, डोंगा येरुकलाओं की प्रजाति अथवा गिरोहों की सजातीयता

उनके अपराधवृत्त से भी सिद्ध की जा सकती है। अपराध अन्वेषण विभाग ने ऊपर जिन समूहों को गिरोह का नाम दिया है, उन्हें अपराध के लिए मिली सजाओं में हमें आपराधिक कृत्यों में साझेदारी और रक्तसम्बन्ध देखने को मिलते हैं और यह तथ्य भी सामने आता है कि वे प्राय: देश के एक ही भाग में अपराध करते हैं।

वक्तव्य 'ए' संलग्न है, जो अपराध अन्वेषण विभाग के विभिन्न गिरोहों के सदस्यों के बीच संयुक्त सजाओं को प्रदर्शित करता है।

विभिन्न गिरोहों के सदस्यों के बीच सम्बन्धों की पूरी तरह से पड़ताल नहीं की गई है लेकिन सदस्यों ने स्वयं ऐसे सम्बन्धों को स्वतंत्रतापूर्वक स्वीकार किया है और इस आधार पर यह सिद्ध हो जाता है कि गिरोह 4, 6, 8 और 9 के सदस्यों के बीच रक्त और विवाह के सम्बन्ध हैं। गिरोह 5, 10 और 9 के सदस्य भी एक-दूसरे के सम्बन्धी बताए जाते हैं और इन दो बड़े समूहों को एक साथ मिलने वाली सजा से पता चलता है कि वह एक साथ अपराध भी करते हैं। शायद उनके बीच विवाह अथवा रक्त के सम्बन्ध भी हैं।

जनजाति के विभिन्न भाग (अपराध अन्वेषण विभाग के गिरोह 4, 5, 6, 8, 9, 10 और 13) वर्तमान में इन जिलों में घूमते रहते हैं :

संख्या V और X नेल्लोर और बेराली
संख्या IV गोदावरी
संख्या VI, VIII और IX गुंटूर
संख्या XIII कुरनूल।

साझा कार्रवाई के कुछ उदाहरण

(क) गिरोह संख्या VI के 27, गिरोह संख्या VIII के 39 और गिरोह IX के 44 के सदस्यों को नेल्लोर के नकबजनी के एक 1896 में हुए अपराध में एक साथ सजा दी गईं। यही तीनों गिरोह नेल्लोर में सन् 1898 में भी एक साथ दंडित हुए।

(ख) गिरोह-IV के क्र. 4 और 7 को गुंटूर सत्र न्यायालय द्वारा सन् 1909 में गिरोह VI के सदस्यों क्र. 14, 15, 16, 17, 18, 19, 20, 21, 23, 24, 30, 32, 38 और 39 के साथ संयुक्त रूप से सजा सुनाई गई।

(ग) दंड प्रक्रिया संहिता के सुरक्षा प्रावधानों के अन्तर्गत गिरोह संख्या IV के सदस्य क्र. 1, 6, 9 और 18 को कृष्णा में सन् 1912 में गिरोह VI के सदस्य क्र. 5, 9, 13, 37, 41, 43 और 44 के साथ संयुक्त रूप से जमानत मिली।

जनजाति की आपराधिकता

5. अपराधी जनजाति कानून की धारा के अन्तर्गत जनजाति को अधिसूचित करने के लिए केवल यह प्रमाणित करने की आवश्यकता है कि ये व्यवस्थित रूप से गैरजमानती अपराध करने की अभ्यस्त हैं। इसका प्रमाण वक्तव्य 'बी' में दिया गया है, जो उन व्यक्तियों की संख्या प्रदर्शित करता है जिन्हें सुरक्षा प्रावधानों के अन्तर्गत आपराधिक मामलों में या तो सजा अथवा जमानत मिली है। यह सभी सजाएँ सन् 1892 में और अधिकांश सन् 1897 में सुनाई गईं। वर्ष सन् 1895 से पहले आरोपों को स्थापित करना कठिन था क्योंकि उस साल तक अँगुलियों का छाप लेने की पद्धति नहीं आई थी। वक्तव्य में केवल वही सजाएँ शामिल की गई हैं जो सन्तोषजनक प्रमाणों द्वारा समर्थित हैं और अँगुलियों की छाप से जहाँ व्यक्तियों की पहचान सुनिश्चित की जा चुकी है।

वक्तव्य से यह देखा जा सकता है कि पुलिस को ज्ञात 411 पुरुष सदस्यों में से 172 को आपराधिक मामलों में सजाएँ मिलीं, उनके अपराध जमानत के योग्य नहीं थे लेकिन शेष रहे 239 व्यक्तियों में से 115 को सुरक्षा प्रावधानों में जमानत मिली, शेष 124 पुरुष ऐसे थे जो जेलों से बाहर थे। जमानत पाने वाले व्यक्तियों में ऐसा कोई नहीं था जिसे भविष्य में अच्छे व्यवहार के लिए छूट मिल पाई हो।

अपराध के लिए सजा पाने वाले व्यक्तियों में कई ऐसे थे जिन पर सुरक्षात्मक प्रतिबन्ध लगाए गए हों, और इनकी कुल संख्या 210 है, अर्थात जनजाति की आधे से अधिक संख्या।

जनजाति की स्त्रियाँ और बच्चे

6. स्त्रियाँ और बच्चे सक्रिय अपराधी नहीं हैं। वे कुछ मवेशियों और तम्बुओं के साथ घूमते हैं और उनके साथ ऐसे पुरुष होते हैं जो बदमाश नहीं हैं। वे अपने पुरुषों के लिए जानकारी इकट्ठा करती हैं और जरूरत पड़ने पर चुराई गई सम्पत्ति को छुपाती हैं लेकिन वे व्यवस्थित रूप से अपराधी नहीं हैं और बच्चों को अपराध की शिक्षा नहीं देतीं। यह तथ्य बताता है कि इस प्रजाति के लोग परिस्थितियों के दबाव में अपराध में प्रवृत्त हुए हैं। यह अपेक्षाकृत हाल के वर्षों में हुआ है और उनके जीवन की परिस्थितयाँ बदली हैं, अभी भी उनके सुधार की अच्छी सम्भावनाएँ हैं। फिर भी जीवन की परिस्थितियाँ तेजी से कठिन होती जा रही हैं और स्त्रियों के चरित्र में गिरावट आ रही है। यह इस तथ्य से स्पष्ट होता है कि सन् 1910 में गिरोह संख्या 9 की 37 महिलाएँ गुंटूर के सहायक दंडाधिकारी द्वारा निरुद्ध की गईं और यदि जनजाति को अपराधमुक्त करने की दिशा में विशेष उपाय नहीं किए जाते तो केम्पारी, डोंगा दासारी और जनजातियों की

महिलाओं की तरह सक्रिय अपराधी बन जाएँगी, जो येरुकलाओं की तुलना में लम्बे समय से अपराधों में लिप्त रही हैं।

अभी तक स्त्रियों और बच्चों में से किसी को अपराध के लिए सजा नहीं मिली है और कोई भी बच्चा सुधारगृह नहीं भेजा गया।

जनजाति के अपराध—गमनागमन वर्जित करने का औचित्य

7. एक विशिष्ट क्षेत्र में जनजाति के आवागमन को अपराधी जनजाति कानून की धारा 11 (1) (ए) क अन्तर्गत वर्जित करने के लिए यह प्रमाणित करना आवश्यक है कि—

1. जिन अपराधों में जनजाति की लिप्तता का विश्वास है, उनकी प्रकृति और परिस्थितियाँ तथा इस विश्वास के कारण।
2. क्या जनजाति कोई वैध व्यवसाय करती है और वह व्यवसाय उसका वास्तविक व्यवसाय है अथवा अपने अपराधों की सुविधा के लिए यह एक दिखावा है।[13]

पहले बिन्दु के सन्दर्भ में वक्तव्य 'सी' में जनजाति के सदस्यों को दिए गए दंड की संख्या सन् 1887 के बाद से उद्धृत की गई है। इस वक्तव्य से ज्ञात होता है कि डोंगा दोसारी जैसी अन्य अपराधी जनजातियों की तुलना में इस जाति को मामूली चोरी जैसे कम गम्भीर अपराधों का दंड मिला है। इसके पुरुष जेब नहीं काटते और अन्य अधिकांश अपराधी जनजातियों की भाँति मेलों, उत्सवों, कस्बों और रेलवे स्टेशनों पर नहीं जाते। वे ऐसे अपराधों के अधिक अभ्यस्त हैं जिनमें खुली हिंसा होती है, जैसे डकैती, लूटमार जिनमें किसी कौशल या प्रशिक्षण की आवश्यकता नहीं है, यद्यपि इस जनजाति के कुछ लोग कुशल सेंधमार हैं। सड़कों पर लूटमार ओर डकैती के लिए वे बहुत कुख्यात हैं और जहाँ भी वे घूम रहे हों उनके पड़ाव के आसपास की सड़कें अत्यन्त खतरनाक हो जाती हैं। वर्तमान में नेल्लोर जिले के विभिन्न भागों में सड़कें इतनी खतरनाक हो गई हैं कि जिला दंडाधिकारी ने यात्रियों को हथियारों के लिए विशेष लाइसेन्स जारी किए हैं ताकि वे अपनी सुरक्षा स्वयं कर सकें। इस जनजाति द्वारा किए जाने वाले अपराध अति नाटकीय होते हैं या फिर हिंसा इतनी उग्र होती है कि इन्हें दबाने के लिए दमनात्मक उपाय अपरिहार्य हो गए हैं।

उनके शमन का औचित्य इस तथ्य से प्रमाणित होता है कि उनके सत्रह लोग धारा 400 और 402 के अन्तर्गत डकैतों के गिरोह के रूप में अपराधी पाए गए, और ऐसे 21 व्यक्ति हैं जिन पर इसी धारा के अन्तर्गत गुंटूर में मुकदमा चल रहा है।

जनजाति की उपद्रवी प्रकृति को प्रदर्शित करने के लिए और भी कुछ तथ्य हमारे सामने हैं। दुर्भाग्य से उनके कानूनी प्रमाण नहीं हैं लेकिन वे सन्देह से परे हैं। सन् 1899 में गाँव के एक तलाईयारी की गुंटूर के चिल्लामकूर में हत्या कर

दी गई थी। वह जनजाति के अपराधियों के सम्बन्ध में नियमित रूप से पुलिस को सूचनाएँ देता था। सन् 1909-10 में गुंटूर जिले के कोंडापरोल निवासी वीरपणिगाडू की इसीलिए जघन्य हत्या कर दी गई थी। वह येरुकलाओं से सम्बन्धित जानकारी लगातार पुलिस को उपलब्ध करवाता था। ये दोनों ही प्रकरण अन्वेषणकर्ता अधिकारी द्वारा केस डायरी में लिखे गए थे और यह शंका जताई थी कि ये हत्याएँ येरुकलाओं ने की थीं।

सन् 1910 में गुंटूर जिले के नन्दीगड्डा के बंडाला सीतारामैय्या ने बंडे गुरुवाडु (गिरोह क्र. IV का नायक और मुखिया) और गिरोह क्र. IX के 21 अन्य सदस्यों के विरुद्ध गवाही दी थी, जिन पर भारतीय दंड संहिता की धारा 400-401 के अन्तर्गत मुकदमा चल रहा था। सात या दस दिन बाद उसकी हत्या कर दी गई और यह माना गया कि गिरोह ने ही उसकी हत्या की है। गिरोह संख्या VI और IX इस बात के लिए कुख्यात हैं कि वे डकैती डालते समय महिलाओं से बलात्कार भी करते हैं। यह चलन कुछ अत्यन्त निकृष्ट गिरोहों के कुछ लोगों में ही प्रचलित है और इसका प्रयोग इसलिए किया जाता है कि लोग डकैतों की जानकारी देने से डरें।

इस और अन्य कारणों से बहुत सारी डकैतियाँ ऐसे होती हैं जिनके विषय में पुलिस को पता नहीं चल पाता। तटवर्ती जिलों में शायद दस या पन्द्रह डकैतियों में से किसी एक की सूचना पुलिस तक पहुँच पाती है। आंशिक रूप से भय इसका कारण है लेकिन इसके साथ यह कारण भी है कि कुछ स्थानों पर डकैती को यात्रा की एक जानी-पहचानी घटना और एक सम्भावित खतरे के तौर पर देखा जाता है और इसके शिकार होने वाले लोग या तो शिकायत दर्ज कराने में कोई लाभ नहीं समझते और मानते हैं कि इससे उन्हें ही देरी और असुविधा का सामना करना पड़ेगा। सड़कों पर की जाने वाली लूटमार के लिए भी यही सच है।

जनजाति के लिए रोजगार की कमी—गमनागमन वर्जित करने का औचित्य

8. सामान्यत: जनजाति के पास जीविकोपार्जन का कोई व्यावहारिक साधन नहीं है। सम्भागीय अथवा अपराध अन्वेषण विभाग के गिरोहों को विस्तार से देखें—

1. गिरोह सं. IV की दो वर्ष पहले हुई जनगणना में उसके साथ 51 गधे और 6 बन्दर थे। गधों का इस्तेमाल गिरोह के तम्बुओं को लादने के लिए होता था और बन्दर भीख माँगने के दौरान तमाशा दिखाने में उनकी सहायता करते थे। गिरोह के सदस्य अपने आपको 'बिदारी' येरुकला की एक शाखा बताते हैं, जिसका अर्थ है 'सामान ढोने वाले'। शायद कभी उनके पास सामान ढोने के लिए बैल रहे हों। इस गिरोह में 53 पुरुष हैं।

2. गिरोह सं. VI के पास 71 गधे हैं। वे 'बिदारी' येरुकला हैं और गिरोह सं. IV के रिश्तेदार हैं। गिरोह में 48 पुरुष हैं।
3. गिरोह संख्या VIII के पास 633 मवेशी और 192 गधे थे जो गिरोह के 51 सदस्यों के बीच विभाजित थे। यह 'बिदारी' युरुकला थे और गिरोह संख्या IV और VI से उनकी रिश्तेदारियाँ थीं। इन 51 सदस्यों में से 23 को सुरक्षा कारणों से जमानत मिली हुई है (उनमें से तीन को दो बार) और जमानत न दे पाने से उन्हें जेल जाना पड़ा। यह इस बात का प्रमाण है कि उनके पास जो मवेशी थे उनका ईमानदारी से उपयोग नहीं किया गया अथवा वे उनके लिए नाकाफी थे। पशुओं को चुराने में गिरोह को महारत हासिल है। इसके लिए मवेशियों को इकट्ठा रखा जाता है। उनमें से अधिकांश चोरी के हैं और उनसे 'बिदारी' का काम नहीं लिया जाता। इन 51 लोगों में से 7 को आपराधिक सजाएँ हुईं। इन सजायाफ्ताओं में से तीन जमानत पर हैं। गिरोह में 86 पुरुष हैं।
4. गिरोह संख्या IX के पास चार गधे और दस सुअर हैं। वे बिदारी येरुकला थे और गिरोह संख्या IV, VI और VIII से सम्बन्धित हैं। गिरोह में 68 सदस्य हैं।
5. गिरोह संख्या X : जनगणना के समय पर उनके पास नेल्लोर जिले के वेमूलापाद में चौदह एकड़ दलदली जमीन और छह एकड़ सूखी जमीन थी। उनके 64 मवेशी, 160 बकरियाँ, 12 भैंसें, 2 सुअर और 77 गधे भी थे। वे 'बिदारी' येरुकला हैं किन्तु बिदारियों का काम नहीं करते। गिरोह में 61 पुरुष हैं। गधों को छोड़कर समूची जमीनों और मवेशियों पर बीस लोगों का स्वामित्व है, जिनमें से 11 अपराधों में सजायाफ़्ता हैं। इन सजाओं में से तीन डकैती के लिए (एक व्यक्ति दो बार दंडित हुआ), तीन राहजनी के लिए और पाँच चोरी के लिए दी गई थीं। इन्हीं बीस अपराधियों में से सात को सुरक्षा कारणों से जमानत दी गई लेकिन वे जमानत-राशि दे नहीं पाए। जब्त की गई जमीनों को स्थानीय लोगों को बेचा गया और उनके पट्टे कई लोगों के नाम हैं। इसका स्वामित्व केवल शान के लिए है और जमीन और मवेशियों से दस व्यक्तियों का गुजारा नहीं हो पाता। जमीन पर दो अस्थायी झोंपड़ियाँ हैं और गिरोह शेष आदिवासियों की भाँति घुमक्कड़ जीवन व्यतीत करता है।

वक्तव्य 'डी' संलग्न किया गया है जिससे पता चलता है कि जमीन पर कुछ लोग नाम मात्र के लिए निर्भर हैं और यह अपने-आप में स्थिति को स्पष्ट करता है। यह गिरोह संख्या IV और XIII के गिरोहों से सम्बन्धित है।

6. गिरोह संख्या V के पास नेल्लोर के कोव्यूर तालुके में, वेमुलापाद से लगभग बीस मील दूर (गिरोह संख्या X) साढ़े आठ एकड़ दलदली जमीन, चार गायें, 116 बकरियाँ और 84 गधे हैं। गिरोह में 48 पुरुष हैं, इनमें से उन्नीस को डकैती, राहजनी, सेंधमारी और चोरी के मामलों में सजा हो चुकी है और चौदह अपराधी मामलों में जमानतयाफ्ता हैं। जमीन पर एक ही झोंपड़ी है और गधों के अलावा सारी जमीन और पशुओं के स्वामी सात लोग हैं। ये सात लोग गिरोह का नेतृत्व करते हैं और कहीं आते-जाते नहीं, उनमें से तीन को सजा मिल चुकी है, दो को लूटमार के लिए और एक को नकबजनी के लिए। बाकी बचा गिरोह घुमन्तू है और उसके पास आय का कोई साधन नहीं है। गिरोह संख्या X के सम्बन्ध में यही बात भूमि को लेकर है और वक्तव्य 'ई' में स्वामित्व का विवरण दिया गया है। यह गिरोह V और XIII के गिरोहों का रिश्तेदार है।
7. गिरोह संख्या XIII के पास 47 मवेशी, 68 बकरियाँ और कुरनूल में 6 एकड़ शुष्क भूमि है। गिरोहों में पुरुषों की संख्या 47 है और इनमें से 16 सजायाफ़्ता तथा 26 सुरक्षा कारणों से जमानती हैं। मवेशी और बकरियाँ आठ लोगों के स्वामित्व में हैं जिनमें से तीन को आपराधिक मामलों में सजाएँ मिल चुकी हैं और वे जमानत पर हैं। गिरोह पूरी तरह घुमन्तू है और इसकी नाते-रिश्तेदारियाँ पाँचवें और दसवें गिरोह में हैं।

आवागमन वर्जित करने के लिए प्रस्तावित क्षेत्र

अपराध अन्वेषण विभाग के गिरोह संख्या IV के पास कभी भी रहने का ठिकाना नहीं रहा। यह गोदावरी, कृष्णा और गंजम जिलों में भटकता रहता है।

गिरोह संख्या V का घर नाममात्र के लिए नेल्लोर (कोव्यूर) में है। इसके पास थोड़ी-सी जमीन भी है।

गिरोह संख्या VI प्राय: गुंटूर जिले (ओंगोले) में रहता है। इसके पास कोई जमीन नहीं है।

गिरोह संख्या VIII प्राय: गुंटूर जिले (बापट्ला) में रहता है। इसके पास जमीन नहीं है।

गिरोह संख्या IX प्राय: गुंटूर जिले (बिनूकोंडा) में रहता है। इसके पास थोड़ी-सी भी जमीन नहीं है।

गिरोह संख्या X का नाममात्र का घर और कुछ जमीन नेल्लोर (वेपुलापाद) में है।

गिरोह संख्या XIII प्राय: कुरनूल में रहता है लेकिन इसके पास जमीन नहीं है।

साल्वेशन आर्मी बेजावाडा के पास सीतानगरम में एक बस्ती स्थापित कर रही है। बंडे गुरुवाडू के रिश्तेदारों सहित कोई 25 येरुकला वहाँ बसने के लिए तैयार हो गए हैं और यह बस्ती कृषि आधारित होगी और गिरोह संख्या IV, V, VIII और IX के लिए सुविधाजनक होगी, जिनका आवागमन निकटवर्ती क्षेत्रों में बना रहता है। येरुकला जनजाति ने तुलनात्मक रूप से अपराध की वृत्ति को अपेक्षाकृत बाद में अपनाया है और इसलिए यह सलाह दी जाती है कि कठोर कदम न उठाते हुए, जहाँ तक सम्भव हो, उन्हें छोटी बस्तियों में बसाया जाए जहाँ जनजाति की अपनी भूमि हो। गिरोह संख्या V और X, दोनों के पास अपनी भूमि है, जो नेल्लोर के कावाली से ज्यादा दूर नहीं है। यहाँ एक अमेरिकी मिशन ने पहले से ही कुछ येरुकलाओं को बसाने के प्रयत्न कर रखा है और उसे कुछ सफलता भी मिली है। वहाँ बस्ती बसाना लाभदायक हो सकता है। गिरोह संख्या V का एक भाग पहले से ही कालीचेदू की अभ्रक खदानों में काम कर रहा है। ये खदानें एक जर्मन संस्थान द्वारा संचालित हैं और वहाँ डोंगा दासारियों के लिए एक सम्भावनाशील बस्ती है। संस्थान का प्रबन्धक उनके पुनर्वास में व्यक्तिगत रूप से रुचि लेता है। इनको इसमें कोई आपत्ति नहीं है कि येरुकलाओं को अन्यत्र ले जाया जाए या उन्हें कावाली पहुँचाया जा सकता है।

उपरोक्त सुझाव से मुक्ति-सेना की सीतानगरम बस्ती में रहवासियों की ज्ञात पंजीकृत येरुकला संख्या 255 हो जाएगी और भविष्य में 500 अतिरिक्त लोग वहाँ लाए जा सकेंगे और कावाली बस्ती में 100 ज्ञात पंजीकृत पुरुष मिल जाएँगे और 200 की सम्भाव्यता बनी रहेगी।

गिरोह संख्या XIII इन दोनों स्थानों से दूरी पर रहता है। इस जनजाति की एक छोटी-सी शाखा बेल्लारी में है जहाँ पहले से ही येरुकलाओं की रुद्रपाद में एक शासकीय बस्ती है। सुझाव है कि यदि मुक्ति-सेना यहाँ काम करने और बस्ती का विस्तार करने के लिए तैयार हो तो यह उसे सौंप दी जानी चाहिए। गिरोह का गमनागमन सीमित करने के लिए यह एक उचित उपाय होगा।

वक्तव्य 'ए'

अपराध अन्वेषण विभाग की गिरोह संख्या IV, V, VI, VIII, IX, X और XIII के येरुकलाओं की अपराधों में भागीदारी

साथ में दंडित सदस्यों की क्रम संख्या							*सजाओं का विवरण*
IV	V	VI	VIII	IX	X	XIII	
–	–	11	–	43-48	–	–	धारा 457, 380 और 392। सब डिवीजनल मजिस्ट्रेट, नेल्लोर। सी.सी. नम्बर 51 और 52, दिनांक 17.12.1896।
–	–	27	39	44	–	–	धारा 457 और 380। आई.पी.सी. सेकेंड क्लास मजिस्ट्रेट, कांडूकुर। सी.सी. नम्बर 784 और 756, दिनांक 19.12.1896।
26	–	–	–	56	–	–	धारा 109, 110 सी.सी.पी., डिप्टी मजिस्ट्रेट, नेल्लोर, मिसलेनियस क्र. 1, दिनांक 22 जनवरी, 1897।
–	–	26	56	–	23 और 57	–	धारा 379, आई.पी.सी. सेकेंड क्लास मजिस्ट्रेट अडांकी, सी.सी क्र. 205-206, दिनांक 5 अक्टूबर, 1898 और नं. 207, दिनांक 26 सितम्बर, 1898।
–	–	27	39	44	–	–	धारा 379 आई.पी.सी. सेकेंड क्लास मजिस्ट्रेट अडांकी सी.सी. नं. 295, 296 दिनांक 5 अक्टूबर, 1998 और नं. 207 दिनांक 26 सितम्बर, 1896।
4	1 और 20	–	–	–	–	–	धारा 457 और 280, स्टेशनरी सब मजिस्ट्रेट ओंगोले, सी.सी. नं. 206 से 231। दिनांक 27 सितम्बर, 1898।
24	–	–	–	45	–	–	धारा 395, सेशन जज कृष्णा, सी.सी. नं. 31 दिनांक 6 अक्टूबर, 1898।
–	–	25	–	88, 91 और 109	–	–	धारा 109-110 सी.सी.पी. हैडक्वार्टर्स डिप्टी मजिस्ट्रेट, नरसराओपेट, मिसलेसियस क्र. 5 दिनांक 16 मई, 1899।

–	–	–	28	–	50	–	धारा 457 और 380, स्टेशनरी सब मजिस्ट्रेट, एलूर, सी.सी. नं. 609, दिनांक 5 सितम्बर, 1900।
–	4	13	–	–	–	–	
–	–	38	–	2 और 14	–	–	धारा 379, सेकेंड क्लास मजिस्ट्रेट, एलूर, सी.सी. नं. 135 दिनांक 12 जून 1900। धारा 109, 110, सी.सी.पी. डिप्टी मजिस्ट्रेट मर्कापुर, मिस. नं. 17 दिनांक 18 जनवरी 1903। धारा 109-110 सी.सी.पी. ज्वाइंट मजिस्ट्रेट ओंगोले मिस नंबर 13 दिनांक 27 जुलाई, 1905।
–	20	–	–	–	24, 51 57, 61 और 62	–	धारा 395, आई.पी.सी. सेशंस जज, कुरनूल, सी.सी. नंबर 9, दिनांक 6 मार्च, 1906।
–	–	18	25	–	–	–	धारा 109, 110 सी.सी.पी. डिप्टी मजिस्ट्रेट, नरसाराओपेट, मिस. 25 और 28 दिनांक 4 दिसम्बर 1906।
–	43	–	–	–	9 और 50	–	धारा 109, 110 सी.सी.पी. डिप्टी मजिस्ट्रेट, आत्मकाकुर, मिस. नं. 19, दिनांक 21 जनवरी, 1907।
–	–	45	–	–	52	–	धारा 392 आई.पी.सी. ज्वाइंट मजिस्ट्रेट, ओंगोले सी.सी. नं. 5 दिनांक 22 मार्च, 1907।
41	–	15	–	49	–	–	धारा 109 110 सी.सी.पी. डिप्टी मजिस्ट्रेट, नरसाराओपेट, मिस. नं. 10 दिनांक 25 अप्रैल, 1907।
–	–	30	–	–	–	2,8, 9 और 26	धारा 109, 110 सी.सी.पी., डिप्टी मजिस्ट्रेट, कुरनूल मिस. नं. 8, 12, 15 दिनांक 24 जुलाई, 1906।
24 और 25	–	–	–	70	–	–	धारा 395, आई.पी.सी. सीनियर जज, गुंटूर, सी.सी. नं. 16, दिनांक 26 जुलाई, 1907।
–	–	40	–	–	79 और 79	–	धारा 109, 110 सी.सी.पी. हैड क्वार्टर्स डिप्टी मजिस्ट्रेट गुंटूर, मिस नं. 14 दिनांक 26 जून, 1909।

53	–	21	–	–	–	–	धारा 109, 110 सी.सी.पी. डिप्टी मजिस्ट्रेट पेदापू, मिस. नं. 33, 34, दिनांक 26 अक्टूबर, 1909।
4	–	14,15 16,17, 18,19, 20,21, 23,24, 30,31, 33,38 और 39	–	–	–	–	धारा 400 और 402, आई.पी.सी. सेशंस जज, गुंटूर, सी.सी. नं. 14 से 27 दिनांक 29 जुलाई, 1909, नं. 24 दिनांक 30 जुलाई, 1910 और नं. 40 दिनांक 9 नवम्बर, 1911।
1,6, 9 और 18	– –	– 5,9 13,37, 41,43 और 44	–	–	–	–	धारा 109, 110, सी.सी.पी., डिप्टी मजिस्ट्रेट एलूर, मिस. नं. 16, दिनांक 10 जून 1912।

वक्तव्य 'बी'

वक्तव्य 'बी' गिरोह संख्या IV, V, VI, VIII, IX, X और XIII के उन अपराधियों की संख्या जिन्हें संज्ञेय और गैरजमानती अपराधों और सुरक्षा प्रकरणों में व्यक्तिगत दंड मिला

गिरोह संख्या IV

क्रमांक	*मूल दंड की संख्या*	*सुरक्षा प्रकरण*	*क्रमांक*	*मूल दंड की संख्या*	*सुरक्षा प्रकरण*
1	–	1	30	1	1
4	5	3	31	–	1
6	–	3	32	4	–
7	2	2	33	3	1
8	–	2	34	2	2
9	–	2	36	–	1
10	2	1	37	1	–
11	–	2	39	–	1
12	2	2	40	–	1
13	1	1	42	–	2
14	1	3	45	2	–
15	1	1	48	–	1
16	1	–	49	–	1
17	1	1	50	1	–
18	1	2	51	1	–
19	–	1	52	–	1
21	–	2	53	–	4
23	1	2	54	2	1
24	2	1	40	38	53
25	1	1			
26	–	2			
27	–	1			

गिरोह संख्या V

क्रमांक	मूल दंड की संख्या	सुरक्षा मामले	क्रमांक	मूल दंड की संख्या	सुरक्षा मामले
2	1	–	34	1	1
7	1	–	35	–	1
9	1	–	36	–	2
13	1	1	37	–	1
14	2	–	38	1	1
17	–	1	40	3	1
20	1	–	42	2	–
21	1	–	43	–	2
23	1	1	45	2	1
26	1	–	46	2	1
28	3	–	48	2	–
29	1	–	26	27	16
30	–	1			
31	–	1			
33	–	1			

गिरोह संख्या VI

क्रमांक	मूल दंड की संख्या	सुरक्षा प्रकरण	क्रमांक	मूल दंड की संख्या	सुरक्षा प्रकरण
2	1	–	34	1	1
1	2	–	28	1	1
2	–	1	29	1	1
3	1	2	30	1	–
4	–	1	31	1	1
5	1	1	32	1	–
9	–	2	33	1	–
11	3	2	34	–	1
12	2	–	35	1	1
13	–	1	36	–	1
14	1	1	37	2	2
15	2	1	38	5	1
16	4	–	39	2	–
17	2	2	40	2	1
18	2	1	41	5	1
19	1	–	43	–	1
20	3	1	44	1	1
21	2	3	45	1	1
23	1	–	46	2	–
24	1	1	47	1	–
25	–	1	41	53	36
26	1	1			
27	2	1			

गिरोह संख्या VIII

क्रमांक	मूल दंड की संख्या	सुरक्षा प्रकरण	क्रमांक	मूल दंड की संख्या	सुरक्षा प्रकरण
2	1	–	34	1	1
1	1	1	57	–	2
4	–	1	59	–	1
7	–	1	60	2	1
9	–	1	61	–	2
10	–	1	62	–	2
11	–	1	63	1	1
12	–	2	65	1	1
13	–	1	66	–	2
14	–	1	67	–	2
15	–	1	68	–	1
17	–	2	69	–	1
18	–	1	70	–	1
19	1	1	71	1	1
22	–	1	72	1	–
25	2	1	73	1	–
27	–	–	76	–	1
28	1	1	77	–	1
29	–	1	78	–	1
38	–	1	79	–	1
39	–	1	80	1	–
49	–	1	85	–	1
50	1	–	86	1	–
52	–	2	87	1	–
54	3	1	50	22	54
55	1	2			
56	1	3			

गिरोह संख्या IX

क्रमांक	मूल दंड की संख्या	सुरक्षा प्रकरण	क्रमांक	मूल दंड की संख्या	सुरक्षा प्रकरण
2	1	–	34	1	1
40	1	1	73	–	1
41	–	4	74	–	1
42	–	2	75	1	1
43	3	1	77	1	–
44	2	4	78	1	1
45	1	–	79	–	1
46	3	1	80	–	1
47	1	2	82	–1	–
48	4	–	87	–	1
49	–	3	88	1	–
50	2	1	89	3	2
51	–	2	91	1	1
52	1	1	92	1	–
53	1	1	93	1	–
54	1	4	94	1	–
55	–	2	95	1	–
56	1	2	97	1	2
57	–	1	98	2	–
58	2	–	99	2	–
60	1	–	100	–	1
61	1	–	101	2	2
62	–	1	103	6	1
63	–	1	104	1	1
65	–	2	106	1	1
67	2	2	107	1	1
68	2	–	108	2	–
69	3	–	109	–	2
70	3	–	57	75	61
71	1	1			
72	1	1			

गिरोह संख्या X

क्रमांक	मूल दंड की संख्या	सुरक्षा प्रकरण	क्रमांक	मूल दंड की संख्या	सुरक्षा प्रकरण
2	1	–	34	1	1
1	1	–	37	–	1
2	–	1	38	–	1
3	2	–	39	–	3
6	–	1	49	1	–
7	1	–	50	–	2
8	1	–	51	1	–
9	1	1	52	1	–
14	–	1	53	1	–
15	1	1	54	–	1
17	1	2	56	1	–
21	3	–	57	3	1
23	1	–	58	1	1
24	1	–	59	2	1
25	1	1	60	1	–
27	–	1	61	1	–
29	–	4	62	1	–
30	1	1	63	2	–
32	–	2	64	–	1
33	1	1	40	33	36
34	1	3			
35	–	3			
36	–	1			

गिरोह संख्या XIII

क्रमांक	मूल दंड की संख्या	सुरक्षा प्रकरण	क्रमांक	मूल दंड की संख्या	सुरक्षा प्रकरण
2	1	–	34	1	1
2	–	2	32	1	5
3	1	–	33	–	1
6	1	–	34	–	1
7	1	–	35	–	1
8	2	1	36	2	2
9	–	3	37	2	2
10	1	2	38	1	3
14	–	1	39	–	1
18	–	1	40	1	2
19	2	–	41	–	1
21	–	1	43	–	1
22	–	1	45	2	–
23	1	–	46	1	1
26	–	1	47	1	1
27	–	1	33	21	44
28	–	3	287	273	300
29	2	–			
30	1	1			
31	–	3			

वक्तव्य 'सी'

1897 से लेकर 1912 तक, गिरोह संख्या IV, V, VI, VIII, IX, X और XIII द्वारा संज्ञेय और गैरजमानती अपराधों का वार्षिक विवरण

वर्ष	डकैती	लूटमार	नकबजनी	चोरी	अन्य संज्ञेय, गैर जमानती अपराध
1897	2	-	3	-	-
1898	2	1	13	4	2
1899	-	1	4	2	-
1900	3	1	7	8	-
1901	6	1	4	8	-
1902	1	1	2	5	1
1903	2	1	3	4	
1904	-	1	4	2	
1905	2	-	4	-	-
1906	9	-	1	2	-
1907	11	10	2	4	-
1908	2	4	1	7	
1909	9	-	3	8	12
1910	1	3	-	3	6
1911	6	1	3	1	2
1912	6	1	3	1	2
योग	62	28	63	62	23
				=	238

वक्तव्य 'डी'

गिरोह संख्या X के सदस्यों की सूची जिनके पास संयुक्त रूप से सम्पत्ति है, इत्यादि

भू-सम्पत्ति दलदली भूमि एकड़ में	*शुष्क भूमि एकड़ में*	*सम्पत्तिधारी सदस्यों के क्रमांक*	*टिप्पणी*
2.0	–	1, 2, 3 और 14	अपने संरक्षण में दो
1.50	3.0	5,7,8,9 और 30	पत्नियाँ और दो
2.50	3.0	10 और 11	सन्तानें
1.50	–	16 और 17	संरक्षण में दो परिवार
1.0	–	21,22 और 23	(पत्नियाँ) और बच्चे
2.0	–	51 और 52	
1.0		57	
2.50	–	64	
14.0	6.0		

वक्तव्य 'डी'

गिरोह संख्या V के सदस्यों की सूची

जिनके पास जमीन, मवेशी हैं और उन पर निर्भर स्त्रियों, बच्चों का विवरण

सम्पत्तिधारी सदस्यों का क्रमांक	*आश्रित*		*संपति का विवरण*		
	स्त्री	*बच्चे*	*जमीन*	*पशु*	*बकरियाँ*
1	3	5	3.0	2	60
2	3	8	4.5	–	–
5, 7 और 8	3	5	1.0	2	26
47 और 48	2	5	–	–	30
7	11	23	8.5	4	116

अनुबन्धन 3

शासकीय आदेश संख्या 784, न्यायिक

दिनांक 25 अप्रैल, 1913

(1) नेल्लोर जिले की एक अपराधी जनजाति डोंगा येरुकला के पुनर्वास के लिए अमेरिका के बॅपटिस्ट मिशन द्वारा कावाली में स्थापित की गई बस्ती को वित्तीय सहायता दिए जाने के सम्बन्ध में प्रस्तुत प्रस्ताव पर शासन ने विचार किया है।

(2) अक्टूबर 1912 में स्थापित की गई इस बस्ती में बताया गया है कि 55 परिवार अर्थात लगभग 200 लोग रहते हैं और पुलिस महानिरीक्षक की अपेक्षा है कि इस जनजाति के बीस और परिवार वहाँ पहुँचने वाले हैं। वर्तमान में इन रहवासियों को जीविका के साधन उपलब्ध कराने की दृष्टि से (1) बुनाई, (2) सूत की सफाई और लपेटना तथा (3) बाजार, की व्यवस्था की है और इसके लिए जिलाधीश ने मिशन को लगभग 100 एकड़ शुष्क भूमि दी है, इस प्रत्याशा के साथ कि इसमें गहरे कुँओं से सिंचाई की जा सकेगी। यदि यह प्रयोग सफल हो जाता है तो मिशन ने वायदा किया है कि वह इस जमीन को येरुकलाओं के बीच उनके अच्छे व्यवहार के बदले में वितरित कर देगा।

(3) बस्ती में सन्तोषजनक आधार देने के लिए यह अनुमान लगाया गया है कि इमारतों, करघों, पानी की सप्लाई आदि के लिए तत्काल ही रु. 5,000/- का व्यय आएगा। इसके अतिरिक्त मिशन को कम-से-कम कुछ समय तक रहवासियों के पोषण के लिए अपने कोष से पर्याप्त राशि लगानी होगी। इसके लिए सरकार से मिशन को बस्ती के विकास के लिए रु. 5,000/- रुपए की एकमुश्त और मासिक रूप से एक वर्ष के लिए मासिक रु. 200/- की सहायता का प्रस्ताव किया गया है, जो 1 मार्च 1913 से प्रारम्भ होगी। सहायता को जारी रखने या परिवर्तित करने पर इस अवधि की समाप्ति पर पुनर्विचार किया जाएगा।

(4) गवर्नर इन काउंसिल उपरोक्त सहायता राशियों को सहर्ष स्वीकृति देते हैं, किन्तु इसके साथ शर्त यह होगी कि बस्ती में प्रवेश के लिए ईसाई धर्म को स्वीकार करना आवश्यक नहीं होगा। जिलाधीश जनवरी 1914 के प्रारम्भ में पुलिस महानिरीक्षक के माध्यम से बस्ती की प्रगति और मासिक अनुरोध जारी रखने की आवश्यकता के विषय में सूचित करेंगे।

सत्य सारांश
ए.जी. कारड्यू
कार्यवाहक सचिव

अनुबन्धन 4

अधिसूचना

गवर्नर जनरल इन काउंसिल की स्वीकृति के साथ गवर्नर इन काउंसिल अपराधी जनजाति कानून 1911 (1911 का III) की धारा 12 के प्रावधानों के अन्तर्गत प्रसन्नतापूर्वक यह घोषणा करते हैं कि निम्नलिखित अपराधी जनजाति डोंगा येरुकला का आवागमन, उनके प्रत्येक के सामने वर्णित क्षेत्रों में वर्जित रहेगा

जनजाति का विवरण	*आवागमन का प्रतिबन्धित क्षेत्र*
1. गोदावरी जिले में मानुपति पिचीगाडू और मानुपति कासीगाडू के नेतृत्व वाला गिरोह	वह क्षेत्र गुंटूर जिले में साल्वेशन आर्मी द्वारा स्थापित औद्योगिक बस्ती में आता है
2. गुंटूर जिले में कावेती कोटाडू के नेतृत्व वाला गिरोह	
3. गुंटूर जिले में कार्रेडुला नरसिगाडू के नेतृत्व वाला गिरोह	
4. गुंटूर जिले में बंडे गुरुवाडू के नेतृत्व वाला गिरोह	
5. नेल्लोर जिले में बाचू गुरुवाडू के नेतृत्व वाला गिरोह	नेल्लोर जिले में अमेरिकी बपस्टिस्ट मिशन द्वारा स्थापित बस्ती के भीतर का क्षेत्र
6. नेल्लोर जिले में अवुला पेड्डा सुबड्डू के नेतृत्व वाला गिरोह	

परिशिष्ट-2

मुक्ति-सेना ने रहवासियों को निम्न तरीकों से रोजगार उपलब्ध कराया—

(क) बाहर के रोजगार

दिन के समय वे सामान्य श्रम के कार्यों में काम करते थे और अन्धेरा होने से पहले अपनी बस्ती में वापस आ जाते थे।

(ख) बस्ती के उद्योग

(i) रेशम
- (1) रेशम के कीड़ों का पालन
- (2) रेशम के धागे बनाना
- (3) धुलाई, रँगाई, कातना
- (4) रेशम का बुनना

(ii) सूती और ऊनी कपड़े बुनना
(iii) दरियाँ और कालीन बनाना
(iv) चटाई और टोकरियाँ बनाना
(v) थैले और बक्से बनाना
(vi) बढ़ईगीरी और दस्तकारी

(ग) बस्ती के कृषि कार्य

(i) मैदानी खेती

(ii) बागवानी
(iii) मुर्गी पालन
(iv) गधे, मवेशी, बकरी, भेड़ आदि पालना

(घ) अन्य

(i) पत्थर निकालना
(ii) जंगलों की कटाई
(iii) शहरों में सफाई

[**स्रोत :** बूथ टकर एफ : क्रिमिनोलॉजी ऑर द इंडियन क्राइम एंड व्हाट टु डू विद हिम, अपराधी जनजातियों में मुक्ति-सेना के कार्य का विवरण, भारत के आदतन और छोड़े गए बन्दी, 1914]

परिशिष्ट-3

बस्ती का प्रबन्धक सप्ताह में चार दिन रहवासियों का निरीक्षण करता था। इसका उद्देश्य उन्हें पलायन से रोकना, अपराध पर नियंत्रण और रहवासियों के जीवन की परिस्थितियों का दिन-ब-दिन अध्ययन करना होता था। शेष तीन दिन रहवासी बिना रोक-टोक के अपना काम स्वतंत्रतापूर्वक करते रहते थे। सामान्य निरीक्षण सोमवार, मंगलवार, बुधवार और शुक्रवार को किया जाता था।

सोमवार

सोमवार को बस्ती में पूछताछ की जाती थी। ताड़ और खजूर की पत्तियों और एलाय के रेशे लाने के लिए रहवासियों को 'टी' पास दिया जाता था। यह प्राय: महिलाओं और बच्चों को ही मिलता था। इनसे महिलाएँ और बच्चे चटाइयाँ, रस्सियाँ और दूसरी चीजें बनाते थे। सोमवार को लगभग 170 पास बाँटे जाते थे। पास पाने वालों के नाम एक रजिस्टर में दर्ज होते थे। पंजीकृत व्यक्ति के लौटने का समय भी लिखा जाता था। 'जी' पास बैलगाड़ी के चालक, व्यवसायी और व्यापारी को मिलता था। इन पासों का उद्देश्य था कि आवश्यक सामग्री लाई जा सके।

बुधवार

इस दिन छोटी-मोटी घटनाओं की पूछताछ की जाती थी।

मंगलवार और शुक्रवार

रहवासियों को 'एल' पास दिए जाते थे। उस प्रत्येक व्यक्ति से पूछताछ होती थी जिसने पास के लिए आवेदन किया हो। रहवासी के कथन की पुष्टि के लिए यह

विवरण जिले के पुलिस निरीक्षक के पास भेजा जाता था। यदि कथन सही पाया गया तो आवेदक के रास्ते का उल्लेख करते हुए पास दे दिया जाता था। इस पर प्रतिदिन गाँव के दंडाधिकारी द्वारा हस्ताक्षर किए जाते थे। प्रबन्धकों का विश्वास था कि ग्राम में रहवासियों के लिए कोई भी अपराध कर पाना बिलकुल सम्भव नहीं है। दंडाधिकारी अपना काम निष्ठापूर्वक करते थे और रात में रहवासियों के पहुँचने और जाने का समय ठीक-ठीक लिखते थे।

[**स्रोत :** होम जूडिशियल विभाग, सामान्य आदेश संख्या 2074, 18 अगस्त, 1916- तमिलनाडु आर्काइव्ज़, मद्रास]

परिशिष्ट-4

बस्ती के कृषि कार्यों के सम्बन्ध में भूमि-विभाग निम्नांकित पुस्तिकाएँ और फॉर्म तैयार रखता था।

(i) ऋणों की पंजी : यह एक ऐसी पंजी होती थी जिसमें व्यक्तिगत लेखा-जोखा होता था।

(ii) भूमि पंजी : प्रत्येक रहवासी को दी गई जमीन के विस्तार, लगान और बोई गई फसल का विवरण इस पंजी में होता था

(iii) लगान का रजिस्टर

(iv) मवेशियों का रजिस्टर

(v) पत्थरों का रजिस्टर

(vi) कुली रजिस्टर (मस्टर)

(vii) साप्ताहिक, प्रतिवेदन का प्रपत्र : यह प्रतिवेदन बताता था कि सप्ताहभर में कितना काम हुआ और रोमपेरु का जलस्तर कितना है।

[**स्रोत :** होम जूडिशियल विभाग, सा.आ. संख्या 2074, 18 अगस्त, 1916, तमिलनाडु आर्काइव्ज़ मद्रास]

परिशिष्ट-5

अपराधी बस्तियों का प्रबन्धन बस्ती में निम्न प्रपत्रों (फॉर्म) को सुरक्षित रखता था—

(i) प्रपत्र ए : अपराधी जनजाति के सदस्यों की पंजी के सारांश
(ii) प्रपत्र बी : भूमि के पट्टे
(iii) प्रपत्र सी : अपराधी बस्ती के सदस्यों की सूची
(iv) प्रपत्र डी : ऋण देने योग्य पट्टे
(v) प्रपत्र ई : छुट्टी के लिए दिए जाने वाले पास, जो 'ओ' पासों जैसे थे
(vi) प्रपत्र एफ : विवरण उपलब्ध नहीं
(vii) प्रपत्र जी : अवकाश और पासधारकों की पंजी
(viii) प्रपत्र एच : जन्मी की पंजी
(ix) प्रपत्र आई : मृत्यु की पंजी
(x) प्रपत्र जे : 'अपराध' जनजाति के उन सदस्यों की सूची जो बिना अवकाश के अनुपस्थित हैं
(xi) प्रपत्र के : बस्ती से स्थानान्तरित सदस्यों की सूची
(xii) प्रपत्र एल : दंड की पंजी
(xiii) प्रपत्र एम : बस्ती में पहुँचने वाले आगन्तुकों की पंजी
(xiv) प्रपत्र एन : सदाचार की पंजी
(xv) प्रपत्र ओ : बच्चों की पंजी

[**स्रोत :** होम जूडिशियल विभाग, सा. आ. संख्या 2671, 14 नवम्बर 1916 तमिलनाडु आर्काइव्ज़, मद्रास]

परिशिष्ट-6

अपराध अन्वेषण विभाग ने मद्रास प्रेसीडेंसी के विभिन्न जिलों में अपराधी जनजातियों को विभिन्न गिरोहों में वर्गीकृत किया था। मद्रास प्रेसीडेंसी में अपराध अन्वेषण विभाग द्वारा अधिसूचित अपराधियों के गिरोह निम्नानुसार है :

क्रमांक	*जनजाति का नाम*	*जिला*	*गिरोह संख्या*
1.	डोंगा दासारी	नेल्लोर	I, II, III
2.	डोंगा येरुकला	नेल्लोर, कुड्डापे	V
3.	डोंगा येरुकला	गुंटूर, गोदावरी, कृष्णा	IV, VI
4.	डोमार	नेल्लोर	VII
5.	डोंगा येरुकला	गुंटूर, नेल्लोर	VIII
6.	डोंगा येरुकला	गुंटूर	IX
7.	डोंगा येरुकला	नेल्लोर	X
8.	डोंगा वोड्डार	कृष्णा, गुंटूर	XI
9.	थोट्टी नायब	उत्तर अरकाट, बंजोर, मद्रास	XII
		रामनद, टिन्नेवली, कोयम्बटूर	
		दक्षिण आरकाट, चिचनापल्ली	
10.	डोंगा येरुकला	कुरनूल, अनन्तपुर, कृष्णा	XIII
11.	डोंगा वोड्डार	कुरनूल, अनन्तपुर, कृष्णा	XIV
12.	बयालपाद अथवा	नेल्लोर, अनन्तपुर, कुट्टापेठ	XV
	नवाबपेय कोरचा	चित्तूर	

13.	रुद्रपाद कोरचा	बेल्लारी	XVI
14.	डोंगा दासारी	बेल्लारी, अनन्तपुर	XVIII
15.	बेप्पुर पराया	तंजोर, त्रिचनापल्ली, सेलम उत्तर करकाट	XVIII
16.	डोंगा दासारी	कुड्डापेट	XIX
17.	डोंगा दासारी	चित्तूर	XX
18.	गुड्डू दासारी	कोयम्बटूर, दक्षिण आरकाट	XXI
19.	थोगा माली कोराबा	कुट्टी पे, चेंनल पेट	XXII
	या केपमारी		
20.	डोंगा वोड्डार	अनन्तपुर	XXIV
21.	तेलागा पमूला	कृष्णा, गुंटूर, नेल्लोर	XXIV
22.	डोंगल वोड्डार	नेल्लोर	XXV

[**स्रोत :** मद्रास सरकार, मद्रास प्रेसीडेंसी में सितम्बर 1016 तक अपराधी जनजातियों की बस्तियों में हुई प्रगति बताने वाली टिप्पणी से 1917, तमिलनाडु आर्काइव्ज़, मद्रास]

परिशिष्ट-7

स्टुअर्टपुरम के रहवासियों का विवरण

वर्ष	पुरुष	स्त्रियाँ	बच्चे	योग
1914	203	198	232	693
1915	302	323	243	863
1916	199	238	370	807
1917	353	333	426	1112
1918	393	378	431	1202
1919	515	493	516	1524
1920	556	505	528	1589
1921	546	500	561	1607
1922	556	541	682	1779
1923	539	526	718	1783
1924	649	638	829	2116
1925	666	357	881	2204
1926	664	651	907	2222
1927	699	640	890	2229
1928	678	615	743	2036
1929	679	601	775	2055

1930	692	611	830	2143
1931	662	626	970	2258
1932	714	660	891	2265
1933	620	665	820	2306
1934	693	640	984	2318
1935	266	624	1022	2322
1936	267	101	—	368
1937	267	103	—	370
1938	266	103	482	851
1939	192	66	482	740
1946	462	600	822	2162
1948	649	646	945	2240
1949	646	642	1022	2310
1950	643	636	1086	2365
1951	640	633	1086	2365
1952	621	627	1224	2472
1953	624	627	1850	2501
1958	692	604	1282	2428
1959	586	590	1266	2442
1960	379	588	1346	2513
1961	574	584	1426	2584
1962	559	572	1601	2732
1963	581	721	1628	2903

[**स्रोत :** मद्रास सरकार, लॉ जनरल डिपार्टमेंट, प्रोसीडिंग्स 1915-1925 आन्ध्र प्रदेश आर्काइव्ज़, हैदराबाद

मद्रास सरकार, होम जूडिशियल डिपार्टमेंट, प्रोसीडिंग्स 1926-1935 तमिलनाडु आर्काइव्ज़, मद्रास

मद्रास सरकार, होम डिपार्टमेंट प्रोसीडिंग्स 1936-1950 एन.एम.एम.एल., नई दिल्ली

मद्रास सरकार, मद्रास एडमिनिस्टेशन रिपोर्ट्स 1920-1965 तमिलनाडु आर्काइव्ज़, मद्रास]

परिशिष्ट-8

कई मिशनरी संगठनों, जैसे साल्वेशन आर्मी, अमेरिकी बॅपटिस्ट मिशन (तेलुगु), कनाडियाई मिशन और अन्य मानवसेवी संगठनों, आन्ध्र राष्ट्र आदिमजाति सेवक संघ ने सुगाली, येरुकला, चेंचू, कोया और यानाडी जनजातियों के बीच सुधार कार्यक्रमों में अपना योगदान दिया है। आन्ध्र राष्ट्र आदिम जाति सेवक संघ ने चेंचू, कोया, येरुकला, यानाडी और लम्बाड जनजातियों के बच्चों के लिए छात्रावासों की स्थापना की है। आन्ध्र के विभिन्न स्थानों पर स्थापित कुछ छात्रावासों की सूची यहाँ दी जा रही है—

छात्रावास का नाम	*संगठनकर्ता*	*स्थान*	*स्थापना वर्ष*
येरुकला बालक छात्रावास	बी. बीरैय्या	विजयवाड़ा	1947
येरुकला बालक छात्रावास	डी. हनुमन्त राव	गुंटूर	1948
येरुकला कन्या छात्रावास	वही	गुंटूर	1948
येरुकला बालक छात्रावास	एम. देवदत्तू	बापट्ला	1949
येरुकला कन्या छात्रावास	आर. नागैय्या	चिराला	1949
येरुकला बालक छात्रावास	के. वेंकेट सुब्बैय्या	चिराला	1949
येरुकला बालक छात्रावास	एस. काशीनाथ	विजयवाड़ा	1949
येरुकला कन्या छात्रावास	एम. देवदत्तू	बापट्ला	1950
येरुकला बालक छात्रावास	पोला. नागरंगेया	गिड्डालूर	1950
येरुकला बालक छात्रावास	के. नागप्पा	कल्यदुर्गम	1950
येरुकला बालक छात्रावास	डी. रुतम्मा	जंगरेड्डी गुडम	1950

[**स्त्रोत :** राघवैया बी.—मुड्यिालू (मुड़िया ट्राइब, तेलुगु) नेल्लोर 1951]

परिशिष्ट-9

इन बच्चों के लिए निर्धारित पाठ्यक्रम व्यापक और रोचक है। इसका उद्देश्य पाँचवीं कक्षा तक उन्हें पढ़ने, लिखने और समझने की दृष्टि से निपुण बनाना है। पाठशालाओं में बच्चों को पढ़ाए जाने वाले पाठ्यक्रम को विस्तार से यहाँ नीचे जा रहा है।

I शैशवावस्था : संख्या और स्थान की जानकारी

1. बीस तक गिनती, दो, तीन और चार के साधारण नियमों से। 2. घन, घनाकार, बेलन और शंकु की पहचान और नाम। 3. भारतीय सिक्कों की पहचान।

पहली कक्षा

1. सौ तक गिनती—दस के द्वारा, 2. सौ तक गिनती के चार सरल नियम, 3. स्लेट पर जोड़ना और घटाना, 4. दस तक गुणन तालिका, 5. घन और घनाकार सतहों की तुलना, वर्ग और आयत की पहचान, 6. सरल रेखा, वक्र रेखा, 7. सरल रेखा खींचना और नापना, 8. क्षमता और गुणन तालिका का माप।

दूसरी कक्षा

1. एक हजार तक चार साधारण नियम, 2. गुणन तालिका 16×12 तक, 3. दो नियमों से सम्बन्धित समस्याएँ, 4. भारतीय रुपए का बदल, 5. कोण—(समकोण, न्यून कोण, विषम कोण) वर्ग और आयत, स्केल, एक फलक, कमरा इत्यादि नापना।

तीसरी कक्षा

1. एक लाख तक चार साधारण और यौगिक नियम, 2. दो यौगिक नियमों की समस्याएँ, 3. भार और लम्बाई की तालिकाएँ, 4. पाठशाला के भवन की माप, 5. त्रिकोण और वृत के लक्षण।

II भाषा

शैशवावस्था

1. इन्फेंट प्रीमियर (डी. राममूर्ति, मेकेमिलन एंड कम्पनी), 2. तीन कहानियाँ।

पहली कक्षा

1. फर्स्ट रीडर (ई. मार्सडन), 2. आठ कहानियाँ (मौखिक, वर्णनात्मक), 3. तसवीरें पढ़ना, 4. सामान्य विषयों पर वार्ता, 5. थर्डरीडर (ई. मार्सडन), 6. पढ़ाए गए पाठों की रचना और तीन बार पढ़े गए या कही गई कहानी का निबन्ध लेखन।

दूसरी कक्षा

1. पाठन, 2. पत्रलेखन।

III वाचन

शैशवावस्था : कहानी, कविता

कक्षा 1 : अर्थ सहित कविता की बीस पंक्तियाँ
कक्षा 2 : अर्थ सहित कविता की तीस पंक्तियाँ
कक्षा 3 : अर्थ सहित कविता की चालीस पंक्तियाँ

IV ड्राइंग

शैशवावस्था

एक वृत्त, अंडा, वर्ग का आकार और इनसे मिलती-जुलती जानी-पहचानी आकृतियाँ जैसे चलनी, अंडा, चिड़िया की चोंच, घोंघा, बेल।

पहली कक्षा : कुछ घरेलू वस्तुएँ, पत्तियों के रूप, कुछ सरल जानवर और उनके बच्चे।

दूसरी, तीसरी कक्षा : हरकतों का चित्रण।

V ग्राम-विज्ञान

शिशु

बाग के पौधों और पत्तियों तथा आस-पड़ोस के पशुओं की पहचान।

पहली कक्षा

1. पौधे के तीन भाग और उनका मुख्य उपयोग
2. एक बिल्ली और एक कुत्ते की तुलना

दूसरी कक्षा

1. विभिन्न प्रकार की पत्तियाँ
2. फूल और उनके भाग
3. आसपास के जानवरों की आदतें
4. बीज और उनके भाग

तीसरी कक्षा

1. पत्तों का कार्य
2. फूल और मूल
3. कृषि विषयक कुछ जानकारी
4. खादों का महत्त्व
5. फसल में बदलाव
6. पशु, स्वभाव और आहार
7. रेशम के कीड़े का जीवनचक्र
8. मेढ़क का जीवन चक्र

[**स्रोत :** मद्रास सरकार, होम (जूडिशियल) डिपार्टमेंट सा.आ. संख्या 1225, 20 मई, 1918 तमिलनाडु आर्काइव्ज़, मद्रास]

परिशिष्ट-10

मद्रास प्रेसीडेंसी की अपराध बस्तियाँ

	बस्ती	*स्थान*	*प्रबन्धन*	*स्थापना का वर्ष*	*प्रकार*	*समुदाय*	*स्थापना के समय संस्था*
1.	कालीचेदू	नेल्लोर जिला	श्री लुडविन	1912	औद्योगिक	दासारी, डोमारा येरुकला जोगुला	930
2.	कावाली	नेल्लोर जिला	अमेरिकी बॅपटिस्ट मिशन	1912	कृषि	येरुकला	152
3.	सीतानगरम	गुंटूर जिला	साल्वेशन आर्मी	1913	कृषि	येरुकला	557
4.	सिद्धपुरम	कुरनूल जिला	स्वैच्छिक बस्ती	1913	औद्योगिक	वोड्डार, चेंचू	112
5.	यनाडी	बापट्ला	स्वैच्छिक बस्ती	1913	सुधार	यनाडी	—
6.	भूमन्नागड्डा	चित्तूर जिला	साल्वेशन आर्मी	1914	कृषि	कोरचा	393
7.	स्टुअर्टपुरम	गुंटूर जिला	साल्वेशन आर्मी	1914	कृषि	येरुकला	693
8.	चिन्तल देवी	नेल्लोर जिला	अमेरिकी बॅपटिस्ट मिशन	1914	कृषि	कंजर भाट	100

परिशिष्ट-11

साक्षात्कार अनुक्रम

एक पूर्व अपराधी जनजाति के सामाजिक-आर्थिक और प्रशासनिक पक्ष—कप्परल्ला टिप्पा का एक अध्ययन

1. परिवार के मुखिया का नाम
2. घर की स्थिति : पक्का/छपरीला/पक्का फर्श/गारे की झोंपड़ी/अस्थायी/झुग्गी
3. परिवार की आयु
4. लिंग
5. साक्षरता : निरक्षर/कामचलाऊ/शिक्षित
6. परिवार के सदस्य :

क्रमांक	*मुखिया से सम्बन्ध*	*उम्र*	*वैवाहिक स्थिति*	*विवाह की उम्र*	*मृत सन्तान मृत्यु का कारण*
1.					
2.					
3.					
इत्यादि					

7. आपके समुदाय में प्रचलित विवाह के तरीके?
8. विवाह के समय वधु को कितनी राशि देनी होती है?
9. क्या समुदाय में तलाक-पद्धति प्रचलित है?
10. क्या आप विधवा विवाह में विश्वास रखते हैं?
    यदि नहीं तो विधवा की सामाजिक स्थिति क्या होती है?

अन्धविश्वास

11. (अ) क्या हिन्दू समाज के शकुनों और अन्धविश्वासों में आपका विश्वास है? क्या आप भी उन्हें मानते हैं?
    (ब) यदि आपके समुदाय में किसी स्त्री के चरित्र पर सन्देह हो, तो समस्या कैसे सुलझाई जाती है?
    (स) अपने व्यावसायिक कार्य पर जाते समय सामान्यता आप किन शकुनों को मानते हैं?
12. (अ) क्या आपके समुदाय में कोई नेता है जिसकी बात आप मानते हैं?
    (ब) क्या विभिन्न नेताओं के अलग-अलग गुट हैं?
    (स) आप नेता के अनुयायी हैं—
    सहमति के कारण—
    अन्धविश्वास के चलते—
    (डी) क्या वह आपके हित की रक्षा करता है?
    (ई) क्या गुटों के बीच मतैक्य नहीं है?
    (एफ) क्या नई पीढ़ी इन नेताओं से असहमत है?
13. (ए) क्या आप परिवार नियोजन कार्यक्रम से परिचित हैं?
    (बी) क्या आपने उसे अपनाया है?
    (सी) आपके गाँव में सरकार इसे कैसे क्रियान्वित कर रही है?
    (1) प्रचार गाड़ियाँ
    (2) पोस्टर
    (3) मुफ्त गोलियाँ
    (4) प्राथमिक स्वास्थ्य केन्द्र
    (डी) आपके परिवार में कितने विवाहित व्यक्ति परिवार नियोजन अपनाते हैं? किस प्रकार?
    (1) आपरेशन के द्वारा
    (2) निरोध गोलियाँ
    (3) अन्य प्रकार से
    (4) कुल संख्या
    (ई) आपके सदस्यों में क्या किसी पर परिवार नियोजन का विपरीत प्रभाव हुआ?

विस्थापन

(ए) आप कब से यहाँ रह रहे हैं?
(बी) आपके पिता कहाँ रहते थे?

(सी) आपके दादा का स्थान कहाँ था?
(डी) यहाँ बसने से पहले कहीं और रहे थे?
(ई) क्या आप मुख्यधारा में मिलना चाहते हैं?

जनता

(ए) आप कितनी बार पड़ोस के गाँव में जाते हैं?
(बी) आपके साथ जनता का व्यवहार किस तरह का है?
(सी) जनता के व्यवहार से आपको कैसा लगता है?
(डी) क्या अन्य बस्तियों में आपके रिश्तेदार रहते हैं?

आर्थिक पक्ष

1. परिवार के मुखिया का व्यवसाय

2.

परिवार के मुखिया अन्य सदस्यों की आय	*सरकार द्वारा पुनर्वास उपायों से उपलब्ध कराई गई आय*			*आदतन व्यवसाय*					
	अनुदान	प्रतिमाह आय	परिवार की कुल आय	नकबजनी	रेलों में चोरी	सूटकेस	चेन खींचना	जेबकटी	आय का औसत प्रति-माह
परिवार की कुल आय									

3. आपके व्यवसाय से परिवार के सदस्य किस आयु में उपार्जन प्रारम्भ करते हैं?
4. पन्द्रह वर्ष से कम आयु के बच्चों की भूमिका क्या करती है?
5. आपकी व्यावसायिक गतिविधियों में महिलाओं की सहायता क्या होती है?
6. कौन-सी परिस्थितियों में आपको यह व्यवसाय चुनना पड़ा?
   (ए) यही जीवन का व्यवसाय है
   (बी) पर्यावरण का प्रभाव
   (सी) मजबूरी में
   (डी) मुख्यधारा से अलगाव
   (ई) विकल्प का अभाव / उचित व्यवसाय
   (एफ) कोई अन्य कारण

7. क्या आप इस व्यवसाय से सन्तुष्ट हैं?
   (ए) भावनात्मक रूप से (बी) मनोवैज्ञानिक रूप से
8. बच्चों के भविष्य को लेकर आप क्या सोचते हैं?
   (ए) उन्हें भी यही पेशा चुनना चाहिए।
   (बी) उन्हें अपने बड़ों की सहायता करनी चाहिए।
   (सी) उन्हें पढ़-लिखकर सम्मानजनक पेशा अपनाना चाहिए।
   (डी) उन्हें मुख्यधारा में जाना चाहिए।
9. क्या आपकी सन्तान शिक्षित और बेरोजगार है—हाँ / नहीं।
10. यदि हाँ तो, वह आपको कितनी आर्थिक सहायता देती है?
11. इन व्यक्तियों द्वारा दी जाने वाली सहायता से परिवार के अन्य सदस्यों के भरण-पोषण में कितनी सहायता मिलती है?
12. आपके पेशे में बने रहने पर वे क्या सोचते हैं?
13. आपके परिवार का मासिक व्यय कितना है?
14. आप अपने मनोरंजन पर (मासिक) कितना व्यय करते हैं?
15. आपके लिए कैसा मनोरंजन उपलब्ध है—
   (ए) शराब
   (बी) तम्बाकू
   (सी) सिनेमा
   (डी) कोई अन्य
16. क्या आप अपनी आमदनी से परिवार का खर्च चला लेते हैं?
17. (यदि नहीं तो) अब तक आप पर कितना ऋण हो गया है?
18. यह ऋण कहाँ से लिया?
   (ए) साहूकार
   (ब) बैंक
   (सी) नाते-रिश्तेदार
19. भुगतान का तरीका क्या है?
20. क्या आपके पास कोई बचत है?
21. (ए) आपके परिवार की महिलाएँ कौन-से आभूषण पहनती हैं?
   (बी) क्या अब भी यह आभूषण उनके पास हैं?
22. आपके परिवार के बुजुर्गों की गतिविधियाँ क्या हैं? (साठ वर्ष के ऊपर)
23. क्या उन्हें वृद्धावस्था पेंशन या अन्य आर्थिक सहायता मिलती है?

प्रशासनिक

1. आपकी बस्ती में सरकार ने वैकल्पिक रोजगार की क्या व्यवस्था है?

(ए) दूध का धन्धा (गाय-भैंस)
(बी) भूमि
(सी) दुकानें
(डी) स्वचालित सवारियाँ
(ई) भेड़-बकरी
(एफ) रिक्शा
(जी) बैंक ऋण
(एच) कृषि उपकरण

2. क्या आप शासन द्वारा प्रदत्त सुविधाओं से सन्तुष्ट हैं? हाँ/नहीं
3. यदि नहीं, तो आप सरकार से अन्य किन सुविधाओं को पाने की अपेक्षा करते हैं?
4. यदि हाँ, तो आप अब भी अपने पुराने पेशे में क्यों हैं?
5. आपकी बस्ती में पुलिस और कल्याण अधिकारी कब-कब आते हैं?
6. क्या आप अपने परिवार की समस्याओं पर उनसे खुलकर चर्चा कर पाते हैं?
7. शासकीय अधिकारियों के प्रति आपका मत क्या है?
8. पुलिस अधिकारियों के प्रति आप क्या सोचते हैं?
9. (अ) पीने का पानी आप कहाँ से लाते हैं?
   (ब) आपके यहाँ सिंचाई सुविधाओं की स्थिति क्या है?
10. शिक्षा-व्यवस्था के लिए आपकी राय क्या है?
11. (अ) आपके बच्चों के साथ शिक्षकों के व्यवहार से आप सन्तुष्ट हैं?
    (ब) अपने बच्चों को शिक्षा दिलाना आपको कैसा लगता है?
    (स) आपके परिवार के कितने बच्चे स्कूल जाते हैं?
    (द) उच्च शिक्षा के लिए उन्हें कहाँ जाना होता है?
12. डॉक्टर कब-कब आपके पास आता है?
13. पास के गाँव में प्राथमिक स्वास्थ्य केन्द्र क्या काम करता है?

अपराध

1. आपके पिता ने कौन-से अपराध किए—

नकबजनी	
रेल के डिब्बों में चोरी	संख्या/स्थान/सजा/रिहाई
सूटकेस उठाना	पलायन
दुकानों में चोरी	
जेब काटना	

4. अन्तिम अपराध क्या था और कैसे किया गया?
5. उन्हें अब तक कौन सी सजाएँ मिली हैं?
6. अपराध की प्रेरणा पिता को कैसे मिली?
7. यदि वे समूह या गिरोहबद्ध होकर अपराध करने को जाते थे तो लूट का बँटवारा किस तरह होता था?
8. क्या अपराध करने में उनका पड़ोसी बस्तियों से कोई तालमेल रहता था?
9. आपके द्वारा किए गए अपराध

नकबजनी	
रेल-डिब्बों में लूट	स्थान/किस्म/रिहाई/सजा
छीनाझपटी	
सूटकेस चोरी	
जेब काटना	

---

10. अपने पेशे में आप किन औजारों का प्रयोग करते हैं?
11. (अ) चुराई गई सम्पत्ति का आप क्या करते हैं?
    (ब) चोरी के माल के वितरण में क्या कोई और भी भागीदार होता है?
    (स) क्या पुलिस वालों को आप उनका हिस्सा देते हैं?
    (द) क्या यह हिस्सा आप उन्हें इसलिए देते हैं कि आपका नाम अपराध से न जोड़ा जाए?
12. पुलिस आपको कैसे पकड़ती है?
    (अ) सन्देह में
    (ब) जिन्हें माल बेचा गया है उनकी सूचना पर
    (स) बस्ती के लोगों की मुखबिरी पर
    (द) अचानक
13. बिना किसी अपराध के आप कितनी बार हिरासत में लिए गए?
14. बिना किसी अपराध के आरोपपत्र के आधार पर आप पर कितनी बार मुकदमा चला और सजा हुई?
15. क्या आप कोई वकील करते हैं?
16. वकील का खर्च आप कैसे उठाते हैं?
17. आपका प्रकरण लेने के बाद वकील का आपके साथ कैसा व्यवहार होता है?
    (अ) सहानुभूतिपूर्ण
    (ब) व्यावसायिक
    (स) तटस्थ

18. (अ) आप अपराध कहाँ करते हैं?
    - (अ) पास के गाँव में
    - (ब) पास के कस्बों में
    - (स) दूर के गाँव में
    - (द) राज्य से बाहर

    (ब) किस उम्र में आप इस पेशे में आए?
    (स) किस उम्र में आप आरोपित हुए?
    (द) आप अपने बच्चों को अपराध के लिए किस तरह प्रशिक्षित करते हैं?
19. (अ) अब तक आपको किस तरह की जेल में रखा गया?
    (ब) जेल में क्या सुविधाएँ उपलब्ध हैं?
20. क्या घर की जगह जेल में आप ज्यादा सुखी रहते हैं?
21. जेल से बाहर आकर आपको कैसा लगता है?
    (अ) रोज का काम है
    (ब) इस पेशे को छोड़कर मुख्यधारा में मिल जाएँ
    (स) एक अभिशप्तवृत्त में फँसे हैं और यही चलता रहेगा।

सुधारात्मक

1. बस्ती को बनाए रखने के सम्बन्ध में आपकी राय क्या है?
2. क्या आपके यहाँ ऐसे अपराधी हैं जो सुधारगृहों अथवा प्रमाणीकृत विद्यालयों में हों?
3. क्या सुधार और पुनर्वास में आपकी रुचि है?
    हाँ/नहीं
4. क्या सुधार और पुनर्वास में आपकी रुचि है?
    हाँ/नहीं

    यदि 'हाँ' तो अपने सुझाव दें :
    1.
    2.

    यदि 'नहीं' तो कारण बताएँ :
    1.
    2.

अनुसन्धानकर्ता का नाम

परिशिष्ट-12

बिट्रगुंटा पुलिस थाने द्वारा रखा जाने वाला अपराध वृत्तान्त (हिस्ट्रीशीट)

हिस्ट्रीशीट-1

(सुरक्षा की दृष्टि से चिह्नित अपराधियों के मित्रों और सहयोगियों का उल्लेख नहीं किया जा जाता)

जनजाति : कथेरा
पेशा : कुली
मूल स्थान : बाडनपेठ (कप्परल्ला टिप्पा)

(आलेख में पहचान के गवाहों, माता-पिता का नाम और पति के नाम का उल्लेख भी नहीं होता।)

उसके सहयोगियों का सम्बन्ध हैदराबाद के गिरोह के मामलों से है।

उसकी आपराधिक गतिविधियाँ नेल्लोर, एल्लूर, कावाली, बोगोल और मद्रास तक फैली हुई है। कप्परल्ला टिप्पा के उप पुलिस निरीक्षक ने एक बार कहा था कि वह एक जघन्य अपराधी है और जब भी वे उसकी तलाश में गए, वह नहीं मिला। उसकी पत्नी भी एक सक्रिय अपराधी है। वह बातचीत में अक्खड़ है और जब उससे पूछा जाता है कि वह गाँव से गायब क्यों रहता है तो उसका जवाब होता है कि वह मद्रास या किसी और जगह चला गया था। उसने बताया कि उसके वकील ने कहा है कि वह पुलिस को कुछ न बतलाए। उस पर कड़ी निगरानी रखी जा रही है। उसका व्यवहार बहुत खराब है। उसमें हर तरह का दुर्गुण है।

इस व्यक्ति के पास कमाई का कोई दूसरा जरिया नहीं है। वह चुराया गया माल बेचता है। उसका कहना है कि मद्रास में उसके कुछ नातेदार हैं। वह पुलिस की वर्दी पहनता है और कभी-कभी उसके पास एक कुल्हाड़ी होती है।

वह और उसकी पत्नी रेल कम्पार्टमेंट में सफर कर रहे सम्पन्न लोगों से सोना छीनने में पटु हैं। उसका कहना है कि सिंगपेट में उसकी कुछ सम्पत्ति है। अपराधी अपने हस्ताक्षर कर लेता है।

हिस्ट्रीशीट-2

पेशा	: कुली
जनजाति	: डोंगा दासारी
पाए जाने वाले स्थान	: चिराला, तेनाली, कावेली, नेल्लोर, बेजवाड़ा
मुख्य अपराध	: जेबतराशी

पिता खेती करता है। उसके सभी साथियों की हिस्ट्रीशीट थानों में है। वह चलती रेलों का चोर है। वह कम-से-कम दस बार पकड़ा गया। उस पर पर्यावरण का अधिक प्रभाव है। वह अरक बनाता और बेचता है। वह मछलियाँ भी बेचता है। उसका रहन-सहन विलासी है, व्यवहार बुरा।

उसका मामला सी.आई.डी. हैदराबाद को भेजा गया था ताकि उसे गिरफ्तार किया जा सके। गुड़ीवाड़ा के उपनिरीक्षक ने उसके पकड़े जाने की सूचना बिट्रगुंटा के पुलिस उपनिरीक्षक को दी। आर्थिक तंगी के कारण वह अनेक छोटे-मोटे अपराध करता है।

हिस्ट्रीशीट-3

हिस्ट्रीशीट 19 मार्च 1967 को खोली गई

जनजाति	: येरुकला
पेशा	: कुली
मिलने के स्थान	: बोगुलू, आग्रहराम, उलावायदू, चिराला
अपराध की किस्म	: लूटमार और मवेशी चोरी

उसका पिता चोरियाँ करता था ओर रँगे हाथ पकड़ा गया। बताया जाता है कि उसकी हिस्ट्रीशीट सी.आई.डी. अपराध शाखा हैदराबाद के पास है।

इस अपराधी की हिस्ट्रीशीट बताती है कि वह एक सक्रिय अपराधी है और पुलिस थाने से भागता रहेगा। उसकी गतिविधियों पर पुलिस की पैनी निगाह है। वह अकसर बोलोग जाता रहता है। वह फरार है इसलिए उस पर कड़ी नजर रखी जाती है।

उसे तीन साल का सश्रम कारावास दिया गया था।

वह एक खतरनाक अपराधी है और उस पर निगरानी रखना आवश्यक है। नेल्लोर जिले में उसने कई अपराध किए हैं।

चुराए गए माल के साथ उसे रँगे हाथ पकड़ा गया था।

हिस्ट्रीशीट-4

पाए जाने वाले स्थान	: चिरा
जनजाति	: येरुकला
पेशा	: कुली
मूल स्थान	: सीतानगरम बस्ती
पाई जाने वाली जगहें	: सीतानगरम, ओंगोले, विजयवाड़ा, मदुराई, मद्रास
चुराई गई चीजें	: मुख्य रूप से सोने के आभूषण।

वह बिना किसी की सहायता के चोरी का सामान खुर्द-बुर्द करती है। वह एक 'खतरनाक' अपराधी है। उसने 21 जुलाई, 1970 को तेनाली में चोरी की और लगभग नौ महीने उसे जेल में रखा गया।

वह एक बार में सौ रुपए से पाँच सौ रुपए तक के आभूषण चुरा लेती है। उसका रुझान आपराधिक है। वह मछली बेचती है। वह अपराधी रेलों में घूमती है और उस पर निगाह रखी जाती है।

अपराधी का व्यवहार संदिग्ध है। इसे सूचीबद्ध करने की अनुशंसा बिट्रगुंटा के पुलिस उपनिरीक्षण ने की थी जो 28 मार्च 1972 को नेल्लोर के पुलिस अधीक्षक के पास भेज दी गई है।

सी.आई.डी. हैदराबाद के फिंगर प्रिंट ब्यूरो ने इस अपराधी की जानकारी चाही है। उसे तिरुपति में पकड़ा गया।

वह खुले हाथ खर्च करती है, वह महँगे कपड़े पहनती और रेल के दूसरे दर्जे में यात्रा करती है।

परिशिष्ट-13

संस्कार

पूर्व अपराधियों के पाँचवीं कक्षा तक पढ़ने वाले बच्चों का विवरण

वर्ष	एल.के.जी./यू.के.जी.			पहली कक्षा			दूसरी कक्षा			तीसरी कक्षा			चौथी कथा			पाँचवीं कक्षा			बच्चों की कुल संख्या		
	कन्या	बालक	योग	कन्या	बालक	योग	कन्या	बालक	योग	कन्या	बालक	योग	कन्या	बालक	योग	कन्या	बालक	योग	कन्या	बालक	योग
2000-2001	11	6	17	9	6	15	7	5	12	6	4	10	5	4	9	4	3	7	42	28	70
2001-2002	12	5	17	11	5	16	9	6	15	7	5	12	6	4	10	5	4	9	50	29	79
2002-2003	13	8	21	12	5	17	11	5	16	9	6	15	7	5	12	6	4	10	58	33	91
2003-2004	11	11	22	13	8	21	12	5	17	11	5	16	8	6	14	7	5	12	62	40	102
2004-2005	13	19	32	11	11	22	13	8	21	12	5	17	11	5	16	8	5	14	68	54	22
2005-2006	13	20	33	13	19	32	11	11	22	13	8	21	12	5	17	9	5	14	71	68	139
योग	73	69	142	69	54	123	63	40	103	58	33	91	49	29	78	39	27	66	351	252	603

शब्दावली

बेरुमन्नूसोम : ब्राह्मण, ऊँची जाति

बोटू : महिलाओं द्वारा माथे पर लगाया जाने वाला धार्मिक चिह्न

चारु : शत्रु की गतिविधि पर निगाह रखने के लिए प्राचीन भारत के शासकों के गुप्तचर

कम्बली : कम्बल

'डी' फार्म पट्टा : इसके स्वामित्व वाले व्यक्ति भूमि को न तो रेहन रख सकते हैं और न ही बेच सकते हैं

एरुका : येरुकला महिलाओं द्वारा भविष्य कथन

गंजी : उबले चावल का पानी

करीवेपाकू : तेजपात

करु : चोरी में काम आने वाली लोहे की छड़

कथेरा : एक जनजाति जो चोरी के लिए मुख्य रूप से कैंची से काम लेती है

केपमारी : धूर्त और ठग के लिए एक तमिल शब्द

कुल धर्म : जाति का कर्तव्य

कुल पंचायत : न्याय के लिए गाँव के वरिष्ठ जनों की समिति

कुरु : जाति के लोग

मैस्त्री : मिस्त्री

मामूलु : रिश्वत

नमन : वैष्णव धर्म मानने वाले पुरुषों के माथे का तिलक

ओघ्रा : वोड्डार का अपभ्रंश

पनासा कोलू : चोरी में काम आने का एक औजार

सिवाईजमा भूमि : किसी गाँव (बस्ती के अतिरिक्त) के आसपास के मैदान और चरगाह

तालाईटी	:	गाँव के अधिकारी
ताली	:	मंगल-सूत्र
बोली	:	कन्या शुल्क अथवा वधु को दिया जाने वाला धन
वोड्डार	:	तालाब खोदने वाले, स्थानीय जन
येरुकला	:	भविष्यवक्ता

सन्दर्भ और सन्दर्भ पुस्तकें

प्राथमिक स्त्रोत : शासकीय अभिलेख

बोसबेल : नेल्लोर डिस्ट्रिक्ट मेनुअल, मद्रास, 1873

क्रिस्टोफर, वॉन फ्यूटर, हेमनडॉर्फ : ट्राइबल पॉपुलेशन ऑफ़ हैदराबाद—यस्टरडे एंड टुडे इन आन्ध्र प्रदेश, सेन्सस ऑफ़ इंडिया 1941, भाग 1, मजहर हुसैन, हैदराबाद की रिपोर्ट।

कप्परल्ला टिप्पा बस्ती से सम्बन्धित फाइलें और पुलिस अधीक्षक नेल्लोर की टिप्पणियाँ—

नेल्लोर पुलिस अधीक्षक का कार्यालय, नेल्लोर।

फोर्ट सेंट जॉर्ज गजट, मद्रास 1948, गजेटियर ऑफ़ डिस्ट्रिक्ट, मद्रास सरकार 1939

मद्रास सरकार : होम जूडिशियल प्रोसीडिंग्स 1913, 1914, 1915, 1917 पब्लिक प्रोसीडिंग्स 1917

मद्रास सरकार : मद्रास एडमिनिस्ट्रेशन रिपोर्ट 1912-13 (मद्रास, 1913)

मद्रास सरकार : मद्रास एडमिनिस्ट्रेशन रिपोर्ट 1913-14 (मद्रास, 1914)

मद्रास सरकार : मद्रास एडमिनिस्ट्रेशन रिपोर्ट 1914-15 (मद्रास, 1915)

मद्रास सरकार : मद्रास एडमिनिस्ट्रेशन रिपोर्ट 1948 (मद्रास, 1949)

मद्रास सरकार : होम डिपार्टमेंट प्रोसीडिंग्स 1937 से 1938, 1941 से 1945, 1947 से 1948, तमिलनाडु राज्य अभिलेखागार, चेन्नई

मद्रास सरकार : लॉ (जनरल) डिपार्टमेंट प्रोसीडिंग्स—1921 से 1926, तमिलनाडु राज्य अभिलेखागार, चेन्नई

आन्ध्र प्रदेश सरकार : द रिपोर्ट ऑन द ट्राइब्स ऑफ़ आन्ध्र प्रदेश, ट्राइबल एंड कल्चरल रिसर्च एंड ट्रेनिंग सेंटर हैदराबाद, 1958

भारत सरकार : सेन्सस हैंडबुक, गुंटूर जिला, मद्रास, 1953

भारत सरकार : सेन्सस ऑफ़ इंडिया 1961, भाग 2 आन्ध्र प्रदेश, भाग 5 बी 8 एथनोग्राफिक नोट्स ऑन येरुकला, कोरचा, बोया, निर्सिकारी और पारधीज़

मद्रास सरकार : जेल रिपोर्ट्स फ्रॉम 1900 टु 1920—मद्रास प्रेसीडेंसी, आन्ध्र प्रदेश

मद्रास सरकार : रिपोर्ट ऑन एडमिनिस्ट्रेशन ऑफ़ द पुलिस ऑफ़ द मद्रास प्रेसीडेंसी फ्रॉम 1914 टु 1950

हिस्ट्री ऑफ़ मध्य प्रदेश पुलिस : महानिरीक्षक पुलिस मध्य प्रदेश, भोपाल 1965
हिस्ट्रीशीट्स ऑफ़ डोसियर क्रिमिनल एंड अदर रेलीवेंट रिकॉर्ड, हिस्ट्री ऑफ़ बिट्रगुंटा सेटलमेंट (टंकित प्रतिलिपि) कप्परल्ला टिप्पा पुलिस थाना
जूडिशियल प्रोसीडिंग्स 1912, 1914, 1915, 1916, 1917, 1918 और 1925, पब्लिक प्रोसीडिंग्स 1915, जिलाधीश अभिलेखागार नेल्लोर और रेवेन्यू डिवीजन ऑफ़िस कावाली

मौखिक साक्ष्य

बोचू प्रभाकर राव—एक पूर्व-अपराधी, कुख्यात टाइगर नागेश्वर राव का भाई, स्टुअर्टपुरम 7.2.2002
देवारा सुमसोनू : ग्राम प्रधान बेटापुडी (स्टुअर्टपुरम), 4.2.2002
गज्जाला प्रसाद : पूर्व अपराधी, रहवासी स्टुअर्टपुरम, 1.2.1004
गुप्तल राव टी. : फौजदारी वकील, चिराला, 2.2.2004
जकारिया पी. : बस्ती प्रबन्धक, स्टुअर्टपुरम, 3.2.1991
कमलाकुमारी के. : कल्याण उपमंत्री भारत सरकार, 10.11.1991
कुमार कासीनाथ : पुलिस उप निरीक्षक, कावाली
मल्ली येसुरत्नम : टेलीफोन सुपरवाइजर, चिराला, 10.2.1992
सी. अर्जुनराव आई.ए.एस. : जिलाधीश, नेल्लोर
जसपाल सिंह आई.पी.एस. : पुलिस जिला अधीक्षक, नेल्लोर
प्रेमानन्दम : कुल पंचायत सदस्य और पोस्टमास्टर, कप्परल्ला टिप्पा
सुन्दरसम : वकील कावाली
बी. रामन्ना रेड्डी : वकील कावाली
वेदाचलियार : वकील कावाली
श्रीमती सुन्दरम्मा : कप्परल्ला टिप्पा गाँव
पार्वती गज्जाला : महिला पूर्व अपराधी, रहवासी बेटापुडी (स्टुअर्टपुरम), 6.2.2004
के. जयपाल : कावाली
एलिजा : प्रधानाध्यापक, माध्यमिक शाला, कप्परल्ला टिप्पा।
वेंकटेश्वरालू रागाला औरबुशैय्या मोटा : कुल पंचायत स्टुअर्टपुरम के सदस्य, 9.8.1991

गौण स्रोत : पुस्तकें

अय्यन ए : अ रिपोर्ट ऑन द सोशियो-इकोनॉमिक कंडीशंस ऑफ़ द एबओरिजिनल ट्राइब्स ऑफ़ प्रोविन्स ऑफ़ मद्रास (मद्रास, 1948)
ए रिव्यू ऑफ़ एजुकेशन इन इंडिया 1947-1961 (नई दिल्ली, 1961)
बैली एफ.जी. : ट्राइब्स एंड नेशन (मेनचेस्टर, 1960)
बेटीली आन्द्रे : कास्ट, क्लास एंड पावर (लास एंजिल्स, 1965)
भार्गव बी.एस. : द क्रिमिनल ट्राइब्स ऑफ़ इंडिया (लखनऊ, 1950)
भौमिक पी.के. : द लोधाज ऑफ़ वेस्ट बेंगाल (कलकत्ता, 1963)
: क्राइम एंड क्रिमिनल एमांग द लोधाज़ ऑफ़ वेस्ट बेंगाल (दिल्ली)

: एसेन्शियल प्राइमरी कंसीडरेशन स्कीम्स (कलकत्ता, 1980)
बिस्वास पी.सी. : द एक्स-क्रिमिनल ट्राइब्स ऑफ़ डेल्ही स्टेट (दिल्ली, 1960)
बूथ टकर, फ्रेडरिक्स : जीन गोल्ड सर्वेंट ऑफ़ इंडिया (लन्दन, 1964)
बोस निर्मल कुमार : ट्राइबल लाइफ इन इंडिया (नई दिल्ली, 1971)
ब्रूस जार्ज : द स्टेंगलर्स, द कल्ट ऑफ़ ठगी एंड इट्स ओवरथ्रो इन ब्रिटिश इंडिया (न्यूयॉर्क, 1969)
काल्डबेल राबर्ट जी. : क्रिमिनोलॉजी (न्यूयॉर्क, 1965)
कावन रुथ शान्ले और काटन जे.जे. : डिलीक्वेन्सी एंड क्राइम, क्रास कल्चर पर्सपेक्टिव (फिलडेल्फिया, 1963)
चौधरी पाल डी : अ हैंडबुक ऑन सोशल वेलफेयर
कोहनन अल्बर्ट के. : डिलीक्वेंट बायज़, ए कल्चर ऑफ़ गैंग (न्यूयॉर्क, 1955)
डारो क्लेरेंस : क्राइम इट्स कॉलेज़ एंड ट्रीटमेंट (लन्दन, 1934)
डेवी जी.एन. : ए नोमाड्स काल्ड थीफ़ (ओरिएंट लांगमैन, हैदराबाद, 2005)
डुर्बाइस, एजले जे.ए. : हिन्दू मेनर्स, कस्टम्स एंड सेरमनीज़ (ऑक्सफोर्ड यूनिवर्सिटी प्रेस, 1936 प्रथम संस्करण, 1817)
एलमर एच जानसन : क्राइम, करेक्शन एंड सोसाइटी, यू.एस.ए. (चतुर्थ संस्करण, 1964)
एलविन वेरियर : द मुरिया मर्डर एंड सुसाइड (बम्बई, 1977)
: द ट्राइब्स वर्ल्ड (वेरियर एलविन की आत्मकथा) नई दिल्ली, 1988
फिशमेन ए.टी. : फ़ॉर द परपज़ (न्यूयॉर्क, एन.डी.)
फ्यूच्स स्टीफन : द एबओरिजिनल ट्राइब्ज़ ऑफ़ इंडिया (दिल्ली, 1973)
घुर्ये जी.एस. : द एबोरिज़नल सो कॉल्ड एंड देयर फ्यूचर (बम्बई, 1949)
जिलेन : क्रिमिनोलॉजी एंड पेनोलॉजी
जिलीन जॉन लीविस : टेमिंग द क्रिमिनल (न्यूयॉर्क, 1931)
गुनथ्रोप इ.जे. : नोट्स ऑन क्रिमिनल ट्राइब्स (बम्बई, 1882)
गुप्ता रणजीत : प्लानिंग फ़ॉर ट्राइबल डेवलपमेंट (नई दिल्ली, 1976)
हैकरबाल बी.एस. : इकोनॉमिक एंड सोशल आसपेक्ट्स ऑफ़ क्राइम इन इंडिया (लन्दन, 1934)
डेमनड्राफ, बाम फ्यूटर : द एबओरिजनल ट्राइब्स भाग 1 (हैदराबाद, 1943)
हेरिस मारबिन : कल्चर, पीपुल नेचर—एन इन्ट्रोडक्शन टु जनरल एनथ्रोपोलॉजी (न्यूयॉर्क, द्वितीय संस्करण 1971)
: ट्राइबल डेमोग्राफी इन इंडिया (बम्बई, 1957)
हाच डब्लू.जे. : द लैंड ऑफ़ पायरेट्स ऑफ़ इंडिया (दिल्ली 1976, प्रथम संस्करण, 1928)
हटन जे.एच. : कास्ट इन इंडिया—इट्स नेचर, फंक्शन एंड ओरिजिन (बम्बई 1946)
जसपाल सिंह : रिफॉर्मेशन ऑफ़ एक्स-क्रिमिनल ट्राइब्स, 1976
जवाहर लाल नेहरू के भाषण (1949-1953), भारत सरकार
जानसन एलमर एच : क्राइम करेक्शन एंड सोसाइटी (होमवुड, 1964)
केरावाला पेरीन सी. : ए स्टडी इन इंडियन क्राइम (बम्बई, 1959)
ललिता वी. : द मेकिंग ऑफ़ क्रिमिनल ट्राइब्स, पैटर्न एंड ट्रांजीशन (न्यू एरा पब्लिकेशंस मद्रास, 1995)

मजुमदार डी.एन : रेसेज़ एंड कल्चर्स ऑफ़ इंडिया (बम्बई, चतुर्थ संस्करण, 1965)
मामोरिया टी.बी. : सोशल प्रॉब्लम्स एंड सोशल डिसऑर्गेनाइजेशन (इलाहाबाद, 1940)
मजुमदार डी.एन. और मदान टी.एन. : एन इन्ट्रोडक्शन टु सोशल एनथ्रोपोलॉजी (नई दिल्ली, 1970, प्रथम संस्करण, 1956)
मीना राधाकृष्णन : डिसऑनर्ड बाइ हिस्ट्री 'क्रिमिनल टाइब्स' एंड ब्रिटिश कॉलोनियल पॉलिसी (ओरिएंट लांगमैन, हैदराबाद, 2001)
मर्टन राबर्टस के. : सोशल थियरी एंड सोशल स्ट्रक्चर (नई दिल्ली, 1967)
मोरलैंड डब्लू.एच. : इंडिया एट द डेथ ऑफ़ अकबर (लन्दन, 1920)
मारिस नोर्बल : द हेबीच्युअल क्रिमिनल (न्यूयॉर्क, 1951)
मुलेली एफ.एस. : द क्रिमिनल क्लासेज़ ऑफ़ मद्रास प्रेसीडेंसी (मद्रास, 1912)
नायडू एम और पौपा राव : द क्रिमिनल ट्राइब्स ऑफ़ इंडिया नं. 2, द हिस्ट्री ऑफ़ कोरवाज़, येरुकलाज़ ऑफ़ काइकरीज़ (मद्रास, 1905)
नारायण अम्बाडर : द कोरबा ट्राइब, देयर सोसाइटी एंड इकॉनामी (नई दिल्ली, 1990)
पौपा राव नायडू एम. : हिस्ट्री ऑफ़ रेलवे-थीव्स, मद्रास, 1904
राघवैया बी. : नोमॅड्स (सिकंदराबाद, 1968)
: द प्रॉब्लम्स ऑफ़ क्रिमिनल ट्राइब्स (नेल्लोर, 1943)
: ट्राइबल जस्टिस (नेल्लोर, 1977)
: ट्राइबल रिवोल्ट (नेल्लोर, 1971)
रेकलेस बाल्टर सी. : द क्राइम प्रॉब्लम
रिसली हरबर्ट : द पीपुल ऑफ़ इंडिया (कलकत्ता, 1908)
रेवाल्ड पाल : सोसाइटी एंड इट्स क्रिमिनल (न्यूयॉर्क, 1950)
सेंडाल राबर्ट : द हिस्ट्री ऑफ़ साल्वेशन आर्मी पार्ट 3 (नई दिल्ली, 1974)
शेरिंग एम.ए. : हिन्दू ट्राइब्स एंड कास्ट्स वॉल्यूम 3 (नई दिल्ली, 1974)
शेर सिंह शेर : द साँसीज़ ऑफ़ पंजाब (नई दिल्ली, 1965)
सिम्हाद्री वाई.सी. : द एक्स-क्रिमिनल ट्राइब्स ऑफ़ इंडिया (नई दिल्ली, 1979)
: द डिनोटीफ़ाइड ट्राइब्स : ए सोसियोलॉजिकल एनालिसिस (नई दिल्ली, 1991)
सामरविला आगंस्टस : क्राइम एंड रिलीजस बिलीफ़ इन इंडिया (कलकत्ता, 1929)
श्रीनिवास वर्मा जी. : येरुकला डायलेक्ट (मद्रास, 1978)
श्रीनिवास एम.एन. : सोशल चेंज इन मॉडर्न इंडिया, (बर्कले, 1967)
श्रीवास्तव एल.आर.एन. और अन्य (सम्पादक) : ऐन इंटीग्रेटेड कम्परेटिव स्टडी ऑफ़ अ सिलेक्टेड ट्राइबल कम्युनिटी लिविंग इन कांटीगुअस एरियाज़ (नई दिल्ली, 1971)
सूदरलैंड एंड क्रेसे : प्रिन्सिपल्स ऑफ़ क्रिमिनोलॉजी (न्यूयॉर्क, 1955)
ठक्कर ए.वी. : ट्राइब्स ऑफ़ इंडिया (नई दिल्ली, 1950)
रोमेश थापर (सम्पादक) : द डेफीनेशन ऑफ़ ट्राइब—ट्राइब, कास्ट एंड रिलीजन (मेरठ, 1977)
थर्स्टन एडगर : कास्ट्स एंड ट्राइब्स ऑफ़ सदर्न इंडिया भाग 3 (मद्रास, 1903)
थामसन ई.पी. : व्हिग्स एंड इंटर्स, द ओरिजिन ऑफ़ ब्लैक एक्ट (इंगलैंड, 1975)
टाइरल आई. : एंटीपोड्स एंड इंडिया 1902 टू 1946 (मद्रास, 1902)

वेणुगोपाल राव एस. : फेसेट्स ऑफ़ क्राइम इन इंडिया (बम्बई, 1962)

तेलुगु

हेमलता लवानम : नेरास्तूलु-संस्काराना (अपराधी और सुधार), गांधी शान्ति प्रतिष्ठान, विजयवाड़ा
लक्ष्मी नारायन उन्नावा : मलापल्ली (मछलीपटनम, 1922)

आलेख

आनन्द पांडियन : सिक्योरिंग द रूरल सिटीजन : द एंटी कलार मूवमेंट ऑफ़ 1896, (आई.ई.एस. एच.आर. वॉल्यूम 42 नम्बर 1, 2005)
आप्टे जे.ए. : तलवाड़ा आश्रम स्कूल—एन एक्सपेरीमेंट इन ट्राइबल एजुकेशन (अमेरिकन जनरल ऑफ़ सोशियोलॉजी, सितम्बर, 1954)
अरेंड्सबर्ग कोनराड : द कम्युनिटी स्टडी मेथड्स (अमेरिकन जनरल ऑफ़ सोशियोलॉजी, सितम्बर, 1954)
आरनोल्ड डेविड : डेकोइटी एंड रूरल क्राइम इन मद्रास 1860-1940 (जनरल ऑफ़ पीजेंट सोसाइटीज़, 1979)
अवधेन्द्र शर्मा : फ्रॉम कास्ट टु केटेगरी : कॉलोनियल नॉलेज, प्रेक्टिसेज एंड द डिप्रेसड / शिड्यूल कास्ट्स ऑफ़ बिहार (आई.ई.एस.एच.आर. खंड 40 संख्या 2, 2003)
बापर नाना : ट्राइबल एजुकेशन : ए प्रॉब्लम (*वन्यजाति* (हिन्दी और अंग्रेजी त्रैमासिक) खंड 9, संख्या 1 जनवरी, 1961)
बसु मिनेन्द्रनाथ : सजेशन फ़ॉर द एजुकेशन प्लान ऑफ़ द एबओरिजिनल पीपुल ऑफ़ इंडिया (वन्यजाति, खंड 9 संख्या 3 जुलाई, 1966, नई दिल्ली)
बीरेन्द्र पाल सिंह : एक्स-क्रिमिनल ट्राइब्स ऑफ़ पंजाब (ई.पी.डब्लू. 20 सितम्बर, 2008)
बर्गीस राबर्ट एल तथा अन्य : ए डिफरेन्शियल एसोसिएशन—रिइन्फोर्समेंट थियरी ऑफ़ क्रिमिनल बिहेवियर (सोशल प्रॉब्लम्स खंड 14, संख्या 2 दिसम्बर, 1966)
बर्मन राय : मीनिंग एंड प्रोसेस ऑफ़ ट्राइबल इंटीग्रेशन इन ए डेमोक्रेटिक सोसाइटी (सोशियोलॉजीकल बुलेटिन 10 मार्च, 1961, खंड 27)
क्लेरेंस एच. पेट्रिक : द क्रिमिनल ट्राइब्स ऑफ़ इंडिया विद स्पेशल एम्फेसिस ऑन द मनाग गुरुडी (मेनकाइंड त्रैमासिक खंड 48, जुलाई-सितम्बर, 1965)
काउटू वांटर : रोल प्ले वरसेज़ रोल मेकिंग, एन अपील फ़ॉर क्लासीफिकेशन (अमेरिकन सोशियोलॉजिकल रिव्यू, अप्रैल 16, 1951)
क्रेसी डोनाल्ड आर : एप्लीकेशन एंड वेरीफिकेशन ऑफ़ द डिफरेन्शियल एसोसिएशन थियरी (जनरल ऑफ़ क्रिमिनल लॉ, क्रिमिनोलॉजी एंड पॉलीटिकल साइन्स खंड 3, संख्या 63, 1955)
क्रेसी पाल : द क्रिमिनल ट्राइब्स ऑफ़ इंडिया (सोशियोलॉजी एंड रिसर्च, जुलाई-सितम्बर, 1936)
डेविड आरनोल्ड : रिबेलियस हिलमेन—द गुडेम रम्पा राइजिंग 1939-194 (रणजीत गुहा (सम्पादक) सबआल्टर्न स्टडीज, भाग 1, न्यूयॉर्क 1982)

डशर डरबिन : 'लुकिंग' बॅकवार्ड : केस हिस्ट्रीज़ आन द प्रोग्रेस ऑफ़ मेथडोलॉजी' (सोशियोलॉजिक स्टडीज़)
इकोनॉमिक एंड पॉलिटिकल वीकली, सम्पादकीय : ब्रांडेड फ़ॉर लाइफ (खंड 1 संख्या 25, अगस्त 1963)
गांधी एम.के. : हरिजन (अहमदाबाद, खंड 4 संख्या 25 अगस्त, 1936)
गोपा जोशी : फॉरेस्ट एंड फॉरेस्ट पालिसी ऑफ़ इंडिया (सोशल साइंटिस्ट, जनवरी, 1983)
गुप्ता आनन्द स्वरूप : पुलिस रिपोर्ट इन रेट्रोसपेक्ट (इंडियन जनरल ऑफ़ पब्लिक एडमिनिस्ट्रेशन, खंड 24, नई दिल्ली 1978)
डेकनबर्ग राबर्ट ए. : द पैरामीटर्स ऑफ़ एन एथनिक ग्रुप : ए मेथड फ़ॉर स्टडीइंग द टोटल ट्राइब (अमेरिकन एनथ्रोपोलोजिस्ट, अक्टूबर, 1967)
जेफरी सी.आर. : क्रिमिनल बिहेवियर एंड लर्निंग थ्योरी (जनरल ऑफ़ क्रिमिनल लॉ, क्रिमिनोलॉजी एंड पॉलिटिकल साइन्स खंड 56 संख्या 3, सितम्बर 1965)
जोसेफ ए. : येरुकला ट्रेडीनशल जस्टिस (ट्राइबल खंड 4 जनवरी-जून 1967)
कानिटकर वी.जी. : अवर पुलिस : नीड फ़ॉर ड्रास्टिक रिफार्म्स (इंडियन जनरल ऑफ़ पब्लिक एडमिनिस्ट्रेशन, 1978)
कपाड़िया के.एम. : द क्रिमिनल ट्राइब्स ऑफ़ इंडिया (सोशियोलॉजिक बुलेटिन मार्च, 1952)
ललिता वी. : हिस्टारिकल बैकग्राउंड ऑफ़ कप्परल्ला टिप्पा सेटलमेंट (प्रोसीडिंग्स ऑफ़ आन्ध्र प्रदेश हिस्ट्री कांग्रेस 1978—पी.ए.सी. एच. सी)
: क्रिमिनल ट्राइब सेटलमेंट एंड रोल ऑफ़ क्रिश्चियन मिशनरीज इन आन्ध्र प्रदेश (पी.ए.पी. एच.सी., कुरनूल, 1985)
: डिनोटीफ़ाइड कम्युनिटीज़ ऑफ़ आन्ध्र प्रदेश—सम प्रॉब्लम्स ऑफ़ रिहेबिलिटेशन (पी.ए.पी. एच.सी. 1981)
: एथनोग्राफिक बैकग्राउंड ऑफ़ येरुकलाज़ (पी.ए.पी.एच.सी., चिराला 1982)
: एस्टेब्लिशमेंट ऑफ़ क्रिमिनल ट्राइब्स सेटलमेंट इन आन्ध्र, ए हिस्टारिकल सर्वे (पी.ए.पी. एच.सी. चिराला 1982)
: कथेराज़ एन एक्स क्रिमिनल ट्राइब (पी.ए.पी.एच.सी., काकीनाडा 1984)
: ए प्रोफाइल ऑफ़ सीतानगरम सेटलमेंट आन अवर वर्क इन रिहेबिलिटेशन ऑफ़ एक्स-क्रिमिनल ट्राइब्स पीपुल इन सेटलमेंट (गांधी शान्ति प्रतिष्ठान विजयवाड़ा, 1976)
: द प्रॉब्लम्स ऑफ़ डिनोटीफ़ाइड ट्राइब्स—एन एक्सपेरीमेंट ऑन स्टुअर्टपुरम-1975
मेकडोनल्ड आर.एम. : ए ब्रीफ स्केच ऑफ़ द येरुकला लेंग्वेज एज स्पोकन इन राजमुन्दरी (जनरल ऑफ़ लिटरेचर एंड साइन्स, मद्रास, 1879)
मैती एस. : एमर्जिंग प्रॉब्लम्स ऑफ़ द एक्स-क्रिमिनल ट्राइब द लोधाज ऑफ़ वेस्ट बेंगाल (सेमिनार आन इंटीग्रेटेड ट्राइबल डेवलपमेंट प्लान्स, प्रिपरेशन एंड इम्लीमेन्टेशन, हैदराबाद, 1976)
मीना राधाकृष्णन : क्रिमिनल ट्राइब्स एक्ट इन मद्रास प्रेसीडेंसी (इंडियन इकोनॉमिक एंड सोशल हिस्ट्री रिव्यू (आई.ई.एस.एच.आर.) खंड 26, संख्या 3 जुलाई-सितम्बर, 1989)
: कोइम ऑफ़ विजिलेंट जस्टिस (इकोनॉमिक एंड पॉलीटिकल वीकली जनवरी 12, 2008)
: अर्बन डिनोटीफ़ाइड ट्राइब्स : कम्पेलिंग आइडेंटिटीज कांटेस्टेड सिटीज़नशिप (इकोनॉमिक

एंड पॉलिटिकल वीकली, दिसम्बर 22, 2007)

: सर्विलिएंस एंड सेटलमेंट अंडर द क्रिमिनल ट्राइब्स एक्ट इन मद्रास (आई.ई.एस.एच.आर., खंड 29, संख्या 2 अप्रैल-जून 1992)

: फ्रॉम ट्राइबल कम्युनिटी टु वर्किंग क्लास, कान्शसनेस, केस ऑफ़ येरुकला वुमन (इकोनॉमिक एंड पॉलिटिकल वीकली, खंड 24 संख्या 17 अप्रैल-जून 1984)

मुखर्जी अरुण : क्राइम एंड क्रिमिनल्स इन नाइंटीन्थ सेन्चुरी बेंगाल 1861-1904 (आई.ई.एस. एच.आर. खंड 21, संख्या 2 अप्रैल-जून 1984)

मुरली ए. : एलूरी सीतारामराजू (सोशल साइंटिस्ट खंड 131 अप्रैल-जून 1984)

नेसबाल उल्लू.एच. द डेवलमेंट ऑफ़ द ट्राइब एंड डाइलेक्ट ग्रुप फ्रॉम सोशल सिस्टम टु सोशल केटेगरी (सोशियोलॉजिकल बुलेटिन, खंड 9, मार्च 1960)

लेखक अज्ञात : डेथ इन पुलिस कस्टडी (इकोनॉमिक एंड पॉलीटिकल वीकली खंड 14, संख्या 45, 10 नवम्बर, 1979)

राम आहूजा : रिलीजन ऑफ़ भील्स : ए सोशियोलॉजिकल एनालिसिस (सोशियोलॉजीकल बुलेटिन 1 मार्च, 1995)

पेट्रिक क्लेरेंस एच. : द क्रिमिनल ट्राइब्स ऑफ़ इंडिया विद स्पेशल इम्फैसिस ऑन माँग गरुडी (मैन इन इंडिया जुलाई-सितम्बर, 1968)

रामचन्द्र गुहा एंड माधव गाडगिल : स्टेट फारेस्ट्री एंड कानफिक्ट इन ब्रिटिश इंडिया इन पास्ट एंड प्रजेंट (जनरल ऑफ़ हिस्टॉरिकल स्टीज फरवरी, 1989)

रिचर्ड एम. : कन्वर्ज़न्स टु क्रिश्चियनिटी अमंग नागाज़ 1876-1971 (आई.ई.एस.एच.आर. खंड 21, संख्या 1 जनवरी-मार्च 1984)

संजय निगम : डिसिप्लिनिंग एंड पुलिसिंग द 'क्रिमिनल बाई बर्थ, भाग 1, द मेकिंग ऑफ़ कॉलोनियल स्टीरियोटाइप, द क्रिमिनल ट्राइब्स एंड कास्ट्स ऑफ़ नॉदर्न इंडिया (इंडियन इकोनॉमिक एंड सोशल हिस्ट्री रिव्यू, अप्रैल-जून, 1990)

: डिसीप्लिनिंग एंड पुलिसिंग द 'क्रिमिनल बाई बर्थ' भाग 2 द डेवलपमेंट ऑफ़ डिसीप्लिनरी सिस्टम 1871-1900 (आई.ई.एस.एच.आर. जुलाई-सितम्बर, 1990)

सर्वानन वेनायुधन : कॉलोनियलिज्म एंड कॉफी प्लान्टेशन : डिक्लाइन ऑफ़ एनवायमेंट एंड ट्राइबल्स इन मद्रास प्रेसीडेंसी ड्यूरिंग नाइंटीन्थ सेन्चुरी (आई.ई.एस.एच.आर., खंड 41 संख्या 4, 2004)

सांडर्स अलबर्ट जे. : रिक्लेमिंग क्रिमिनल्स इन सोलापुर (इंडियन सोशियोलोजिकल एंड सोशल रिसर्च, खंड 12, संख्या 1 सितम्बर-अक्टूबर, 1927)

सक्सेना एन.एस. : मेन रीजन्स फ़ॉर इन्क्रीज इन क्राइम्स इन इंडिया इन रीसेंट ईयर्स (द जरनल ऑफ़ पब्लिक एडमिनिस्ट्रेशन खंड 21, संख्या 4, 1975)

शार्म ए.एन. : मैन एंड क्राइम (मैनकाइंड खंड 3, संख्या 4, जनवरी-जुलाई 1958, हैदराबाद)

शर्मा रामनाथ और शर्मा राजेन्द्र : द क्रिमिनल ट्राइब्स इन सोशल एनथ्रापोलॉजी एंड इंडियन ट्राइब्स, बम्बई, 1983

सिम्हाद्री वाई.सी. : कास्ट्स एंड डिनोटीफ़ाइड ट्राइब्स (द इंडियन जनरल ऑफ़ सोशल वर्क, खंड 37, संख्या 4 जनवरी, 1977)

: चेंजिंग क्रिमिनल बिहेवियर ऑफ़ एन एक्स-क्रिमिनल ट्राइब इन एन इंडियन विलेज (जनरल ऑफ़ इंडियन क्रिमिनोलॉजी खंड 4, संख्या 1, जनवरी, 1976)

: इंस्टीट्यूशन फेक्टर एंड ट्राइब क्रिमिनॅल्टी—एन ऐनालिसिस ऑफ़ येरुकला ट्राइब इन एन आन्ध्र विलेज़ (ईस्टन एनथ्रापोलॉजिस्ट त्रैमासिक, खंड 27, संख्या 2, जनवरी-मार्च, 1974)

सिन्हा नितिन : मोबिलिटी, कन्ट्रोल एंड क्रिमिनलिटी इन अर्ली कॉलोनियल इंडिया 1760-1850 (आई.ई.एस.एच.आर. खंड 45, संख्या 1, 2008)

श्रीनिवास एम.एन. : द मिथ ऑफ़ सेल्फ सफीसिएन्सी ऑफ़ एन इंडियन विलेज़ (इकोनॉमिक एंड पॉलिटिकल वीकली, 1960)

स्टीफेन फुच्स : द एबोरिजिनल ट्राइब्स इन इंडिया (जनरल ऑफ़ एशियन स्टडीज़ खंड 39, 1979-80)

तिरुपति चन्द्रभाल : डिनोटीफ़ाइड कम्युनिटीज़ ऑफ़ राजस्थान वन्यजाति : खंड 11, संख्या 1 जनवरी, 1968

वेणुगोपाल राव : पावर एंड क्रिमिनलिटी (सोशल साइंटिस्ट, 6 जून, 1978)

तेलुगु पत्रिकाएँ

आदिवासी 1951-1963

ललिता वी. : संचार जातुलु, मंडुला जाति (पी.ए.एच.सी. 1986)

: उन्नावा लक्ष्मी नारायण और डंदावल्ली : क्रिमिनल ट्राइब्स—सेटलमेंट (पी.ए.पी.एच.सी. 1987)

अप्रकाशित शोध प्रबन्ध, शोधपत्र

ललिता वी. : सोशियो इकोनॉमिक एंड एडमिनिस्ट्रेटिव आस्पेक्ट्स ऑफ़ ए क्रिमिनल ट्राइब, ए केस स्टडी ऑफ़ कप्परल्ला टिप्पा (अप्रकाशित एम.फिल. के लिए शोध प्रबन्ध—श्री वेंकटेश्वर विश्वविद्यालय, तिरुपति, 1977)

सत्यनारायण चालावड़ी : येरुकला, एन एक्स-क्रिमिनल ट्राइब ऑफ़ आन्ध्र प्रदेश इन इट्स सेटलमेंट (स्टुअर्टपुरम) एम.ए. के लिए लघु शोध प्रबन्ध, सागर विश्वविद्यालय, 1959-60